文学と歴史 新・旅行ガイド 京都

村井康彦
光明正信
森本茂 著

京都書房

目次と利用法

各章の特長　ご利用に当たって

●第Ⅰ章は、京都を初めて訪れるあなたに、今日まではぐくまれてきた京都の風土と歴史を知っていただくページ。

●第Ⅱ章は、京都を5つの地域に分類して、文学や歴史にゆかりの深い寺社を中心にご案内します。

●見出しの見方

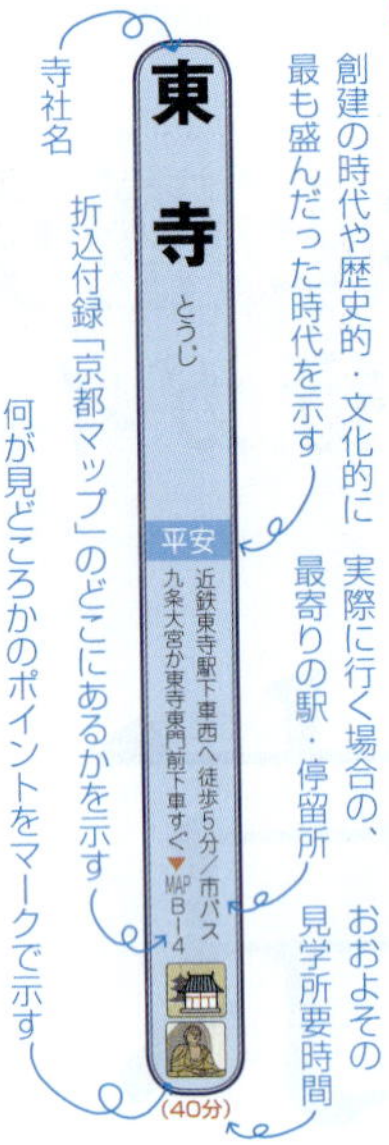

●見どころマーク

＝建築　＝仏像　＝絵画
＝庭園　＝街並み

●各1ページに中心となる寺社1つをあげ、下段にその周辺にある名所旧跡の何か所かを紹介。1ページが一つの小エリアとなっていますので、短時間の周辺めぐりには便利。

目次

●第Ⅲ章は、京都における文学の舞台を紹介。古典から近現代までいろんな作者・作家が京都の風土の中で作品を生み出し、それぞれの人生を歩んできました。

●作品はよく知られたポピュラーなものを中心に載せました。したがって、学生の諸君には生きた教材として、一般の人には歩く教養として活用できます。

●各見出しについて

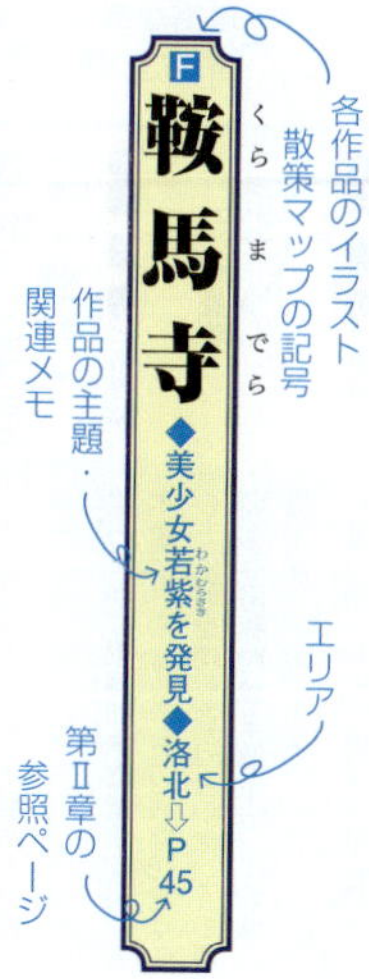

（囲み一覧）
京の葬送地…67　斎宮《さいぐう》と斎院《さいいん》…68　北山のなにがし寺…69　現在の京都御所…72　清女の晩年異説…73　滝口入道と滝口寺……75　宇治川の浮島…76　大文字五山の送り火…79　上賀茂の社家町…80　なにがしの院異説…83　西行と「なこその滝」…84　芭蕉『嵯峨日記』前後…89　足利義満の北山殿…93　北山杉…94

●第Ⅳ章は、実際に歩いたり体験したりできるプランガイドとして設けました。コースはほぼ半日で回れる目安で設定。

●文学と歴史を学びながら、楽しく巡る代表コースを紹介。

●各自がテーマをもって回れるよう、庭園・仏像・絵画・建築など、美術文化財をコースごとに紹介するコーナーも。

目次と利用法

●京都といえば伝統文化の宝庫。鑑賞するだけでなく、実際に体験できる所も紹介。

●京都ならではの資料館・博物館、そして京都の隠れた伝説・不思議どころを紹介。

●「コースと見どころ」について

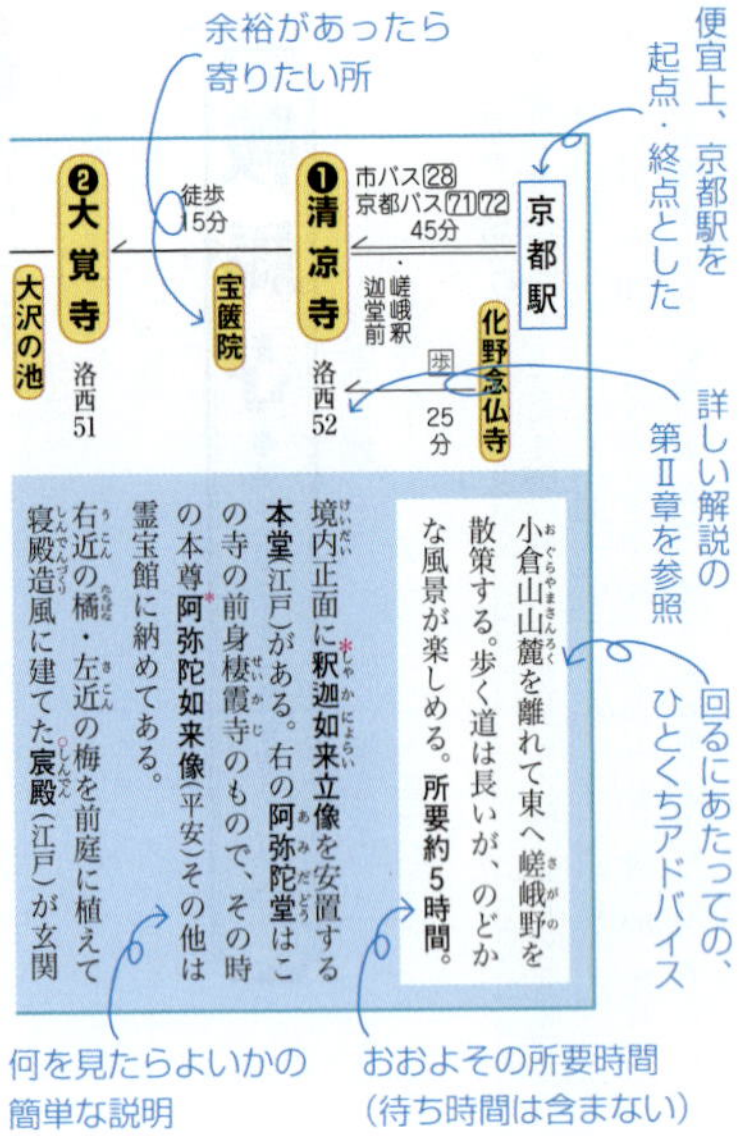

●第V章は、寺社めぐりの合間にぜひ寄ってみたい博物館・美術館、そして京みやげ。行きやすい、買いやすいところを紹介。

●知って得する京言葉や京の難読地名、的を射た京都乗り物案内。

(巻末データ)

第V章　役立て資料　編集部　149～169

第Ⅰ章　京都入門

村井　康彦

上賀茂神社・御簾

洛東の**春**
哲学の道

◇光る小川のせせらぎ。待ち望んだ春。

桜並木の疏水《そすい》と哲学の道

京都の風土

①京都の自然

地形　ランドサット（⇩P10）がとらえる地球の姿は、ときに感動的でさえあるが、その視野が近畿地方に移ったところで知らされるのは、大和《やまと》盆地に比して京都盆地がいかにも狭いことである。これは通常の地図からは意外と気づかなかったことで、わが古代国家の宮都《きゅうと》がまず大和盆地に置かれたのは、理由のないことではなかったと思う。

気象と景観　その大和盆地を捨てて山背《やましろ》（城）＝京都盆地に都《みやこ》（長岡《ながおか》京についで平安京）を遷《うつ》したのは、相応の理由あってのことだが、その結果平安京―京都に住む人たちは、限られた空間の中で繊細な感覚を磨《みが》くことになった。もっとも、**冬の底冷え、夏の蒸し暑さ**は内陸の盆地特有のもので、生活条件としては決して恵まれているとはいえない。**吉田兼好《けんこう》**は、家の造作には蒸し暑い夏のことを考えるよう説いている（『徒然草《つれづれぐさ》』第55段）。

しかし、そうしたハンディを補って余りあるのが、春や秋の季節が織りなす自然の景観の美しさであろう。**清少納言《せいしょうなごん》**が『**枕草子《まくらのそうし》**』のはじめに、

「春はあけぼの、やうやう白くなりゆく山ぎは、少しあかりて、紫

洛南の夏 宇治川

◇古都の夏はほんとうに暑い。人びとは涼を求める。

宇治川と宇治橋

だちたる雲の細くたなびきたる」と描写したような感覚は、周囲の山なみが生活の場とほどよい距離にあることではじめて育てられたものではなかろうか。

鴨川　京都盆地を語るには、周囲の山なみとともに、市中を流れる**水—川や伏流水《ふくりゅうすい》・井戸**を忘れることはできない。まず川、ことに**鴨川《かもがわ》**は京都を象徴する川でもある。いわゆる小京都の立地条件として、周りの山なみと鴨川に比せられる川が求められるのも、それである。Y字形に、高野川《たかのがわ》と賀茂川《かもがわ》が合流して南流する、その合流点以南を鴨川と呼びならわしている。この鴨川について、以前は平安遷都（造都）時に流路が変更されたとするのが通説であったが、最近の研究によって、太古はともかく、かなり早い時期からほぼ現在の流路をとっていたと考えられるようになった。

高野川(右)と賀茂川(左)の合流点(出町《でまち》)

この鴨川は、古来、**聖なる川**であった。平安初期以来、大嘗祭《だいじょうさい》（即位後の

●宇治橋●写真は平成8年(1996)に架け替えられる直前の姿。現在の橋は架け替えられる前の姿をほぼそのまま再現している。

洛西の秋
嵯《さ》峨《が》野《の》

◇いろ鮮やかな紅葉。人びとの心は浮き立つ。

奥嵯峨の紅葉（鳥《とり》居《い》本《もと》・鮎《あゆ》茶屋）

天皇が行う最初の新嘗祭《にいなめさい》）の御禊《ごけい》や伊勢《いせ》斎王《さいおう》が下向する前の祓《はらえ》が行われている。よく京の女性は鴨川の水を産湯《うぶゆ》に使うので美人なのだといわれるのも、こうした聖なる水の観念を承《う》けたものにほかならない。

しかしその一方で、**死の川**でもあったのが鴨川である。平安中期、衆《しゅ》生済度《じょうさいど》に当たった空也《くうや》は、鴨川原に散乱するドクロ数千体を拾い集めて供養《くよう》したが、それも死体を遺棄《いき》する所だったから。中世以降、罪人のみならず、罪のない女子供までもここで処刑された話は少なくない。

娯楽の河原

そうしたことからもわかるように、鴨川は江戸前期まではただっ広い石河原であった。それを利用して、三条や四条の河原に**芝居**や**見世物の小屋**が掛けられてにぎわった様子は、当時の風俗画など

四条河原のにぎわい（「四条河原遊楽図」）

洛北の冬 大原《おおはら》

三千院の雪景色

◇底冷えする冬。古都が一番たたずむ季節。

にも好んで描かれている。ちなみに鴨川が、今のような姿になったのは、東西の護岸工事が施された寛文《かんぶん》年間以後(一七世紀後半)のことである。

名井・名水 水に関して京都が誇れるものは、市中を流れる伏流水の豊かさで、これがため各所に**名井・名水**を生み、またそれを利用する各種の産業を生んだ。小川通《おがわどおり》に茶の家《いえ》元《もと》が集まるのも、水と無関係ではない。ただ惜しまれるのは、南北を走る地下鉄烏丸《からすま》線の敷設により、伏流水の流路に変動がおき、多くの名井が涸《か》れてしまったことである。

②京都の生活

人口 平安京の人口は、推測の域を出ないが、**十万人前後**であった。従来、平城京の人口は二十万人といわれていたが、これも最近ではその半分か三分の一とみられている。平安京の場合もさして違いはないであろう。しかも右京《うきょう》が早く廃《すた》れ、実質半分の規模しかなかった。その後、市街地は鴨川の東へのびる。従って区域も変化するが、中世では**十五万人**程度、近世の中期に至ってほぼ**四十万人**(うち町人が三十五、六万人)前後となっている。この数字は大江戸の百万人には遠く及ばないが、天下の台所、大坂に次ぐものであった。ただし京都の場合、人口の伸びは江

洛中の街の顔

◇人びとが集まる。働く。生活する。

▶京都市街の鳥瞰《ちょうかん》 平安京以来の碁盤《ごばん》目状の街路がよくわかる。手前(南方)より、京都駅・京都タワー・東本願寺。北方に京都御苑《ぎょえん》、右手(東側)端に鴨川が流れる。

◀ランドサットから見た近畿地方 □が京都盆地。

▶夕暮れの京都 東寺《とうじ》五重塔がシルエットとなり、京に夕闇《ゆうやみ》がせまってくる。

気候	地形	人口・面積など (2014年度)
盆地で海に接しないので内陸性を示す。8月平均最高気温は32.8℃で、東京より2℃高く、夜も蒸し暑い。1月は0.1℃で新潟や福井に近い。夜は冷たい空気と高湿度のため「京の底冷え」が起こる。年間降水量は約1,670ミリで、6～9月に集中。太平洋型気候。	市域は京都盆地と周辺の山地に広くまたがる。京都盆地は洪積世のころまでは水をたたえた湖盆であった。しかし盆地床は、諸河川の堆積《たいせき》で生じた沖積《ちゅうせき》地で、北部に北白川・鷹ケ峰《たかがみね》の扇状地が発達している。従って市街地は北から南へゆるやかに傾斜しており、上賀茂《かみがも》付近は標高約100m、南部の宇治川付近は標高約10mである。山地は北東に比叡《ひえい》山地、その南に東山丘陵。北部に北山《きたやま》山地、北西に愛宕《あたご》山がそびえる。	政令指定都市。区は市制施行順に、上京《かみぎょう》・下《しも》京・左《さ》京・中《なか》京・東山《ひがしやま》・伏見《ふしみ》・右《う》京・北・南・山科《やましな》・西京《にしきょう》の計11区。面積約830㎢。人口約147万人。人口密度は1㎢につき約1,800人だが、上・中・下京に集中し、この3区で密度は約12,200人。山地の多い左京区は約700人。

戸中期以降ほとんどなかったとみられる。(現在の人口は約百五十万人である。)

災害 これにはたびたびの天災地変、中でも**宝永《ほうえい》大火**―宝永五年(一七〇八)三月八日出火、**享保《きょうほう》大火**―享保一五年(一七三〇)六月二〇日出火、**天明《てんめい》大火**―天明八年(一七八八)正月二九日出火、などによる町の焼失が無関係ではないであろう。このうち享保大火は「西陣《にしじん》焼け」の名の通り、西陣一〇八町が焼失、西陣機業は大打撃を受けたし、団栗辻子《どんぐりのずし》(四条大橋南の団栗橋東詰《づめ》付近)の空き家から出火したという天明大火では、焼失町数一四二四町、家数三六七九七軒、世帯数六五三四〇軒にのぼっている。禁裏御所《きんりごしょ》、公家《くげ》町のほか、焼失した寺は二〇一、神社も三七に及び、応仁《おうにん》の乱以来の大惨事であった。

京風俗の原形 こんにち京都の老舗《しにせ》といわれる店の由緒をしらべると、江戸中期、一八世紀以前に遡《さかのぼ》るものはきわめて少ないという。そのことと表裏の関係にあるが、京(都)風といわれるような伝統的な京都の文化や生活習俗の原形ができ上がるのも、ほぼこの時期のことであった。京都は王朝以来の伝統をもつまちというが、中世、京都にのり込んで来た武家の習慣とともに、それらが町《まち》家《や》の生活に受容され、浸透するのは、

町家

◀京の町家（町屋）　概《おおむ》ね、切妻造《きりづまづくり》・瓦《かわら》葺《ぶ》き・中二階で、通りに面して紅《べん》殻格子《がらごうし》（京格子）、犬矢来《いぬやらい》などをおく。最近は住宅事情の変化で取り壊される町家もあり、保存が課題になっている。（⇩P125）

町家平面図

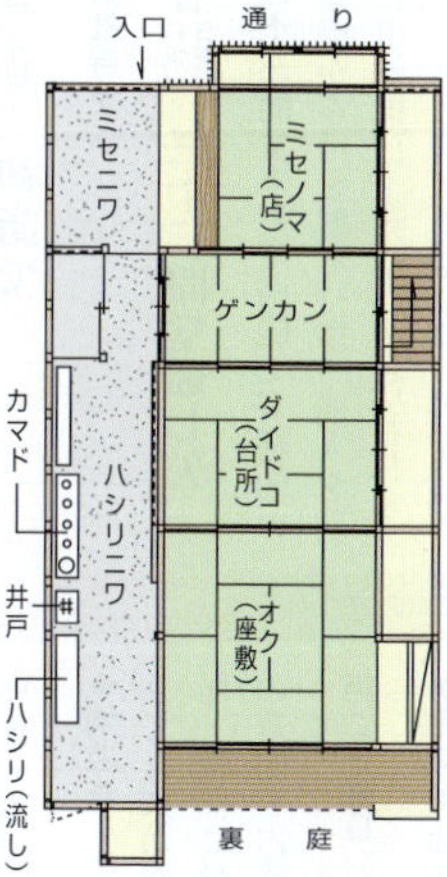

◀町家の間取りの基本形　俗に「うなぎの寝床《ねどこ》」と呼ばれるように、間口《まぐち》の割に奥行きが深い。京の区画のあり方（両側町《りょうがわ》⇩P15）と、繁華な通りに多くの商家がひしめき合うことから、奥へ奥へと発達した。

◀「洛中洛外図屏《びょう》風《ぶ》」に描かれた町家（16世紀）「町家」の原型は平安末期ごろで、近世元禄《げんろく》期にほぼ完成したと考えられる。

生活と産業

◀弘法市《こうぼういち》　毎月21日に東寺《とうじ》境内《けいだい》で行われる。

◀西陣織《にしじんおり》　精巧で絢爛《けんらん》なつづれ織りは、他の追随を許さない。

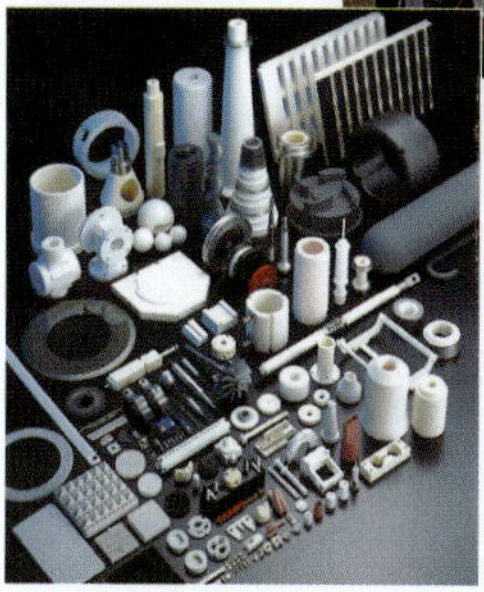

▼セラミックス製品　純度の高い原料と、独創的な技術から生まれた京セラ株式会社の製品。

◀市民の台所、錦《にしき》市場。

● 京都市の概要 ●

産業状況
京都は生産都市というより消費都市であり、観光都市である。農業は野菜栽培は盛んだが、専業農家は12%にすぎない。林業はスギの植林が盛んで、「北山丸太《まるた》」と呼ぶ高級建材を産出する。工業は、かつて伝統産業としての繊維関連が多かったが、近年は南部に工場地帯が広がり、先端産業の活躍が目立つ。商業も、西陣織など繊維問屋から、洋装や新しいデザイン関連へと移行しつつある。また、年間約5,200万人が京都を訪れ、約7,000億円の観光収入がある（2013年度）。

江戸時代における町人の成長にまつところが大きい。その意味で、京都文化は江戸中期に確立したといういい方もできるのである。そしてこのことは、京都が何よりも**複合文化都市**であったことを物語っている。

町人を顧客とする各種の遊芸―茶や花、謡《うたい》などが盛んとなり、それらの家元《いえもと》―茶では三千家《せんけ》（表《おもて》千家・裏《うら》千家・武者小路《むしゃのこうじ》千家）と藪内《やぶのうち》家、花では池坊《いけのぼう》など―による芸の伝授方式である**家元制度**がつくり出されたのも、この時期大衆社会の文化的な欲求のたかまりがあったことを示している。

花の田舎　興味深いのはそんな時期の京都人の生活習俗を知らせてくれるものが、ヨソ者―主として江戸の人間が書いた京都見聞記の類である。これは、来日したドイツ人医師シーボルトが驚いたほど旅好きだった日本人が、旅による見聞の広がりの中で、いわば比較文化論―特に江戸・大坂・京都の**三都論**ができるようになったもの、その中で京都の言葉や衣・食・住、あるいは気質《かたぎ》などについて語られている。京言葉は優しいが、美人は少ないとか、京都人はケチである、など、好意的なものよりも辛口《からくち》の批判が多いのは、大江戸人のプライドのなせるわざか。

一八世紀の末、「花の都は二百年

京都の主な 祭・年中行事

◇古《いにしえ》から綿々と続くまつりごと。

1月

1日（元旦） 初詣《はつもう》で

◆**各社寺**◆

15日に近い日曜日 三十三間堂通し矢

◆**三十三間堂《さんじゅうさんげんどう》**◆本堂西側で、約60ｍの距離から弓を射る行事。成人を迎えた男女別による競射も行われる。安土《あづち》・桃山時代に起こり、当初は西側広縁の六十六間《けん》（約120ｍ）の距離を一日何本射通すかを競ったと伝える。

通し矢

15日 お松明《たいまつ》

◆**清凉寺《せいりょうじ》**◆涅槃会の法要後、境内《けいだい》に立てた大松明三基に点火。早稲《わせ》・中稲《なかで》・晩稲《おくで》に見立て、その火勢で米作の豊凶を占う。

2月

3日ごろ 節分会《せつぶんえ》

◆**各社寺**◆壬生寺《みぶでら》・吉田神社・盧山寺《ろざんじ》（「鬼の法楽」で知られる）など。

3月

14～16日 涅槃会《ねはんえ》

◆**東福寺《とうふくじ》・泉涌寺《せんにゅうじ》**◆お釈迦《しゃか》様の入滅《にゅうめつ》供養法会《くようほうえ》。大きな涅槃図を開帳し、宝物の展示・甘酒接待などを行う。

4月

第2日曜日 やすらい祭（⇩P39下）

◆**今宮神社《いまみや》**◆花の霊を鎮め無病息災《そくさい》を祈願したのが起こり。氏子《うじこ》が鬼に扮《ふん》して練り歩き、「やすらい踊り」を奉納する。その踊りは滑稽《こっけい》で、京都の三大奇祭の一つとされる。

5月

21～29日 壬生狂言《みぶ》

◆**壬生寺《みぶでら》**◆境内の狂言堂で行う念仏狂言。最終29日の「炮烙割り《ほうらく》」は節分に奉納された炮烙（素焼きの平たい土鍋《どなべ》）を割る厄除け《やくよ》の珍しい無言劇。10月上旬にも3日間行われる。

29日（秋は11月3日） 曲水《きょくすい》の宴（⇩P61）

◆**城南宮**◆

5日 賀茂の競馬《くらべうま》（⇩P80）

◆**上賀茂《かみがも》神社**◆冠をつけた装いで馬に乗り、赤黒二組に分かれて十番勝負を行う古儀。

15日 葵《あおい》祭《まつり》

◆**上賀茂・下鴨《しもがも》神社**◆京都御《ご》所《しょ》へ参集し、出立の儀の後、行列を整えて午前10時半ごろ賀茂神社へ向けて出立。勅使を中心に検非違使《けびいし》・斎王代《さいおうだい》など平安時代さながらの装いの行列が行進する。供奉《ぐぶ》者や牛車《ぎっしゃ》に葵の葉をつけるのでこの名がある。昔、「祭」といえばこの葵祭をさした。

葵祭の行列

6月

20日 竹伐り会《たけきりえ》

◆**鞍馬寺《くらまでら》**◆長さ約4ｍ、太さ約10㎝の青竹を大蛇に見立て、鞍馬法師が近江座《おうみざ》と丹波座《たんばざ》の二組に分かれて切断する遅速を競う。早く伐った方が豊作となる。

30日 夏越《なごし》の祓《はらえ》（⇩P84）

◆**上賀茂神社など**◆

前にて（二百年前までのことで）、今は花の田舎たり。田舎にしては花残れり」と『見た京物語』に書いたのは江戸の狂歌師初代二《に》鐘亭《しょうてい》半山《はんざん》こと、れっきとした旗本の木室《きむろ》七左衛門《しちざえもん》である。彼は京都で一年半ばかり生活した。

こうして各種見聞記の中で、京都に対する「**古都**」のイメージが外から形成され、定着したのだった。ちなみに、その「花」というのが、伝統が育てた美意識、**京風の雅《みやび》**といったものであろう。京《きょう》染《ぞめ》・京鹿子《かのこ》・京扇子《せんす》など、「京」の字を冠して呼ぶようになったのも江戸後期からで、京都の伝統都市化と無関係ではない。

花見をする（「洛中洛外図屏風《びょうぶ》」）

行事と祭礼

それはともかく、昔も今も京都の生活を特徴づけているのは、元旦から大晦日《おおみそか》まで、春夏秋冬を通じて、各種の年中行事や祭礼が数多いという点で、そうした折々のハレの行事が、京都人の生活にリズムを与え、ケジメとなっている。祭礼でいえば京都の三大祭―五月の

7月

1〜29日　祇園祭《ぎおんまつり》

◆**八坂《やさか》神社**◆7月1日の吉符入《きっぷいり》に始まり、10日の神輿《みこし》洗い、16日の宵山《よいやま》などの行事のあと、17日の山鉾《やまぼこ》巡行でクライマックスに達する。24日は神輿がお旅所《たびしょ》から本社八坂神社へ戻る還幸祭《かんこうさい》。除疫を祈る祭で京都および全国三大祭の一つ。（⇩P16「祇園会《ぎおんえ》」）

山鉾巡行

8月

16日　大文字五山送り火《だいもんじござんおくりび》

◆**如意ヶ岳《にょいがだけ》など**◆盂蘭盆会《うらぼんえ》の精霊の送り火。夜8時、盆地の周囲の山々に、大から順に妙法と、船形・左大文字・鳥居《とりい》形に火が点火され、夜空に浮かび上がる。京の夏の一大風物詩。（⇩P79下）

23〜24日　地蔵盆《じぞうぼん》

◆**市内各地**◆地蔵信仰に基づく行事。お地蔵さんの前に赤い提灯《ちょうちん》をつるる。子供らは終日スイカ割りや福引きなどを楽しむ。

9月

23〜24日　千灯供養《せんとうくよう》（⇩P53下・79）

◆**化野念仏寺《あだしのねんぶつじ》**◆

仲秋の名月の夜　観月の夕べ

◆**大覚寺《だいかくじ》**◆大沢の池に、竜頭鷁首《りゅうとうげきしゅ》の船や屋形《やかた》船を浮かべ、琴や尺八の調べの中、満月法要や献花式を営む。

10月

12日ごろ　牛《うし》祭《まつり》

◆**広隆寺《こうりゅうじ》**◆京都三大奇祭の一つ。特異な面をつけた摩吒羅神《まだらしん》が牛に乗り、四天王とともに練り歩き、祖師堂前で祭文をユーモラスに読み上げる。平安時代の恵心僧都源信《げんしん》が始めたと伝える。現在は不定期の開催。

22日　時代祭

◆**平安神宮**◆時代ごとに扮装《ふんそう》した千人を越える行列が都大路を練り歩く。明治二八年（一八九五）平安遷都千百年を祝って平安神宮を創建するとともに始まった。京都三大祭の一つ。

時代祭の行列

11月

22日　鞍馬《くらま》の火祭（⇩P45下）

◆**由岐《ゆき》神社**◆京都三大奇祭の一つ。

第2日曜日　嵐山紅葉祭《あらしやまもみじまつり》

◆**嵐山渡月橋《とげつきょう》付近**◆大堰川《おおいがわ》（桂川《かつらがわ》上流）に浮かべた船上で箏曲《そうきょく》や今様《いまよう》を披露《ひろう》したり、天龍寺《てんりゅうじ》船・能楽舞台船などがくり出たりする。

12月

9〜10日　大根焚き《だいこだき》

◆**了徳寺《りょうとくじ》**（右京区・鳴滝）◆大量の大根を煮て参詣《さんけい》人に供し、中風除《ちゅうふうよ》けとする。「鳴滝《なるたき》の大根焚き」とも。当地を訪れた親鸞上人《しんらんしょうにん》に村人が大根の塩煮を献じた故事による。

31日　おけら参り

◆**八坂《やさか》神社・北野天満宮**◆大晦日《おおみそか》から元日の朝にかけて参詣し、おけら火を吉兆縄《きっちょうのう》に移し取って、火を消さないために火縄の先をくるくる回しながら持ち帰る。その火を火種《ひだね》に雑煮《ぞうに》などを祝うと、一年の無病息災《そくさい》がかなうという。

おけら参り（八坂神社）

それに一〇月の**時代祭**。ただし長い歴史をもつ前二者に比して時代祭は、平安遷都千百年を記念して明治二八年（一八九五）に創建された平安神宮の祭で、遷都の日にちなみ一〇月二二日に行われる一大風俗絵巻である。

本山の町にふさわしく、仏教関係の行事が多いのも、京都ならではのもの。門前町には仏壇屋・数珠《じゅず》屋・仏具屋などが並び、縁日《えんにち》には各種の店が出されてにぎわう。毎月二一日、東寺の境内《けいだい》でもたれる**弘法市**《こうぼういち》は、同じく二五日の**天神市**《てんじんいち》（北野《きたの》天満宮《てんまんぐう》境内）とともに、代表的な庶民市となっている。どこの民族にも共通するバザールのにぎわい、もしこれらの日に京都に来たら、いちど訪ねてみるのも一興であろう。

しかしこうした年中行事や祭礼の中には、時代による生活様式の変化によって維持するのが困難になっているものもある。例えば祇園祭の場合、鉾町《ほこまち》の氏子《うじこ》によって維持されてきたが、都市のドーナツ化現象が進んでいる。夏の夜空をこがす**五山の送り火**も、点火されれば一瞬の間であるが、薪《まき》の調達と運搬は容易ではない。それぞれの行事が本来もっていた宗教的な意義が、観光化の中で希薄《きはく》化しているのも問題である。

京都の歴史

京都は平安京《へいあんきょう》を母胎《ぼたい》とする古代都市として八世紀の末にスタートし、いくたの消長をくりかえしながら千二百年に及ぶ生命を持ち続けて来た。過去のどの宮都《きゅうと》も、他所へ遷都《せんと》したあとは廃絶した。十年で放棄された長岡《ながおか》京《きょう》しかり、その前の平城京《へいじょうきょう》も、東大寺《とうだいじ》や興福寺《こうふくじ》がなければ同じ運命をたどっていたであろう。その意味で『伊勢《いせ》物語』が長岡京を「田舎《いなか》」、平城京を「古里《ふるさと》」と呼んでいるのが印象的である。もっとも後者の「ふるさと」には、平安貴族にとって父祖の地である平城京への思い、文字通り郷愁《きょうしゅう》といったものがこめられているのかも知れない。京都の場合、最大の危機は明治の東京遷都で、じじつ一時期衰微《すいび》するが、廃絶にまで至らなかったのは都市としての実体があったからである。「京都」という地名も、もともとは「みやこ」という意の一般名詞であったのが固有名詞＝地名となったもので、これも平安京の長い生命力の賜物《たまもの》である。

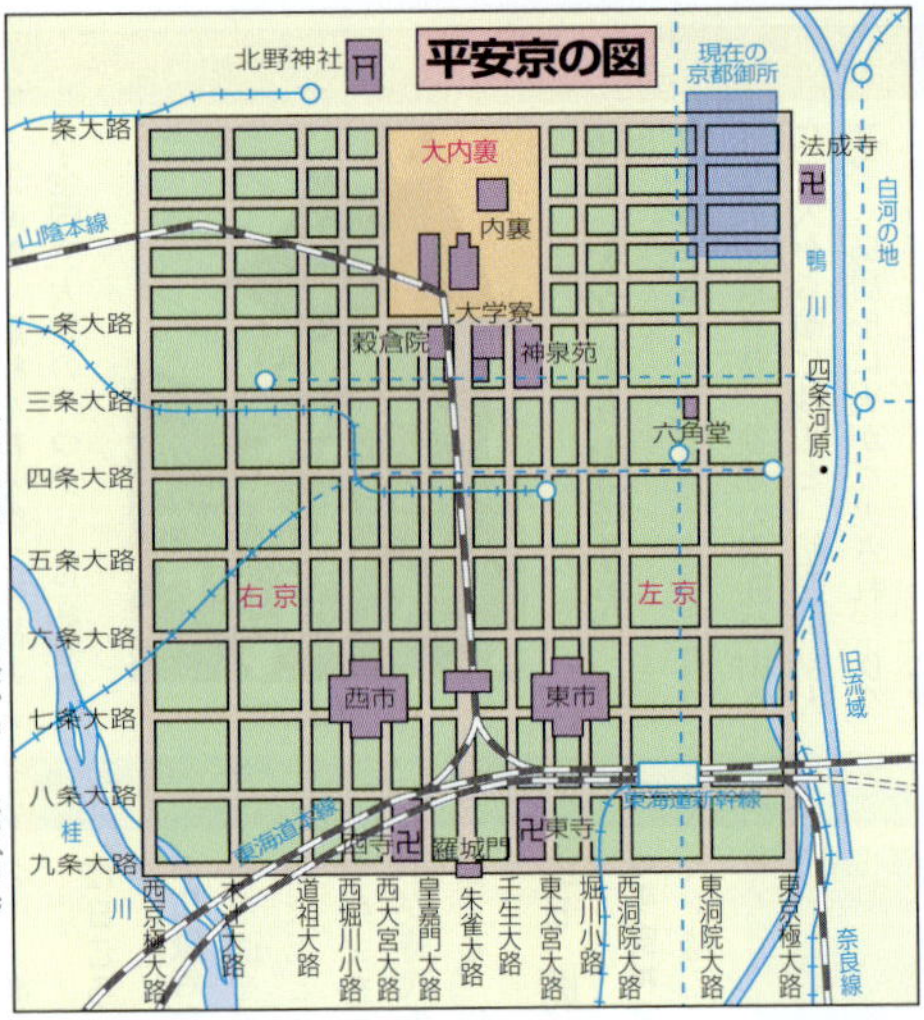

平安京千二百年

いま、京都の危機は明治初年にあったといったが、じつは造都されて間もないころにも訪れていた。嵯峨《さが》天皇の時の、いわゆる**薬子《くすこ》の変**（八一〇）がそれである。譲《じょう》位《い》後平城上皇《へいぜいじょうこう》が、寵姫《ちょうき》藤原薬子の介入もあって、平安新京にいる貴族官人たちに平城旧京へ戻るよう命令したからで、これに同調するものもいたのである。薬子の父は式家《しきけ》の種継《たねつぐ》、すなわち長岡造都の中心人物であり、そのため反対派に暗殺されたことは有名。とするならば、その長岡京を捨ててつくった平安京は、父の仕事を無にするものであり、彼女にとって絶対認めることのできない存在だったのだ。しかしこの試みは失敗、上皇は落飾《らくしょく》（髪をおろし出家《しゅっけ》すること）、薬子は毒を仰《あお》いで自殺した。のちに鴨長明《かものちょうめい》が『**方**《ほう》**丈記**《じょうき》』の中で福原《ふくはら》遷都のことを述べた際、この都（平安京）が定まったのは嵯峨天皇の時代である、と書いたのは、このような事実を知った上でのことであろう。

なお薬子の変に関連して、貴族の登竜門《とうりゅうもん》となる蔵人《くろうどの》頭《とう》が設けられたことや、賀茂《かも》神社の**斎王**《さいおう》**—斎院**《さいいん》**の制**が始められたことなども留意される。こんにち**葵祭**《あおいまつり》（⇩P12）に登場するのが斎王代《だい》であるのは、この制度が鎌《かま》倉《くら》初期、後鳥羽《ごとば》上皇の時に廃絶したことによる。

❖京都歴史年表❖

時代	年号	西暦	事項
飛鳥《あすか》時代	4～6世紀		渡来《とらい》人秦氏《はた》が繁栄。
	推古《すいこ》11	六〇三	秦河勝《かわかつ》、蜂岡寺《はちおかでら》（広隆寺《こうりゅうじ》）を建立する。
	大化《たいか》2	六四六	僧道登《どうと》、宇治橋を架ける。
	天武6	六七八	賀茂神社造営。
奈良時代	和銅3	七一〇	平城京遷都。
	4	七一一	伏見稲荷《ふしみいなり》大社創祀《そうし》という。
	天平勝宝4	七五二	奈良東大寺大仏開眼供養《かいげんくよう》。
	延暦3	七八四	長岡京《ながおかきょう》遷都。
	7	七八八	最澄《さいちょう》、比叡山《ひえいざん》寺一条止観院《いちじょうしかんいん》創建。 万葉集
平安時代	13	七九四	平安京遷都。
	15	七九六	東寺《とうじ》・西寺《さいじ》創建。鞍馬寺伽藍《くらまでらがらん》造営される。
	17	七九八	坂上田村麻呂《さかのうえのたむらまろ》、清水寺《きよみずでら》創建。
	19	八〇〇	このころ神泉苑《しんせんえん》できる。
	24	八〇五	最澄、天台《てんだい》宗を開く。
	大同1	八〇六	空海《くうかい》、真言《しんごん》宗を開く。
	弘仁《こうにん》1	八一〇	薬子《くすこ》の変起こる。
	13	八二二	比叡山《ひえいざん》寺を延暦寺《えんりゃくじ》と改める。
	14	八二三	空海、東寺を賜《たまわ》り、教王護国《きょうおうごこく》寺と称する。
	天長1	八二四	神護国祚《じんごこくそ》真言寺（神護寺）創建。
	貞観《じょうがん》1	八五九	石清水八幡宮《いわしみずはちまんぐう》創建。
	16	八七四	醍醐寺《だいごじ》が創建される。

西寺跡（南区）

アネサンロッカク タコニシキ

京都の町が碁盤目《ごばんめ》状の美しい姿を見せるのは、**条坊《じょうぼう》制**、すなわち道路を東西南北に通して町が区画されたことによる。だから条坊制における場所表示も、「左京《さきょう》二条三坊四町西二行北三門」といった具合に精密に書きあらわしていた。しかし現実問題として、京中にぎっしり住宅が建ち並んでいたわけではないし、ことに右京《うきょう》は早く廃《すた》れたから、厳密である必要もなかった。そこで生まれたのが道路を基準とする表示である。たとえば二条烏丸《からすま》といえば、東西路の二条通《どおり》と南北路の烏丸通との交差点近くということになる。これに適宜《てきぎ》、**上《あが》ル・下《さが》ル**とか**東入《い》ル・西入《い》ル**などをつけ加えれば、大よその地点がわかることになる。これが生活の知恵というものであろう。

平安後期になって、道路の通称があらわれる一方、それを覚える（させる）ための**口遊《くちずさ》み**が生まれたのも、同じ理由によるものであろう。しかしもっともポピュラーなのが、たぶん江戸時代に普及したと思われる、つぎのような口遊みである。東西路を北から南へとうたいあげたものである。

マル（丸太町通《まるたまちどおり》）・タケ（竹屋町通）・エビス（夷川通《えびすがわ》）・ニ（二条通）・オシ（押小路通《おしこうじ》）・オイケ（御池通）、アネ（姉小路通《あねやこうじ》）・サン（三条通）・ロッカク（六角通）・タコ（蛸薬師通《たこやくし》）・ニシキ（錦小路通）、シ（四条通）・アヤ（綾小路通《あやのこうじ》）・ブッ（仏光寺通《ぶっこうじ》）・タカ（高辻通《たかつじ》）・マツ（松原通）・マン（万寿寺通《まんじゅじ》）・ゴジョウ（五条通）

これが童謡としてうたわれ、生活に必要な知識とされたわけである。ひとつ自己流でいいから、スローテンポで口ずさんでみられたし。なんとなく京の雰囲気《ふんいき》さえ味わえるような気分になるのでは――。

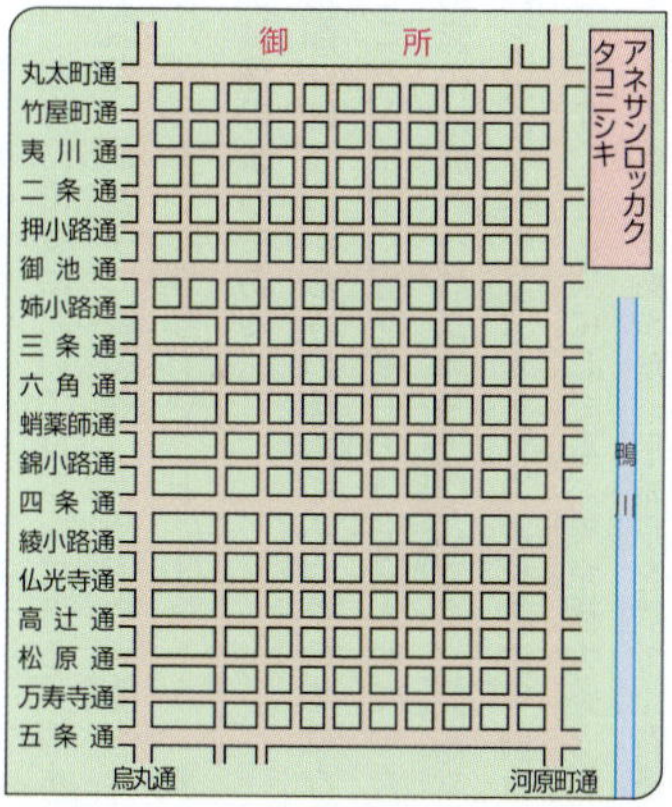

町衆のまち

道路といえば、条坊制では町は道路で区画されていたが、中世に下ると、道を介して向かい合う人びとが一つの町を形成するようになったのが注目される。そこでこれをかりに「**両側町《りょうがわ》**」と称しているが、これは人為《じんい》的な町から生活の町に変わったことを意味する。その点、京都で典型的な両側町が祇《ぎ》園御霊会《おんごりょうえ》（祭）の際、山や鉾《ほこ》を出す町、いわゆる**鉾町**であるのは、理由のないことではない。祇園会は当初官祭であったが、中世になると民間の祭と

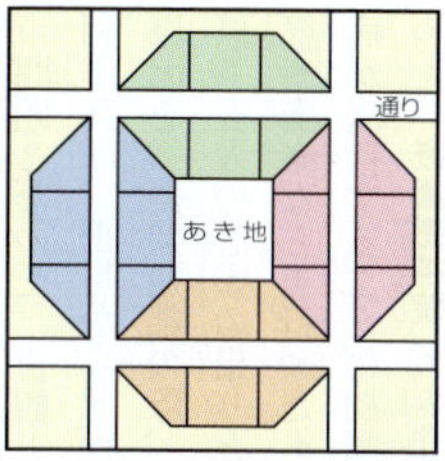

両側町概念図

時代	年号	西暦	できごと
平安時代	18	八七六	大覚寺が創建される。
平安時代	仁和《にんな》4	八八八	御室《おむろ》仁和寺創建。
平安時代	寛平《かんぴょう》6	八九四	遣唐使《けんとうし》、中止となる。
平安時代	延喜1	九〇一	菅原道真《すがわらのみちざね》、大宰府《だざいふ》に左遷。
平安時代	天暦《てんりゃく》1	九四七	道真を祀《まつ》る北野天満宮《きたのてんまんぐう》創建。
平安時代	5	九五一	醍醐寺五重塔《だいごじごじゅうのとう》建立。
平安時代	天徳4	九六〇	遷都後初めて内裏《だいり》焼亡。
平安時代	応和3	九六三	空也《くうや》、西光寺（六波羅蜜寺《ろくはらみつじ》）創建。
平安時代	天禄《てんろく》1	九七〇	祇園御霊会《ぎおんごりょうえ》、例祭となる。
平安時代	寛和《かんな》3	九八七	奝然《ちょうねん》、清涼寺《せいりょうじ》建立を計画。
平安時代	正暦《しょうりゃく》1	九九〇	西寺焼亡。
平安時代	長和4	一〇一五	疫病流行。
平安時代	永承《えいしょう》6	一〇五一	日野《ひの》に法界寺《ほうかいじ》を創建。 源氏物語 枕草子
平安時代	7	一〇五二	宇治平等院《びょうどういん》建立。
平安時代	保元《ほうげん》1	一一五六	保元の乱。
平安時代	平治《へいじ》1	一一五九	平治の乱。平清盛《きよもり》台頭。
平安時代	長寛《ちょうかん》2	一一六四	平清盛、蓮華王院《れんげおういん》（三十三間堂）を建立。
平安時代	安元《あんげん》3	一一七七	太郎焼亡（安元の大火）。大極殿《だいごくでん》焼失。
平安時代	治承《じしょう》2	一一七八	次郎焼亡。
平安時代	文治1	一一八五	壇ノ浦《だんのうら》の合戦、平家滅亡。
鎌倉時代	建久3	一一九二	源頼朝《よりとも》、鎌倉《かまくら》幕府（異説有り）。
鎌倉時代	建仁《けんにん》2	一二〇二	栄西《えいさい》、建仁寺を創建。
鎌倉時代	承元《じょうげん》1	一二〇七	専修念仏を禁じ、法然《ほうねん》・親鸞《しんらん》を流罪《るざい》に。 方丈記
鎌倉時代	承久《じょうきゅう》3	一二二一	承久の乱。六波羅探題《ろくはらたんだい》設置。
鎌倉時代	文暦《ぶんりゃく》1	一二三四	知恩院《ちおんいん》創建。 平家物語
鎌倉時代	建長7	一二五五	東福寺、塔堂伽藍ほぼ完成。
鎌倉時代	正応《しょうおう》4	一二九一	亀山《かめやま》上皇、南禅寺《なんぜんじ》を創建。
鎌倉時代	元応1	一三一九	大徳寺創建。
鎌倉時代	元弘3	一三三三	鎌倉《かまくら》幕府滅亡。 徒然草
鎌倉時代	建武《けんむ》1	一三三四	建武新政（建武中興）。
鎌倉時代	2	一三三五	二条河原《にじょうがわら》に落書《らくしょ》が立つ。
（南北朝）	3	一三三六	足利尊氏《あしかがたかうじ》、幕府を開く。後醍醐《ごだい》天皇、吉野《よしの》へ移る（南朝）。
（南北朝）	康永《こうえい》1	一三四二	妙心寺《みょうしんじ》創建。

祇園会の図（「洛中洛外図屏風《びょうぶ》」）

して発展、これを支えたのが祇園社の氏子《うじこ》たちであり、その根底に町共同体があったからである。いや、そうした共同体（町組）の発展を基盤にして祇園会《ぎおんえ》は都市民の祭になったという方が正しい。

話は遡《さかのぼ》るが、この**祇園会**の起源は九世紀半ばすぎ、貞観《じょうがん》年間における疫病《えきびょう》流行にある。残された記録によれば、この時期からしきりと災害―日照り・長雨などの天変地異《てんぺんちい》や疫病の流行など―が目につくようになる。遷都《せんと》以来、半世紀以上がたち、よきにつけあしきにつけ、平安京に都市の実態がそなわってきたことを示すものであろう。それにともない天変地異はそのまま都市問題となった。貞観五年（八六三）五月**神泉苑《しんせんえん》**で催《もよお》された御霊会《ごりょうえ》は、正月から流行していた咳逆病《がいぎゃくびょう》（流行性感冒《かんぼう》）の原因を、長岡《ながおか》造都の際、非業《ひごう》の最期《さいご》をとげた早良親王《さわらしんのう》以下五人の怨霊《おんりょう》の祟《たた》りとみて、これを慰めるために読《ど》経《きょう》や奏楽《そうがく》などを行ったもの。これが先鞭《せんべん》となって、疫病が流行するごとに御霊会が各所で催されるようになった。**祇園感神院《かんじんいん》**（八坂《やさか》神社）の御霊会、いわゆる祇園会もその一つであったが、官祭の扱いをうけて次第に盛大となり、中世には町組を母胎《ぼたい》とする典型的な町衆の祭となった。祇園会はわが国で最初の**都市型祭礼**といってよいであろう。

本山のまち

京都の第一印象は、と問われれば、寺が多いこと、という答えが返ってくるにちがいない。じじつその数はこんにち約一六〇〇、むろん密度において日本一である。清水《きよみず》寺《でら》、東西本願寺《ほんがんじ》、金閣寺《きんかくじ》に銀閣寺《ぎんかくじ》、大徳寺《だいとくじ》や天龍寺《てんりゅうじ》など、あげていけばすぐにでも十や二十にはなろう。まことに京都は**寺のまち**である。

しかし京都ははじめから寺のまちであったのではない。それどころか京中に寺を営《いとな》むのは忌避《きひ》されていた。藤原道長《ふじわらのみちなが》造営の法成寺《ほうじょうじ》（はじめ無量寿院《むりょうじゅいん》という名の阿弥陀堂《あみだどう》を営み、それを中心に寺観がととのえられた。道長を「御堂《みどう》」関白というのはこれによる。⇩P80）にしても、東京極大路《ひがしきょうごく》と鴨《かも》川《がわ》の間、すなわち京外にあった。平城京《へいじょうきょう》を捨て山背《やましろ》遷都を行った目的の一つ、寺院勢力の排除は、不文律《ふぶんりつ》として守られていたわけである。

時代	年号	西暦	事項
室町時代	康永《こうえい》4	一三四五	天龍寺《てんりゅうじ》建立。
	明徳《めいとく》3	一三九二	南北朝の講和。相国寺《しょうこくじ》建立。
	応永4	一三九七	足利義満《よしみつ》、北山殿《きたやまどの》（金閣《きんかく》）造営。
	宝徳2	一四五〇	龍安寺《りょうあんじ》創建。
	応仁《おうにん》1	一四六七	応仁の乱（～一四七七）。
	文明13	一四八一	蓮如《れんにょ》、山科《やましな》本願寺を建立。
	14	一四八二	足利義政《よしまさ》、東山殿《ひがしやまどの》（銀閣）を造営始める。
	17	一四八五	山城国一揆《やましろのくにいっき》起こる。
	長享《ちょうきょう》1	一四八七	「西陣《にしじん》」の地名初見。
	明応9	一五〇〇	祇園祭《ぎおんまつり》再興される。
	天文《てんもん》20	一五五一	宣教師ザビエル上洛。
	永禄《えいろく》12	一五六九	織田信長《おだのぶなが》上洛、内裏《だいり》を修理。
	元亀《げんき》2	一五七一	信長、延暦寺を焼き討《う》つ。
	天正《てんしょう》1	一五七三	信長、将軍足利義昭《あしかがよしあき》を追放、室町幕府滅亡。
安土・桃山時代	7	一五七九	樂長次郎《らくちょうじろう》、千利休《せんのりきゅう》の指導のもと茶碗を焼く。
	9	一五八一	西本願寺北能舞台建立。
	10	一五八二	本能寺《ほんのうじ》の変、信長自害。三条大橋・五条大橋建造。太閤《たいこう》検地始まる。
	14	一五八六	秀吉、方広寺《ほうこうじ》大仏殿を建立。
	15	一五八七	秀吉、聚楽第《じゅらくだい》造営。北野大茶湯。
	18	一五九〇	秀吉、洛中の町割《まちわり》を行う。
	19	一五九一	秀吉、お土居《どい》を築造。本願寺を再建。千利休切腹。

千利休画像（長谷川等伯《はせがわとうはく》筆）

それが崩れ、京中に寺院が出現するようになるのは、鎌倉《かまくら》末期、日蓮《にちれん》の法孫《ほうそん》・日像《にちぞう》が東国から上洛《じょうらく》し、有力町人の帰依《きえ》を得たことにある。下京《しもぎょう》の五条坊門西洞院《ぼうもんにしのとういん》の造り酒屋、柳屋仲興《やなぎやなかおき》が屋敷内に一宇《いちう》を建て妙法蓮華寺《みょうほうれんげじ》(妙蓮寺)と称したのが第一号で、以下続々と京中に法華《ほっけ》寺院が出現した。それの説く現世利益《りやく》が町衆に受容されたからで、寺は最盛期二十一ヵ寺にのぼり、「洛中法華二十一ヵ寺本山」といわれたものである。

寺といえば、こんにち**寺町・寺の内**と呼ばれる地域に集中しているが、寺の集中をはかったのは**豊臣秀吉《とよとみひでよし》**である。寺を東部に集め、寺が占有する市中の土地の有効利用をはかったという一面もあった。明治になり寺町や新京極《しんきょうごく》が歓楽街となったのは、その境内《けいだい》地の利用によるものであった。

京都御所《ごしょ》と公家《くげ》町

寺町はどの城下町でもみられたが、京都にしか存在しないのが、**京都御所**と**公家町**である。本来の平安京の内裏《だいり》は、天徳《てんとく》四年(九六〇)九月二三日にはじめて焼けてからというもの、たびたび罹災《りさい》、その都度《つど》京中のしかるべき公家邸宅が内裏として借用された。そこでこれを「**里内裏《さとだいり》**」という。内裏は摂関《せっかん》時代の一世紀に限っても、六・七年に一度は焼けた勘定《かんじょう》になる。里内裏に比重がかかるのは当然の成り行きといってよい。里内裏の再建が行われなくなった鎌倉時代には、里内裏が皇居そのものとなった。

その一つが東洞院土御門殿《ひがしのとういんつちみかどどの》で、古くは道長の邸宅土御門殿とも一部重なる。これが南北朝合一(一三九二)後、最終的に固定した。これがこんにちの京都御所の前身である。

京都御所(御苑《ぎょえん》)内には、いまは跡かたもないが、明治のはじめまでは、公家の邸宅が建ち並んでいた。そこでこれを「**公家町**」というが、この公家町の形成を推進したのも秀吉で、これには公家に対する保護と統制という二面があったと考えられる。その後、徳川幕府の出した「禁中《きんちゅう》並びに公家諸法度《はっと》」はその精神を受けつぐものであった。

内裏応天門の炎上を見る人々(「伴大納言絵巻《ばんだいなごんえまき》」)

	文禄《ぶんろく》3	一五九四	秀吉、伏見《ふしみ》城を築く。
	4	一五九五	秀次《ひでつぐ》自害。秀吉、聚楽第《じゅらくだい》破却。
	慶長《けいちょう》3	一五九八	醍醐《だいご》の花見。三宝院《さんぼういん》造営。秀吉没。
	5	一六〇〇	関《せき》ヶ原《がはら》の戦い。
	7	一六〇二	教如上人《きょうにょしょうにん》、東本願寺を創建。
江戸時代	8	一六〇三	徳川家康《いえやす》、江戸幕府を開き、二条城を築く。出雲阿国《いずものおくに》、歌《か》舞伎《ぶき》踊りを始める。このころより大文字《だいもんじ》送り火開始。
	10	一六〇五	北政所《きたのまんどころ》、高台寺《こうだいじ》創建。このころ遊女歌舞伎、四条河原《しじょうがわら》へ進出。
	16	一六一一	角倉了以《すみのくらりょうい》、高瀬川《たかせがわ》を開く。
	18	一六一三	キリスト教禁止令。
	19	一六一四	豊臣秀頼《とよとみひでより》、方広寺大鐘を鋳造《ちゅうぞう》。大坂冬の陣。
	元和《げんな》1	一六一五	大坂夏の陣。豊臣氏滅亡。本阿弥光悦《ほんあみこうえつ》ら鷹峯《たかがみね》村に集住。
	4	一六一八	桂離宮《かつらりきゅう》の造営始まる。
	9	一六二三	幕府により伏見城破却。
	寛永16	一六三九	鎖国令。
	17	一六四〇	島原に遊郭が移転する。
	18	一六四一	石川丈山《じょうざん》、詩仙堂《しせんどう》を造営。
	21	一六四四	東寺五重塔《ごじゅうのとう》再建。
	正保《しょうほう》年間	一六四四~四八	野々村仁清《にんせい》、御室焼《おむろやき》を開く。
	明暦《めいれき》2	一六五六	修学院《しゅがくいん》離宮の造営始まる。
	寛文《かんぶん》1	一六六一	隠元《いんげん》、宇治に万福寺《まんぷくじ》を創建。
	貞享《じょうきょう》1	一六八四	このころより友禅染《ゆうぜんぞめ》起こり、西陣織《にしじんおり》は最盛期を迎える。
	元禄《げんろく》7	一六九四	二〇〇年余中断の賀茂《かも》祭(葵祭《あおいまつり》)を再興。 西鶴・芭蕉
	宝永5	一七〇八	宝永の大火。
	享保《きょうほう》15	一七三〇	享保の大火(西陣焼け)。
	天明8	一七八八	天明の大火(どんぐり焼け)。
	嘉永《かえい》6	一八五三	ペリー、浦賀《うらが》来航。
	安政5	一八五八	安政の大獄。
	文久2	一八六二	寺田屋事件。

京と小京都

武士団の登場（「平治物語絵巻」）

京都は公家《くげ》のまちであったといえるが、正確にいうと、中世では、公家よりも武家《ぶけ》の方がはるかに多かった。中世の京都は武家の町であったことに留意する必要がある。足利尊氏《あしかがたかうじ》によって京都に幕府が開かれた（一三三六）ことで、諸国より守《しゅ》護大名《ごだいみょう》やその一族、家臣が京都に宿所をかまえて集住《しゅうじゅう》するようになったからである。『太平《たいへい》記《き》』に登場する「在京《ざいきょう》大名」というのがそれである。しかも武士は地方を背負っていたから、中央と地方の交流、公家や町衆との接触を通じて新しい文化を生み出す要件となった。京都はたえず他所者《よそもの》によって活性化された町であり、そこに京都文化も開花したのである。

その点でこんにち**伝統産業**や**伝統芸能・芸術**と呼ばれるものの多くが、この室町・戦国時代に生まれていることも見逃せない。いまでこそ前近代的といわれるが、それらはいずれも当時としてはもっとも進んだ技術であり文化であったとみるべきである。

戦国時代、京都の姿を描く「洛中洛外図屏風《びょうぶ》」が、ことに地方の人びとに求められたのもそれで、そこには先端都市としての京があった。城下町をつくるに当たって「帝都の模様」を遷《うつ》したという周防《すおう》大内《おおうち》氏の山口を早い例として、以後多くの大名が京都に似せて城下町をつくった。越前《えちぜん》朝倉《あさくら》氏の一乗谷《いちじょうだに》は、まさしく「越南《えつなん》の都」であった。

いわゆる「**小京都**」とは、地形上だけでなく、人文的な類似をふくめて、京都をモデルにした地方都市をいい、中央と地方の間にあった文化的格差が生み出したものであるが、こんにちではいささか拡大解釈され、伝統工芸などのある地方小都市があらかた小京都にされている。失われて行くものへの郷愁《きょうしゅう》のなせるわざであろう。山口や一乗谷などが歴史的な小京都とするなら、これは心情的な小京都といえるのかも知れない。

しかしもう一度確認しておくなら、こうした小京都が生まれる要件は、京都のもつ先進都市としての魅力にあったはずである。ところがある時期、京都は古都といわれ、伝統や古さが強調されるようになる。その時期は、いわゆる**三都《さんと》論**—江戸・大坂・京都の比較都市論—が生まれる一八世紀のことである。

東京遷都によって京都は一時衰微を余儀なくされたが、官民あげての努力で近代化を進め、再生した。しかしこんにちの京都に求められているのは、豊かな文化遺産と環境をいかに後世に伝えるかである。

小京都のシンボル・京都祇園祭を伝える鷺舞《さぎまい》（島根県・津和野）

時代	年号	西暦	事項
江戸時代	文久3	一八六三	新選組《しんせんぐみ》結成。
	元治《げんじ》1	一八六四	池田屋事件。蛤御門《はまぐりごもん》（禁門《きんもん》）の変、市中大火（どんどん焼け・鉄砲焼け）。
	慶応《けいおう》3	一八六七	大政奉還。
明治時代	明治1	一八六八	鳥羽《とば》・伏見《ふしみ》の戦い。明治維新。
	2	一八六九	東京遷都。
	6	一八七三	京都〜大阪間鉄道起工。
	8	一八七五	同志社英学校創立。
	23	一八九〇	琵琶湖疏水竣工《びわこそすいしゅんこう》。
	28	一八九五	平安遷都を記念して平安神宮を造営。時代祭始まる。日本最初の路面電車が敷設。
	30	一八九七	京都帝国大学開設。京都（国立）博物館開館。
大正時代	大正9	一九二〇	高瀬舟廃止。
	13	一九二四	府立植物園開園。
昭和（平成）時代	昭和8	一九三三	京大滝川《たきがわ》事件。巨椋《おぐら》池干拓。
	16	一九四一	太平洋戦争（〜四五）。
	25	一九五〇	金閣寺焼亡。京都駅焼亡。
	30	一九五五	金閣寺再建。
	38	一九六三	京都タワー着工。
	46	一九七一	延暦寺根本中堂《こんぽんちゅうどう》再建。
	51	一九七六	山科《やましな》区・西京《にしきょう》区新設、一一区。
	53	一九七八	京都市電全線廃止。
	56	一九八一	地下鉄烏丸《からすま》線開通。
	平成6	一九九四	平安建都一二〇〇年祭。
	9	一九九七	地下鉄東西線開通。

疏　水（蹴上《けあげ》）

東福寺・方丈庭園

第Ⅱ章　名所への招待

光明　正信

●**第Ⅱ章**中にある次の印は、
*＝**国宝**指定の文化財
○＝**重要文化財**（重文）
を示します。

洛中 名所案内

夕暮れの鴨川《かもがわ》(四条大橋より)

洛中

洛中《らくちゅう》は、応仁《おうにん》の乱(一四六七〜七七)や、蛤御《はまぐり》門《もん》の変(一八六四)のいわゆる「どんどん焼け」などで、何度も戦火にあった。そのため古い建造物は周辺部ほどには残っていない。最も古いのが**大報恩寺**《だいほうおんじ》(**千本釈迦堂**《せんぼんしゃかどう》)の本堂《ほんどう》(一二二七建立《こんりゅう》)で、あとは江戸時代のものが多い。そのかわりに、**伝統**や**古いしきたり**を伝える暮らしがあり、味や技術が生きている。街なかのいたる所で、「**現代に生きる古都**」が感じとられる。それが魅力となっている。

東寺

とうじ

平安

近鉄東寺駅下車西へ徒歩5分／市バス九条大宮か東寺東門前下車すぐ▼MAP B－4

（40分）

◀東寺・五重塔

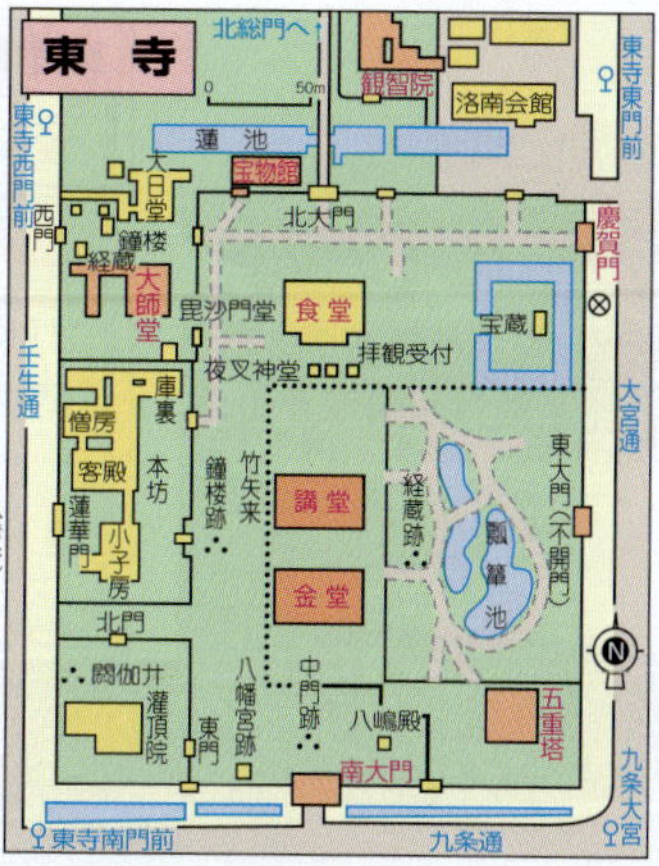

〔順路〕慶賀門か南大門→拝観受付→瓢箪《ひょうたん》池畔散策→五重塔→金堂（堂内拝観）→講堂（堂内拝観）→食堂→大師堂〔所要約40分〕

●空海の寺院　平安京の造営にあたり、都の中央を貫く朱雀大路《すざくおおじ》の南端に羅城門《らじょうもん》を置き、その左右に東寺と西寺《さいじ》を配した。**東寺**は弘仁《こうにん》一四年（八二三）、**空海**《くうかい》（弘法大師《こうぼうだいし》）に賜《たまわ》った。空海はここを真《しん》言密教《ごんみっきょう》の根本道場とし、**教王護国寺**《きょうおうごこくじ》と称した。

●荘厳な伽藍　○**南大門**《なんだいもん》、*****金堂**《こんどう》・○**講堂**・食堂《じきどう》が一直線に並び、金堂の東に*****五重塔**《ごじゅうのとう》が建つ。伽藍《がらん》配置は奈良時代の様式を留《とど》め、主な建物は室町末期から江戸初期に再建された。仏像は創建当時のものが多く、講堂に安置される*****五大明王像**《みょうおうぞう》などの諸仏の大半は、いわゆる貞観《じょうがん》仏（⇩P116）であり、そこに一歩足を踏み入れると真言密教の持つ神秘的かつ荘厳《そうごん》な雰囲気に圧倒される。

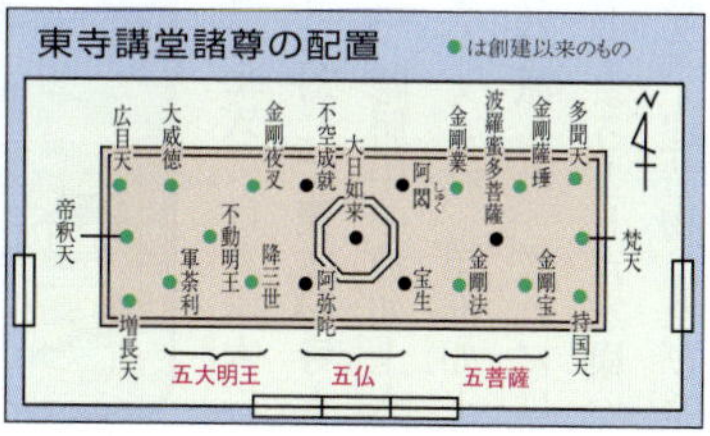

●日本一高い五重塔　京都のシンボルともなっている**五重塔**は高さ約五五mで、五重塔としては日本一の高さを誇る。境内《けいだい》の西北部にある*****大師堂**は寝殿造《しんでんづくり》の和風建築で、○**弘法大師坐像**《ざぞう》を安置する。香煙の絶える時がなく、大師信仰の厚さが知られ、この寺を今日まで支えてきたものが何であるかを知ることができる。諸堂拝観には食堂南の受付所から入るが、南大門《なんだいもん》付近から金堂の全景を眺めて、東大寺大仏殿《とうだいじだいぶつでん》を思わせるその威容に平安時代初期の姿をしのぶとよい。

あれこれ **観智院**《かんちいん》●東寺境内の北側にある塔頭《たっちゅう》寺院の一つ。*****客殿**は書院建築の代表的なもの。剣豪宮本武蔵《むさし》筆と伝える「**鷲**《わし》**の図**」障壁画《しょうへきが》も一見に値《あたい》する。（※春秋一時期のみ公開。）

あれこれ **宝物館**●春秋２回（３月下旬～５月下旬、９月下旬～11月下旬）の開館。羅城門にあったと伝える*****兜跋毘沙門天像**《とばつびしゃもんてんぞう》などを所蔵。

あれこれ **弘法さんの縁日**●毎月21日に、大師堂の御影供《みえく》が行われ、境内一円に露店が並び、大変にぎわう。（⇨P 11）

周辺 **羅城門跡**《らじょうもん》●東寺南大門から西へ徒歩約５分。平安京朱雀大路の南入口に建物幅約32m・高さ約21mの威容を誇っていたというが、今は児童公園の中央に「**羅城門遺址**」の石碑が建っているだけで、当時をしのばせるものは何もない。『宇治拾遺物語《うじしゅうい》』などには、鬼が出たり、死体の捨て場になっていたりしたことが描かれ、早くから荒廃していたらしい。芥川龍之介《あくたがわりゅうのすけ》の短編『**羅生門**《らしょうもん》』でも有名。（⇨P 77）

周辺 **西寺跡**《さいじ》●東寺と対称して建てられた。伽藍の規模も東寺と同じだったが、平安中期ごろに焼失し、再建されることがなかった。今は西寺児童公園に「**史跡西寺址**」の石碑と礎石《そせき》があるだけである。

京検　空海（弘法大師）は平安時代の三筆《さんぴつ》の一人。三筆でない人は次のだれ？→嵯峨《さが》天皇・菅原道真《みちざね》・橘逸勢《たちばなのはやなり》

東本願寺

ひがし
ほんがんじ

江戸

市バス烏丸七条下車すぐ
京都駅から北へ徒歩5分▼MAP C－4

（30分）

▲東本願寺・御影堂

〔順路〕御影堂門→御影堂→廊下→阿弥陀堂
［所要約 30 分］

▲渉成園・印月池と漱枕居

●本願寺から分派したお寺

正式には真宗大谷《しんしゅうおおたに》派本願寺という。西本願寺に対して**東本願寺**と俗称される。慶長《けいちょう》七年（一六〇二）、隠居中の教如上人《きょうにょしょうにん》が徳川家康《いえやす》から現在の地を与えられ、弟准如《じゅんにょ》上人の継いでいた本願寺から分派した。これには強大な本願寺の勢力を二分しようとした家康一流の政略もあったと言われる。建造物はたびたびの火災で失われ、古いものは残っていない。現在のものはすべて明治時代のものである。

●御影堂門と勅使門

烏丸通《からすまどおり》に面して三つの門がある。一番大きいのが、中央の**御影堂《ごえいどう》門《もん》**（大師堂門）で、重層、高さは二七mある。その北の**勅使門《ちょくしもん》**は、金色に輝く菊の紋章で飾られた四脚門で、「**菊の門**」ともいう。

●世界有数の木造建築物

境内《けいだい》に入ると、巨大な**御影堂**（大師堂）が目に入る。重層入母屋造《いりもやづくり》で、奈良の大仏殿に比べて高さは約一〇m低いが、幅は一七m長く、広さにおいては大仏殿をしのぐ。木造建築物としては世界有数の規模である。この大工事に使用される巨材の運搬に普通の綱では役に立たず、信徒の女性が献納した毛髪で造られた毛綱が用いられた。それが**阿弥陀《あみだ》堂**（本堂）への渡り廊下に展示されていて、女の命といわれる髪の毛を切ってまで尽くした女性たちの信仰心の厚さを示している。

あれこれ **渉成園《しょうせいえん》（枳殻邸《きこくてい》）**●東本願寺から東へ徒歩５分ほど。東本願寺の別邸。寛永 18 年（1641）に徳川家光からこの地を与えられた宣如《せんにょ》上人が、石川丈山《じょうざん》に作庭させ、隠居所としたもの。

庭の大半を舟遊びのできる**印月池**が占め、池中に大小二つの島がある。繁茂する樹木が庭外のものを遮《さえぎ》って、この庭の塀の外に市街地のあることを忘れさせる。池の端の茶席**漱枕居《そうちんきょ》**、楼門風の**傍花閣《ぼうかかく》**、島の築山《つきやま》の上にある茶席**縮遠亭《しゅくえんてい》**、池に架かる橋廊の**回棹廊《かいとうろう》**など、江戸時代初期の漢詩文を愛した文人好みがよく表れている。

なお、この庭は平安時代に源融《とおる》が奥州塩釜《しおがま》の景を模して、ここで塩を焼かせたという六条河原院《かわらのいん》の跡と伝える話もあるが、定説とはなっていない。

周辺 **河原院跡の碑**●五条大橋西詰《づめ》南の路傍に榎《えのき》の大樹があり、その樹下に「**此《この》付近源融河原院址**」の石碑が建つ。先の渉成園の庭園を河原院跡と称する説もあるが、跡碑がここにもあることをみると、河原院がいかに広大であったかを示すのかもしれない。（⇨P 83）

京検 渉成園＝伝河原院跡については『源氏物語』に「なにがしの院」とある。さて、そのゆかりの巻名はどれ？
→桐壺（きりつぼ）の巻・夕顔（ゆうがお）の巻・若紫（わかむらさき）の巻・空蟬（うつせみ）の巻

西本願寺

にしほんがんじ

桃山・江戸

市バス西本願寺前か七条堀川下車すぐ ▼MAP C-4

(30分)

※書院参観は事前に参拝部まで申し込む。（下京区堀川通花屋町下ル）飛雲閣は非公開。

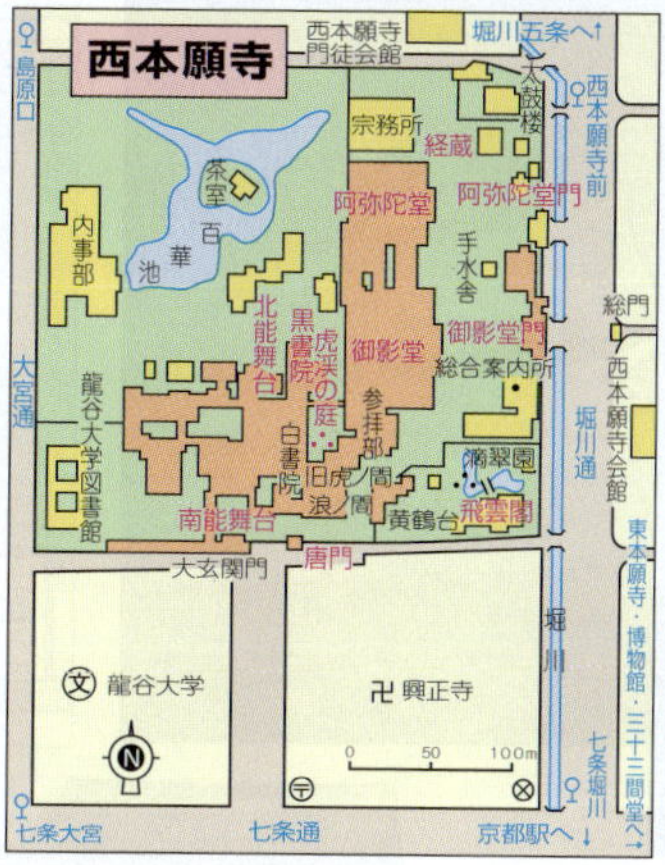

〔順路〕御影堂門か阿弥陀堂門→経蔵→阿弥陀堂→御影堂→唐門〔所要約30分〕

▲西本願寺・御影堂

●**親鸞聖人の一小廟から**　正式には浄土真宗《じょうどしんしゅう》本願寺派本願寺。宗祖親鸞《しんらん》聖人の娘覚信尼《かくしんに》が東山《ひがしやま》山麓《さんろく》に建てた一小廟《びょう》に始まる。延暦寺《えんりゃくじ》などの迫害にあい、各地を転々としたが、天正《てんしょう》一九年〔一五九一〕に秀吉の寄進によって現在地に移った。

●**桃山文化を代表する建築群**　**御影堂**《ごえいどう》（大師堂）・**阿弥陀堂**《あみだどう》（本堂）ともに江戸時代のもの。**書院***は伏見《ふしみ》城の遺構といわれるが、異説もある。書院の障壁画《しょうへきが》の「商山四皓図《しょうざんしこうず》」などは渡辺了慶《りょうけい》らの筆になり、欄間《らんま》の透彫《すかしぼ》りの彫刻とともに、豪華絢爛《けんらん》、桃山文化を代表する建造物。狭屋《さや》の間《ま》の小壁の「**武蔵野図**《むさしの》」は秋草に月を描いたもので他の間の絵とは異なる繊細さがあり、目をひく。

書院の南と北にそれぞれ能舞台がある。特に**北能舞台***は天正九年〔一五八一〕の銘があり、現存する我が国最古の能舞台である。書院と御影堂との間に「**虎渓の庭**《こけい》」と呼ばれる枯山水《かれさんすい》式庭園があり、巨大な石組《いしぐみ》に当時は珍しかった蘇鉄《そてつ》を配する桃山時代の豪壮なものである。

●**飛雲閣と唐門**　**飛雲閣**《ひうんかく》*は境内《けいだい》の東南の一郭《いっかく》にある。池に面して建つ三重の楼閣で聚楽第《じゅらくだい》から移したと伝える。**唐門**《からもん》*は境内の南側にあり、豪華な彫刻と華麗な色彩は「日暮《ひぐら》しの門」と呼ばれるのにふさわしい。

▼西本願寺・唐門

周辺 **島原**《しまばら》●西本願寺を西へ徒歩約10分の所。西鶴《さいかく》の浮世草子《うきよぞうし》にも出てくる古い遊郭《ゆうかく》跡。最初二条柳馬場《やなぎのばんば》にあったのを、六条三筋町に移し、さらに寛永《かんえい》18年(1641)に今の地に移転。その移転の際の騒ぎが「島原の乱」の時のような騒ぎだったので「島原」と名がついたとの説もある。**大門**《だいもん》・**角屋**《すみや》などにかつての面影《おもかげ》が残る。

▲島原・大門

周辺 **壬生寺**《みぶでら》**と新選組**《しんせんぐみ》●無言劇の壬生狂言《きょうげん》と節分祭で有名な**壬生寺**境内に、**新選組隊士の墓**や**近藤勇**《いさみ》**の胸像**がある。隊士は寺の前の新徳寺、その北側の長屋門の前川家、その前の**八木**《やぎ》**邸**（新選組屯所《とんしょ》跡・現和菓子の鶴屋《つるや》）などに分宿していた。綾小路通《あやのこうじどおり》を東へ行った所にある**光縁寺**に、沖田総司《おきたそうし》縁者墓というのがあり、この縁者は姉か恋人かなどと話題になるのも、沖田総司に人気があるからだろう。(⇨P108)

京検　親鸞聖人の法語と言われるものはどれ？→正法眼蔵《しょうぼうげんぞう》・歎異抄《たんにしょう》・申楽談義《さるがくだんぎ》・発心集《ほっしんしゅう》

二条城

にじょうじょう

江戸

市バス二条城前下車すぐ／地下鉄東西線二条城前駅下車すぐ▼MAP C-3

（60分）

▲二条城・東南隅櫓《すみやぐら》と堀

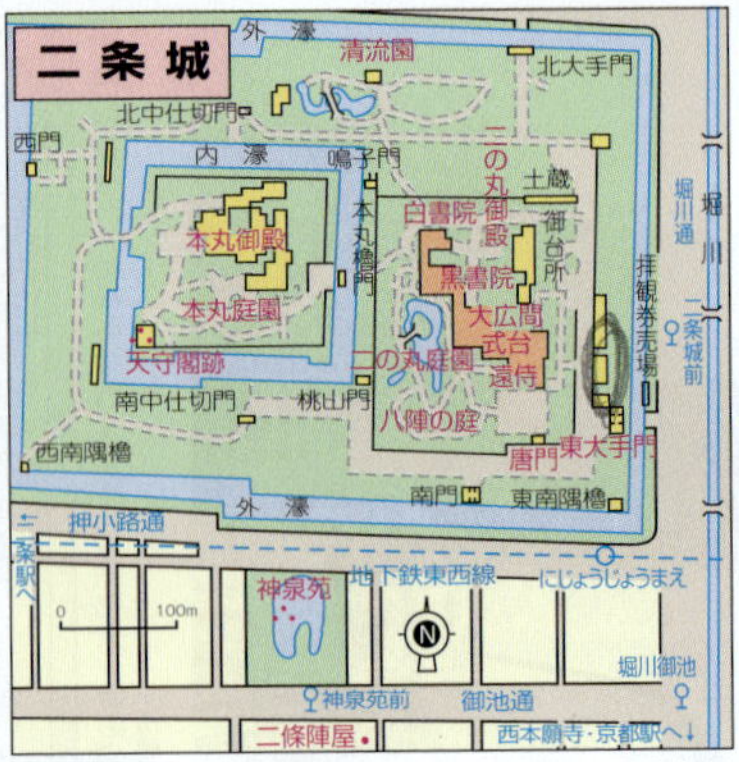

〔順路〕東大手門→唐門→二の丸御殿→二の丸庭園→本丸（外観・庭園）→天守閣跡→清流園 ［所要約60分］

▲二条城・二の丸庭園

●徳川家盛衰の舞台

徳川家康《いえやす》が上洛《じょうらく》したときの宿舎用として、慶長《けいちょう》八年（一六〇三）に建てられた。その後寛永《かんえい》三年（一六二六）三代将軍家光《いえみつ》が後水尾《ごみずのお》天皇を迎えるため、本丸《ほんまる》を建て、それまでの屋敷を二《に》の丸《まる》とし、城としての体裁《ていさい》を整えたが、明治維新までに本丸・天守閣《てんしゅかく》などは焼失している。慶長一六年（一六一一）の家康と豊臣秀頼《とよとみひでより》との会見、後水尾天皇の行幸《ぎょうこう》、慶応《けいおう》三年（一八六七）の大政奉還の決定と、徳川家の栄光と没落の舞台となった城である。

●見どころ多い建築群や絵画など

二の丸御《ご》殿《てん》は*遠侍《とおざむらい》・*大広間・*黒書院・*白書院が、*式台の間・*蘇鉄《そてつ》の間・渡り廊下でそれぞれつながれている。各室の障壁《しょうへき》画《が》は、将軍が諸大名に対面する室は竹に虎《とら》、松に孔雀《くじゃく》・鷹《たか》など威圧的で雄大な絵が、日常起居する室には穏やかな山水が描かれ、いずれも探《たん》幽《ゆう》・尚信《なおのぶ》・興以《こうい》ら狩野《かのう》派の画家の代表作。また、欄間《らんま》の彫刻もみごとである。

二の丸庭園は小堀遠州《こぼりえんしゅう》の作庭で池泉《ちせん》回遊式庭園。蓬莱《ほうらい》・鶴《つる》・亀《かめ》の三島があり、石組《いしぐみ》を効果的にあしらった豪華な庭である。二の丸御殿と庭の南にあった行幸御殿の両方が正面となり、「八陣《はちじん》の庭」と呼ばれている。**本丸御殿**は、明治期、京都御所《ごしょ》の御殿を移した公家《くげ》風の建物。

周辺 **神泉苑《しんせんえん》**●二条城のすぐ南にある。平安京造営当時は南北400m、東西200mの広大な苑池《えんち》であったが、今は約100m四方に縮小してしまっている。桓《かん》武《む》天皇以下歴代の天皇がここで遊宴し、狩りを楽しんだ。庶民にも雨乞《あまご》いの場、御霊会《ごりょうえ》の場としても親しまれ、特に貞観《じょうがん》11年（869）国の数66本の鉾《ほこ》を立てて疫《えき》病退散を祈った御霊会が今日の**祇園祭《ぎおんまつり》**の起源となったといわれる。「御池通《おいけどおり》」の名もこの池にちなむ。

▲神泉苑

周辺 **二條陣屋《にじょうじんや》（小川家住宅）**●寛文《かんぶん》年間（1661～73）に建てられた、裁判待ちの地方武士らの公事《くじ》館。外部からの襲撃、火災などには細心の注意がなされ、階下11室、階上13室、それぞれ独特の工夫と意匠が凝《こ》らされている。（※見学は事前申し込み要。⇨P170参照）

京検 大政奉還時の第15代徳川将軍はだれ？→徳川秀忠《ひでただ》・徳川綱吉《つなよし》・徳川家茂《いえもち》・徳川慶喜《よしのぶ》

京都御所
きょうとごしょ

平安

地下鉄烏丸線今出川駅下車東南へ徒歩5分
市バス烏丸一条下車すぐ▼MAP C-3

(60分)

※春秋二回それぞれ五日間一般公開。この期間以外は許可が必要（参観願⇩P170参照）

◀京都御所全景

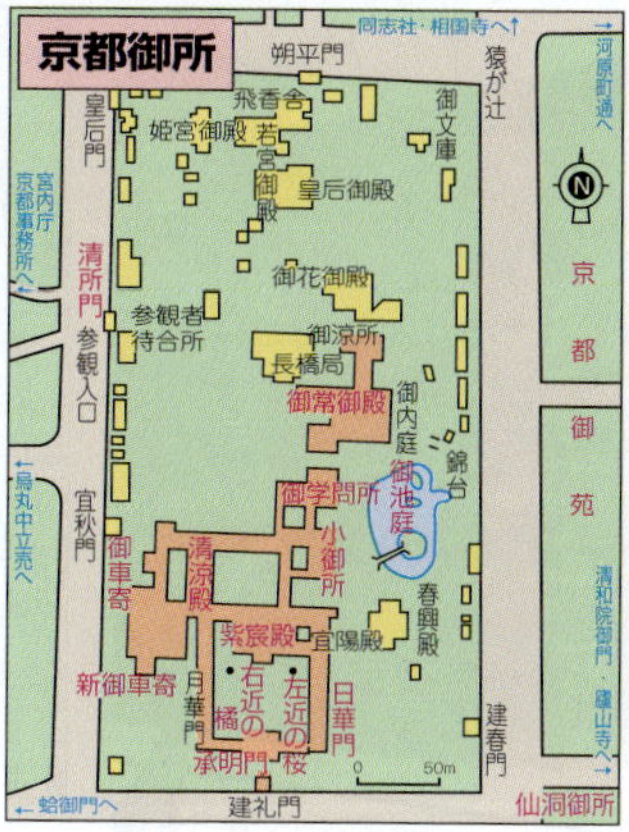

〔**順路**〕清所門→御車寄→新御車寄→承明門→日華門→紫宸殿→清涼殿→小御所→御学問所→御池庭→御常御殿→清所門　［**所要約 60 分**］

●天皇の里内裏《さとだいり》

周囲を築地塀《ついじべい》と清流の溝《みぞ》に囲まれた**京都御所**は、南北四四五m、東西二五〇mの広さを占める。御所は平安京の初めのころは朱雀《すざく》大路の正面（今の千本丸太町《まるたまち》付近）にあったが、度々《たびたび》火災に遭《あ》い、そのたびに天皇の生母の実家を里内裏《さとだいり》として臨時に使用した。現在の御所は東洞院土御門殿《ひがしのとういんつちみかどどの》の里内裏を室町時代初期から正式の御所としたものである。今の建物は安政二年（一八五五）に再建されたものであるが、平安京の内裏を再現するように努力されているので、平安時代の昔を十分しのぶことができる。

●建築など

紫宸殿《ししんでん》は皇居の正殿で、正面九間《けん》（三三m）の寝殿造《しんでんづくり》、屋根は単層で檜皮葺《ひわだぶ》き・入母屋造《いりもやづくり》。広い白砂敷きの南庭に面し、一八段の階段の左右に「左近《さこん》の桜」「右近《うこん》の橘《たちばな》」が植えられている。即位の儀式などはここであげられた。**清涼殿《せいりょうでん》**は天皇の日常の御《ご》座所《ざしょ》で、正面九間の寝殿造で東面し、古典で馴染《なじ》みの深い殿上《てんじょう》の間《ま》・鬼の間・台盤所《だいばんどころ》、庭には漢竹《かわたけ》・呉竹《くれたけ》などがある。**小《こ》御所**・**御《ご》学問所**の前に「**御池《おいけ》庭**」がある。

▲紫宸殿

▲清涼殿

あれこれ **仙洞《せんとう》御所**●上皇の御所だが、建物は現存しない。庭園は小《こ》堀遠州《ぼりえんしゅう》が庭師賢庭《けんてい》を指揮して造らせた池泉回遊《ちせんかいゆう》式の名庭。（※事前申し込み要⇨P 170 参照）

あれこれ **京都御苑《ぎょえん》**●烏丸通《からすまどおり》・丸太町《まるたまち》通・寺町通・今出川《いまでがわ》通に囲まれた周囲約 4km の、緑豊かな**京都御苑**が御所を囲む。もとは皇族・公家などの屋敷があったが、明治 2 年（1869）東京遷都《せんと》の後、取り壊されて空地になっていたのを新たに公苑とした。**近衛《このえ》家・九条家の庭園**や**厳島《いつくしま》神社・宗像《むなかた》神社**などの屋敷神が所々に残っている。

周辺 **廬山寺《ろざんじ》**●御苑の東側にある。節分の追儺《ついな》式「**鬼の法楽《ほうらく》踊り**」で名高い。『**源氏《げんじ》物語**』の作者紫式部《むらさきしきぶ》の屋敷跡と推定され、「**源氏の庭**」と名付けられた枯山水《かれさんすい》の平庭がある（⇨P 69）。天正 13 年（1585）に北山にあった寺を現地に移したという。

周辺 **相国寺《しょうこくじ》**●御苑の北、同志社大学の北隣にある。足利義満《あしかがよしみつ》が明徳《めいとく》3 年（1392）に開いた寺。三門《さんもん》・仏殿《ぶつでん》は焼失し、**法堂《はっとう》・方丈《ほうじょう》**などが再建された。境内の**承天閣《じょうてんかく》美術館**には、相国寺派に属する金閣《きんかく》寺《じ》・銀閣寺《ぎんかくじ》などに伝わる宝物も展示してある。

京検　御所の管理は宮内庁、では御苑はどこの管轄？→□□省

北野天満宮

きたのてんまんぐう

平安（桃山）

▼MAP B－3 市バス北野天満宮前下車北へすぐ

（20分）

◀北野天満宮・本殿

●**全国天満宮の本社**　「**北野の天神**《てんじん》**さん**」として京都の人々に親しまれている神社。**菅原道真**《すがわらのみちざね》を祭神とし、全国の天満宮の本社である。道真は無実の罪で、九州大宰府《だざいふ》に流され、その地で延《えん》喜《ぎ》三年（九〇三）生涯を終えた。その後、彼の追放に荷担《かたん》した人々の死が相次ぎ、京都の町にも落雷が続くなどの不祥事が頻発《ひんぱつ》した。人々はこれは道真の怨霊《おんりょう》の仕業《しわざ》であるとして、その霊を祭ったのが、この社の起源である。

後、天徳《てんとく》三年（九五九）に天満《てんま》天神として公的に祭られるようになり、朝野《ちょうや》の尊崇《そんすう》を集めるようになった。天神様は、本来は農業神であるが、今では学者道真にちなんで学業の神としての信仰の方が強くなっている。

●**建築など**　現在の社殿の多くは豊臣秀頼《とよとみひでより》が慶長《けいちょう》一二年（一六〇七）に造営したもの。**中門**は四脚《しきゃく》唐門《からもん》で、美しく彩《いろど》られた彫刻で飾られている。特に梁間《はりま》に日輪《にちりん》・月輪・三日月が彫られているので「**三光門**《さんこうもん》」ともいう。**本殿***は多くの屋根を複雑に組み合わせているので八棟造《やつむねづくり》（⇩P123）と呼ばれている。

絵馬《えま》**所**には江戸時代の有名な画家の絵馬も多く残されている。また、摂社《せっしゃ》（付属の社）の一つ、**乾**《いぬい》**大神**（俗称「牛さん」）は天神のお使いといわれ、合格祈願の参拝者でにぎわう。

●**史跡「お土居」**　境内《けいだい》の西には、天正《てんしょう》一九年（一五九一）に豊臣秀吉《とよとみひでよし》が京都の市内整理を行ったとき、洛中と洛外を区分するために築いた「**お土居**《どい》」の跡がよく残っている。

※「**北野天神縁起絵巻**」（国宝）を所蔵する**宝物殿**は縁日の25日および4月10日～5月31日などに開館。有料。

あれこれ **天神さん**●毎月25日に行われる北野天満宮の縁日《えんにち》。参道・馬場には多くの露店が並ぶ。21日の東寺《とうじ》の「弘法《こうぼう》さん」と並ぶ古都の代表的な縁日。

周辺 **大報恩寺**《だいほうおんじ》**（千本釈迦堂**《せんぼんしゃかどう》**）**●北野天神のすぐ東にある。鎌倉初めに開創。**本堂***は創建当初のもので、市街地における現存最古の建物。本尊**釈迦如来坐像**《しゃかにょらいざぞう》は快慶《かいけい》の弟子行快《ぎょうかい》の作で、霊宝殿の快慶作**十大弟子**《でし》**立像**、定《じょう》慶《けい》作の**六観音像**《ろくかんのんぞう》などとともに作者制作年代の明らかな鎌倉彫刻の代表的仏像である。

▲西陣の家並み

周辺 **西陣**《にしじん》●北野天神から東へ上七軒《かみしちけん》を通って**大報恩寺**、**釘抜地蔵**《くぎぬきじぞう》（石像寺《しゃくぞうじ》）、**考古資料館**、**西陣織会館**などと歩いて行くと、機《はた》を織る音がしばしば聞こえてくる。この付近一帯を**西陣**と呼ぶ。西陣とは、応仁《おうにん》の乱（1467～77）の時、細川勝元《かつもと》の東陣に対して、山名宗《やまなそう》全《ぜん》がこのあたりに西陣を構《かま》えたことによる。

京検 菅原道真を大宰府に追放したのはだれ？→藤原忠平・藤原時平・藤原兼家・藤原道長

下鴨神社

しもがもじんじゃ

平安以前（江戸）

▼MAP C－3　市バス下鴨神社前下車東へすぐ

（30分）

▲下鴨神社・廻廊の楼門と参道

●古代賀茂氏の社

正しくは**賀茂御祖神社**《かもみおやじんじゃ》という。賀茂氏の祖、賀茂建角身命《かもたけつぬみのみこと》と、その女玉依《むすめたまより》姫命《ひめのみこと》を祭神とする。西の松尾《まつのお》大社、南の稲荷《いなり》大社と並んで、古代の山城《やましろ》北部の氏族、賀茂氏・秦《はた》氏の信仰の拠点であった。平安遷都《せんと》の後は、平安京の守護神としてあがめられ、斎王《さいおう》を置くなどすべて伊勢神宮《いせじんぐう》に準ずる扱いを受けた。

「祭り」といえば、上賀茂神社と共通の例祭の**賀茂祭**《かもまつり》**（葵祭**《あおいまつり》**）**をさすほどであり、平安文学にもしばしば登場する。

●流造様式の社殿

賀茂川と高野《たかの》川の合流点から北へ「**糺の森**《ただすのもり》」が大きく広がる。緑に覆《おお》われる長い参道の正面に、朱塗《しゅぬ》りの**楼門**《ろうもん》が見える風景は平安京の昔を思わせる。楼門・廻廊《かいろう》に囲まれる社殿の多くは、寛永《かんえい》五年（一六二八）の建造。**本殿**は文久三年（一八六三）の建造で流造《ながれづくり》様式の社殿の典型とされているものである。

▲河合神社

●鴨長明ゆかりの社

糺の森の南部にある**河合**《かわい》**神社**は、摂社《せっしゃ》の一つであるが、正式には鴨川合《かものかわあいに》坐小社宅《いますおこそやけ》神社といい、延喜式《えんぎしき》では名神大社《みょうじんたいしゃ》に列せられている。**鴨長明**《ちょうめい》は河合社の社家に生まれ、この社の禰宜《ねぎ》（神職の位の一つ）になる望みを持っていたが、一族の反対で願いがかなわず、そのため出家したと伝えられる。

周辺 **賀茂川と鴨川**●賀茂と鴨とは、高野川《たかのがわ》との合流点から上流が**賀茂**、下流が**鴨**と使い分けている。賀茂川は桟敷岳《さじきがたけ》（896m）から流れ出し、出町《でまち》で大原《おおはら》から流れてくる高野川と合流する。桂川《かつらがわ》と合流するまで全長約 23km である。

北大路《きたおおじ》橋のあたりの標高と東寺《とうじ》の塔の高さ（55m）がほぼ等しいといわれる。それだけ落差があるので大都市には珍しい急流となり、よく氾濫《はんらん》し、白河法皇《しらかわほうおう》をして、双六《すごろく》のサイコロの目と比叡山《ひえいざん》の僧兵と鴨川の水は意のままにならぬと嘆かせた。平安遷都に当たって、今の堀川《ほりかわ》のあたりを流れていたのを現在の流路に付け替えたという説が流布《るふ》していたが、最近地下鉄工事にともなう地質調査などにより、流路の変更はなかったという説が出されている。

周辺 **高瀬川**《たかせがわ》●森鷗外《おうがい》の短編『**高瀬舟**』で知られる高瀬川は、慶長《けいちょう》16 年（1611）**角倉了以**《すみのくらりょうい》によって開かれた運河で、二条から鴨川の水を取り入れている。淀川《よどがわ》を経て大阪湾に通じ、多くの物資を約 300 年にわたって運び続けた。今日では古都の美観を支える大切な要素の一つとなっている。（⇨P 92）

京検　「行く河の流れは絶えずして……」で始まる鴨長明の著作は何？→ □□□

洛東

「ふとん着て寝たる姿や東山《ひがしやま》」（嵐雪《らんせつ》）の句のとおり、なだらかな曲線を見せる**東山三十六峰**は市内にも近く、市民の日常生活にとけ込み、京都の風景になくてはならぬものになっている。山の緑と人家の屋根の接するあたりに、大小の寺々の甍《いらか》が点在する。それらを巡《めぐ》る道には人と自然とが作りあげたものが、時の流れによって磨きをかけられ、「道」自身が一つの芸術作品となっている。

大文字送り火

三十三間堂

さんじゅうさんげんどう

鎌倉

市バス博物館・三十三間堂前下車すぐ
京阪本線七条駅下車東へ徒歩5分▼MAP C－4

（30分）

▲三十三間堂・本堂（東面）

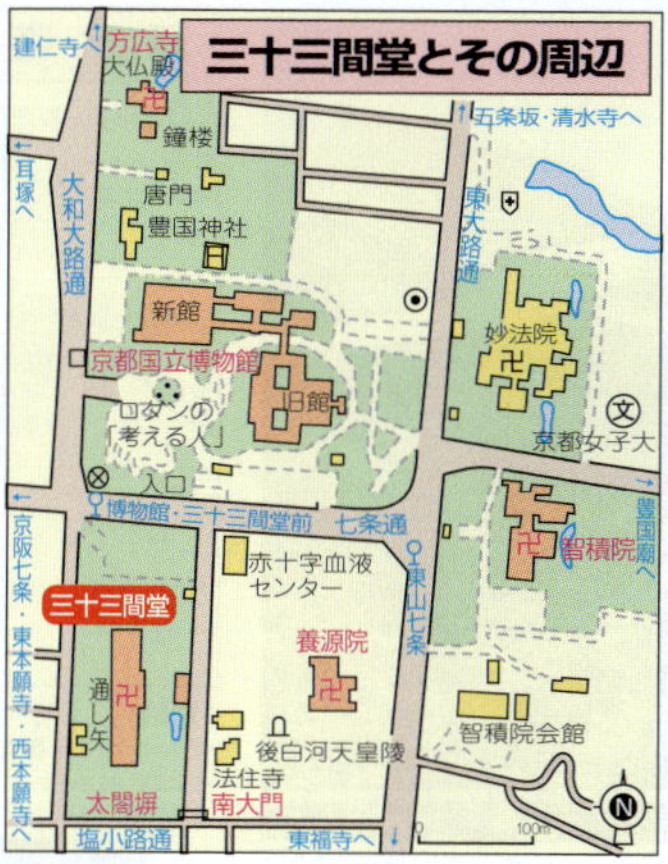

●千体の千手観音像　正式には**蓮華王院**《れんげおういん》という。長寛《ちょうかん》二年（一一六四）、後白河《ごしらかわ》法皇の願により、平清盛《きよもり》が造営・寄進した。

本堂は文永《ぶんえい》三年（一二六六）の再建であるが、ほぼ創建当時の姿を留《とど》めていると推定される。東面する本堂の内陣の柱間が三十三あるため三十三間堂と俗称されるが、実際の長さは六十六間《けん》（約一一八m）ある。この長大な堂内を埋め尽くす千《せん》手観音《じゅかんのん》の群像にまず圧倒される。中央の本尊**千手観音坐像**《ざぞう》は仏師湛慶《たんけい》の作（一二五四造立）。左右に十段五十列で五百体ずつ**千手観音立像**が整然と並ぶ。この千体のうち百二十四体は創建当時のもの、あとの八百七十六体は再建時のもの。千一体の観音菩薩《ぼさつ》は、一体が三十三に化身《けしん》されるから三万三千三十三体あることになる。

風袋《ふうたい》を持つ**風神像**《ふうじんぞう》・太鼓《たいこ》を鳴らす**雷神像**《らいじんぞう》、細身の体躯《たいく》がすらりと伸びる**二十八部衆立像**が異彩を放っている。これらの像は創建時、再建時の作とする二説がある。

●南大門と「太閤塀」　本堂の東面は板扉《いたとびら》・明《あか》り障子《しょうじ》で、仏像が明るい所で拝観でき、西側は連《れん》子窓《じまど》と所々に出入口の板扉が設けてある。豊臣秀吉《とよとみひでよし》の建てた**南大門**《なんだいもん》と**「太閤塀《たいこうべい》」**も一見する価値がある。

▶千手観音立像群

周辺　養源院《ようげんいん》●三十三間堂の東隣。淀君《よどぎみ》が父浅井長政《ながまさ》の供養《くよう》のために文禄《ぶんろく》3年（1594）に建立《こんりゅう》。その妹の徳川秀忠《ひでただ》夫人崇源院《すうげんいん》が伏見《ふしみ》城の遺構を用いて再興した。方丈襖絵《ふすまえ》**「松図」**や杉戸絵の**白象**・**唐獅子**《からじし》**の絵**は俵屋宗達《たわらやそうたつ》筆といわれ、血天井とともに名高い。

周辺　智積院《ちしゃくいん》●七条通の東つきあたりにある。慶長《けいちょう》5年（1600）に再興された。大書院の障壁画**「松に立葵図」**《たちあおい》**「桜楓図」**《かえで》などは長谷川等伯《はせがわとうはく》・久蔵《きゅうぞう》父子らの筆で、桃山美術を代表する傑作である。**庭園**は池泉《ちせん》鑑賞式庭園で、斜面を利用した植え込み、滝とその石組《いしぐみ》、書院の下まで入り込む池が印象的である。

周辺　京都国立博物館●明治28年（1895）竣工《しゅんこう》の**旧館**と昭和41年（1966）竣工の**新館**がある。旧館は明治洋風建築の代表的遺構。新館は常設展示にあてられ、日本美術のあらゆる分野、時代にわたる名品を展示。構内庭園にもロダンの彫刻・各種石造遺物がある。

周辺　方広寺《ほうこうじ》**（大仏殿）**●豊国《とよくに》（ほうこく）神社の北隣。秀吉《ひでよし》・秀頼《ひでより》2代にわたって創建・再建されたが、今は巨大な石垣と大坂城冬・夏の陣の原因となった**「国家安康君臣豊楽」**《あんこうくんしんほうらく》の**巨鐘**が残るだけである。

京検　三十三間堂で1月15日に最も近い日曜日に行われる新成人の行事は何か？→□□□

清水寺

きよみずでら

平安（江戸）

▼MAP C－4

市バス五条坂か清水道下車東へ徒歩10分

（40分）

▲清水の舞台（本堂）

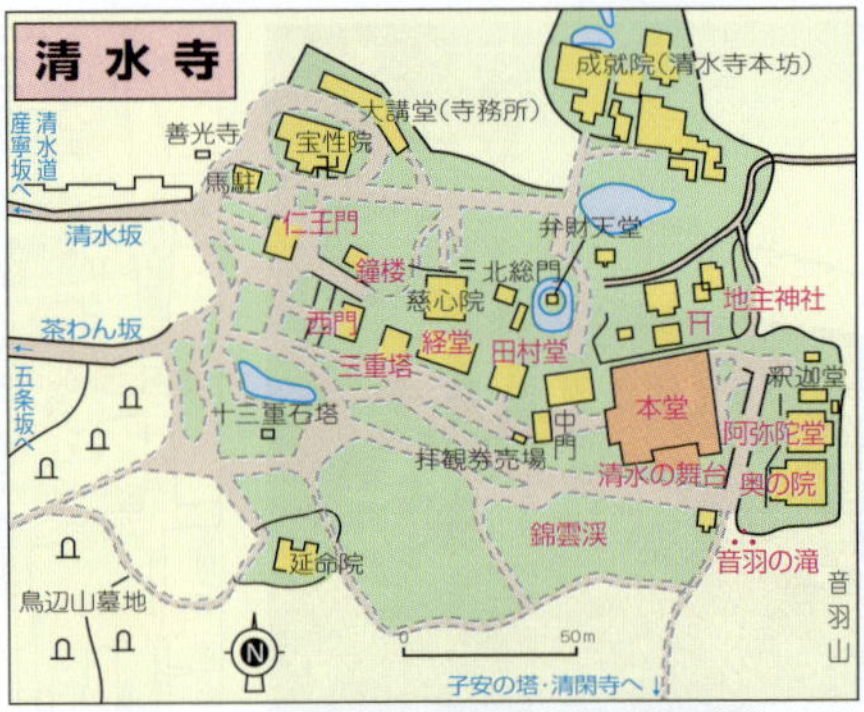

〔順路〕仁王門→鐘楼→西門→三重塔（内部非公開）→経堂→田村堂→中門（拝観受付）→本堂（舞台）→地主神社→阿弥陀堂→奥の院→音羽の滝　〔所要約40分〕

▲子安の塔から見た清水寺全景

●**観音信仰霊場**　坂《さかの》上《うえの》田《た》村《むら》麻《ま》呂《ろ》が大和国《やまとのくに》の僧延鎮《えんちん》に帰依《きえ》して、延暦《えんりゃく》一七年（七九八）創建、その後すぐ堂舎を造営し、**清水寺**と称したと伝える。この寺は南都《なんと》（今の奈良）の興福寺《こうふくじ》に所属していたため、北嶺《ほくれい》（南都に対する語）の延暦寺《えんりゃくじ》としばしば争い、何度も焼けた。説話物語集などに多く出てくる清水観音霊験談《かんのんれいけんだん》（⇩P87）からもわかるように、**観音霊場**として世間の信仰が厚く、焼ける度に再建されて来た。現在の建物の多くは、寛永《かんえい》年間（一六二四～四四）に徳川家光《いえみつ》によって再建されたもの。

●**「清水の舞台」**　**本堂***は寛永《かんえい》一〇年（一六三三）のもので、懸崖造《けんがいづくり》（舞台造《ぶたいづくり》）の俗称**「清水の舞台」**は高さ約一一m。一三九本の柱を立て、横の貫柱で支える。縦横の柱の組み合わせに、釘《くぎ》を一本も使用しない「地獄止《ど》め」と呼ばれる工法が用いられている。外陣《げじん》に掛けてある絵馬《えま》には重文に指定されている貴重なものもある。舞台からの眺めは西山に日が沈む夕暮れの景色が特によい。

舞台の下の谷を**錦雲渓**《きんうんけい》といい、紅葉《もみじ》の名所である。有名な**「音羽《おとわ》の滝」**もここにある。谷を隔《へだ》てた所にある三重の塔**「子安《こやす》の塔」**付近から見る本堂の眺めもよい。

周辺　**西大谷《にしおおたに》（大谷本廟《ほんびょう》）**●円山《まるやま》公園の南にある東大谷（東本願寺の廟）に対する呼び名で、宗祖**親鸞《しんらん》聖人**の廟所である。もとは知恩院《ちおんいん》のあたりにあったのを徳川家康《いえやす》の命により慶長《けいちょう》8年（1603）東・西大谷に2分したもので、本願寺派の門信徒の納骨所《のうこつしょ》でもある。この付近一帯は鳥辺（部）山と呼ばれ、平安の昔から葬送《そうそう》の地であった。（⇨P67）

周辺　**産寧坂《さんねいざか》（三年坂《さんねんざか》）・二年坂《にねんざか》**●清水寺から坂を下って行くと七味《しちみ》屋がある。そこを北へ曲がり、下る石段が**産寧坂**である。大同3年（808）に出来たから三年坂、安産祈願の子安の塔への参道だから産寧坂というなどの説がある。**二年坂**には竹久夢二《たけひさゆめじ》の旧居もある。高台寺《こうだいじ》を経て円山《まるやま》公園に至る、京都でも屈指《くっし》の楽しい散歩道である。

▲産寧坂

京検　坂上田村麻呂が任ぜられた将軍名はどれ？→征夷《せいい》大将軍・旭《あさひ》将軍・鎮西府《ちんぜいふ》将軍

▲六波羅蜜寺・本堂

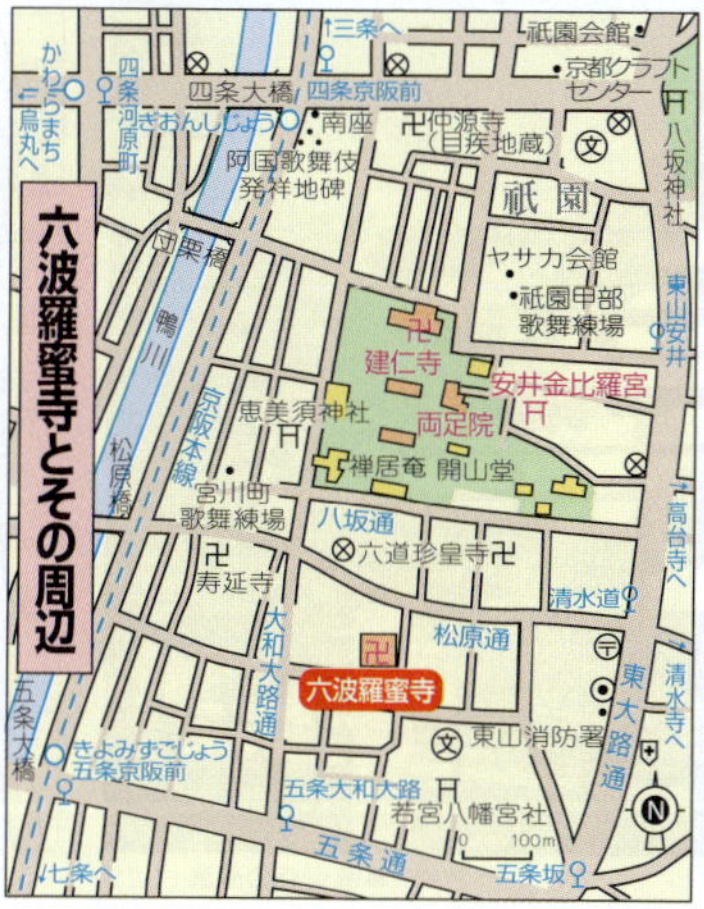

六波羅蜜寺

ろくはらみつじ

平安・鎌倉

市バス清水道下車西へ徒歩7分／京阪本線清水五条駅下車東へ徒歩10分▼MAP C－4

（20分）

※本尊十一面観音は12年ごと辰年《たつ》に開扉《かいひ》される。

●**空也上人開祖の寺**　鴨川《かもがわ》の東、民家の建ち並ぶ庶民的な雰囲気に包まれてこぢんまりと建つ。貴賤《きせん》を問わない口称念仏を布教した**空也上人**《くうやしょうにん》が、無縁の死者を弔《とむら》うため応和三年（九六三）堂宇《どうう》を建立《こんりゅう》、西光寺《さいこうじ》と称したのが起源。空也の没後、弟子の中信《ちゅうしん》がこの寺を再興し、六原《ろくはら》の地名にちなんで**六波羅蜜寺**と名を改めた。

▲空也上人像

●**藤原仏と鎌倉期の肖像彫刻**　**本堂**は貞治《じょうじ》二年（一三六三）の再建で、天井その他に鎌倉時代の風格をよく残している。本尊**十一面観音**《じゅういちめんかんのん》*は天暦《てんりゃく》五年（九五一）悪疫《あくえき》流行の時、空也上人が造立《ぞうりゅう》したものといわれ、高さ二五八cm、温容《おんよう》をたたえた藤原《ふじわら》仏の典型的な像である。本尊の周囲の**四天王像**《してんのう》は増長《ぞうちょう》天《てん》だけは鎌倉期のもので、あとは本尊と同時代の作。右手に髪の毛をもつところから「かつら掛け地蔵《じぞう》」と呼ばれる**地蔵菩薩**《ぼさつ》**立像**も藤原時代の作である。この寺は地蔵信仰で知られ『今昔《こんじゃく》物語集《ものがたりしゅう》』にも五話出てくる。

収蔵庫には多くの優れた仏像・肖像《しょうぞう》が納められている。中でも唱《とな》えた六字の名号《みょうごう》（南無阿弥陀《なむあみだ》仏《ぶつ》）が六体の小阿弥陀像となって口から出ている**空也上人像**（運慶《うんけい》の四男康勝《こうしょう》作）、開いた経巻《きょうかん》を見る伝**平清盛像**《きよもり》、伝**運慶**《うんけい》・**湛慶像**《たんけい》などは、鎌倉時代の肖像彫刻として代表的なものである。

周辺　**建仁寺**《けんにんじ》●京の代表的繁華街、四条通を南に入った祇園《ぎおん》の一郭《いっかく》にひっそりと静まりかえっているのが**建仁寺**である。観光寺院ではないが、臨済《りんざい》宗の開祖で茶の普及に努めたことで知られる**栄西禅師**《えいさい》によって建仁２年（1202）に開かれた京都で最も古い禅寺として有名。南端の**勅使門**《ちょくしもん》は平重盛《しげもり》（一説には教盛《のりもり》）の六波羅館の門を移したと伝えられ、門扉《もんぴ》の至るところに矢尻《やじり》の痕《あと》があるので「矢の根門」とも呼ばれる鎌倉時代のもの。**三門・法堂**《はっとう》は江戸時代、**方丈**《ほうじょう》は室町時代のもの。（※本坊のみ拝観可。）

周辺　**安井金比羅宮**《やすいこんぴらぐう》●東大《ひがしおお》路《じ》通に面して建つ鳥居が、円柱でなく四角の柱なのが珍しい。「**絵馬館**《えまかん》」には有名な画家のものや、当時の世相や、庶民の願いを示す珍しい絵馬が展示されている。

▶安井金比羅宮

京検　常に庶民とともに生きた空也上人は何と呼ばれたか？→都聖《みやこのひじり》・鄙聖《ひなのひじり》・道聖《みちのひじり》・市聖《いちのひじり》

高台寺

こうだいじ

桃山・江戸

▼MAP C-4 市バス東山安井下車東へ徒歩5分

(30分)

▲高台寺の庫裏(くり)

●秀吉を弔ってねねが開創

産寧坂《さんねいざか》(三年坂)から二年坂を北へ進むと、東山の麓《ふもと》に高さ二四mの霊山《りょうぜん》観音が鎮座《ちんざ》し、その北側に**高台寺**がある。豊臣秀吉《とよとみひでよし》の正室、北政所《きたのまんどころ》高台院湖月尼《こげつに》(俗名ねね)が秀吉の菩提《ぼだい》を弔《とむら》うために、徳川家康《いえやす》の援助によって慶長《けいちょう》一〇年(一六〇五)に開創した禅宗寺院。

●建築と「高台寺蒔絵」

表門は、境内《けいだい》の東南方護国《ごこく》神社への参道に建っている薬医《やくい》門がそれである。**開山堂**と新しい書院との間の偃月《えんげつ》池(平円形の池)にかかる橋の中央に**観月台**がある。開山堂の格天井《ごうてんじょう》は秀吉の船や北政所の御所車《ごしょぐるま》の遺材を用いたという。極《ごく》彩色の模様はやや色あせてはいるが、昔の華麗さを十分しのばせる。

開山堂と東の山腹にある**霊屋**《おたまや》とは、**臥竜廊**《がりょうろう》と呼ばれる長い廊下でつながれている。ここの池は臥竜池と呼ばれる。霊屋は小さい建物であるが、内部は豪華である。中央に本尊、左右に秀吉と北政所像を安置し、床下には北政所が葬られている。厨子《ずし》や須弥壇《しゅみだん》に施された蒔絵《まきえ》は「**高台寺蒔絵**」と呼ばれ、桃山時代漆《うるし》工芸の代表的な作品である。霊屋の上に、茶席「**傘亭**《かさてい》」「**時雨亭**《しぐれてい》」があり、二つは土間《どま》廊下でつながれ、合わせて「から傘亭」とも呼ばれる。

庭園は、偃月池の方は蓬莱《ほうらい》庭園で鶴《つる》島・亀《かめ》島の石組《いしぐみ》も見事で、小堀遠州《こぼりえんしゅう》が改修に参画《さんかく》したといわれる。臥竜池は古色を帯び、この寺の前身岩栖院《がんせいいん》当時の跡を留《とど》めている。

周辺 **八坂《やさか》神社**●八坂氏の氏《うじ》神社と伝えられ、平安京以前からあったとも。神仏混交時代には祇園感神院《ぎおんかんじんいん》などと呼ばれた。インドの祇園精舎《しょうじゃ》の守護神牛頭天王《ごずてんのう》を祭るため、「**祇園さん**」と呼ばれる。牛頭天王は素戔嗚尊《すさのおのみこと》と同一視され、疫《えき》病除《よ》けの神として大いに信仰された。**祇園祭**《ぎおんまつり》もこの社の祭である。

▲八坂神社・西楼門

四条通に面して建つ**西楼門**は明応《めいおう》6年(1497)のもの。**本殿**は祇園造《づくり》と呼ばれ、承応《じょうおう》3年(1654)に建てられた特異な様式である。本殿の下にあるという竜穴は、神泉苑《しんせんえん》と東寺灌頂院《とうじかんじょういん》の善女滝王の井戸に通じていると伝える。

周辺 **円山《まるやま》公園**●平安の昔は「真葛《まくず》が原」と呼ばれた所。夜桜で有名な**枝垂桜**《しだれざくら》、**西行庵**《さいぎょうあん》、**芭蕉堂**《ばしょうどう》、貞観《じょうがん》時代の薬師如来《やくしにょらい》のある**双林寺**《そうりんじ》、建礼門院《けんれいもんいん》ゆかりの**長楽寺**《ちょうらくじ》などがあり、克明に見て歩くと思いがけないものを発見できる古都の代表的公園。

京検 北政所(ねね)の甥《おい》で歌集『挙白集』を著した歌人はだれ?→木下藤吉郎《とうきちろう》・木下長嘯子《ちょうしょうし》・木下杢太郎《もくたろう》・木下利玄《りげん》

祇園

ぎおん

鎌倉〜現代

市バス祇園下車
京阪本線祇園四条駅下車東へ
▼MAP C−4

（随意）

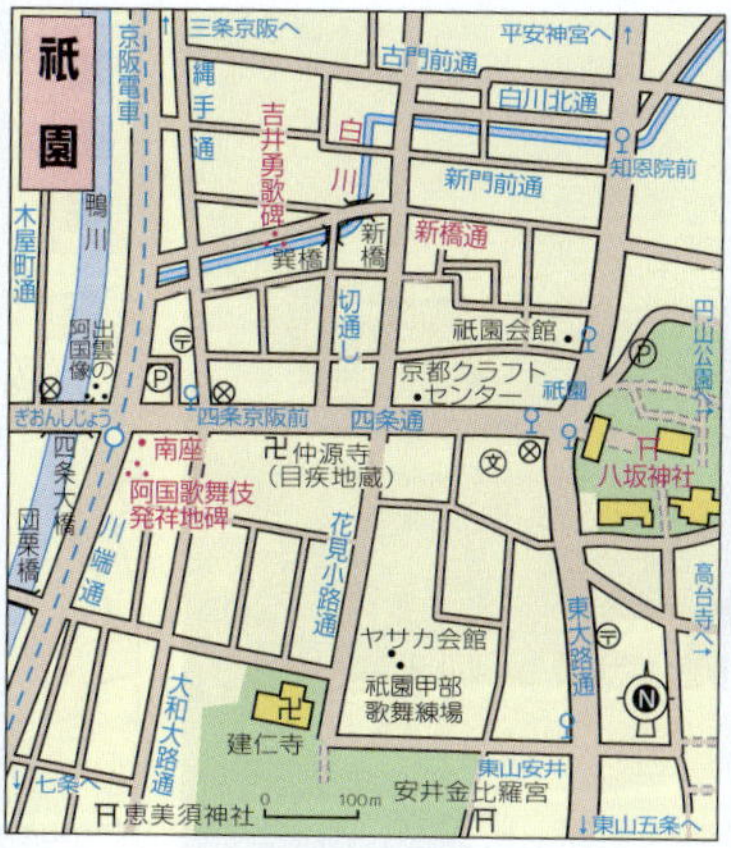

◀祇園・白川

●八坂神社の門前町として発展

「清水《きよみづ》へ祇園をよぎる桜月夜今宵逢《こよひあ》ふ人みな美しき」（与謝野晶《よさのあき》子《こ》）。この歌にある「**祇園**」を他の地名に変えることは難しい。祇園という地名は舞妓《まいこ》・だらりの帯などと結び付いて、京都のイメージの一つを作りあげているからだ。祇園は**祇園町**ともいい、四条通《どおり》を挟《はさ》んで北は新橋《しんばし》通、南は建仁寺《けんにんじ》、西は大和大路《やまとおおじ》、東は東大路《ひがしおおじ》にわたる地域を指す。

もとは祇園感神院《かんじんいん》（八坂《やさか》神社）の門前町として発展したもので、鎌倉時代には既に成立していた。その後、応仁《おうにん》の乱（一四六七〜七七）などの戦火でさびれていたのが、一六世紀末になって祇園村に茶屋の設置が認められ、四条河原《がわら》の芝居小屋などと並んで門前町のにぎわいを見せ始め、江戸時代の終わりごろには島原（⇩P23下）をしのぐ繁栄ぶりを示すようになった。

祇園の街並み▶

●舞妓の通う町

現在は四条花見小路《はなみこうじ》を南へ歌《か》舞練場《ぶれんじょう》まで行く道が、祇園町の代表的な通りになっている。四条通の北側は、飲食店などの入った雑居ビルが立ち並ぶネオンの街になったが、南側はまだ祇園情緒を残している。四月の「都をどり」のころは特に華やかである。

あれこれ　祇園新橋《しんばし》（吉井勇《よしいいさむ》歌碑）●四条通の北、**白川《しらかわ》**の流れに沿う**新橋通**の一帯は「伝統的建造物群保存地区」に指定され、古い町並みを残している。白川に沿う道路は戦時中の強制疎開の跡である。ここにかつて「大友《だいとも》」というお茶屋があり、多くの文学者・画家たちに愛されていた。吉井勇もその１人で、「**かにかくに……**」**の歌碑**が「大友」の跡に立つ（⇨P 91）。11月8日にはこの碑の前に祇園の芸妓《げいこ》・舞妓らが集まり、「かにかくに祭」が行われる。

あれこれ　南座《みなみざ》●四条大橋の東南角。「**阿国歌舞伎《おくにかぶき》発祥の地**」（建物の西側に碑がある）として、四条河原の芝居小屋の伝統を伝えるわが国最古の劇場。正面破風《はふ》の下に触れ太鼓《だいこ》をのせた櫓《やぐら》を組み、梵天《ぼんてん》２本が立ててあるのは芝居小屋の古式を残す。また、師走《しわす》の「**顔見世《かおみせ》**」は有名。四条大橋東詰北側に**出雲の阿国像**が立つ。

▲南座・顔見世のまねき看板

京検　「清水へ祇園をよぎる桜月夜…」と歌った与謝野晶子の歌集は何か？→□□□□

知恩院

ちおんいん

鎌倉(江戸)

市バス知恩院前下車東へ徒歩5分／地下鉄東西線東山駅下車南東へ徒歩10分▼MAP C-4

(30分)

▲日本一の高さを誇る知恩院の三門

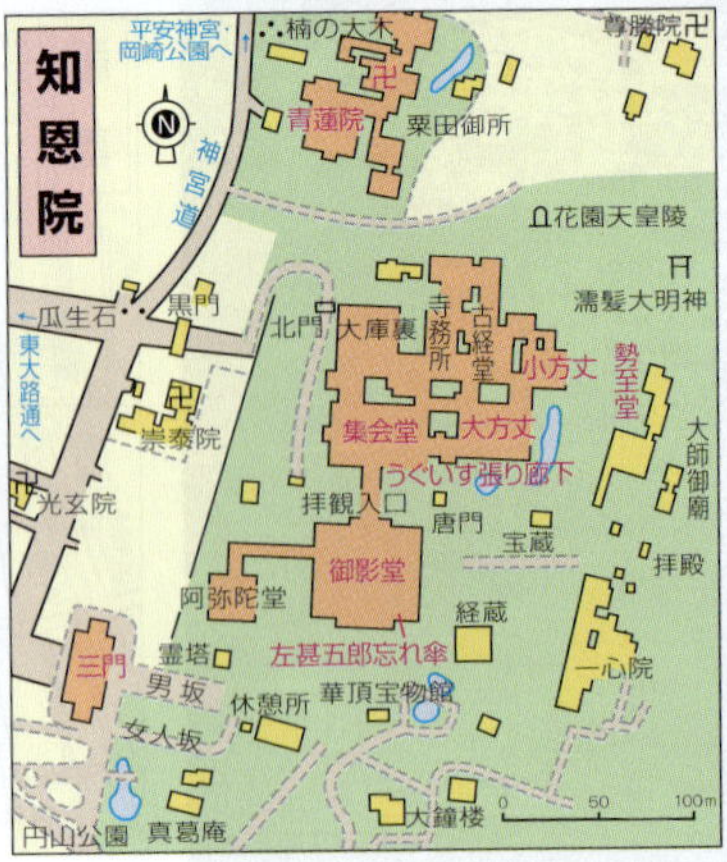

●開祖法然上人　円山《まるやま》公園の北側にある。浄土《じょうど》宗の開祖**法然上人《ほうねんしょうにん》**の禅房跡に、上人没後の文暦《ぶんりゃく》元年(一二三四)、弟子源智《げんち》が一寺を設けて大谷《おおたに》寺と称し、境内《けいだい》に勢至菩薩《せいしぼさつ》の化身《けしん》という法然上人のために勢至堂を建て、知恩教院としたのに始まる。

●三門や御影堂など　**三門**《＊さんもん》は元和《げんな》五年(一六一九)に徳川秀忠《ひでただ》によって建てられた、高さ三四m、日本一の三門である。急な石段の上の境内にある**御影堂**《＊みえいどう》(本堂)は寛永《かんえい》一六年(一六三九)のもの。御影堂の棟《むね》の上に二枚、瓦《かわら》が置いてあるのは、この御堂がまだ完成していないことを示す。「し残したるを、さてうちおきたるはおもしろく生き延ぶるわざなり」(『徒然草《つれづれぐさ》』)と同じ考えである。知恩院七不思議の一つ「**左甚五《ひだりじんご》郎《ろう》の忘れ傘**」は正面東寄りの軒庇《のきひさし》にある。御影堂から集会堂《しゅうえどう》・大方丈《だいほうじょう》をつなぐ五四〇mの長い廊下は「**うぐいす張り**」である。**大方丈**・**小方丈**は寛永一八年(一六四一)の建築である。

▲知恩院・御影堂

御影堂の東の山腹にある**勢至堂**は、享禄《きょうろく》三年(一五三〇)に建てられた、この寺最古の建物である。その上には法然上人の廟堂《びょうどう》もあり、この一郭《いっかく》には荘厳《そうごん》・静寂な雰囲気が漂っている。

周辺　**青蓮院《しょうれんいん》**●知恩院の北隣。もと比叡《ひえい》山東塔南谷《さんとうとう》にあった青蓮坊《ぼう》を久安《きゅうあん》6年(1150)**青蓮院**と称したことに始まる。天台宗《てんだいしゅう》三門《もん》跡《ぜき》の一つで、かつては知恩院から将軍塚《しょうぐんづか》までの広大な寺域を領し、支配する寺社は300に及んだという。石垣の上の樹齢数百年と伝える楠《くすのき》の老木がこの寺の由緒を物語る。宸殿《しんでん》の襖《ふすま》絵《え》の多くは江戸時代の狩野《かのう》派の筆になるが、「**浜松の図**」は土佐派系の絵師の筆による。**池泉《ちせん》鑑賞式庭園**は江戸時代及び明治時代に改修されたもの。

▲青蓮院門前の楠の大樹

周辺　**無鄰菴《むりんあん》**●市動物園の南、南禅寺《なんぜんじ》の入口にある。明治の元勲《げんくん》、**山県有朋《やまがたありとも》**の別荘で庭は有朋の設計・監督により、小川治《じ》兵《へ》衛《え》が明治29年(1896)に作庭。高い木立に囲まれた広い芝生《しばふ》の緩やかな斜面を、疏水《そすい》から引いた豊かな水が流れる。東山《ひがしやま》を借景《しゃっけい》とした伸びやかな景色が、見る人の心を解放してくれる。

京検　法然上人の弟子で浄土真宗を開いた人はだれ？→日蓮《にちれん》・親鸞《しんらん》・栄西《えいさい》・一遍《いっぺん》

南禅寺

なんぜんじ

鎌倉（室町）

市バス南禅寺・永観堂道下車東南へ徒歩10分／地下鉄東西線蹴上駅下車北東へ徒歩5分 ▼MAP C-4

（90分）

▲南禅寺・方丈庭園

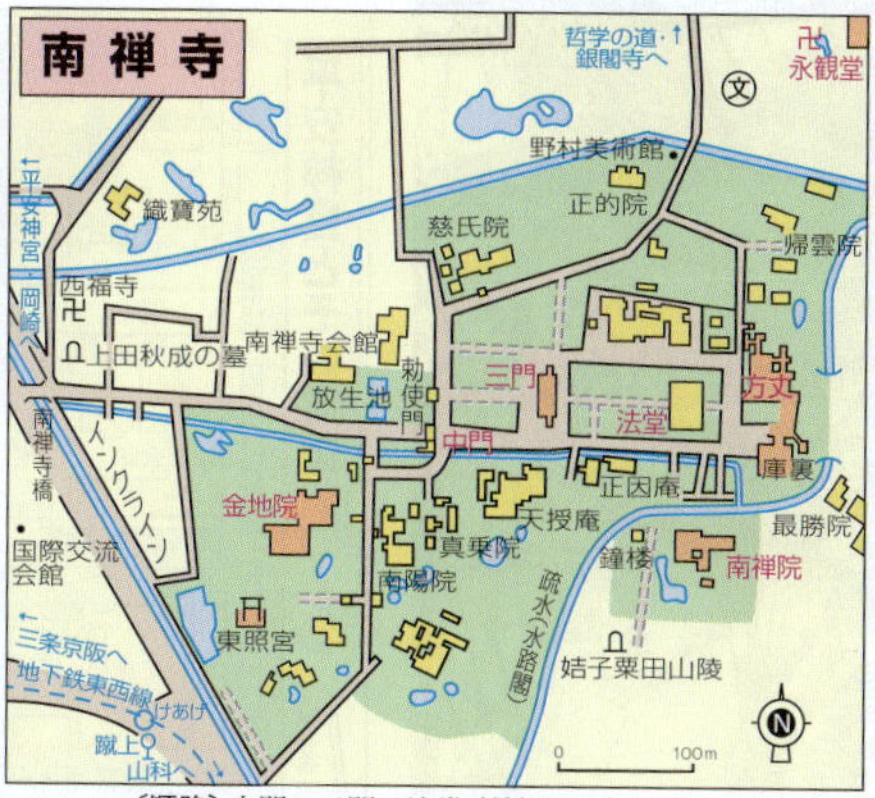

〔順路〕中門→三門→法堂（外観のみ）→方丈（方丈庭園）→南禅院→金地院

［所要約 90 分］

●**室町期の最高位禅寺**　臨済《りんざい》宗南禅寺派の総本山。亀山《かめやま》天皇の造営した離宮《りきゅう》を正応《しょうおう》四年（一二九一）寺とし、禅林禅寺と称した。のち、**南禅寺**と寺号を改め、徳治《とくじ》年間（一三〇六～〇八）には七堂伽藍《しちどうがらん》が完成。至徳《しとく》三年（一三八六）には足利義満《あしかがよしみつ》により、京・鎌倉五山の上という禅宗寺院最高の寺格を与えられた。室町幕府の衰退とともに一時さびれたが、江戸時代以降徳川家の庇護《ひご》により再興された。現存する建物は桃山時代以後のものである。

●**「絶景かな」で有名**　**三門**《さんもん》は寛永《かんえい》五年（一六二八）に藤《とう》堂高虎《どうたかとら》が寄進したと伝える。この門に天下の大盗人石川五右衛門《ごえもん》が住み着き、楼上から京の町を見下ろし「絶景《ぜっけい》かな、絶景かな」とうそぶいたと歌舞伎《かぶき》『楼門五三桐《さんもんごさんのきり》』は伝えるが、実を言えば、この門のできる三〇年ほど前に五右衛門は処刑されている。

▲南禅寺・三門

●**狩野派絵画と禅院式庭園**　**方丈**《ほうじょう》は御所《ごしょ》の建物を慶長《けいちょう》一六年（一六一一）に移したと伝え、狩野《かのう》派の画家の筆による障壁画《しょうへきが》、特に小方丈の「**水呑《の》みの虎《とら》**」の絵（伝狩野探幽《たんゆう》筆）が名高い。**方丈庭園**は慶長年間の作庭と思われる。白砂に大小数個の石と松・椿《つばき》等の植栽《しょくさい》を配置し、俗に「**虎の子渡し**」と呼ばれる。禅院式枯山水《かれさんすい》の代表的庭園。

あれこれ　**南禅院**●南禅寺塔頭《たっちゅう》の一つ。亀山《かめやま》天皇の離宮《りきゅう》の「上《うえ》の宮」にあたり、南禅寺発祥《はっしょう》の地ともいわれる。**庭園**は鎌倉時代の様式をとどめる池泉《ちせん》鑑賞・回遊式庭園で、夢窓国師《むそうこくし》の作庭と伝える。

あれこれ　**金地院**《こんちいん》●南禅寺塔頭の一つ。徳川家康《いえやす》に仕え、その信任が厚かった崇伝《すうでん》が北山《きたやま》より移建。家康を祭る**東照宮**《とうしょうぐう》や**方丈**・**八窓席茶室**《はっそうせき》はいずれも当時のもの。方丈南の枯山水庭園「**鶴**《つる》**亀**《かめ》**の庭**」は小堀遠州《えんしゅう》の作。

▲金地院・鶴亀の庭

周辺　**永観堂**《えいかんどう》**（禅林寺**《ぜんりんじ》**）**●南禅寺の北にある。「**見返りの弥陀**《みだ》」を本尊とする。方丈・御影堂《みえいどう》・阿弥陀堂などの堂塔が山腹に並ぶ。紅葉《もみじ》の名所でもある。

周辺　**哲学の道**●南禅院の前を疏水《そすい》の高架水路の赤煉瓦《れんが》のアーチ（「水路閣」という）が横切る。この水路の疏水支流に沿う若王子《にゃくおうじ》橋から銀閣寺《ぎんかくじ》橋までの約 2km の道を**哲学の道**という （⇨P 106）。

京検　「哲学の道」の名に由来のある哲学者はだれ？→三木清《きよし》・和辻哲郎《わつじてつろう》・九鬼周三《くきしゅうぞう》・西田幾多郎《きたろう》

平安神宮 へいあんじんぐう

明治（平安）

市バス京都会館美術館前下車すぐ
地下鉄東西線東山駅下車北東へ徒歩10分▼MAP C－3

（40分）

▲平安神宮・神苑

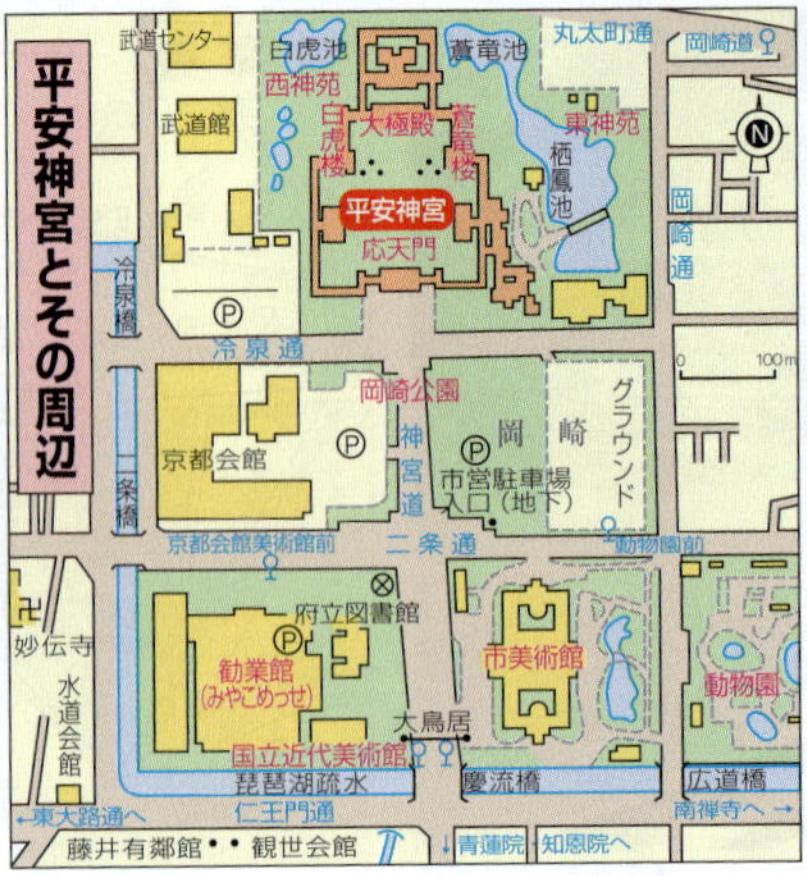

遷都一一〇〇年記念の造営　明治二八年（一八九五）、平安京遷都《せんと》一一〇〇年を記念して造営された。平安京の最初と最後の天皇、桓武《かんむ》・孝明《こうめい》二帝を祭神とする。平安京大内裏《だいだいり》の正庁である朝堂院《ちょうどういん》を、ほぼ三分の二の大きさで再現し、平安京創建のころをしのばせる。

正面の**応天門**《おうてんもん》は重層入母屋造《いりもやづくり》、五間《けん》三戸《こ》。丹《に》塗《ぬ》りの華麗なもの。一歩中に入ると、広々とした白砂の広場は二段になり、中央を朱塗りの欄《らん》干《かん》で仕切り、左右に石段がある。正面が**大極殿**《だいごくでん》（外拝殿）で、入母屋造・碧瓦葺《へきがわらぶ》きで両端に金色の鴟尾《しび》をのせる。大極殿の左右に歩廊《ほろう》がのびて、東端に**蒼竜楼**《そうりゅうろう》、西端に**白虎**《びゃっこ》**楼**《ろう》をおく。前庭に「左近《さこん》の桜」「右近《うこん》の橘《たちばな》」を配し、白砂に映《は》える丹朱《たんしゅ》の社殿は日本美の一典型である。

▲大極殿（中央）・蒼竜楼（右）・白虎楼（左）

『細雪』の中で　**神苑**《しんえん》は社殿の三方を囲む。白虎楼西側にある紅枝垂《べにしだれ》桜の美しさは、谷崎潤一郎《じゅんいちろう》の『細雪《ささめゆき》』などで絶賛されている。また、西神苑の花菖蒲《はなしょうぶ》も有名。東山《ひがしやま》を借景《しゃっけい》にして、蒼竜池にかかる橋殿を眺める東神苑は、京都を代表する風景の一つである。

行事に京都三大祭の一つ、「**時代祭**」を一〇月二二日に執《と》り行う。

周辺　**岡崎公園**《おかざき》●平安神宮の南一帯の岡崎公園には、動物園その他、各種の施設がある。**京都市美術館**は館蔵品の常設展のほかに公募展・特別展にも使用されている。大鳥居《おおとりい》をはさんで、向かい側にある**国立近代美術館**も常設展の他に特別展が催されている。常設展示階のロビーから見る東山一帯の眺めは美しい絵を見るようである。北に府立図書館、西に**京都市勧業館**（みやこめっせ）。**京都伝統産業ふれあい館**は勧業館の地下１階にある。ここに古都に生き続ける伝統産業製品の数々が展示され、製作過程もビデオなどで紹介されている。

周辺　**黒谷**《くろだに》**（金戒光明寺**《こんかいこうみょうじ》**）**●岡崎公園北の丘上にある。法然上人《ほうねんしょうにん》が比叡《ひえい》山《ざん》を下りて吉水《よしみず》の禅房（知恩院）に移る前に営んだ草庵《そうあん》の跡を寺としたもので、多くの堂塔・塔頭《たっちゅう》寺院がある。**文殊**《もんじゅ》**（三重）塔・阿弥陀**《あみだ》**堂**は江戸時代初期のものである。

周辺　**真如堂**《しんにょどう》**（真正極楽寺**《しんしょうごくらくじ》**）**●黒谷に続く丘にある。永観《えいかん》２年（984）に戒算《かいざん》上人によって開かれた。本尊**阿弥陀如来**《にょらい》**立像**は正暦《しょうりゃく》３年（992）延《えん》暦寺《りゃくじ》常行堂《じょうぎょう》から移したと『真如堂縁起《えんぎ》』は伝える。来迎《らいごう》の阿弥陀立像では最古のものだといわれる。紅葉《もみじ》の名所でもある。

京検　平安神宮神苑の紅枝垂桜を絶賛した『細雪』に登場する姉妹は何人姉妹？→□人姉妹

銀閣寺

ぎんかくじ

室町

市バス銀閣寺前下車東へ徒歩5分／市バス銀閣寺道下車東へ徒歩8分

▼MAP B－4 ▼MAP D－3

※東求堂・弄清亭《ろうせいてい》・本堂は事前申し込みで拝観可能。（⇩P170参照）

（30分）

▲銀閣寺・観音殿〔銀閣〕と向月台（手前は銀沙灘）

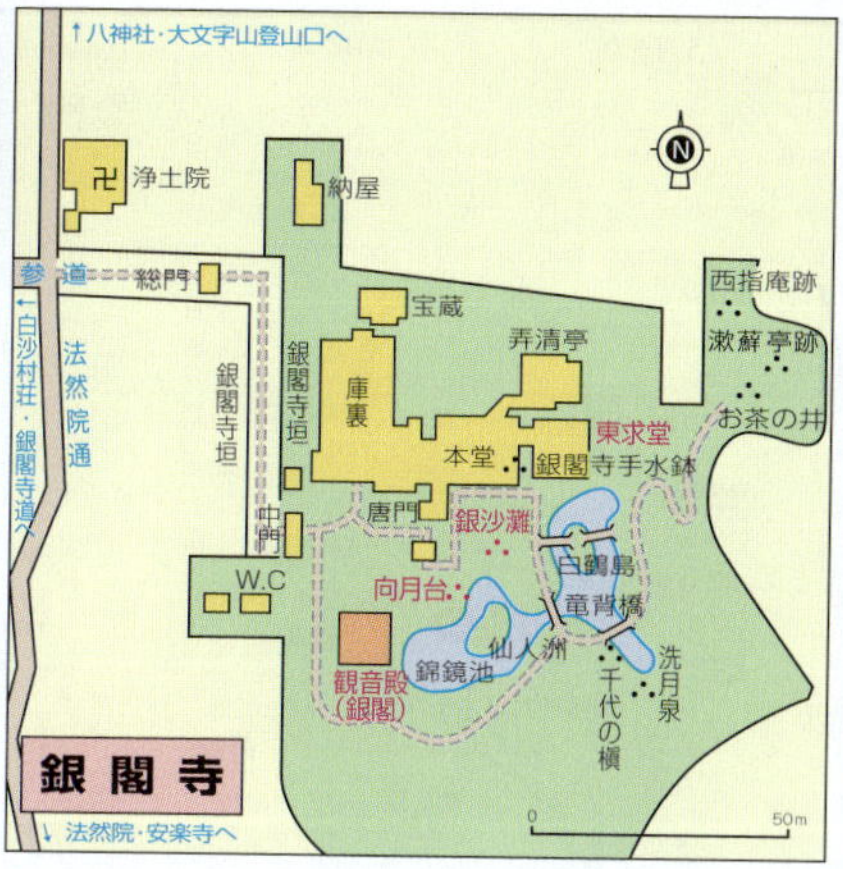

室町期東山文化の代表

正しくは**慈照寺**《じしょうじ》という。銀閣寺は俗称。室町幕府八代将軍**足利義政**《あしかがよしまさ》が祖父義満《よしみつ》の北山山荘（金閣《きんかく》）にならって造営した東山《ひがしやま》山荘を、彼の遺言《ゆいごん》で寺としたもの。戦乱の後、文明一四年（一四八二）に着工、義政が延徳《えんとく》二年（一四九〇）に死ぬまで工事は続けられた。

東求堂と観音殿

*東求堂《とうぐどう》は西芳寺《さいほうじ》（苔寺《こけでら》）の西来《さいらい》堂《どう》に模して、持仏堂《じぶつどう》として建てられた。内部は四室に分かれ、正面十畳は阿弥陀如来《あみだにょらい》像を本尊とする仏間である。その右後方の四畳半茶室は**同仁斎**《どうじんさい》と呼ばれ、義政はここで後に「東山御物《ぎょぶつ》」と呼ばれる和漢の名画・名器を収集、愛玩《あいがん》した。初期の書院造《しょいんづくり》を代表する建物である。

*観音殿《かんのんでん》は西芳寺瑠《る》璃殿《りでん》にならい、義政の死の前年に棟《むね》上げした。**銀閣**と呼ばれるが銀箔《ぱく》は使用していない。二重・宝形《ほうぎょう》造《づくり》で、二階は潮音閣《ちょうおんかく》という唐様《からよう》の仏殿《ぶつでん》、一階は心空殿《しんくうでん》という和様の書院造になっている。

▲銀閣寺・東求堂（右）

庭園

庭園は、西芳寺を模倣して善阿弥《ぜんあみ》（一説に相阿弥《そうあみ》）に造らせた上下二段の庭園が荒廃していたのを、下段は江戸時代に修復したもの。方《ほう》丈《じょう》前の砂盛りの**銀沙灘**《ぎんさだん》・**向月台**《こうげつだい》もそのころに造られたらしい。上段の庭は、お茶の井といわれる涌《わ》き水の石組《いしぐみ》が中心である。

周辺 **安楽寺**《あんらくじ》●哲学の道のほぼ中央を東に入った所。安楽房《ぼう》・住蓮《じゅうれん》房の2人の説法に感化され、女房松虫・鈴虫の2人が出家して尼となったのを、後鳥羽《ごとば》上皇は激怒し、2人の僧は死罪、その師法然と、親鸞《しんらん》を含む弟子7人は流罪《るざい》となった。いわゆる「**承元《じょうげん》の法難《ほうなん》**」(1207)である。延宝《えんぽう》9年(1681)堂舎を建て2僧を弔《とむら》ったのがこの寺の起源。2僧・2尼の供養《くよう》のための石塔がある。（※拝観は時期的に制約あり。）

周辺 **法然院**《ほうねんいん》●安楽寺の北。延宝《えんぽう》8年(1680)、**法然上人**の旧跡に建立《こんりゅう》。茅葺《かやぶ》きの山門・白砂の砂盛りなど閑寂な雰囲気が漂う。方丈の**襖絵**《ふすまえ》は狩《か》野光信《のうみつのぶ》筆。墓地には、河上肇《はじめ》・谷崎潤一郎《じゅんいちろう》など学者・文人《ぶんじん》の墓が多い。（※境内自由。堂内は春秋1週間ずつ公開。）

▲法然院・山門

周辺 **白沙村荘**《はくさそんそう》●銀閣寺の西徒歩5分の所。画家**橋本関雪**《かんせつ》の邸宅を公開。各時代のあらゆる様式の石造美術などに見るべきものがある。

京検　足利義政の治世中に引き起こされた戦乱は何？→壬申《じんしん》の乱・承久《じょうきゅう》の乱・応仁《おうにん》の乱・正中《しょうちゅう》の乱

洛北 名所案内

大原の里

洛北

鴨川《かもがわ》の橋の上に立って上流を眺めると、幾重《いくえ》にも重なる山々が見える。その山々を京の人びとは「北山《きたやま》」と呼んでいる。

この北山の山ふところに**洛《らく》北《ほく》の里**がある。「北山時雨《しぐれ》」の降る洛北の里は、惟喬親王《これたかしんのう》(『伊勢物語』)、浮舟《うきふね》(『源氏物語』)、建礼門院《けんれいもんいん》(『平家物語』)、石川丈山《じょうざん》など、実在・架空の人物をとりまぜて、この世を捨てた人が身を隠した所である。「哀《かな》しみの里」洛北は紅葉のころ、時雨のころが最も印象深い。

大徳寺

だいとくじ

室町〜江戸

▼市バス大徳寺前下車すぐ
MAP B－3

(90分)

◀大徳寺・三門（金毛閣）

●**「一休さん」と千利休**　大燈国師《だいとうこくし》が元応《げんおう》元年(一三一九)に一小庵《あん》を構《かま》えたことに始まる。その後、皇室の帰依《きえ》も厚く、京都五山の上位におかれたりもした。応仁《おうにん》の乱(一四六七〜七七)で一時衰微《すいび》したが、**一休《いっきゅう》禅師**が再興した。茶祖の村田珠光《しゅこう》・**千利休《せんのりきゅう》**らも大徳寺で禅を学び、茶道を完成した。

●**建物など**　安土《あづち》・桃山時代になって豊臣秀吉《とよとみひでよし》らの庇護《ひご》を受け、隆盛に向かう。建物も桃山から江戸時代にかけてのものが多い。**勅使門《ちょくしもん》**・**三門**(金毛閣《きんもうかく》。初層を連歌《れんが》師宗長《そうちょう》が、上層を千利休が寄進)・**本堂**(仏殿)・**法堂《はっとう》**・**鐘楼《しょうろう》**・**浴室**・**庫裏《くり》**と並ぶ。***方丈《ほうじょう》**は寛永《かんえい》一三年(一六三六)に建てられた。障壁画は狩野探幽《かのうたんゆう》筆、庭も同時期に造られた禅院式枯山水《かれさんすい》で、東庭は比叡山《ひえいざん》を借景《しゃっけい》としている。華麗な彫刻で飾られた*****唐門《からもん》**は聚楽第《じゅらくだい》の遺構と伝える。

●**見るべき塔頭**　拝観可能な寺院を紹介する。

龍源院《りょうげんいん》　文亀《ぶんき》二年(一五〇二)に創建され、**本堂**は室町後期の建築で大徳寺山内では最古。三尊石の石組《いしぐみ》と苔《こけ》と白砂の庭がある。

瑞峰院《ずいほういん》　天文《てんもん》四年(一五三五)に創建。**本堂**・**表門**は創建時のもの。庭は昭和の作庭家重森三玲《みれい》の作でキリシタン大名大友宗麟《おおともそうりん》にちなんでいる。

大仙院《だいせんいん》　永正《えいしょう》六年(一五〇九)に開かれた。***本堂**は龍源院と並ぶ古いもの。庭は龍安寺《りょうあんじ》と並び称される代表的な石庭である。

高桐院《こうとういん》　慶長《けいちょう》六年(一六〇一)、細川忠興《ただおき》が創建。茶室**松向軒《しょうこうけん》**や、千利休秘蔵の石灯籠《いしどうろう》を用いた忠興とその妻ガラシャの墓がある。楓《かえで》の古木と石灯籠一つの庭は簡素で美しい。

周辺 **今宮《いまみや》神社**●大徳寺の北。平安中期、船岡山《ふなおかやま》に創建された疫病退散の神社が起こりと伝え、後、当地に移った。社殿の多くは明治時代の再建だが、古式の風格を感じる。東門を出た所には名物「あぶり餅《もち》」を売る軒のれんの店が向かい合う。「**やすらい祭《まつり》**」も有名。

▲今宮神社のやすらい祭

周辺 **光悦寺《こうえつじ》**●大徳寺西の千本通《せんぼんどおり》を鷹ケ峰《たかがみね》に向かってのぼる。**本阿弥光悦《ほんあみ》**が徳川家康から拝領したこの地に、法華《ほっけ》信者の理想境を造ったとも、芸術家村であったともいわれる。光悦は江戸初期の文化人で、書・画・陶芸・作庭などあらゆる分野に優れていた。光悦のいた大虚庵《たいこあん》の跡を寺としたのが光悦寺。

周辺 **常照寺《じょうしょうじ》**●光悦寺から東北へすぐ。江戸初期に開かれ、学問所として多くの学僧が修行した。光悦の甥《おい》、灰屋（佐野）紹益《しょうえき》は島原 (⇨P 23 下) の名妓《めいぎ》**吉野太夫《だゆう》**を妻とした。山門はその吉野が寄進したので「吉野門」と呼ばれる。墓地には吉野と紹益の墓がある。

京検　千利休が完成した茶の世界は何？→さび茶・わび茶・いき茶・花茶

上賀茂神社 かみがもじんじゃ

平安以前（江戸）

▼MAP C－2　市バス・京都バス上賀茂神社前下車すぐ

（40分）

▲上賀茂神社・楢の小川

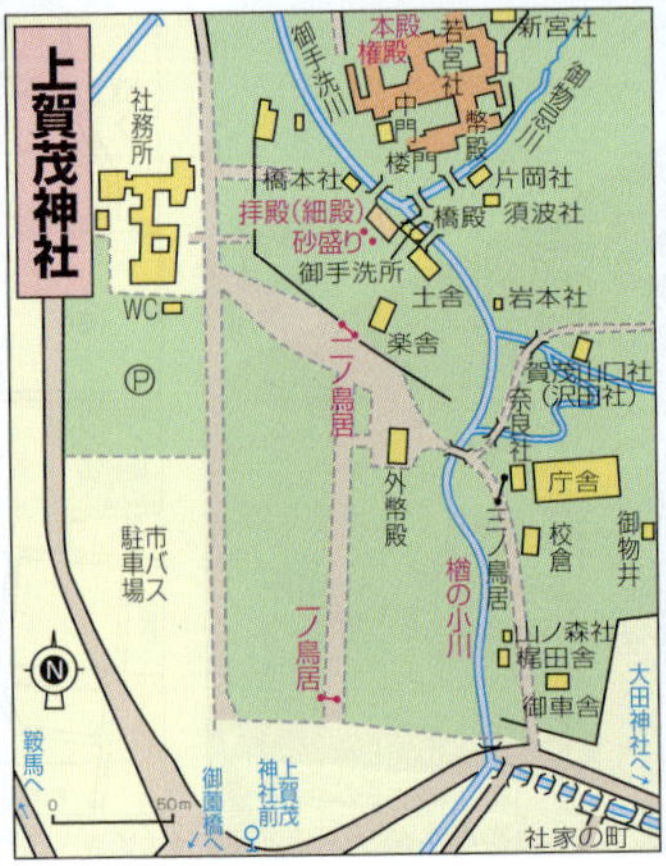

●平安以前の神社　正しくは**賀茂別雷《かもわけいかづち》神社**といい、賀茂別雷神命《かみのみこと》を祭神とする。この神は下鴨《しもがも》神社の祭神玉依姫命《たまよりのひめのみこと》と松尾《まつのお》大社の祭神火雷神《ほのいかずち》との間に生まれた神であると『山城国風土記《やましろのくにふどき》』逸文《いつぶん》は伝え、古代山城北部の豪族、賀茂氏と秦《はた》氏とのつながりを暗示している。下社より早く欽明《きんめい》天皇のころに始まるとも伝え、この上社から下社が分離したとの説もある。平安遷都《せんと》以後、上・下社は同じに扱われ、山城国一《いち》の宮とされた。

●美しく荘厳な社殿　二《に》の鳥居《とりい》を北に入ると、二つの円錐形《えんすいけい》の砂盛りが立つ**拝殿**（細殿）がある。また、**本殿***・**権殿***《ごんでん》は下社と同じ文久《ぶんきゅう》三年（一八六三）に造営された流造《ながれづくり》。緑に覆《おお》われ、百人一首に歌われた「**楢《なら》の小川**」のせせらぎを前にして建つ、朱塗りの楼門・廻廊《かいろう》に囲まれる社殿は、美しく荘厳《そうごん》である。

▲上賀茂神社・拝殿

社殿の多くは寛永《かんえい》五年（一六二八）の造営。一の鳥居から二の鳥居までは広々とした芝生《しばふ》の馬場で、ここで『徒然草《つれづれぐさ》』に出てくる「賀茂の競馬《くらべうま》」が、今も五月五日に行われる（⇩P80）。

この神社の東に、野生のカキツバタの群落で知られる摂社《せっしゃ》の一つ**大田《おおた》神社**がある。また上賀茂神社社前の明神川《みょうじんがわ》沿いに古い**社家《しゃけ》**の並ぶ風景も他所《よそ》では見られないものだろう。

周辺　**正伝寺《しょうでんじ》**●上賀茂神社の西約1.5km行った西賀茂の地。**方丈《ほうじょう》**は承応《じょうおう》2年（1653）伏見《ふしみ》城の遺構を移したといわれ、廊下の天井は血天井と呼ばれる。**襖絵《ふすまえ》**は狩野山楽《かのうさんらく》筆。庭は白砂に大小の刈り込みを配し、「**獅子《しし》の児《こ》渡し**」と呼ばれ、比叡山《ひえいざん》を借景《しゃっけい》としている。

周辺　**円通寺《えんつうじ》**●上賀茂から北東へ峠を越えた所にある。後水尾《ごみずのお》天皇の幡枝御殿《はたえだごてん》を、延宝《えんぽう》6年（1678）大悲山《だいひせん》と号する妙心寺派の寺としたもの。**庭園**は40数個の石が苔《こけ》庭に配され、刈り込みの生垣《いけがき》の向こうに比叡山《ひえいざん》を望む雄大な構図を見せる。後水尾天皇の作庭。

周辺　**国立京都国際会館**●宝《たから》ケ《が》池《いけ》畔にある国際会議場。昭和41年（1966）、国際交流と親善をはかる目的で開館された。2000名収容の大会議場をはじめ、合掌造《がっしょうづくり》を現代建築に生かした建造物が目を引く。日本式庭園も広く設けてある。

国立京都国際会館▶

京検　「賀茂の競馬《くらべうま》」の様子などを描いた随筆『徒然草』の作者はだれ？→□□□□

第Ⅱ章　名所への招待

詩仙堂

しせんどう

江戸

市バス一乗寺下《さが》り松町下車東へ徒歩10分
MAP D－3

(20分)

▲詩仙堂の庭園

丈山の山荘　**石川丈山**《じょうざん》が寛永《かんえい》一八年(一六四一)に隠《いん》棲《せい》所として建てた。丈山は徳川家康《いえやす》に仕えた武士であったが、大坂夏の陣(一六一五)で、禁じられていた抜け駆けをおこなってとがめられて武士をやめ、京都に出て儒《じゅ》学者藤原惺窩《せいか》に漢学を学んだ。一時安芸《あき》藩(今の広島県西部)に仕えた後、洛北一乗寺《いちじょうじ》の山荘に隠棲し、悠《ゆう》々自適の生涯をおくった。丈山は漢詩文にすぐれ、朝鮮の使者権《ごん》侙《ちょく》に「日本の李白《りはく》・杜甫《とほ》」と賞賛された程であった。彼はこの山荘に三十六歌仙にちなんで、漢詩人三十六人の肖像を狩野探幽《かのうたんゆう》に描かせ、自身で讃《さん》(絵に題することば)を書いて壁に掲《かか》げたので、**詩仙堂**と呼ばれるようになった。

風流の世界　俗世間を超越して隠棲し、詩文を作る一方、あらゆる芸能にたずさわった。たとえ生活は貧しくとも、心の豊かさと自由は失わず風流の世界に遊んだ、いわゆる文人《ぶんじん》と呼ばれる人であった。時の天皇の招待を「渡らじな瀬見《せみ》の小川の浅くとも老いの浪《なみ》そふ影も恥づかし」と辞退したことは有名。

建物は**仏間・居間**(詩仙の間)、階上の**嘯月楼**《しょうげつろう》からなる簡素なもので、白砂の前庭に、時折響く添水《そうず》(僧都)の音が丈山の文雅《ぶんが》を今に響かせる。サツキの刈り込みの一段下の庭は新しいもの。

▲静寂の中に快く響く添水

周辺　**金福寺**《こんぷくじ》●詩仙堂の南約５分のところにある。江戸初期に鉄舟和尚《てっしゅうおしょう》が再興し、和尚は俳人松尾芭蕉《ばしょう》を慕《した》ってここに**芭蕉庵**《あん》を結んだ。和尚の没後、荒れていた芭蕉庵を**与謝蕪村**《よさぶそん》らが整備した。その経緯は寺に残る蕪村自筆の『**洛東**《らくとう》**芭蕉庵再興記**』にくわしい。**蕪村の墓**は芭蕉庵の裏の山腹にある。(⇨P 89)なお、舟橋聖一《ふなはしせいいち》『花の生涯』のヒロインで名高い**村山たか**もここに隠棲《いんせい》していた。

▲与謝蕪村の墓

周辺　**一乗寺下り松**《いちじょうじさが》●詩仙堂から西へ約３分。京の町から比叡山《ひえいざん》へ登る入口の雲母《きらら》坂に入る目印として名高い。『太平記《たいへいき》』には、建武《けんむ》３年(1336)、ここで足利《あしかが》勢と新田《にった》・楠木《くすのき》勢が対陣したことが出てくる。下り松を有名にしたのは、宮本武蔵《むさし》と吉岡一門との決闘で、「**宮本・吉岡決闘の地**」の石碑が立つ。ただこの話は、江戸時代の記録には出ていない。吉川英治《えいじ》の小説『宮本武蔵』で有名になったようである。

京検　与謝蕪村の発句はどれ？→下京や雪つむ上の夜の雨・六月や峰に雲おく嵐山・鳥羽殿《とばどの》へ五六騎急ぐ野分《のわき》かな

曼殊院

まんしゅいん

江戸

▼MAP D-3

市バス一乗寺清水町下車東へ徒歩20分

（30分）

▲曼殊院・小書院

●天台宗の門跡寺院

詩仙堂から北東へ徒歩でおよそ20分。比叡山西麓《ひえいざんせいろく》の静かな地にある。**竹の内門跡《もんぜき》**（「門跡」とは皇族・貴族の子弟が仏法の系統を継ぐ寺院）とも呼ばれ、天台宗《てんだいしゅう》門跡寺院の一つである。寺の歴史は古く、延暦寺《えんりゃくじ》のそれとほぼ等しいといわれるが、現在の地に移ったのは、明《めい》暦《れき》二年（一六五六）良尚法親王《りょうしょうほっしんのう》の時である。良尚法親王は桂離宮《かつらりきゅう》を造営された八条宮智仁親王《はちじょうのみやとしひと》の御子《みこ》で、心なしかこの曼殊院は桂離宮に通ずるものが感じられる。楓《かえで》並木の参道の正面にめぐらされた石垣の上の白壁塀《しらかべへい》と**表門**（薬医門《やくいもん》）はこの寺の格式の高さを示す。

●書院風の建築

大玄関の襖絵《ふすまえ》には狩野永徳《かのうえいとく》筆と伝える「**竹虎図**」がある。本堂は**大書院《おおしょいん》**とも呼ばれるだけあり、寄棟造《よせむねづくり》・柿葺《こけらぶ》きの書院建築で寺院風ではない。仏間は書院の上段の間《ま》を利用している。各室の欄間《らんま》は月形・卍崩《まんじくず》しを用い、杉戸の引き手にも扇子《せんす》・瓢箪《ひょうたん》などが用いられ、桂離宮に似通《にかよ》っている。**小書院《こしょいん》**（閑静亭《かんじょうてい》）も寄棟造・柿葺きの書院風建築で、黄昏《たそがれ》の間には**曼殊院棚《だな》**と呼ばれる特異な違い棚があり、すべてに風流が凝《こ》らされている。**八窓軒《はっそうけん》茶室**も有名。

庭園は枯山水《かれさんすい》庭園で、石組《いしぐみ》で滝を、白砂で池を造り、鶴《つる》・亀《かめ》二島を配している。「**梟《ふくろう》の手水鉢《ちょうずばち》**」も名高い。

◀庭園にある「梟の手水鉢」

周辺 **修学院離宮《しゅがくいんりきゅう》**●後水尾《ごみずのお》上皇のために、徳川幕府が明暦《めいれき》２年(1656)ごろから数年かけて造営した山荘。比叡山の中腹から山麓《さんろく》の広大な敷地に三つの茶屋が設けられ、田畑の間を低い松並木の道でつなぐ。**下《しも》の茶屋**は書院「**寿月観《じゅげつかん》**」と茶室からなる。庭は池泉《ちせん》鑑賞式。**中の茶屋**は「**楽《らく》只軒《しけん》**」と客殿からなり、客殿の霞棚《かすみだな》と呼ぶ違い棚や住吉具慶《すみよしぐけい》筆の祇園《ぎおん》祭《まつり》の山鉾《やまほこ》の図が名高い。**上《かみ》の茶屋**は大池（浴竜池《よくりゅう》）の庭が中心で、池の西の大刈り込みの向こうには鞍馬《くらま》・愛宕《あたご》から大阪方面までの大展望が広がる。（※事前申し込み制。但し、18 歳未満の見学は許可されない。⇨ P170）

▲修学院離宮・浴竜池から見た展望

周辺 **赤山禅院《せきざんぜんいん》**●修学院離宮のすぐ北。古来方除《ほうよ》けの神として、また商売繁盛の神、特に借金集めの神として信者が多い。拝殿の屋根の上の猿の瓦《かわら》が珍しい。

京検　曼殊院は国宝「黄不動」を所蔵。では「青不動」で有名な寺院は？→泉涌寺《せんにゅうじ》・青蓮院《しょうれんいん》・龍安寺《りょうあんじ》・仁和寺《にんなじ》

三千院
さんぜんいん

平安

▼MAP D–1 京都バス大原下車東へ徒歩10分

(30分)

▲三千院・往生極楽院

大原の代表的な寺 梶井《かじい》の宮とも呼ばれ、東《ひがし》山《やま》の妙法院《みょうほういん》・青蓮院《しょうれんいん》(⇩P34下)とならぶ天台《てんだい》三門《もん》跡《ぜき》の一つ。最澄《さいちょう》が比叡山《ひえいざん》東塔南谷に建てたのが起源と伝える。後、各地を転々としたが、応仁《おうにん》の乱(一四六七〜七七)後、現在の大原《おおはら》の地に移った。石垣を周囲にめぐらし、門前の楓《かえで》並木は新緑・紅葉のころが特に美しい。

建築と庭 門内の建物のうち、**客殿・宸殿《しんでん》**はともに新しく、襖絵《ふすまえ》も竹内栖鳳《せいほう》・下村観山《かんざん》ら、大正から昭和の初期に活躍した画家のもの。

▲三千院・阿弥陀像と観音像

宸殿の前の**苔《こけ》庭**(瑠璃《るり》光《こう》の庭)は、石楠花《しゃくなげ》の咲く五月、紅葉の十一月が特に美しい。その庭の中央、杉木立の下にある三間《けん》四方の小堂が**往生極楽院《おうじょうごくらくいん》**(阿弥陀《あみだ》堂)である。内部は周囲一間を外陣《げじん》とし、中央内陣の天井は舟底型になっている。平安時代後期の阿弥陀堂建築の様式をよくとどめている。

貴重な藤原仏 本尊***阿弥陀如来坐像《にょらいざぞう》**は金色に輝く丈六《じょうろく》の仏像(約2m)。その前に蓮台《れんだい》を持つ***観音菩薩《かんのんぼさつ》**と合掌《がっしょう》する***勢至《せいし》菩薩**が配され、やや前かがみに跪坐《きざ》(ひざまずいて座ること)する姿には、この蓮台に載せられて極楽に往生したいと願う当時の人々の気持ちがよく表れている。藤原時代の貴重な仏像彫刻とされている。

周辺 **来迎院《らいごういん》**●三千院から東へ徒歩5分。仁寿《にんじゅ》年間(851~53)に慈覚《じかく》大師が創建した。後、融通《ゆうずう》念仏の開祖良忍《りょうにん》が嘉保《かほう》元年(1094)この寺に入り、梵唄声明《ぼんばいしょうみょう》の中心地とした。本尊の**薬師《やくし》・阿弥陀《あみだ》・釈迦《しゃか》三尊**は良忍のころの作。門を出て左手を約10分登ると**音無《おとなし》の滝**へ行き着く。

周辺 **勝林院《しょうりんいん》**●三千院から北へ徒歩3分。長和《ちょうわ》2年(1013)寂源《じゃくげん》が創建。法然上人が当時の名僧・学僧たちを前に専修《せんじゅ》念仏の教えを説いた「**大原問答**」の場として有名。本尊は大原問答の時、光明を放ち念仏衆生《しゅじょう》を救う証拠を示されたので「**証拠の阿弥陀**」といわれる。

▲寂光院・山門

周辺 **寂光院《じゃっこういん》**●三千院から西へ徒歩25分。『平家物語』の「**大原御幸《ごこう》**」で知られる。高倉《たかくら》天皇の后建礼門院《きさきけんれいもんいん》が尼となってこの寺で平家一門の菩提《ぼだい》を弔《とむら》った。「みぎわの池」「みぎわの桜」など『平家物語』にちなんでいる。(⇨P77)

京検 寂光院ゆかりの『平家物語』はいつ成立したか？→平安中期・鎌倉初期・室町初期・江戸初期

延暦寺

えんりゃくじ

平安（江戸）

（京都駅から）京都バス・京阪バス延暦寺バスセンター下車▼MAP D−2

（東塔60分）

▲比叡山より琵琶湖を望む

▲延暦寺・根本中堂

●天台宗の総本山

比叡山《ひえいざん》（八四八m）の山頂一帯に**延暦寺**がある。この寺は**最澄**《さいちょう》が延暦七年（七八八）に建立《こんりゅう》した比叡山寺に始まる。最澄は延暦二四年（八〇五）天台《てんだい》宗を開いた。最澄没（八二二）後、延暦寺の称号を与えられた。平安時代末には、三塔十六谷に三千坊を数え、隆盛を極めた。法然《ほうねん》・親鸞《しんらん》・日蓮《にちれん》など鎌倉新仏教の担《にな》い手を輩出《はいしゅつ》する一方、僧兵による政治介入などの弊害《へいがい》も出て、元亀《げんき》二年（一五七一）織田信長《おだのぶなが》によって全山の堂塔が焼かれてしまった。現在の東塔《とうどう》・西塔《さいとう》・横《よ》川《かわ》の三塔にある建物の大半は、それ以後、主に近世に再興されたもの。

●三塔を巡る

東塔は延暦寺の中心で交通の便がよく、参拝者も多い。一山の本堂にあたる*****根本中堂**《こんぽんちゅうどう》は、外陣《げじん》より一段低い薄暗い内陣に最澄以来の不滅の法灯がともり、神秘感が漂う。その他、**戒壇院**《かいだんいん》・**大講堂**・**阿弥陀堂**《あみだどう》・最澄の廟所《びょうしょ》**浄土院**《じょうどいん》などがある。

西塔は老杉のそびえる森閑とした中にある。大津の三井寺《みいでら》（園城寺《おんじょうじ》）から移築した、**釈迦堂**《しゃかどう》（転《てん》法輪堂《ぼうりんどう》）が中心。**法華堂**《ほっけどう》・**常行堂**《じょうぎょうどう》（弁慶の担《にな》い堂）、元亀の焼き討ちを免《まぬか》れた唯一の建造物**瑠璃堂**《るりどう》などがある。

横川は西塔から約四km奥の閑寂な一郭《いっかく》にあり、**横川中堂**（昭和四六年の再建）や**元三大師堂**《がんざんだいしどう》（四季講堂）などがある。

あれこれ **国宝殿**●東塔にある。各堂塔から集められた仏像・仏具・仏画など、重要文化財を含む多数の秘宝を収蔵・展示する。（※年中無休）

周辺 **蓮華寺**《れんげじ》●比叡山西麓上高野《せいろくかみたかの》の三宅八幡《みやけはちまん》にある（叡山電鉄三宅八幡駅下車北東へ徒歩 10 分ほど）。江戸時代の初めに、加賀《かが》藩の家老今枝重直《いまえだしげなお》が隠居所をここに構《かま》え、石川丈山《じょうざん》・狩野探幽《かのうたんゆう》らと交わっていた。本阿弥光悦《ほんあみこうえつ》からの書簡も多数残っていて、その交友の親しさを知ることができる。重直の孫が寺としてその菩提《ぼだい》を弔《とむら》ったものである。

鶴《つる》・亀《かめ》２島を配する**池泉**《ちせん》**鑑賞式庭園**は、石川丈山の作と伝える。亀島には木下順庵撰《じゅんあんせん》文、石川丈山の篆刻《てんこく》による石碑があり、江戸時代初期の文化人の交友を物語る。本堂前の**石灯籠**《いしどうろう》は蓮華寺型と呼ばれ、灯籠の一典型となっている。

周辺 **崇道**《すどう》**神社**●蓮華寺から北東へすぐ。早良《さわら》親王を祭る。この社の背後約 150m の所に遣隋使《けんずいし》で有名な小野妹子《おののいもこ》の子で、天武《てんむ》天皇６年（677）に死んだ***小野毛人**《えみし》**の墓誌**の出た古墳がある。

京検 『源氏物語』の中で横川の僧都に出家を頼んだ女人はだれ？→桐壺《きりつぼ》・花散里《はなちるさと》・末摘花《すえつむはな》・浮舟《うきふね》

鞍馬寺

くらまでら

平安

叡山電鉄鞍馬線鞍馬駅下車山門まですぐ（山門から本殿まで徒歩30分）▼MAP C－1

（本殿往復100分）

▲鞍馬寺・本殿

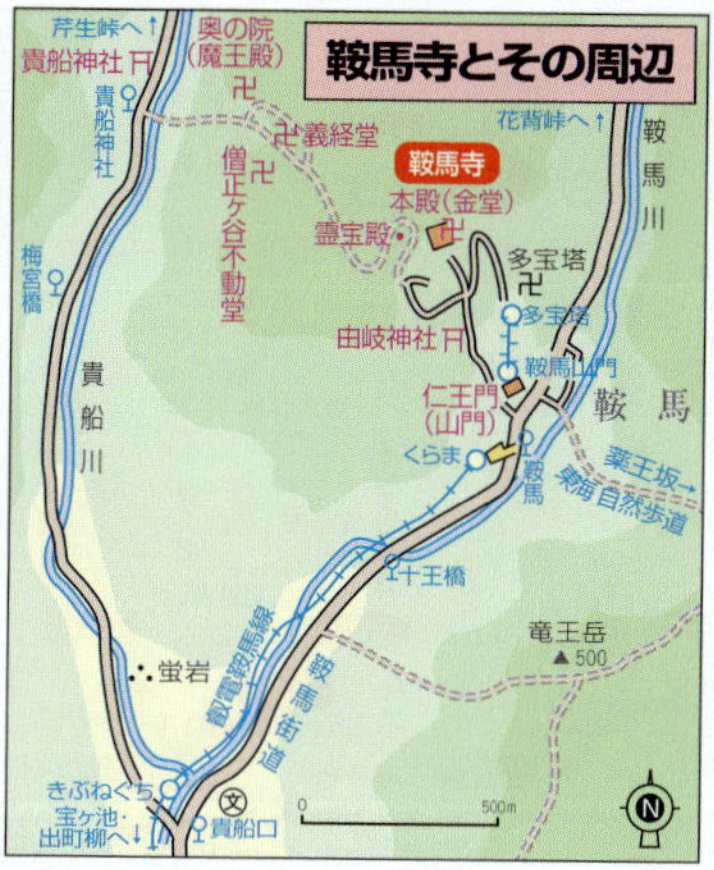

●平安京の北方を守護　延暦一五年（七九六）造東寺長官藤原伊勢人《いせんど》によって伽藍《がらん》を建立《こんりゅう》。寺伝によると、奈良唐招提寺《とうしょうだいじ》の鑑真和上《がんじんわじょう》の弟子鑑禎《がんてい》が、宝亀《ほうき》元年（七七〇）に草堂を建てて毘沙門天像《びしゃもんてんぞう》を安置していた。それを貴船明神《きぶねみょうじん》の夢告によって知り、鞍を置いた白馬に導かれてこの地に至り、一寺を建てて、毘沙門天と千手観音像《せんじゅかんのんぞう》を安置したという。**毘沙門天**は多聞天《たもんてん》（四天王の一つ）とも呼ばれ、平安京の北方守護神として、人々の崇敬《すうけい》を集めた。『枕草子《まくらのそうし》』にも「近くて遠きもの、鞍馬のつづらをり《お》といふ《う》道」とあり、多くの人が難渋《なんじゅう》しつつ参詣《さんけい》した様が知られる。近世以後は福徳の神として信仰を集めている。

鞍馬街道に面して**仁王門《におうもん》**（山門）があり、**本殿**（金堂）への途中に鞍馬寺の鎮守《ちんじゅ》社の**由岐《ゆき》神社**がある。**拝殿**は中央を通路とした割《わり》拝殿で舞台造《ぶたいづくり》。豊臣秀頼《ひでより》が慶長《けいちょう》一五年（一六一〇）に再建した。

●義経ゆかりの地　つづらおりの道は、今はケーブルカーで登れる。本殿その他は新しい。本殿からは洛北の山々が眺望できる。また、昼なお暗い木の根道の僧正ヶ谷《そうじょうがだに》を経て貴船へ下る道は格好のハイキングコースでもある。途中、**義経堂**・**奥の院魔王殿《まおうでん》**などがあり、義経伝説の雰囲気を残す。

▶奥の院付近の木の根道

あれこれ **霊宝殿（鞍馬山博物館）**●本殿裏にある。3階建てで、1階は鞍馬の自然科学博物苑、2階は寺宝展示室とこの鞍馬を好み、よく訪れた**与謝野晶子《よさのあきこ》の記念室**、3階は**毘沙門天立像**など貴重な寺宝を安置した宝物収蔵庫からなる。

あれこれ **鞍馬の火祭《ひまつり》**●由岐神社の祭礼で、毎年10月22日に行われる。京都三大奇祭（他の二つは太秦広隆寺《うずまさこうりゅうじ》の牛祭・洛北今宮《いまみや》神社のやすらい祭）の一つといわれる。里人のかつぐ大松明《たいまつ》のかがり火で全山が赤く染まるさまは壮観である。

周辺 **貴船《きぶね》神社**●賀茂川の水源地、貴船にある。水を司《つかさ》どる神を祭り、降雨・止雨の祈願が行われた。また、男女の仲を守ったり縁を切ったりする神としても信仰された。和泉式部《いずみしきぶ》が夫との仲がうまく行かないときに参詣《さんけい》し、「もの思へば沢の蛍も我が身よりあくがれいづる魂《たま》かとぞみる」と詠んだ話、宇治《うじ》の橋姫がこの社に参詣し男を呪《のろ》い殺した謡曲『鉄輪《かなわ》』（⇨P141）など多くの話が残されている。もとは神社のさらに北の今の奥宮《おくのみや》の地にあったが、天喜3年（1055）に現在地に移ったという。

京検　義経が鞍馬寺に預けられたときの稚児名は？→阿修羅丸《あしゅら》・迦楼羅丸《かるら》・遮那王丸《しゃなおう》・金剛王丸《こんごうおう》

洛西 名所案内

嵐山渡月橋

洛西

平安京へ都が移されて間もなく離宮《りきゅう》が営まれたのは嵯峨野《さがの》であった。美しい山水、竹藪《やぶ》、北山杉、そして寺と庭。自然と人間が溶《と》け合って、第二の自然を創《つく》り上げているのが**洛西**《らくさい》である。

なぜかくも、洛西が今日まで人々に愛されてきたかは、この地を訪れてみればすぐ理解できよう。四季折々の風趣の魅力はむろん、洛北と同様、「歴史」や「物語」が隠されていて、それが今日の人々の心をとらえてやまないからだ。

金閣寺

きんかくじ

室町

市バス金閣寺道下車西へ徒歩3分
市バス金閣寺前下車すぐ▼MAP B－3

（30分）

◀金閣と鏡湖池

●室町期北山文化の代表　正しくは**鹿苑寺**《ろくおんじ》といい、金閣寺は俗称。室町幕府三代将軍**足利義満**《あしかがよしみつ》が西園寺《さいおんじ》家から譲り受けた北山《きたやま》山荘を約十年かけて造営した北山殿《どの》を、応永《おうえい》一五年(一四〇八)義満の急逝《きゅうせい》後、遺言《ゆいごん》によって寺としたのが鹿苑寺である。**庭園**は北山山荘のものをもとにしているが、夢窓国師《むそうこくし》のつくった苔寺《こけでら》庭園の影響を強く受けている。

●舎利殿＝「金閣」の美　建物の中心は**舎利殿**《しゃりでん》で、金箔《きんぱく》を貼《は》ってあるところから「**金閣**」と呼ばれている。一階は、法水院と呼ぶ寝殿造《しんでんづくり》・王朝風のもので釣殿《つりどの》を配している。二階は、潮音洞《ちょうおんどう》と呼ぶ鎌倉時代風の武家造《ぶけづくり》で観音菩薩《かんのんぼさつ》を安置する。三階は、究竟頂《くっきょうちょう》と呼ぶ禅宗仏殿風で、阿弥陀《あみだ》三尊を安置し、舎利殿となっている。屋根は宝形造《ほうぎょうづくり》・柿葺《こけらぶ》きで頂上に鳳凰《ほうおう》を置く。二・三階には金箔が貼られ、仏殿《ぶつでん》と展望台の役割をもち、信仰と遊びの要素が共存している。衣笠山《きぬがさやま》の緑を背景に**鏡湖池**《きょうこち》に影を映《うつ》す金閣は古都の代表的風景である。金閣は昭和二五年(一九五〇)に放火によって焼失(三島由紀夫『金閣寺』⇩P93)したが、三〇年(一九五五)に再建された。また、金箔は六二年(一九八七)に貼り直された。

金閣から夕佳亭《せっかてい》に至る途中の古池は**安民沢**《あんみんたく》といい、そこから流れ出す竜門瀑《りゅうもんばく》などとともに、西園寺山荘の遺構である。**夕佳亭**は南天《なんてん》の床柱《とこばしら》で知られる。この南には義満居室の跡といわれる**拱北楼**《きょうほくろう》が建つ。裏門近くの**不動堂**《ふどうどう》は鎌倉時代のもので、古くから信仰を集めている。

周辺 **堂本**《どうもと》**印象美術館**●金閣寺から徒歩10分。立命館大学の北隣にある。**堂本印象**《いんしょう》(1891～1975)画伯の作品280点を常時展示する。特異な外観を持つ建物も、堂本画伯自身のデザインである。

▲堂本印象美術館・レリーフで飾った外壁

周辺 **等持院**《とうじいん》●堂本印象美術館の南、立命館大学の南。夢窓国師の開山。中京《なかぎょう》の等持寺に対して北等持寺と呼ばれた。**足利尊氏**《あしかがたかうじ》をここに葬《ほうむ》り、その法名にちなんで等持院と改めた。建物は江戸時代の再建。霊光殿には足利歴代将軍15人の等身大の木像を安置する。このうち、尊氏・義詮《よしあきら》・義満三代の木像の首が、幕末に勤王《きんのう》の浪士によって、三条河原《がわら》にさらされたことで知られる。**庭園**のうち西庭は斜面に刈り込みと石を多く配した装飾の多い江戸時代の様式。東庭は古色を帯びた閑寂な庭で夢窓国師の作といわれる。(⇨P 94)

京検　三島由紀夫『金閣寺』のほかに、金閣放火事件を扱った『金閣炎上』を書いた作家はだれ？→□□□

▲龍安寺・石庭

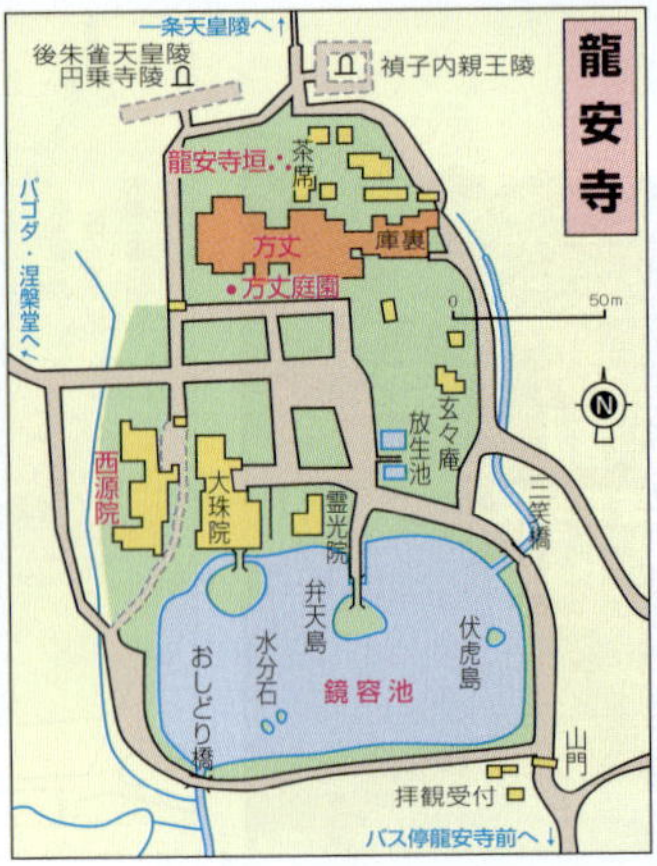

龍安寺

りょうあんじ

室町

市バス・JRバス龍安寺前下車すぐ／嵐電北野線龍安寺駅下車北西へ徒歩10分▼MAP B－3

（30分）

●細川勝元が創立

龍安寺は宝徳《ほうとく》二年（一四五〇）、室町中期の武将細川勝元《かつもと》が徳大寺《とくだいじ》家の山荘を譲り受けて寺としたもの。徳大寺邸の庭園の面影《おもかげ》は境内《けいだい》の大きな池、鏡容池《きょうようち》に残る。

勝元の建てた建物は応仁《おうにん》の乱（一四六七〜七七）で焼失したが、その子政元《まさもと》が再興した。それも寛政《かんせい》九年（一七九七）に焼失、二年後に塔頭西源院《たっちゅうせいげんいん》の建物を移したのが現在の方丈《ほうじょう》である。

●枯山水の典型

方丈の南側にある**方丈庭園**は、白砂の上に大小十五の石が点在する。「虎《とら》の子渡し」、大海に浮かぶ島、雲海をあらわすなど様々な説があるが、いずれも決め手はない。十五個の石のうちの一つが、どこから見ても必ず隠れて見えない。それが、「虎の子渡し」の名の由来であるという。平安時代の造園技術書『作庭記《さくていき》』に、石を配置するときには「子とろ、子とろ」の遊戯で鬼に対して親が後列の子供をかばい隠すように、必ず見えない石があるようにせよと説く。この技法を用いたのかもしれない。作者は室町期の相阿弥《そうあみ》という説もあるが、作庭の時期とともに不詳。砂と石という、変わらない素材のみを用い、永遠・不変の世界を造りあげているようだ。

方丈東庭は苔《こけ》と樹木が多く、龍安寺垣や、「吾《わ》れ唯《た》だ足《た》るを知《し》る」と読める「吾知足《ごちそく》のつくばい」などがある。

▲吾知足のつくばい

周辺 **妙心寺《みょうしんじ》**●龍安寺から南へ徒歩約20分。広い寺域を誇る。花園《はなぞの》天皇が康永《こうえい》元年（1342）その離宮《りきゅう》を寺にしたことに始まる。**勅使門《ちょくしもん》・三門・仏殿《ぶつでん》・法堂《はっとう》・寝堂《しんどう》・大方丈**が1列に並び、その横に**浴室・鐘楼《しょうろう》・経蔵**がある。いずれも桃山から江戸時代にかけてのもの。**大方丈**は承応《じょうおう》2年（1653）の建物。襖絵《ふすまえ》は狩野探幽《かのうたんゆう》・益信《ますのぶ》の筆である。庭園は枯山水《かれさんすい》の清楚《せいそ》なもの。

周辺 **退蔵院《たいぞういん》**●妙心寺塔頭《たっちゅう》の一つ。応永《おうえい》11年（1404）、越前《えちぜん》の波多野出雲守重通《はたのいずものかみしげみち》が建立《こんりゅう》。山水画の始祖如拙《じょせつ》作「**瓢鮎図《ひょうねんず》**」を所蔵。**本堂**西側の**石庭**は狩野元信《もとのぶ》の作庭と伝えられ、山水画の趣《おもむき》がある。余香苑《よこうえん》は昭和の庭である。

周辺 **桂春院《けいしゅんいん》**●妙心寺塔頭の一つ。慶長《けいちょう》3年（1598）美濃《みの》の石河壱岐守貞政《いしこいきのかみさだまさ》が建立。**庭園**は土地の起伏を巧みに利用したもので深山の趣がある。茶室**既白軒《きはくけん》**は千宗旦《せんのそうたん》の門人、藤村庸軒《ふじむらようけん》が愛好したという。

▲退蔵院の枯山水庭園

京検 「知足（足るを知る）」という文言が記された漢籍（中国の作品）はどれ？→論語《ろんご》・老子《ろうし》・荘子《そうじ》・墨子《ぼくし》

仁和寺

にんなじ

平安（江戸）

市バス・JRバス御室《おむろ》仁和寺下車すぐ
嵐電北野線御室仁和寺駅下車北へ
徒歩3分▼MAP B－3

（40分）

※霊宝館は毎年4月1日～5月20日ごろ、10月1日～11月20日ごろの間だけ開館。

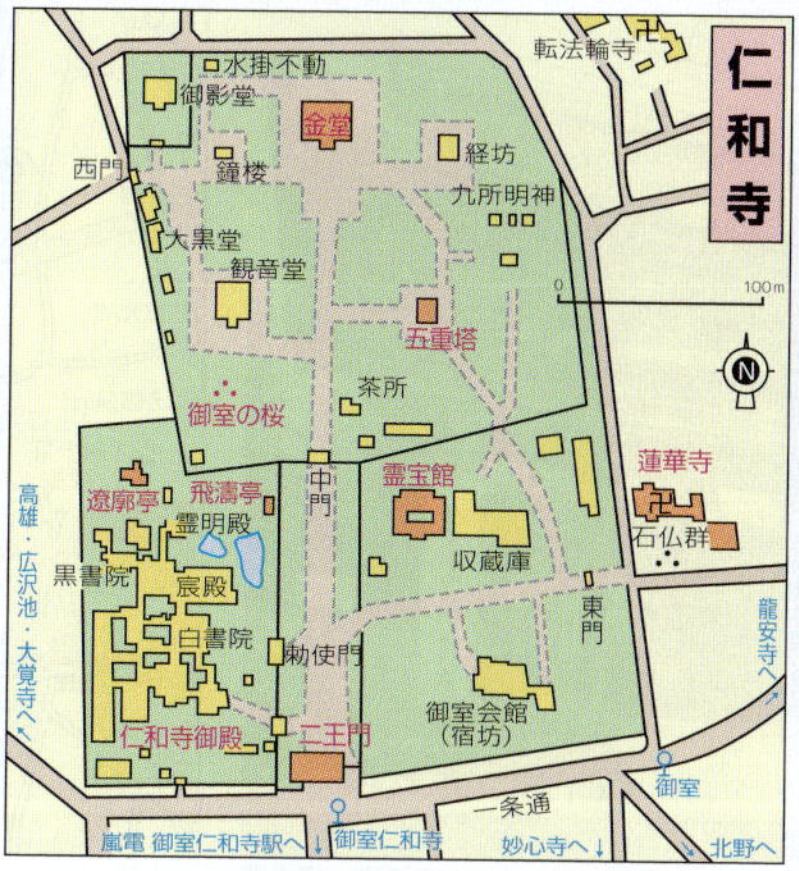

▲仁和寺・五重塔と御室の桜

宇多法皇の御所　光孝《こうこう》天皇の願により着工、宇多《うだ》天皇の仁和《にんな》四年（八八八）に竣工《しゅんこう》した。宇多天皇はこの寺で出家《しゅっけ》し、法皇《ほうおう》として法務をとられた。法皇の御所《ごしょ》を「**御室**《おむろ》」と呼ぶが、それがこの寺の別名となり、地名ともなった。

江戸期の再建　現在の建物は江戸時代の再建が多い。**二王門**《におうもん》（山門）・**五重塔**《ごじゅうのとう》は寛永《かんえい》年間（一六二四～四四）徳川家光《いえみつ》によって寄進された。***金堂**《こんどう》は慶長《けいちょう》年間（一五九六～一六一五）に造営された御所の紫宸殿《ししんでん》（⇩P25）を移したもので、近世初期の宮殿建築の数少ない遺構の一つである。

二王門を入った左手にある書院・宸殿などの建物は**仁和寺御殿**《ごでん》と呼ばれ、大正時代のもの。江戸時代の池泉《ちせん》鑑賞式庭園とよく調和している。庭の一段高い所にある茶室のうち、**遼廓**《りょうかく》**亭**《てい》は画家尾形光琳《おがたこうりん》（一六五八～一七一六）の屋敷から移したと伝え、もう一つの茶室**飛濤亭**《ひとうてい》は光格《こうかく》天皇（一七七九～一八一七在位）遺愛のものといわれる。

▲仁和寺・金堂

霊宝館には、創建時の本尊***阿弥陀如来坐像**《あみだにょらいざぞう》をはじめ、多くの仏像を収蔵する。他に***弘法大師**《こうぼうだいし》**筆の文書**などがある。

「御室の桜」　中門内に植えられた約二百本の桜は、樹高が三m足らずの里桜が中心で、遅咲きの「**御室の桜**」として名高い。

周辺　**双ヶ丘**《ならびがおか》●仁和寺の南。嵐電北野線御室仁和寺駅は双ヶ丘の麓《ふもと》にある。北の一の丘（116m）から三の丘まで、だんだん低くなりながら続いている。南端東側に**法金剛院**《ほうこんごういん》がある。一の丘の上からは**仁和寺**が一目で見下ろせ、**清原夏野**《きよはらのなつの》（837没）**の墓**といわれる古墳がある。二の丘からは、眼下に妙心寺、遠くは京都市街の向こうに比叡山《ひえいざん》まで見渡せる。丘の東の麓には約600mの散策路があり、仁和寺と法金剛院とをつないでいる。『徒然草《つれづれぐさ》』の筆者吉田兼好《けんこう》の墓のある**長泉寺**《ちょうせんじ》（非公開）も東の麓にある。

▲双ヶ丘遠望

周辺　**蓮華寺**《れんげじ》●仁和寺の東側。土用丑《うし》の日の「きゅうり封じ」で親しまれている。五智如来《ごちにょらい》石仏を前列、地蔵菩薩《じぞうぼさつ》など十一体を後列に並べた**石仏群**がある。いずれも江戸初期の木食上人但称《もくじきしょうにんたんしょう》が作ったもの。

京検　『徒然草』の「仁和寺にある法師」（52段）が歩いて行った先はどこ？→比叡山延暦寺《ひえいざんえんりゃくじ》・石清水八幡宮《いわしみずはちまんぐう》・高雄神護寺《たかおじんごじ》

広隆寺

こうりゅうじ

飛鳥《あすか》

市バス太秦広隆寺前下車すぐ／嵐電嵐山本線太秦広隆寺駅下車すぐ▼MAP B-3

（30分）

▲広隆寺・南大門

秦氏の氏寺　「**太秦《うずまさ》のお太子《たいし》さん**」として親しまれている寺院。『日本書紀』によると、推古《すいこ》天皇一一年（六〇三）に秦河勝《はたのかわかつ》が**聖徳太子《しょうとくたいし》**から賜《たまわ》った仏像を安置し、秦氏の氏寺《うじでら》としたのが起源という。太秦《うずまさ》の地名も秦氏にちなんでいる。

嵐電嵐山本線太秦広隆寺駅の北、三条通《どおり》に面して**南大門**が建つ。江戸時代中期のもの。境内《けいだい》に入ると正面に**講堂**、左に**薬師堂《やくしどう》**がある。講堂は朱塗りのため「赤堂」とも呼ばれ、永万《えいまん》元年（一一六五）の再建。江戸時代に補修され、外観は変わっているが、内部は平安時代の様式を残している。本尊**阿弥陀如来坐像《あみだにょらいざぞう》**は二・六mの巨像で平安初期の特徴をよく伝えている。両脇《りょうわき》に**地蔵菩薩像《じぞうぼさつぞう》**・**虚空蔵菩薩像《こくうぞう》**を安置する。

国宝第一号　**霊宝殿**には国宝第一号に指定された**弥勒《みろく》菩薩半跏思惟像《はんかしいぞう》**がある。軽く右手を頬《ほお》にあて、瞑想《めいそう》する姿はよく知られている。もう一体、その目元の感じから「**泣き弥勒**」と呼ばれる同じ姿の弥勒像もあり、ともに飛鳥《あすか》時代のものである。その他に、**十二神将像《しんしょうぞう》**など多くの仏像・宝物が展示されている。境内西北隅に**桂宮院《けいぐういん》本堂**と呼ばれる法隆寺《ほうりゅうじ》の夢殿《ゆめどの》を思わせる八角円堂がある。

▲弥勒菩薩半跏思惟像

周辺　**法金剛院《ほうこんごういん》**●双ヶ丘《ならびがおか》東南麓《ろく》にある。鳥羽《とば》天皇の中宮待賢門院璋子《たいけんもんいんしょうし》が大治５年（1130）に再興。璋子は、今の龍安寺の地に徳大寺《とくだいじ》を建立《こんりゅう》し、徳大寺家を名乗るようになった徳大寺実能《さねよし》の妹で、実能の家人《けにん》であった西行《さいぎょう》は、璋子の所にも出入りし、その死を悼《いた》む歌も残している。

現在の**本堂**は、江戸時代の再建。**阿弥陀如来坐像**は創建時の本尊で、定朝《じょうちょう》様式の代表的なものである。**十一面観音坐像《じゅういちめんかんのん》**は華麗な厨子《ずし》に入っている。

庭園は「**青女の滝**」と呼ばれる雄大な石組《いしぐみ》の滝を中心にしている。昭和43年（1968）に発掘された平安後期庭園の数少ない遺構のひとつである。

▲法金剛院・庭園

周辺　**東映太秦映画村**●広隆寺のすぐ北。古都の最も古い仏像と、最も新しい観光名所が、並んでいるのも象徴的である。映画撮影のオープンセットが中心で時代劇のロケ風景も見られる。（⇨P 144）

京検　広隆寺ゆかりの聖徳太子の本名はどれか？→来目皇子《くめのみこ》・有間皇子《ありまのみこ》・厩戸皇子《うまやどのみこ》・大津皇子《おおつのみこ》

▲大沢の池と大覚寺・心経宝塔

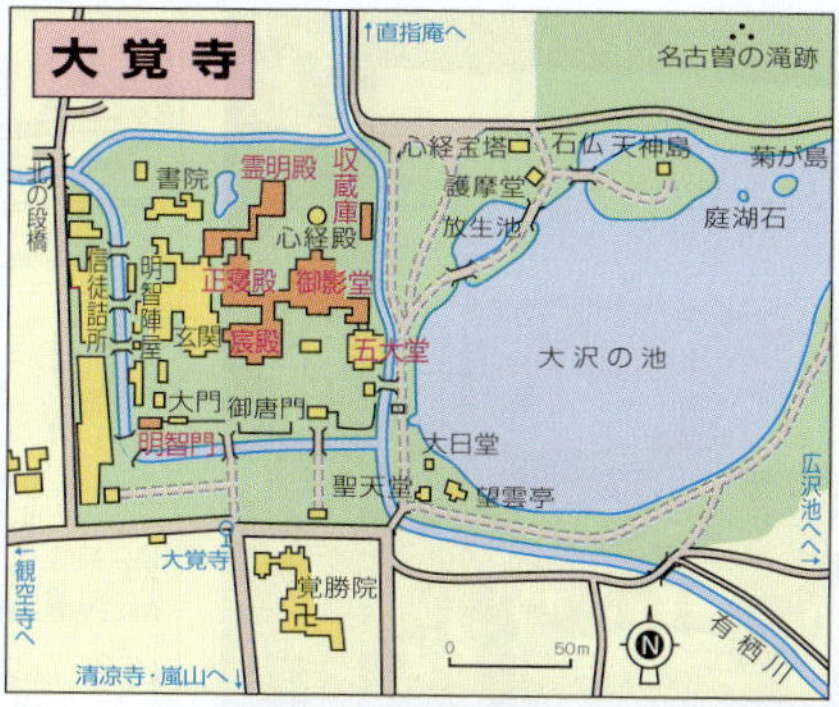

大覚寺

だいかくじ

平安（江戸）

▼MAP A－3

市バス・京都バス大覚寺下車すぐ

（40分）

▲大覚寺・玄関

南朝ゆかりの寺 嵯峨《さが》天皇の離宮《りきゅう》を貞観《じょうがん》一八年（八七六）に寺とし、**大覚寺**と名付けた。鎌倉時代には後嵯峨・亀山《かめやま》・後宇多《ごうだ》法皇がこの寺で院政をとられた。のちにこの皇統を大覚寺統と呼び、南北朝時代には、北朝の持明院《じみょういん》統と対立して南朝の天皇を出した。南北両朝の講和（一三九二）もこの寺で行われた。このような由緒や、建物もいわゆる寺院の形式ではないので、寺というよりも「**嵯峨御所《ごしょ》**」の名の方がふさわしい。

建物と大沢の池 時代劇によく出てくる武家屋敷風のいかめしい門は、亀岡《かめおか》城から移したものと伝え、城主の名をとって「**明智門《あけちもん》**」と呼ばれる。玄関からは御殿風で、**正寝殿**（客殿）・**宸殿《しんでん》**・**御影堂《みえいどう》**・**五大堂**と続き、その東の濡縁《ぬれえん》からは**大沢《おおさわ》の池**が見渡せる。その他、**霊明殿《れいめいでん》**・**安井堂**・**収蔵庫**などがあり、いずれも渡り廊下でつながれている。

桃山時代の絵画 宝物としては、正寝殿・宸殿等の襖絵《ふすまえ》、その他がある。中でも襖絵のうち、宸殿の「**牡丹《ぼたん》図・紅梅《こうばい》図**」は狩野山楽《かのうさんらく》の代表作ともいえるもので、絢爛《けんらん》豪華な桃山時代の時代風潮を現している。正寝殿の「**山水《さんすい》図・松鷹《まつたか》図・紅葉図**」も同じく山楽の筆になり、これまた、一時代を画する大作である。

周辺 **大沢《おおさわ》の池**●大覚寺のすぐ東にある。嵯峨天皇の離宮の庭園の池で、中国の洞庭湖《どうていこ》に模して作られたという。池の北に滝の石《いし》組《くみ》の跡が残り、池中には大小二つの島、その中間に立石が二つ残っている。この庭は早くから荒廃していた。藤原公任《きんとう》は長保《ちょうほう》元年（999）「滝の音は絶えて久しくなりぬれど名こそ流れてなほ聞こえけれ」と詠んでいる。この歌にちなんで滝は「**名古曽《なこそ》の滝**」と呼ばれた（⇨P 84）。池の北側に**石仏群**があり、中央の胎蔵界《たいぞうかい》の五仏と思われる一群は鎌倉時代のものと推定される見事なものである。

周辺 **広沢《ひろさわ》の池**●大沢の池のほぼ東約 1km のところにある。北に円く盛り上がる遍照寺《へんじょうじ》山の影を映して四季折々に美しく、特に花見・観月の名所として古くから名高い。また、池の西畔には観音島があり、石仏の**十一面観音像《じゅういちめんかんのんぞう》**が鎮座する。

周辺 **直指庵《じきしあん》**●大覚寺の北約 500m、竹藪《たけやぶ》の中にある。今は尼寺ではなく浄土宗のお寺。正保 3 年（1646）独照《どくしょう》禅師の営んだ草庵《そうあん》が荒れていたのを、幕末に、勤王《きんのう》の烈女津崎村岡《むらおか》が浄土宗の寺として再興した。庵には思い出の丈《たけ》を綴《つづ》る「想《おも》い出草」ノートが置かれている。

京検 大覚寺統＝南朝が置かれた場所はどこ？→高野山《こうやさん》・吉野山《よしのやま》・比叡山《ひえいざん》・生駒山《いこまやま》

清凉寺

せいりょうじ

平安

市バス・京都バス嵯峨釈迦堂前下車西へすぐ▼MAP A-3

※霊宝館は4～5月、10～11月のみ開館。有料。

（30分）

▲清凉寺・本堂

●お寺の由来　「**嵯峨釈迦堂**《さがしゃかどう》」の名で親しまれている。嵯峨天皇の皇子、源融《とおる》の山荘棲霞観《せいかかん》を、その死後に寺とした棲霞寺の一隅に、寛和《かんな》三年（九八七）東大寺の僧奝然《ちょうねん》が、宋《そう》から持ち帰った釈迦如来《にょらい》立像を安置して一寺を建立《こんりゅう》しようとした。奝然は比叡山《ひえいざん》を中国の天台山《てんだい》、愛宕山《あたご》を五台山《ごだい》になぞらえて、平安京における奈良仏教の拠点としようとしたが、その願いを果たせずに死んだ。

●清凉寺式釈迦像のルーツ　弟子盛算《じょうさん》はその遺志を継いで、五台山清凉寺を棲霞寺内に建立した。平安時代末には、本尊*釈迦如来立像**は三国伝来の釈迦如来として広く信仰を集めるようになり、棲霞寺が清凉寺の片隅に追いやられてしまった。『増鏡《ますかがみ》』はこの寺の涅槃会《ねはんえ》（釈迦の命日に行う法会《ほうえ》）に参詣《さんけい》した老人の昔話の形をとっている。この本尊は、弧《こ》を描いて幾重にも細かく重なる衣文《えもん》に特徴があり、**清凉寺式釈迦像**として流布《るふ》された。胎内には奝然がこの像を持ち帰ったときの事情を記した文書と、絹で作った五色の五臓が納められていた。棲霞寺の本尊*阿弥陀《あみだ》三尊**像は寛平《かんぴょう》八年（八九六）に造られたもので、今は霊宝館に納められている。

●建物と「お松明式」　釈迦如来立像を安置する**本堂**は江戸初期の再建で荘厳《そうごん》な雰囲気を持つ。本堂の東には棲霞寺唯一の遺構である**阿弥陀堂**が建つ（ただし江戸末期の再建）。三月一五日の「**お松明式**《たいまつしき》」は、三本の大松明の燃え方でその年の農作物の豊凶を占うという行事である。

周辺　**落柿舎**《らくししゃ》●清凉寺から西南へ徒歩約７分。芭蕉《ばしょう》の門人、**向井去来**《むかいきょらい》が下嵯峨に設けた山荘の跡である。屋敷内の約40本の柿《かき》の実が１夜で皆落ちたため、この名がついた。芭蕉も再三訪れ、元禄《げんろく》４年（1691）に滞在した時のことは『**嵯峨日記**』にくわしい。去来の死後、落柿舎は廃絶したが、明和７年（1770）井上重厚《じゅうこう》によって再興された。去来のころと位置は変わっているが、風格は十分伝えていると思われる。（⇨P 89）

▲常寂光寺・仁王門

周辺　**常寂光寺**《じょうじゃくこうじ》●落柿舎のすぐ西。小ぶりの茅葺《かやぶ》き屋根の**仁王門**《におうもん》をくぐり、石段を登った小倉山《おぐらやま》の中腹にある。日蓮宗《にちれんしゅう》本圀寺《ほんこくじ》の日禎上人《にっていしょうにん》の隠居所を寛永《かんえい》年間（1624～44）に寺とした。本堂裏の**多宝塔**「並尊閣《へいそんかく》」付近からの見晴らしがよく、紅葉も美しい。

京検　清凉寺に関係ある作品『増鏡』の文学ジャンルはどれ？→軍記物語・歴史物語・説話・作り物語

二尊院

にそんいん

鎌倉
市バス・京都バス嵯峨釈迦堂前下車西へ徒歩15分▼MAP A−3

（30分）

▲二尊院・参道

●釈迦と阿弥陀の二尊　平安時代初期、嵯峨《さが》天皇の御願により慈覚《じかく》大師が創建した華台寺《けだいじ》を、鎌倉時代に法然上人《ほうねんしょうにん》の弟子湛空《たんくう》が再興した。衆《しゅ》生《じょう》を極楽浄土に送る釈迦《しゃか》、それを迎える阿弥陀《あみだ》の二尊を本尊とするので、**二尊院**と名付けられた。

●総門と本堂　**総門**は角倉了以《すみのくらりょうい》が伏見《ふしみ》城から移したという薬医門《やくいもん》で、ややいかめしい感じがする。門内のゆるやかな坂の参道を春は桜、秋は紅葉が飾る。参道の正面を築地塀《ついじべい》がさえぎり、その上に小倉山《おぐらやま》の緑が重なる。

本堂は寝殿造《しんでんづくり》風の建物で、本尊の**釈迦**（右）・**阿弥陀**（左）二尊立像を安置する。その横に「法然上人足曳《あしび》きの御影《みえい》」と呼ばれる**法然上人絵像**が掛けてある。本堂正面に掲《かか》げられている「小倉山」「二尊院」の額《がく》の字は、後《ご》柏原《かしわばら》・後奈良《ごなら》天皇の勅筆《ちょくひつ》である。

▲二尊院・総門

●著名人・公家の墓地　本堂右の急な石段の上に湛空の廟《びょう》があり、その周辺一帯は墓地になっている。角倉了以・素庵《そあん》父子、伊藤仁斎《じんさい》など著名人、三条・鷹司《たかつかさ》などの公家の墓が並んでいる。**三帝陵**（土御門《つちみかど》・後嵯峨・亀山）と呼ばれる石塔はいずれも鎌倉期の古色を帯びた立派なものである。

周辺 **祇王寺《ぎおうじ》**●二尊院の北約 200m の小倉山腹にある。『**平家物語**』にある白拍子《しらびょうし》**祇王《ぎおう》**の出家《しゅっけ》・隠棲《いんせい》の話で有名。茅葺《かやぶ》きの小さな**本堂**は明治のものであるが、草庵《そうあん》の雰囲気をもち、青苔《あおごけ》と楓《かえで》の老木の前庭とともに平家盛衰の哀話にふさわしい。（⇨P 75）

周辺 **化野念仏寺《あだしのねんぶつじ》**●嵯峨野の西北端、鳥居本《とりいもと》にある。化野は東の鳥辺山《とりべやま》と並ぶ葬送《そうそう》の地であった。弘法《こうぼう》大師がこの地に葬《ほうむ》られた死者を弔《とむら》うために開いた如来寺《にょらいじ》を法然上人が再興、念仏寺としたと伝える。この付近から掘り出された**石仏・石塔**約 8 千が境内《けいだい》に整然と並び、8 月に行われる地蔵盆《じぞうぼん》の**千灯供養《せんとうくよう》**は、幻想的な中に人の世の無常を感じさせる。（⇨P 79）

化野念仏寺・千灯供養▲

周辺 **愛宕念仏寺《おたぎねんぶつじ》**●化野念仏寺の奥。もとは東山にあって千観（伝燈《でんとう》大師）が再興。のち興廃を繰り返し昭和になって当地へ移築。荒廃した寺を戦後に復興。**素人《しろうと》彫りの羅漢《らかん》さん**はユニークなお姿ばかり。

京検　角倉了以《すみのくらりょうい》が開いた運河はどれ？→堀川・高瀬川・白川・天神川

天龍寺

てんりゅうじ

鎌倉・室町

嵐電嵐山本線嵐山駅下車すぐ／市バス・京都バス嵐山天龍寺前下車すぐ▼MAP A-3

（40分）

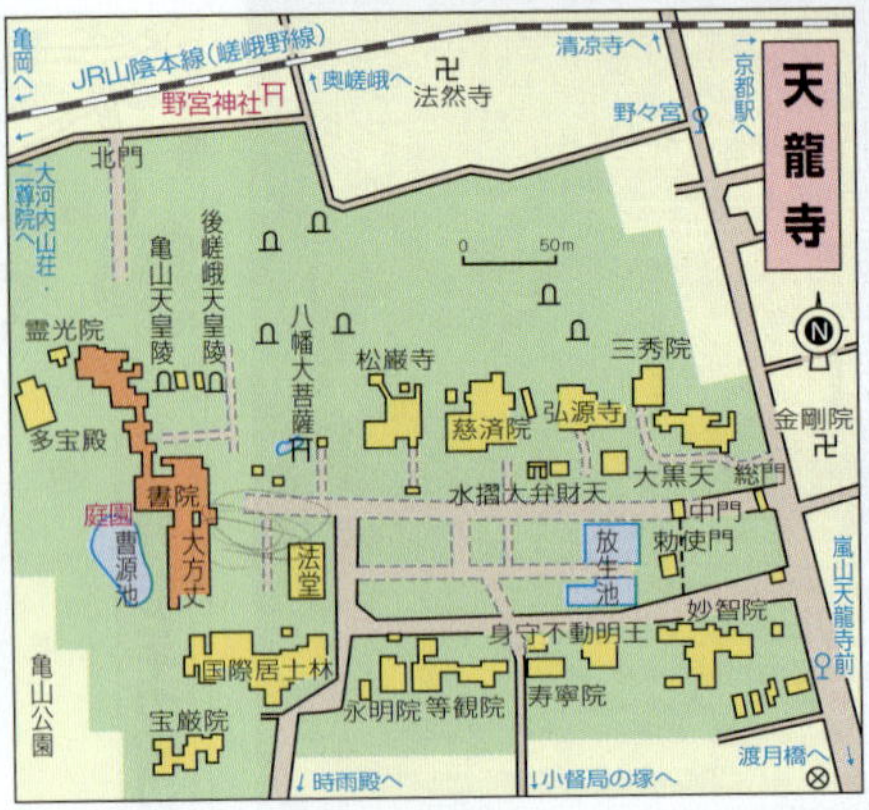

◀天龍寺・方丈庭園

●夢窓国師の開山　小倉山《おぐらやま》の東南端が一段低くなるあたりを亀山《かめやま》と呼ぶ。その亀山の麓《ふもと》、大堰《おおい》川《がわ》にのぞむ一帯は、古くから貴族の山荘が多く営まれていた。『徒然草《つれづれぐさ》』に、水車を造らせたり、蛇がかたまって集まっていたりする話の出てくる**亀山殿《どの》**（⇩P81）は、後嵯峨《ごさが》天皇が建長《けんちょう》年間（一二四九〜五六）に造営した時のことで、後醍醐《ごだいご》天皇も幼時をここで過ごした。そのゆかりの地に、後醍醐天皇の菩提《ぼだい》を弔《とむら》うために、足利尊氏《あしかがたかうじ》が**夢窓国師《むそうこくし》**を開山として**天龍寺**を建てた。

寺の造営資金を得るために、中国との貿易船、天龍寺船が出された。落慶《らっけい》法要は、後醍醐天皇の七周忌にあたる康永《こうえい》四年（一三四五）に営まれた。室町期には京都五山の第一位として勢力があった。現在の建物は後世のものであるが、庭園は夢窓国師の作で、当時の面影《おもかげ》が残されている。

●夢窓国師の作庭　**庭園**は嵐山《あらしやま》を借景《しゃっけい》とし、正面亀山の山裾《やますそ》の斜面に竜門《りゅうもん》の滝の石組《いしぐみ》がある。その上部に鯉魚《りぎょ》石があり、今まさに「鯉魚天に昇って竜と化」せんとする様を表している。滝の手前には石橋、鶴《つる》島を表す立石をはじめ、多くの島や岩島が点在する。「山河大地、草木瓦《が》石、皆是《こ》れ自己の本分なり」と、庭を愛する心が悟りに結びつくという夢窓国師の考えが感じられる。

▲天龍寺・庫裏《くり》

周辺 **野宮神社《ののみや》**●天龍寺境内《けいだい》の北、大竹藪《やぶ》の中にある。伊勢《いせ》神宮に奉仕する未婚の皇女を斎宮《いつきのみや》（さいぐう）と呼び、天皇の代が改まるごとに交代した。新しく選ばれた皇女は、一定期間嵯峨の野宮で心身を清めた後、伊勢へ下った。野宮の位置は一定せず、そのつど仮に造られた。鳥居も皮のついた黒木のままであった。現在の野宮はいつごろのものか不明であるが、古式を伝え、**『源氏物語』**の光源氏と六条御息所《ろくじょうのみやすどころ》の別離の場面を想《おも》わせる。（⇨P68）

周辺 **小督局《こごうのつぼね》の塚《つか》**●**『平家《へいけ》物語』**によると天皇に愛された小督は、中宮《ちゅうぐう》の父平清盛《きよもり》の怒りにふれ、追放され尼となって、嵯峨に住んだという。今、渡月橋《とげつきょう》の上流、天龍寺側に**小督塚**と称する小石塔がある。「うきふしや竹の子となる人のはて」小督塚での芭蕉《ばしょう》の句である。

周辺 **時雨殿《しぐれでん》**●天龍寺の南すぐ。**小倉百人一首**をテーマとする**体験型展示施設**。藤原定家が百人一首を選出した小倉山時雨亭にちなんで、嵐山渡月橋近くの保津川沿いに建設。簡易化した十二単《ひとえ》や束帯の装束着用の体験もできる。

京検　後醍醐天皇が鎌倉幕府を倒して京都に遷幸した出来事は何か？→建武の新政・建保の新政・建治の新政

◀西芳寺（苔寺）・庭園

西芳寺

さいほうじ

室町

京都バス苔寺すず虫寺下車すぐ／阪急嵐山線松尾大社駅下車南西へ徒歩20分▼MAP A－4

（90分）

※拝観は事前申し込み要。（⇩P170参照）

●金閣・銀閣のお手本

一般に「**苔寺**《こけでら》」の名称で名高い。もとは浄土《じょうど》宗の寺であったが、暦応《りゃくおう》二年（一三三九）**夢窓国師**《むそうこくし》を招いて再興し、その名も**西芳寺**と改めた。その時に以前からあった浄土庭園を改めたのが、**西芳寺庭園**である。当時は黄金池と名付けた池のほとりに二層の楼閣を建て、上層を無縫塔《むほうとう》、下層を瑠璃殿《るりでん》と名付けた。この庭を手本にして造られた金閣《きんかく》・銀閣《ぎんかく》によって、その有様は想像できるであろう。

池の北に**潭北亭**《たんぼくてい》、南に**湘南亭**《しょうなん》、船着場に**合同亭**（船）などの建物があり、それらをつないで渡り廊下があった。これらは「湘の南、潭の北、中に黄金ありて一国に充《み》つ。無影樹下の合同船、瑠璃殿上に知識なし」という『碧巌録《へきがんろく》』（中国宋《そう》時代の仏教書）の一節によっている。

本堂後方の向上関から急坂を登ると、**指東庵**《しとうあん》がある。これは、夢窓国師の尊崇していた中国の亮座主《りょうざす》の故事にちなんだ名である。指東庵の東の庭は枯山水《かれさんすい》である。

●美しい苔庭

西芳寺の庭は度重なる戦乱・洪水で荒廃したが、この庭を惜しむ人々によってそのつど再興されている。その中には本願寺の蓮如《れんにょ》や織田信長《おだのぶなが》らの名も見える。現在は一面に苔でおおわれ、その苔の美しさによって苔寺と呼ばれ、愛されるようになったのも時の流れであろうか。

周辺 **嵐山**《あらしやま》●渡月橋《とげつきょう》の上流、南側にそびえる高さ 382m の山（⇨P 83「小倉山」）。平安時代には紅葉の名所であったが、亀山殿《かめやまどの》の造営と同時に、吉野山《よしのやま》の桜を移して後、桜の名所ともなった。また、嵐山の北東麓《ろく》一帯も含めて嵐山と総称し、四季を通じて風光を楽しむ人びとでにぎわう。付近には**大悲閣**《だいひかく》・**法輪寺**《ほうりんじ》・嵐山公園などがある。

周辺 **法輪寺**《ほうりんじ》●渡月橋の南、嵐山の東端中腹にある。『**平家物語**』小督《こごう》にも登場。また、13 歳の子供が知恵を授かりに行く「**十三まいり**《じゅうさん》」で有名。知恵と福徳を授けるといわれる**虚空蔵菩薩**《こくうぞうぼさつ》が本尊。

周辺 **松尾大社**《まつのおたいしゃ》●阪急嵐山線松尾《まつお》大社駅からすぐ。水の神大山咋《おおやまぐい》神を祭神として秦氏《はた》が大宝《たいほう》元年（701）に創建したという。国家鎮護《ちんご》の神、酒造の神として信仰された。**本殿**はほぼ真四角で、美しい曲線の檜皮葺《ひわだぶ》きの屋根をもつ。松尾造《づくり》という。宝物の**男女神像**は平安初期の作で、わが国神像彫刻の中で最古のものの一つである。

周辺 **華厳寺**《けごんじ》**（鈴虫寺《すずむしでら》）**●苔《こけ》寺の北にある。鳳潭上人《ほうたんしょうにん》が享保《きょうほう》８年（1723）に開いた。上人は華厳宗の復興に努力した学僧であった。今は四季を問わず鈴虫の鳴き声が聞かれるところから、「**鈴虫寺**」として有名である。市内への展望がよい。

京検　『平家物語』で小督を寵愛《ちょうあい》した天皇はだれか？→後白河《ごしらかわ》天皇・崇徳《すとく》天皇・高倉《たかくら》天皇・後鳥羽《ごとば》天皇

神護寺

じんごじ

平安

市バス高雄・JRバス山城高雄下車西へ徒歩15分▼MAP A-2

(50分)

※寺宝は毎年5月1日～5日の間に公開される。

◀神護寺・五大堂(手前)と毘沙門堂(奥)

和気氏の氏寺　愛宕山《あたごやま》の一支峰、高雄山《たかお》の中腹にあった和気《わけ》氏の氏寺《うじでら》高雄山寺に、天長《てんちょう》元年(八二四)和気清麻呂《きよまろ》の子広世《ひろよ》と真綱《まつな》が、亡父の河内《かわち》に建てた神願寺を移して、神護国祚真言寺《じんごこくそしんごんじ》と改めた。**神護寺**の名はこのはじめの二字をとっている。金堂《こんどう》の本尊***薬師如来立像**《やくしにょらい》は真言寺のもので、延暦《えんりゃく》年間(七八二〜八〇六)のものと推定される。

空海・最澄らのゆかり　高雄山寺に**空海**《くうかい》(弘法《こうぼう》大師)が入り、弘仁《こうにん》三年(八一二)に最澄《さいちょう》・和気真綱らに灌頂《かんじょう》(仏法を授ける儀式の一種)を行ったことが、神護寺に伝わる空海自筆の『***灌頂歴名**』に記されている。承和《じょうわ》一二年(八四五)ごろには多宝塔の***五大虚空蔵菩薩坐像**《ごだいこくぞうぼさつざぞう》が造られた。この最澄・空海らにゆかりの深い寺が平安末期には荒廃していたのを、文覚《もんがく》が後白河《ごしらかわ》院・源頼朝《よりとも》らの援助によって再興した。このことは『平家物語』に詳しい。

建物と「かわらけ投げ」　神護寺へは清滝《きよたき》川を渡って、急坂を登る。山寺らしい自然石の乱れ積みの石段の上に楼門がある。境内《けいだい》には**五大堂・毘沙門堂**《びしゃもんどう》が並び、その左奥にこの寺で最も古い建物の**大師堂**《だいしどう》(江戸初期)がある。これらの諸堂の一段高い所に**金堂・多宝塔**がある。境内《けいだい》の奥にある地蔵院から清滝渓谷への「かわらけ投げ」は昔から有名。

歴史的肖像画の名品　神護寺は、伝***源頼朝肖像**《よりとも》や伝***平重盛肖像**《しげもり》など多数の絵画も所蔵するが、それらの多くは五月の数日間を除いて京都国立博物館などに寄託されている。

周辺 **高山寺**《こうさんじ》●高雄《たかお》(尾)・槇尾《まきのお》・栂尾《とがのお》は古来三尾《さんび》と呼ばれ、紅葉の名所である。その三尾の最も奥に栂尾の**高山寺**がある。建永《けんえい》元年(1206)に後鳥羽《ごとば》上皇の院宣《いんぜん》により明恵上人《みょうえしょうにん》が再興し、高山寺と称した。

▲高山寺・参道

金堂・開山堂・*石水院などの建物が、杉・楓《かえで》の老木におおわれ、森厳《しんげん》の気に満ちた境内に散在する。石水院は後鳥羽上皇の賀茂《かも》別院の建物を賜《たまわ》ったもので、鎌倉初期の住宅建築の様式である。また、「***鳥獣**《ちょうじゅう》**人物戯画**《ぎが》」「***明恵上人樹上坐禅図**」なども複製ではあるが、見ることができる。

周辺 **西明寺**《さいみょうじ》●槇尾にある。現在の建物は元禄《げんろく》年間(1688～1704)徳川綱吉《つなよし》の母桂昌院《けいしょういん》によって再興された。本尊は清涼《せいりょう》寺式の**釈迦如来立像**である。

京検　神護寺のほか、空海(弘法大師)が関《かか》わったお寺はどれか?→東福寺・東大寺・東寺・東本願寺

桂離宮

かつらりきゅう

※事前申し込み要(⇩P170)。外観のみ。18歳未満は許可されない。日本文化を代表する所として参考にしてほしい。

江戸

阪急京都線桂駅下車北東へ徒歩20分/市バス桂離宮前下車北西へ徒歩8分

▼MAP B-4

(60分)

▲桂離宮・古書院

〔順路〕参観者待合所→御幸門→外腰掛→松琴亭→賞花亭→園林堂→笑意軒→書院→月波楼→通用門(黒御門)〔所要約60分〕

●日本建築の代表 桂川の西岸にあり、北山・東山・西山を一望できる、かつては藤原道長《みちなが》の桂山荘などが営まれた景勝の地にある。八条宮《はちじょうのみや》智仁《としひと》・智忠《としただ》親王父子二代の元和《げんな》四年(一六一八)ごろから約四〇年、三次におよぶ建造・改修によって現状となり、今や日本の美を代表する存在となっている。

●八条宮家の別荘 智仁親王は後陽成《ごようぜい》天皇の弟で、一時豊臣秀吉《ひでよし》の猶子《ゆうし》となったが、皇族に戻り、親王宣下《せんげ》をうけた。和歌について造詣《ぞうけい》が深く、離宮の構想も『源氏物語』などの王朝文学によっているといわれる。**中書院・古書院・月見台・松琴亭《しょうきんてい》・月波楼《げっぱろう》**が初期のものと推定されている。

寛永《かんえい》一八年(一六四一)に、二代八条宮智忠親王がこの離宮に入って第二次の造営が始まり、さらに後水尾《ごみずのお》天皇の行幸《ぎょうこう》(一六六三)を迎えるために第三次の造営・改修が行われ、**新御殿・賞花亭《しょうかてい》**その他が造られた。初期の簡素で直線的な美しさに対し、桂棚《かつらだな》のような複雑華麗なデザインが後期には見られる。

▲桂離宮・松琴亭一の間

●回遊式庭園 庭園は池泉《ちせん》回遊式の広大なもので舟を浮かべることもできる。三島・十六の橋・二十三個の石灯籠《いしどうろう》・八つの手水鉢《ちょうずばち》が配置され、隙《すき》のない美しい造りを持つ。

周辺 **大原野《おおはらの》神社**●洛西《らくさい》ニュータウン西の山麓《ろく》にある由緒ある神社。奈良春日《かすが》大社の分霊《ぶんれい》を祀《まつ》る。桜・楓《かえで》が美しい。(⇨P85)

周辺 **勝持寺《しょうじじ》(花の寺)**●大原野神社西の参道を少し登る。仁寿《にんじゅ》年間(851〜54)、大原野神社の神宮寺となり、**勝持寺**と号した。西行《さいぎょう》や木下長嘯子《ちょうしょうし》(秀吉夫人高台院《こうだいいん》の甥《おい》)がここに庵《いおり》を結んだ。境内《けいだい》には約450本の桜があり、春は全寺が桜で埋もれてしまうことから、「**花の寺**」ともいわれる。なお、当寺にあった9世紀初頭の作と推定される***如意輪観音半跏像《にょいりんかんのんはんかぞう》**は、今はすぐ東隣の宝菩提院願徳寺《ほうぼだいいんがんとくじ》に納められている。

▲花の寺・境内

周辺 **善峯寺《よしみねでら》**●「ぜんぽうじ」ともいう。西山の中腹にある。長元《ちょうげん》3年(1030)、源算《げんさん》上人が開き、徳川桂昌院《けいしょういん》(5代将軍綱吉《つなよし》の母)が再興した。境内にある「遊竜の松」は、高さ約2m、左右の枝約20mの珍しい木で、国の天然記念物に指定されている。展望もよい。

京検 桂離宮の書院は何造《づくり》を採り入れているか?→数寄屋《すきや》造・寝殿《しんでん》造・八棟《やつむね》造・町家《まちや》造

第Ⅱ章 名所への招待

洛南・宇治

洛南《らくなん》と宇《う》治《じ》を一くくりにしたが、それぞれ性格が異なり、まとめて説明することはなかなかむつかしい。

山科《やましな》から宇治へかけては、都の中心を離れていたこともあって、平安時代の建造物が残されている。鳥羽《とば》は平安時代末の一時の繁栄の跡を地下に留《とど》めるのみである。伏見《ふしみ》は豊臣秀吉《とよとみひでよし》の伏見城の城下町《じょうかまち》として開け、水運の要衝でもあり、酒造りの町として、今も江戸時代の面影を留めている。

伏見の酒倉《さかぐら》

東福寺

とうふくじ

鎌倉（室町）

市バス東福寺下車南へすぐ／JR奈良線・京阪本線東福寺駅下車南東へ徒歩5分▼MAP C-5

（50分）

▲東福寺・洗玉澗の紅葉

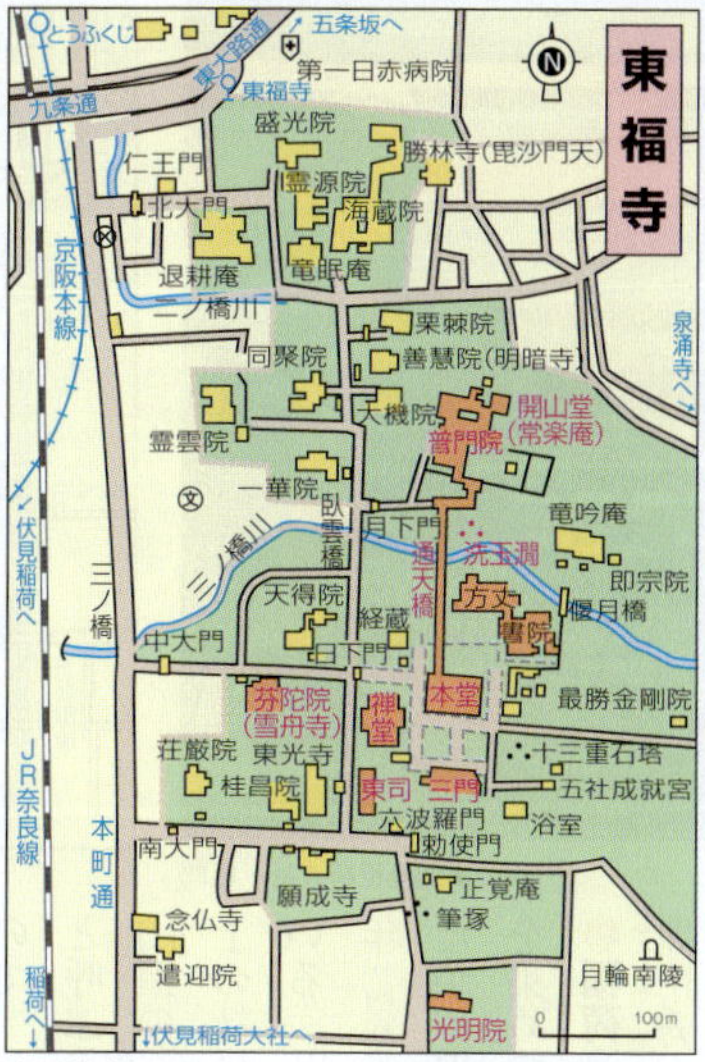

〔順路〕（北大門から入った場合）臥雲橋→日下門→禅堂→東司→三門→本堂→方丈→通天橋→開山堂

［所要約50分］

●京都五山の一つ　臨済宗《りんざいしゅう》東福寺派本山。九条（藤原）道家《みちいえ》が嘉禎《かてい》二年（一二三六）に発願《ほつがん》し、聖一国師円爾《えんに》弁円《べんねん》を開基として創建した。東大寺・興福寺《こうふくじ》から一字ずつとって**東福寺**と名付けた。建長《けんちょう》七年（一二五五）には、ほぼ堂塔伽藍《がらん》が完成し、「東福寺の伽藍づら」といわれるほどになり、**京都五山の一つ**に位置した。しかし、その後度々《たびたび》火災に遭《あ》い、三門《さんもん》・東司《とうす》・禅堂以外の建物の多くは明治一四年（一八八一）の火災後のものである。

●禅宗式建築　＊**三門**は応永《おうえい》年間（一三九四～一四二八）に再建されたもので、禅宗寺院の三門の中では最も古い。三門の西にある**東司**（禅宗式のトイレ）は室町時代に建てられた古式を伝える珍しいものである。その北の**禅堂**（僧堂）は貞和《じょうわ》三年（一三四七）の再建で、白壁の花頭窓《かとうまど》が美しい。**本堂**（仏殿）は昭和になって建造された。

●紅葉の絶景　**方丈《ほうじょう》庭園**は重森三玲《しげもりみれい》作（昭和）である。方丈の北側に深い渓谷「洗玉澗《せんぎょくかん》」があり、**普門院《ふもんいん》**・**開山堂**（常楽庵《あん》）との間に橋楼「**通天橋《つうてんきょう》**」がある。この渓谷は紅葉《もみじ》の名所で、紅葉に埋まる通天橋の風景は、天下の絶景とされている。

塔頭《たっちゅう》寺院は多いが、雪舟《せっしゅう》の作庭と伝える**芬《ふん》陀院《だいん》**の鶴亀《つるかめ》二島のある枯山水《かれさんすい》の庭、昭和の名庭「波心《はしん》の庭」のある**光明院《こうみょういん》**などを除いて、公開されているものは少ない。

周辺　**泉涌寺《せんにゅうじ》**●東山《ひがしやま》山腹、東福寺の東北高台にある。弘法《こうぼう》大師の建てた法《ほう》輪寺《りんじ》が荒れていたのを、建保《けんぽう》6年（1218）俊芿《しゅんじょう》律師が伽藍《がらん》を建立《こんりゅう》、**泉涌寺**と名付けた。後に皇室の菩提寺《ぼだいじ》となり、特別に「**御寺《みてら》**」と呼ばれた。**大門**から坂を下った台地に**仏殿《ぶつでん》**・**舎利殿《しゃりでん》**などがあり、それらの屋根を見下ろす風景は、京都の寺院の中でも際《きわ》立って印象深いものがある。大門を入ってすぐ左側の**観音《かんのん》堂《どう》**には、当寺2世湛海《たんかい》が建長年間（1249～56）に宋《そう》から請来《しょうらい》したという**楊貴妃観《ようきひかん》音《のん》**と呼ばれる聖《しょう》観音像があり、妖艶《ようえん》な美しさをかもしだしている。

▲泉涌寺・仏殿への参道

周辺　**鳥辺野陵《とりべのりょう》**●泉涌寺の北にある。一条天皇**皇后定子《ていし》陵**以下6火葬塚がある（⇨P 73）。この付近を南鳥辺野と呼んで、藤原道長《みちなが》などもここで火葬されている。

京検　京都五山ではないお寺は次のどれ？→天龍寺《てんりゅうじ》・清水寺《きよみずでら》・相国寺《しょうこくじ》・建仁寺《けんにんじ》

伏見稲荷大社

ふしみいなりたいしゃ

平安以前～室町・桃山

JR奈良線稲荷駅下車すぐ／京阪本線伏見稲荷駅下車東へ徒歩5分▼MAP C-5

（30分）

▲伏見稲荷大社・楼門

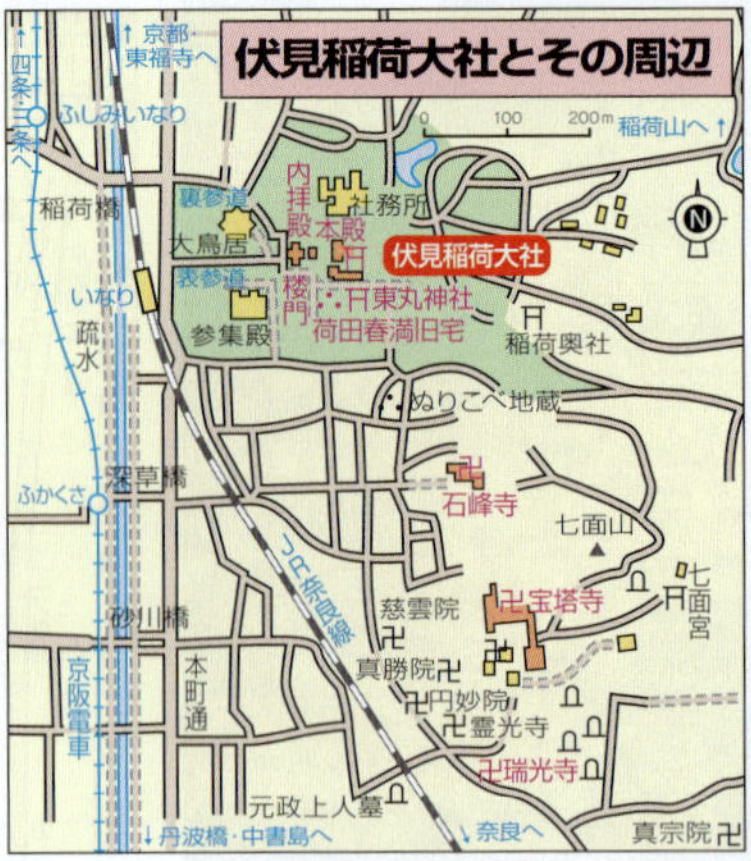

●お稲荷さんの総本社

全国約四万といわれる**稲荷神社の総本社**で、初詣《はつもうで》から初午《はつうま》・火焚《ひたき》祭など年中行事が多いので、いつ訪れても人通りが絶えない神社である。

●商売繁盛の神社

『山城国風土記《やましろのくにふどき》』逸文《いつぶん》によれば、秦伊呂具《はたのいろぐ》は己《おのれ》の富におごり、餅《もち》を的《まと》にして矢を射ようとした。ところが餅は鳥となって飛び去り、その鳥の留まったところに稲がなったので、そこに神を祭り「イネナリ・イナリの社《やしろ》」と呼ぶようになったと伝える。最初は稲荷山の山頂の三ケ峰《みつがみね》にあった。『枕草子《まくらのそうし》』にも、この山上の社に参る坂道に難渋《なんじゅう》している様が描かれている（⇩P72）。山下の現在地に移ったのは永享《えいきょう》一〇年（一四三八）のことと伝える。初めは農業の神であったが、現在では商売繁盛の神として庶民の信仰を集めている。

●稲荷造の本殿など

楼門は天正《てんしょう》一七年（一五八九）に豊臣秀吉《とよとみひでよし》が寄進したと伝える。内拝殿に接している**本殿**は、明応八年（一四九九）に建造され、「稲荷造《づくり》」と呼ばれている。また、楼門の南に、後水尾《ごみずのお》上皇の御所から賜《たまわ》った**御茶屋《おちゃや》**、国学者**荷田春満《かだのあずままろ》**（一七三六没）**旧宅**と東丸《あずままろ》神社がある。

●「千本鳥居」

本殿背後の奥宮《おくのみや》から稲荷山山頂（二三三m）にかけて、至る所に祠《ほこら》・塚があり、それらをつなぐ参道に朱塗りの鳥居《とりい》がトンネル状に立ち並んでいる。俗に「**千本鳥居**」と呼ばれるが、実際には万を越すといわれる。山上一《いち》ノ峰《みね》からの展望はすばらしい。

周辺 **石峰寺《せきほうじ》**●稲荷大社のすぐ南の山手にある。本堂裏の竹林にある**五百羅《ら》漢《かん》石仏群**は、江戸時代中期の異色の画家**伊藤若冲《じゃくちゅう》**が下絵を描いて石工《いしく》に彫らせたもの。釈迦《しゃか》の一代記をあらわし、釈迦・十大弟子をはじめ、鳥獣に至るまでの諸像は奇抜なものがあり、表情も豊かで見る者を飽きさせることがない。

▲石峰寺・五百羅漢石仏群

周辺 **宝塔寺《ほうとうじ》**●石峰寺の南約300m、七面《しちめん》山の麓《ふもと》にある。鎌倉末期に日蓮宗《にちれんしゅう》に改められた。**総門**・**多宝塔**は室町時代のもので、中でも多宝塔は京都市内に残るものでは最古のものである。

周辺 **瑞光寺《ずいこうじ》（元政庵《げんせいあん》）**●石川丈山《じょうざん》と並び称せられる漢詩人**元政上人《しょうにん》**が江戸初期に開いた。茅葺《かやぶ》きの質素な本堂とJR奈良線を越えたところにある竹3本を植えただけの墓が上人の人柄を伝える。

京検 稲荷山山頂に難渋して登った『枕草子』の作者はだれ？→□□□□

城南宮

じょうなんぐう

平安（昭和）

市バス城南宮東口下車すぐ／近鉄・地下鉄竹田駅下車西南へ徒歩15分▼MAP B－5

（30分）

▲城南宮・楽水苑

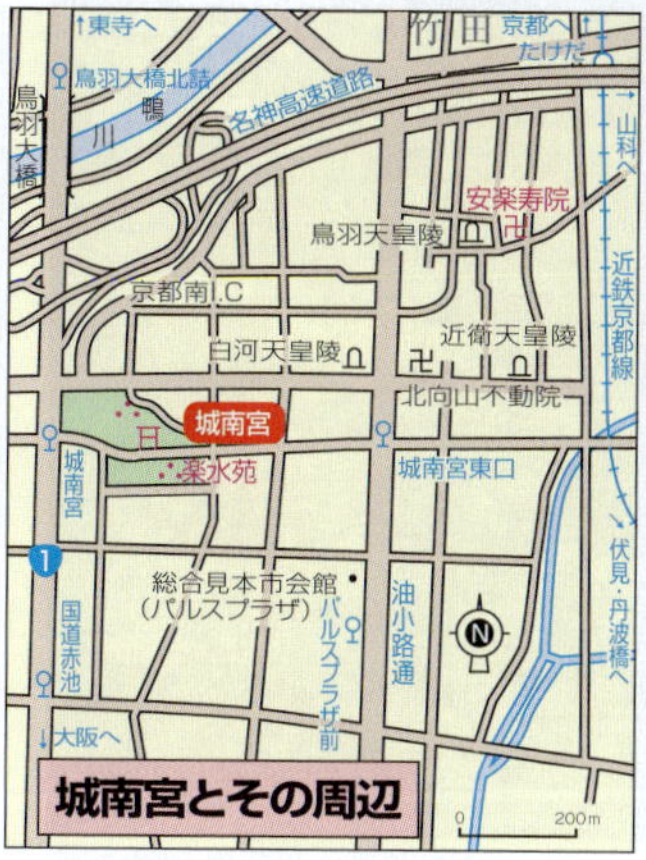

城南宮とその周辺

●平安京の守護神 平安遷都《せんと》の際、国常立尊《くにとこたちのみこと》・八千矛神《やちほこのかみ》（大国主命《おおくにぬしのみこと》）・息長帯日売命《おきながたらしひめのみこと》（神宮皇后《じんぐうこうごう》）などを祭って、平安京の守護神としたことに始まるという。

●鳥羽離宮の鎮守社 城南寺明神《みょうじん》と呼ばれ、寺とその鎮守《ちんじゅ》社であった。応徳《おうとく》三年（一〇八六）から白河《しらかわ》・鳥羽《とば》天皇によって、**鳥羽離宮《りきゅう》**が造営されたのにともない、その鎮守社となった。この社の祭礼は盛大なもので、承久《じょうきゅう》の乱（一二二一）の際には城南寺の祭礼の流鏑馬《やぶさめ》にかこつけて、千七百人の兵を集めたといわれる。この戦いに後鳥羽院方が敗れた後は、鳥羽離宮とともに城南寺も衰退し、神社はこの付近の氏神《うじがみ》となって**城南宮**と呼ばれ、現在では「方除《ほうよ》け」の神として市民の崇敬《すうけい》を集めている。

▲城南宮「曲水の宴」

●庭園と「曲水の宴」 名神高速京都南インターの南にある「城南の森」の中に社《やしろ》がある。本殿は昭和五三年（一九七八）の再建であるが、古式を伝えている。庭園「**楽《らく》水苑《すいえん》**」は、道をはさんで二つにわかれ、北側は、平安時代の庭の造りで、庭内を流れる遣水《やりみず》のほとりで春秋二回「**曲水《きょくすい（ごくすい）》の宴《えん》**」が催《もよお》され、王朝風俗を再現する。南側は、室町・桃山の庭で池と枯《かれ》山水《さんすい》の庭、さらに現代の庭もあり、庭園史を見る思いがする。中根金作《なかねきんさく》氏の作庭。

周辺 **安楽寿院《あんらくじゅいん》**●**鳥羽離宮**は城南宮を中心に東西 1.5km、南北 1km にわたって営まれ、城南離宮・鳥羽殿《どの》と呼ばれた。「鳥羽殿へ五六騎急ぐ野分《のわき》かな」（蕪村《ぶそん》）と平安末期の歴史の舞台となったその離宮の東殿に、保延《ほうえん》3年（1137）鳥羽上皇が一堂を建立《こんりゅう》し阿弥陀《あみだ》三尊を安置したことに始まる。本尊**阿弥陀如来坐像《にょらいざぞう》**は当時のもので、胸に卍《まんじ》があるので「卍《まんじ》阿弥陀」と俗称されている。付近の鳥羽・近衛《このえ》天皇陵の建物も安楽寿院の一部だった。（※仏像拝観は事前申し込み制。）

周辺 **寺田屋《てらだや》**●京阪電鉄中書島《ちゅうしょじま》駅の北約 300m の所、南浜の船着き場に面して建つ船宿。再建説が強いが、文久《ぶんきゅう》2年（1862）の**寺田屋騒動・坂本龍馬《りょうま》の定宿**だったという雰囲気は十分に感じられる。なお、この付近には**造り酒屋**が多く、古い酒倉《さかぐら》の並ぶ町並みに江戸の昔をしのぶことができる。

▲寺田屋

京検 寺田屋ゆかりの坂本龍馬が長崎で創立した貿易結社はどれ？→陸援隊・海援隊・応援隊・青年隊

勧修寺

かじゅうじ

江戸

地下鉄東西線小野駅下車西へ徒歩5分
京阪バス勧修寺下車すぐ▼MAP D-5

（30分）

▲勧修寺・氷池園（氷室の池）

勧修寺とその周辺

門跡寺院　「かんじゅじ」「かしゅうじ」とも呼ばれ、代表的な門跡《もんぜき》寺院として知られる。昌泰《しょうたい》三年（九〇〇）、醍醐《だいご》天皇がその母胤子《いんし》皇后の菩提《ぼだい》を弔《とむら》うために、外祖父宮道弥益《みやじいやます》の邸宅を寺としたのが起こりという。

その後、応仁《おうにん》の乱（一四六七〜七七）で焼失するなどして、現在の建物は江戸時代以後のものである。長い築地塀《ついじべい》にはさまれた松並木の参道の奥に表門がある。門内の広場に面する大玄関が、門跡寺院の格式を示している。

「勧修寺棚」と「勧修寺灯籠」　拝観者用の門を入った所に**宸殿**《しんでん》、その後ろに**書院**がある。この二つの建物は、元禄《げんろく》一〇年（一六九七）に明正《めいしょう》天皇の旧殿を賜《たまわ》ったものである。書院一の間《ま》の違い棚《だな》は複雑な仕組みをこらし、「**勧修寺棚**」として名高い。書院の前庭には、水戸光圀《みとみつくに》が寄進したという雪見灯籠《とうろう》がある。これは「**勧修寺灯籠**」と呼ばれ、灯籠の一つの型になっている。灯籠をおおうように庭一面に茂っているのが、樹齢七五〇年といわれるハイビャクシンの名木である。

池泉舟遊式庭園　書院の前庭のほかに、**氷池**《ひょうち》**園**《えん》と呼ばれる大庭園がある。この氷池園は「氷《ひ》室《むろ》の池《いけ》」に島を配置した池泉舟遊《ちせんしゅうゆう》式のもので、宸殿前の庭から池のほとりまでの芝生の広がりが明るく、さわやかである。貞享《じょうきょう》年間（一六八四〜八八）に、古図によって平安時代の庭を再現したものと伝えられている。

周辺 **随心院**《ずいしんいん》●勧修寺の東、約1kmのところにある。この付近は小野《おの》と呼ばれ、随心院は**小野小町**《こまち》**の邸跡**と伝える。化粧井・文塚・少将（深草少将）通い路《みち》跡など、小町ゆかりの伝説が残されている。

寺は正暦《しょうりゃく》2年(991)仁海《にんがい》僧正が、亡母が牛に生まれ変わった夢を見て、その牛を飼い、牛の死後その皮に曼荼羅《まんだら》を描いて本尊としたことに始まるという。そのことで、牛皮山《ぎゅうひさん》曼荼羅寺と称したが、その後随心院と改められた。**本堂・書院**ともに江戸時代初期のもの。**仏像**は平安・鎌倉時代のものを伝える。

▲随心院・苔庭《こけ》

周辺 **清水焼団地**《きよみずやきだんち》●東山五条坂一帯にあった清水焼の窯元《かまもと》が公害問題で集団移転し、国道1号線の南、東山の東麓《ろく》に造営された焼物団地。製作工程を見せ、作品の販売も行っている。（⇨P 130・132）

京検　小野小町は六歌仙の一人。では六歌仙ではない人はだれ？→在原業平《なりひら》・紀貫之《つらゆき》・大友黒主《くろぬし》・喜撰《きせん》法師

醍醐寺

だいごじ

平安・桃山

京阪バス醍醐三宝院前下車すぐ　地下鉄東西線醍醐駅下車東へ徒歩10分▼MAP D－5

（下醍醐60分）

※霊宝館は春秋2回、3月下旬～5月上旬・10月上旬～12月上旬の間に一般公開される。

▲醍醐寺・五重塔

▶醍醐寺・三宝院庭園

●上醍醐と下醍醐

山上の上《かみ》醍醐、山下の下《しも》醍醐を総称して、**醍醐寺**と呼ぶ。貞《じょう》観《がん》一六年（八七四）に理《り》源《げん》大師聖《しょう》宝《ぼう》が山上に准《じゅん》胝《てい》観《かん》音《のん》・如《にょ》意《い》輪《りん》観音像を安置する堂を創建したことに始まる。寺の名は山中に湧《わ》き出る清《し》水《みず》を「醍醐味《み》なるかな」といったことから名付けられたという。醍醐とは今の乳酸飲料にあたり、醍醐味とは「最高の味」の意である。

●市内最古の木造建造物と桜の名所

主な伽《が》藍《らん》・仏像は山上に*清滝宮《せいりゅうぐう》拝殿**（一四三四）・*薬《やく》師《し》堂**（一一二一）があり、本尊は延《えん》喜《ぎ》七年（九〇七）の創建時のもの。**如意輪堂・開山堂**は慶《けい》長《ちょう》年間（一五九六～一六一五）のものである。山下伽藍は***五重塔《ごじゅうのとう》**が創建当時唯一の遺構で、天《てん》暦《りゃく》五年（九五二）に完成。木造建造物では京都市内最古のものである。高さは約四七m、うち相《そう》輪《りん》が約一二mを占め、独特の風格を与えている。初層内部に曼《まん》荼《だ》羅《ら》等の壁画が描かれている。***金堂《こんどう》**は平安末期のもので、本尊とともに紀《き》州《しゅう》から豊臣秀《ひで》吉《よし》が移したといわれる。

霊宝館（宝聚院《ほうじゅいん》）には、**如意輪観音坐《ざ》像《ぞう》**や俵《たわ》屋《ら》宗《や》達《そう》筆「**舞《ぶ》楽《がく》図《ず》・扇《せん》面《めん》散《ちら》図《し》**」など、この寺の有する多くの国宝・重文が収蔵されている。また、秀吉の「醍醐の花見」（慶長三年・一五九八）以後、桜の名所として名高く、今も花見客でにぎわう。

あれこれ **三宝院《さんぼういん》**●醍醐寺の塔頭《たっちゅう》寺院。慶長《けいちょう》3年（1598）秀吉の援助によって再興された。**庭園**は秀吉が自ら設計監督したといわれる池泉《ちせん》鑑賞式で、庭の中心にある**藤戸石《ふじといし》**は聚楽第《じゅらくだい》から移した名石である。

建物は寝殿造《しんでんづくり》と書院造《しょいんづくり》混合の住宅建築。**障壁画《しょうへきが》**は狩野《かのう》派や長谷川等伯《はせがわとうはく》らの筆で、桃山時代を代表する作品。

周辺 **法界寺《ほうかいじ》（日野薬師《ひのやくし》）**●醍醐寺の南約2km、日野の里にある。**本堂**（薬師堂）には、永承《えいしょう》6年（1051）に日野資業《すけなり》がこの寺を創建した時の本尊**薬師如来《にょらい》立像**が安置されている。***阿弥陀堂《あみだどう》**は平等院鳳凰堂《びょうどういんほうおうどう》と同じく当時盛んであった阿弥陀信仰によって建てられ、内陣の柱や長押《なげし》上の内壁に美しい色彩の絵が残っている。本尊***阿弥陀如来坐像**は11世紀末から12世紀にかけての定朝《じょうちょう》様式のもの。

▲法界寺・阿弥陀如来坐像

京検　醍醐寺ゆかりの豊臣秀吉を祀《まつ》る神社はどこ？→建勲《けんくん》神社・平野《ひらの》神社・梨木《なしのき》神社・豊国《とよくに》神社

平等院

びょうどういん

平安

京阪宇治線宇治駅下車南へ徒歩7分／JR奈良線宇治駅下車東へ徒歩13分▼MAP B－6

（40分）

※雲中供養仏52体のうち半数の26体は鳳翔館《ほうしょうかん》に移されている。

▲平等院・鳳凰堂と庭園

平等院とその周辺

●藤原氏ゆかりの寺院

九世紀末に源融《みなもとのとおる》の営んだ別荘、宇治院を藤原道長《みちなが》が入手して、その子頼通《よりみち》に与えた。それを永承《えいしょう》七年（一〇五二）に寺としたのが**平等院**である。釈迦《しゃか》の入滅後二千年が過ぎると仏の教えがすたれ、行も証もなくなり教法のみが残るという末法思想が広く信じられていた。その末法の世に入る年が永承七年であった。平等院の造営にも、その思想は大きく影響を与えている。

●鳳凰堂と定朝作の阿弥陀如来像

多くの堂塔が建てられたが、本堂（大日堂）の焼失後は、天喜《てんぎ》元年（一〇五三）に竣工《しゅんこう》した***阿弥陀堂**《あみだどう》（鳳凰《ほうおう》堂）が中心となった。この阿弥陀堂には***阿弥陀如来坐像**《にょらいざぞう》が安置され、本尊頭上の天蓋《てんがい》、周囲の長押《なげし》の上の小壁に掛けられた五十二体の***雲中供養仏**《うんちゅうくようぶつ》、***阿弥陀来迎図**《らいごうず》**の壁画**など、すべて当時のものが残されている。中でも、堂内の中央に鎮座《ちんざ》する阿弥陀如来坐像は仏師**定朝**《じょうちょう》の作（平安中期）である。世間に定朝の作と伝えるものは多いが、現存するもので、史料上確かなものはこの像だけである。

また、この堂が鳳凰堂と呼ばれるのは、中堂から左右に伸びる翼廊《よくろう》が、鳳凰という鳥の翼《つばさ》を広げた姿を連想させるところからきている。

●浄土式庭園

庭園は、阿弥陀堂の周囲を池で囲む浄土《じょうど》式庭園である。原形はかなり失われているが、水面に影を映《うつ》す鳳凰堂の姿に、「極楽いぶかしくは宇治の御堂を礼《いやま》ふべし」と言った当時の人々の心が理解できる。

周辺 **宇治川《うじがわ》と宇治橋**●琵琶湖《びわこ》から流れ出す唯一の川、宇治川は宇治橋のあたりで狭い山間《やまあい》から解放されて一気に流れ出る。ここは風景の美しさを愛する王朝貴族の山荘が多く営まれ、**『源氏物語宇治十帖《じゅうじょう》』**の舞台となった （⇨P 68）。また大和《やまと》から平安京、東海道への交通の要《よう》衝《しょう》でもあり、**源平合戦の場**ともなった （⇨P 76）。ここに日本最古の本格的な橋が架けられたのは、大化《たいか》2年(646)のことである （⇨P 85）。

周辺 **万福寺《まんぷくじ》**●宇治橋の北約2kmの所にある。黄檗山《おうばくさん》万福寺と号する黄檗宗の本山。寛文《かんぶん》元年(1661)中国（明《みん》）の僧隠元《いんげん》禅師によって創建。**三門**・**天王殿**・**仏殿**・**法堂**《はっとう》が整然と並び、左右に**東西方丈**《ほうじょう》・**斎堂**と**禅堂**、**伽藍堂**《がらんどう》と**祖師堂**、**鐘楼**《しょうろう》と**鼓楼**《ころう》が並ぶ。すべてが中国式であるだけでなく、木材も南方産のチーク材を用いている。「山門を出《いづ》れば日本ぞ茶摘歌《ちゃつみうた》」（菊舎）の句がこの寺のすべてを物語っている。

周辺 **三室戸寺《みむろとじ》**●京阪宇治線三室戸駅から東へ徒歩約15分。山号は明星山。本尊は**千手観音立像**で絶対秘仏とされる。伝承では宝亀《ほうき》元年(770)光仁《こうにん》天皇の勅願による創建という。**庭園**には、5月はツツジ、6月はアジサイ、7月はハスが咲き、秋は紅葉の名所として大変賑《にぎ》わう。

京検 仏師定朝が生み出した造仏法は何？→一本造《いちぼくづくり》・寄木造《よせぎづくり》・乾漆造《かんしつづくり》

第Ⅲ章 文学とその舞台

森本 茂

葵祭・牛車

源氏物語とその舞台

本文であげた以外の 源氏物語 とその舞台

❶**小野**…浮舟隠棲《うきふねいんせい》地。上高野《かみたかの》〜大原の総称。昔は西坂本といった。

❷**延暦寺《えんりゃくじ》**…源氏は法華堂《ほけどう》で夕顔の四十九日の法要を営む。

❸**夕顔塚**…夕顔の五条の家伝承地。堺町《さかいまち》通松原上ル西側（夕顔町）。

❹**河原院跡《かわらのいんあと》**…夕顔の死んだ「なにがしの院」の準拠地。五条大橋西詰《づめ》下ル、高瀬川畔《はん》。

❺**紫式部墓**…伝承地。北大路堀川下ル西側の工場の塀《へい》の一角。

❻**雲林院《うりんいん》**…桐壺更衣《きりつぼのこうい》の兄の律師《りっし》のこもる寺。源氏も訪問。大徳寺の南、北大路通下ル東側。

❼**大学寮跡**…夕霧一二歳で入学。二条城の西南隅《すみ》の西、御池《おいけ》通の南北の地。

❽**仁和寺《にんなじ》**…朱雀院《すざくいん》の隠棲した「西山の御寺」の準拠地。

❾**清凉寺《せいりょうじ》**…阿弥陀《あみだ》堂は源氏の桂院《かつらのいん》の準拠地。

❿**大原野神社《おおはらのじんじゃ》**…冷泉帝《れいぜいてい》の行幸の際、玉鬘《たまかずら》は未来の夫髭黒《ひげくろ》を見た。

⓫**木幡山《こはたやま》**…薫《かおる》が宇治へ行くのに馬で越えた山。現在の桃山。

⓬**蜻蛉石《かげろういし》・浮舟碑**…近世に作られた「宇治十帖《じゅうじょう》の古跡」。「浮舟碑」は三室戸《みむろと》寺境内にある。宇治には他の八帖の古跡もある。

A 平安京内裏跡《へいあんきょうだいりあと》

◆桐壺《きりつぼ》帝や更衣《こうい》の住居◆洛中

いづれの御時《おほんとき》にか、女御《にょうご》・更衣あまたさぶらひ給《たま》ひける中に、いとやむごとなき際《きは》にはあらぬが、すぐれて時めき給ふありけり。…御局《みつぼね》は**桐壺**なり。（桐壺）

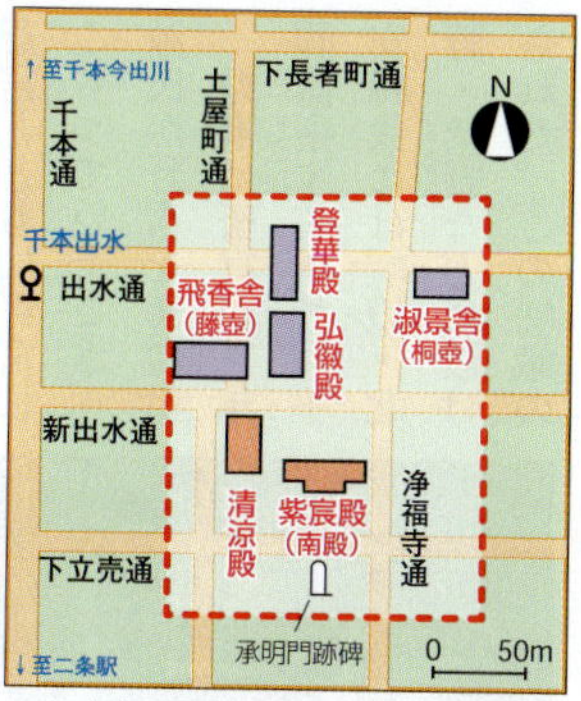

内裏の殿舎の位置推定図（関係分）

平安京の内裏跡は、上京《かみぎょう》区下立売通《しもだちうりどおり》南部から北、下《しも》長者《ちょうじゃ》町通南部までと千本《せんぼん》通の東側から浄《じょう》福《ふく》寺《じ》通東側までで、およそ南北二一八m、東西一七二mの区域。現在は西陣織《にしじんおり》の機屋《はたや》や民家が雑然と建っていて、内裏の「みやび」をしのばせるものはない。（⇩P14・72）

天皇が日常の住居にされた**清涼殿**《せいりょうでん》は、現在の新出《で》水《みず》・土屋《つちや》町の南東部、**桐壺**は出水通の南、浄福寺通の東の地にあたる。そこから多くの殿舎や渡殿《わたどの》（渡り廊下）を通って清涼殿まで行くとなると二〇〇m近くになろう。

承明門跡碑（上京区）

B 鳥辺野《とりべの》

◆桐壺更衣・夕顔らの墓地◆洛東

御送りの女房の車に慕ひ乗り給ひて、**愛宕**《をたぎ》といふ所に、いといかめしうその作法したるに、おはし着きたる心地《ここち》、いかばかりかはありけむ。（桐壺）

「**愛宕**《おたぎ》」は鳥辺野付近の地をいう。**鳥辺野**は阿弥陀《あみだ》が峰（鳥辺山）の麓《ふもと》の野で、清水坂《きよみずざか》から今熊野《いまくまの》までの広い地域にわたる。平安初期から京都の代表的な墓地であった。現在は清水寺の下、大谷本廟《ほんびょう》（西大谷）付近の墓地だけをいう。桐壺更衣や夕顔・葵《あおい》の上《うえ》らは鳥辺野に葬《ほうむ》られた。

平安当時の葬列は、市内から松原通（昔の五条通）を通って鳥辺野へ行ったが、その入口、松原通東大路西入《い》ルに**六道珍皇**《ろくどうちんのう》**寺**《じ》（六道《ろくどう》さん）がある。古くは「愛宕寺」といい、鳥辺野の墓《はか》守寺《もりでら》であった。境《けい》内《だい》に百体余の石地蔵と無縁の墓石が並び、鳥辺野の方を確かに見つめる姿が印象的である。

六道珍皇寺（東山区）

交通ガイド ■平安京内裏跡　市バス千本出水（でみず）下車東へ　■鳥辺野（大谷本廟）市バス五条坂下車東へ徒歩5分

口訳A どの天皇の御代であったか、女御や更衣が大勢お仕えしていらっしゃった中に、大して高貴な身分ではない方《かた》で、特に天皇のご寵愛《ちょうあい》の深い方があった。…（その更衣の）御殿は桐壺である。

口訳B （母北の方は、故桐壺更衣の）御葬送の女房の牛車《ぎっしゃ》に慕いお乗りになって、鳥辺野の愛宕寺（珍皇寺）にとても厳粛に火葬の式を行う所にお着きになった心地は、どんなに悲しかったことだろうか。

●京の葬送地《そうそうち》●

京都の平安当時の葬送地としては、鳥辺野のほかに**化野**《あだしの》・**蓮**《れん》**台野**《だいの》が知られる。

化野は北嵯峨《きたさが》の化野念仏寺《ねんぶつじ》のあたりをいう（⇩P79）。

蓮台野は北区の船岡山《ふなおかやま》から衣《きぬ》笠山《がさやま》へかけての野で、中央を紙《かみ》屋川《やがわ》が流れている。千本北大路下ル西側の上品《じょうぼん》蓮台寺は、蓮台野墓地の墓守寺で、その一角に、無縁仏を葬った古い石仏が千体近くも安置してある。

大谷本廟（東山区）

C 野宮神社《ののみやじんじゃ》

◆六条御息所《みやすどころ》がこもる◆洛西⇩P54下

ものはかなげなる小柴垣《こしばがき》を大垣にて、板屋どもあたりあたりいとかりそめなめり。**黒木《くろき》の鳥居**どもは、さすがに神々しう見渡されて、わづらはしき気色《けしき》なるに、神官《かんづかさ》の者どもここかしこにうちしはぶきて、おのがどち物うち言ひたるけはひなども、外には様《さま》変はりて見ゆ。（賢木《さかき》）

六条御息所が娘の斎宮《さいぐう》とともに野宮にこもっていたとき、源氏が野宮を訪ねた。

野宮は斎宮が三年間潔斎《けっさい》（注）する所で、平安時代には嵯峨《さが》・北野・紫野《むらさきの》などに設けられた。この嵯峨の野宮もその一つらしいが、年代は明らかでない。

京福《けいふく》電鉄嵐山《あらしやま》本線の終点の嵐山駅から北へ行くと、やがて西側に野宮に通じる竹やぶの道があり、**野宮神社**の前へ出る。現在の野宮神社は本殿に天照大神《あまてらすおおみかみ》をまつる。黒木（皮のついた木）の鳥居をはじめ、小柴垣や古井戸なども残っている。

野宮神社（右京区）

D 宇治上神社《うじがみじんじゃ》

◆宇治八宮《はちのみや》の山荘◆宇治

かかるほどに、住み給《たま》ふ宮焼けにけり。いとどしき世に、あさましうあへなくて、移ろひ住み給ふべき所の、よろしきもなかりければ、**宇治といふ所**に、よしある山里持《も》給へりけるに、わたり給ふ。（橋姫）

宇治十帖《じゅうじょう》の主な舞台は、宇治八宮の宇治の山荘であり、大君《おおいぎみ》・中君《なかのきみ》・浮舟《うきふね》らもここに住んでいた。

八宮の山荘の位置を宇治十帖から拾うと、宇治川の東岸の近くで、宇治橋が見え、夕霧の領地（平等院《びょうどういん》を準拠）の対岸の山の麓《ふもと》にあったことになり、現在の**宇治上神社**のあたりに想定される。

宇治上神社は宇治神社とともに、応神《おうじん》天皇・仁徳《にんとく》天皇・菟道稚郎子《うじのわきいらつこ》をまつり、応神天皇・稚郎子の宮居《みやい》跡とも伝えられる。拝殿は鎌倉初期の寝殿《しんでん》風の構えで、応神天皇の宇治離宮《りきゅう》の遺構《いこう》と伝えられ、住宅らしいくつろぎの中に品格が漂い、宇治八宮の山荘の準拠として適切であろう。

宇治上神社・拝殿（宇治市）

交通ガイド ■野宮神社 京福嵐山本線嵐山駅下車北西へ徒歩6分 ■宇治上神社 京阪宇治線宇治駅下車南東へ徒歩10分

口訳C ちょっとした小柴の垣を外囲いにして、板葺《いたぶ》きの家があちらこちらに、全く仮の住居といった感じに建っている。黒木の鳥居などは、それでもさすがに神々しく見渡されて、（忍び歩きが）気がひける様子であるが、神官たちがあちらこちらに咳《せき》払いをして、互いに話している感じなども、よそとは様子が変わって見える。

○**潔斎**―神仏に仕える前に汚《けが》れを避け、欲望を絶ち、水浴して心身を清めること。

●**斎宮《さいぐう》と斎院《さいいん》**●

斎宮は「いつきのみや」とも読む。伊勢神宮の内宮《ないくう》に奉仕した皇族の未婚の女子。崇神《すじん》天皇から後醍醐《ごだいご》天皇までのあいだ、天皇の即位のたびに定められた。**斎院**は京都の賀茂《かも》神社に奉仕した皇族の未婚の女子。嵯峨《さが》天皇から後鳥羽《ごとば》天皇までのあいだ、天皇の即位のたびに定められた。

口訳D （八宮が）こうして過ごされているうちに、お住みになっているお邸《やしき》が焼けてしまった。辛《つら》いことの多い世の中に、（火災で）荒れ果ててあっけない思いがして、移り住みなさることのできる適当なお邸も（京には）なかったので、宇治という所に風情《ふぜい》のある山荘をお持ちだったので、そこにお移りになる。

E 盧山寺《ろざんじ》

◆空蝉《うつせみ》の中河《なかがわ》の家◆洛中⇩P25下

紀《き》の守《かみ》にて、親しくつかうまつる人の、**中河のわたりなる家**なむ、このごろ水せき入れて、涼しき陰《かげ》に侍《はべ》る。（帚木《ははきぎ》）

源氏は内裏《だいり》で、頭中《とうの》将らと「雨夜《あまよ》の品《しな》定め」をしたあと、紀伊守《きのかみ》の中河の家に方《かた》たがえ(注)して一泊し、紀伊守の義母の空蝉《うつせみ》（伊予介《いよのすけ》の後妻）と契《ちぎ》った。

中河は現在の寺町通（昔の東京極《きょうごく》大路）の東端を暗渠《あんきょ》（地下水路）となって流れる川で、中河の家は寺町通広小路上《あが》ルの**盧山寺**の地にあった、紫式部邸に準拠すると考えられる。式部邸は四辻善成《よつつじよしなり》『河海抄《かかいしょう》』（室町期）に「正親《おほぎ》町以南、京極西頬《にしづら》、今東北院ノ向也」とあり、盧山寺の地と推定される。

本堂の前庭に「**紫式部邸宅址**」の碑がある。

盧山寺と碑のある本堂前庭（上京区）

F 鞍馬寺《くらまでら》

◆美少女若紫《わかむらさき》を発見◆洛北⇩P45

ある人、「北山になむ、**なにがし寺**といふ所に、かしこき行ひ人侍《はべ》る。…」寺のさまもいとあはれなり。峰高く、深き岩の中にぞ、聖《ひじり》入り居たりける。（若紫）

源氏は一八歳の春、「わらは病《やみ》」を患《わずら》い、北山の「なにがし寺」で加持《かじ》を受けた。その時、つづら折りの道の下の小柴垣《こしばがき》の家に、美しい童女の若紫（紫上《むらさきのうえ》）がいるのを発見し、やがて二条院に連れ帰った。

「なにがし寺」については諸説あるが、『河海抄』などは**鞍馬寺**とする。鞍馬寺は叡山《えいざん》電鉄の終点鞍馬駅からつづら折りの坂を登った鞍馬山の中腹にある。寺伝によれば宝亀《ほうき》元年（七七〇）に開かれたという。ここは童女の若紫が「閼伽《あか》奉り、花折りなどする」のに恰好《かっこう》の山里であるが、若紫の巻の、暁から日高くなるまでの行程としては、少し遠すぎる感じもする。

鞍馬山と鞍馬寺（左京区）

交通ガイド　■盧山寺 市バス府立医大病院前下車西へ徒歩５分　■鞍馬寺 叡山電鉄鞍馬線鞍馬駅下車山門まですぐ

口訳E　（源氏のお供が）「紀伊守で源氏に親しくお仕えしている人の、中河の辺りにある家が、近ごろ川の水を堰《せ》き入れて、涼しい所でございます。」（と源氏に申し上げる。）

○**方たがえ**―「方違《かたたが》え」。陰陽道《おんようどう》による俗信の一つ。外出する方角が悪い時、別の場所に一泊して方角を変えてから目的地へ向かうこと。

口訳F　ある人が（源氏に）、「北山で何とかいう寺に、すぐれた行者《ぎょうじゃ》がおります。…」（と申し上げた。）寺の有様もとても趣深い。峰が高く、深い岩の中に、聖が入っていたのだった。

●**北山のなにがし寺**●

北山のなにがし寺については、鞍馬寺のほかにも異説がある。たとえば、平安前期に創建され、『今昔《こんじゃく》物語集』にもみえる**霊巌《れいがん》寺**。その寺は現在は廃絶しているが、北区西賀茂の船《ふな》山《やま》の南山腹一帯にあったともいわれる。

また、紫式部の母方の曽《そう》祖父藤原文範《ふみのり》が創建した**大雲《だいうん》寺**。その寺は左京区岩倉の紫雲《しうん》山の南麓にあったが、近年ほとんど廃絶し、天安二年（八五八）八月九日の紀年銘《めい》のある国宝の銅鐘も他へ移されてしまった。

枕草子 とその舞台

本文であげた以外の
枕草子 とその舞台

❶**下鴨神社**《しもがも》…賀茂《かも》の臨時の祭りに関する随筆がある（二二〇段）。

❷**積善寺跡**《しゃくぜんじ》…正暦《しょうりゃく》五年（九九四）道隆《みちたか》が積善寺供養《くよう》を営み、清少納言も列席した（二七八段）。積善寺は二条北・京極東《きょうごく》にあった。

❸**霊山**《りょうぜん》**（正法寺）**《しょうほうじ》…「**霊山**は釈迦の御住みかなるがあはれなるなり」（二〇八段）。清水寺《きよみずでら》の北方にある正法寺のこと。

❹**清水坂**…清水坂を登るとき、柴《しば》焚《た》く香《こう》を趣《おもむき》深いと思う（二二九段）。

❺**清水寺**…清水寺にこもっていたとき、定子《ていし》中宮と和歌の贈答をする（二四一段）。

❻**広隆寺**《こうりゅうじ》…参拝の途中、稲刈りを見て珍しく思う（二二七段）。右京区太秦《うずまさ》。弥勒菩薩《みろくぼさつ》像が名高い。

❼**嵯峨野**《さがの》…「野は　**嵯峨野**さらなり」（一六九段）。大覚寺から嵐《あらし》山《やま》付近にかけての野。

❽**法輪寺**《ほうりんじ》…「寺は…**法輪**」（二〇八段）。嵐山の渡月橋《とげつきょう》の南、嵐山の中腹にある。

❾**大原野神社**《おおはらの》…「神は…**大原野**、春日《かすが》、いとめでたくおはします」（二八七段）。西京区《にしきょう》大原野。

（原文及び章段は「日本古典文学大系」本による）

A 雲林院《うりんいん》

◆梢《こずえ》に鳴くほととぎす・鶯《うぐいす》◆洛中

鳥は……祭《まつり》のかへさ見るとて、**雲林院《うりゐん》**・知足《ちそく》院などの前に車を立てたれば、ほととぎすもしのばぬにやあらむ、鳴くに、いとようまねび似せて、木高《こだか》き木どもの中に、もろ声に鳴きたるこそ、さすがにをかしけれ。（四一段）

雲林院・観音堂（北区）

賀茂祭《かもまつり》（葵祭《あおいまつり》）が終わり、斎王《さいおう》が紫野《むらさきの》の斎院（今の七野社《ななのしゃ》付近）に帰る際の行列を見に行った時の体験を書いている。

雲林院は「うじい」ともいい、『大鏡《おおかがみ》』の序で大宅世継《おおやけのよつぎ》と夏山繁樹《しげき》らが対談する場所としても知られる。平安初期、淳和《じゅんな》天皇の離宮《りきゅう》であった紫野院を寺に改めたもので、清少納言のころは約三〇〇m四方の大寺院であった。

今日もその名を伝える寺が、紫野の大徳寺《だいとくじ》（⇩P39）の南にある（大徳寺塔頭《たっちゅう》）。約一五m四方の地に江戸初期再建の観音《かんのん》堂だけが残り、かつて和歌に詠《よ》まれた桜・紅葉《もみじ》はまったく見えない。

B 逢坂《おうさか》の関跡《せきあと》

◆鳥のそら音《ね》◆京都－滋賀の境

「『孟嘗君《まうしやうくん》の鶏《にはとり》は、函谷関《かんこくくわん》を開きて、三千の客わづかに去れり』とあれども、これは**逢坂《あふさか》の関**なり。」とあれば、

夜《よ》をこめて鳥のそら音《ね》ははかるとも世に**逢坂の関**はゆるさじ（一三六段）

藤原行成《ゆきなり》が清少納言に「逢《あ》いたい」と言ってきたのを受けて、彼女は「夜をこめて」の歌で拒絶したのである。

逢坂の関は京都から大津へ越える逢坂山に設けられた関所で、その位置は大津側の出口付近にあったともいわれるが、明らかでない。現在は峠の頂上に「**逢坂山関址**」の碑が建っている。平安当時の古道は、現在の道よりやや高所を通っていたと推定される。

逢坂の関跡（大津市）

関跡の碑から少し京都寄りの蟬丸《せみまる》神社の下に、うなぎ料理専門店かねよがあるが、その前の道（約四〇〇m）は一時代前の古道である。その店の中庭に、関のかんぬき石（注）・車石《くるまいし》（注）などがある。

交通ガイド　■雲林院　市バス大徳寺下車南へすぐ　■逢坂の関跡　京阪京津線大谷駅下車東へ徒歩５分

口訳A　鳥は……賀茂祭の斎王の環御《かんぎょ》の行列を見ようとして、雲林院や知足院などの前に牛車《ぎっしゃ》を止めていたところ、ほととぎすも（折からの情趣を）がまんできなかったのだろうか、鳴くと、（鶯《うぐいす》がそのほととぎすの声を）上手にまねて似せて、高い木々の中で声を合わせて鳴いているのは、やはり趣がある。

口訳B　（藤原行成《ゆきなり》の返事に）「『孟嘗君が鳴かせた鶏（鶏鳴《けいめい》のうまい者）は、（夜中に鳴いたため）函谷関の扉《とびら》を開いて三千の家来がやっと逃げ去った』と（『史記《しき》』に）あるけれども私の場合は（逢うという名をもつ）逢坂の関です。」と書いてあるので、

夜の明けないうちに鶏の鳴きまねをして関を開けさせようとたくらんでも、私は決して逢坂の関は開けませんよ（と私は申し上げた）。

○**関のかんぬき**－「かんぬき石」は、関所の扉を閉めるための横木を固定する石。

○**車石**－通行の便のため、牛馬車の車輪の幅に合わせて道路上に二列に敷設した凹状の舗石《ほせき》。

車石

C 伏見稲荷大社《ふしみいなりたいしゃ》

◆稲荷坂を登る◆洛南⇩P60

うらやましげなるもの……**稲荷**に思ひおこして詣《まう》でたるに、中の御社《みやしろ》のほどわりなう苦しきを、念じのぼるに、いささか苦しげもなく、おくれて来《く》とみる者どもの、ただ行きに先に立ちて詣づる、いとめでたし。

（一五八段）

伏見稲荷大社は『山城国《やましろのくに》風土記《ふどき》』逸文《いつぶん》にもみえる古社で、現在は商売繁盛《はんじょう》の神として名高いが、本来は渡《と》来人《らい》の秦《はた》氏が農業神をまつったと考えられる。

上《かみ》・中《なか》・下《しも》の三社に分かれ、室町期以後、下社（麓《ふもと》の現在地）に本殿が移ったが、それ以前は稲荷山頂の上社が本殿であったから、清少納言《せいしょうなごん》らはがまんして上社まで登ったようだ。清少納言は太りぎみで、稲荷坂を登るのは苦行だったらしい。

現在は山頂まで約二㎞の「お山めぐり」の道に、**朱《しゅ》塗《ぬ》りの鳥居《とりい》**が続いている。

伏見稲荷大社の鳥居（伏見区）

D 平安京《へいあんきょう》の登華殿跡《とうかでんあと》

◆清女の初宮仕え◆洛中

宮にはじめてまゐりたるころ、もののはづかしきことの数《かず》知らず、涙も落ちぬべければ、夜々《よる》まゐりて、三尺の御几帳《みきちやう》のうしろにさぶらふに、絵などとり出《い》でて見せさせ給《たま》ふを、手にてもえさし出づまじう、わりなし。

（一八四段）

清少納言が初宮仕えに出たときのことを回想した文で、時は正暦《しょうりゃく》四年（九九三）の初冬（一説では初春）、作者二八歳のときとみられる。定子《ていし》中宮の御所は登華殿で、中宮は一八歳であった。

平安内裏《だいり》の登華殿は、現在の下長者町《しもちょうじゃまち》通の南、千《せん》本《ぼん》通の東の地（弁天《べんてん》町西部）にあたり、今は民家が建っている（『源氏物語』の項⇩P67参照）。

右の文は登華殿の東廂《ひがしびさし》（中央より東側の部屋）でのこと。清少納言の賜《たまわ》った局《つぼね》（部屋）は、登華殿の西廂（西側の部屋）の中にあったと考えられる。

宮仕えする女房たち（「源氏物語絵巻」）

交通ガイド ■伏見稲荷大社 京阪伏見稲荷駅下車東へ徒歩5分・JR稲荷駅下車すぐ　■登華殿跡 市バス千本出水下車

口訳C うらやましく見えるもの……伏見稲荷に思い立って参ったところ、中の社にさしかかるころがひどく苦しいのを、がまんして登るうちに、全く苦しそうにもなく、後から来ると思っていた者たちが、どんどん先に立って参るのは、とてもすばらしい。

口訳D 中宮様の御所に初めてあがったころ、何となく恥ずかしいことが多くあって、いまにも涙が落ちそうなので、毎晩参上して、（脚の長さが）三尺の御几帳の後ろに伺候《しこう》していると、（中宮は）絵などとり出して見せてくださるのだが、手さえ出しにくいほど、たまらなく恥ずかしい。

●現在の京都御所●

平安京の内裏はたびたび炎上したが、そういうとき公家の邸宅などを臨時の内裏として用い、それを「**里《さと》内裏**」と称した。内裏は安貞《あんてい》元年（一二二七）四月に炎上して以来再建されなかった。

現在の京都御所の地（平安京内裏の東約一キロ）には、平安時代に藤原邦綱《くにつな》邸があり、鎌倉時代に東洞院土御門殿《ひがしのとういんつちみかどどの》があり、たびたび里内裏にもなっていたが、元《げん》弘《こう》元年（一三三一）九月、光厳《こうごん》天皇の即位以来皇居として固定し、明治二年（一八六九）まで使用された。

E 平野神社《ひらのじんじゃ》

◆垣根にからむ蔦《つた》◆洛中

（神は）平野はいたづら屋のありしを、「何する所ぞ。」と問ひしに、「御輿宿《みこしやどり》。」と言ひしもいとめでたし。斎垣《いがき》に蔦《つた》などのいと多くかかりて、もみぢの色々ありしも、「秋にはあへず」と貫之《つらゆき》が歌思ひ出《い》でられて、つくづくと久しうこそ立てられしか。（二八七段）

清少納言が昔平野神社に参ったときのことを、後に回想した文である。

平野神社は北区平野宮本町にあり、桓武《かんむ》天皇の生母で渡来《とらい》人系の高野新笠《たかののにいがさ》が祈念した百済系《くだらけい》の今木《いまき》神・久度《くど》神などをまつる。本殿は比翼春日造《ひよくかすがづくり》（平野造）。平安時代の和歌には平野の松がよく詠まれているが、近世になって広い境内《けいだい》に約四百本の桜が植えられ、現在は桜の名所である。平野神社の裏から北野天満宮《てんまんぐう》まで、紙屋《かみや》川に沿って歩くと、平安の自然の趣《おもむき》がよくしのばれる。

平野神社（北区）

F 月輪《つきのわ》・鳥辺野陵《とりべのりょう》

◆晩年の清女と定子《ていし》陵◆ 洛南 ⇩P59下

清少納言が**月輪**に帰り住むころ
ありつつも雲間《くもま》に澄める**月のわ**を幾夜ながめて行き帰るらむ
（『公任卿集《きんとうきょうしゅう》』）

清少納言の晩年については、地方下向《げこう》伝説もあるが、この『公任卿集』によれば、月輪に帰り住んだという。「**月輪**」には諸説あるが、東山区今熊野《いまくまの》の泉涌寺《せんにゅうじ》（⇩P59下）付近の月輪であろうといわれる。そこに父清原元輔《もとすけ》の山荘があったと考えられる。

泉涌寺から山裾《やますそ》の静かな道を北へ五〇〇mほど行くと、今熊野の岡《おか》の上に定子《ていし》中宮の**鳥辺野陵**《とりべのりょう》がある。中宮は長保《ちょうほう》二年（一〇〇〇）、二四歳の若さで亡くなった。葬送の記事は『栄華《えいが》物語』（巻七「鳥辺野」）に詳しい。

清少納言は晩年たびたび御陵《ごりょう》にお参りし、華やかな十年ばかりの宮仕え生活を回想したにちがいない。没年は一説に六〇歳ぐらい。泉涌寺境内の泉涌水のそばに、清少納言の「夜をこめて…」の歌碑がある。

定子中宮の鳥辺野陵（東山区）

交通ガイド　■平野神社　市バス衣笠校前下車北へ徒歩３分　■鳥辺野陵　市バス泉涌寺道下車東南へ徒歩15分

口訳E　（神は）平野神社は、空屋《あきや》があったのを、「何をする所ですか。」と尋ねたところ、「（行幸のとき）御輿を置く所です。」と言ったのも、じつにすばらしい。神社の垣根に蔦などがとても多くかかって、色とりどりの紅葉があったのも、「秋にはあへず」という貫之の歌（古今集・秋下）が思い出されて、しみじみと長い間、（牛車《ぎっしゃ》を）とめていたことだった。

口訳F　清少納言が月輪に帰って住むころ

あなたは生き残って、雲の切れ間に澄んでいる月（宮中）を毎晩見つめて、心はたえず（月とこの世を）往来していることでしょう（宮中がなごり惜しいことでしょう）。

●清女の晩年異説●

清少納言の晩年の居所については、月輪以外にも諸説がある。『異本清少納言集』の詞書《ことばがき》には清少納言が**摂津**《せっつ》にいて、一条天皇の勅使忠隆《ただたか》が訪れたという。摂津は夫棟世《むねよ》の任国である。

このほか、香川県の**琴平金刀比羅宮**《ことひらこんぴらぐう》の鐘楼のそばに清少納言塚があり、徳島県鳴門《なると》市**里浦町**に清少納言尼塚があるなど、地方に伝承遺跡が存在するが、いずれも信憑《しんぴょう》性には乏しい。

平家物語とその舞台

平家物語とその舞台

本文であげた以外の

❶**僧正《そうじょう》が谷《たに》**…牛若丸は鞍馬山《くらまやま》の僧正が谷で、毎晩、武芸にはげんだという（『義経記《ぎけいき》』巻二）。

❷**長楽寺《ちょうらくじ》**…建礼門院出家《けんれいもんいんしゅっけ》の寺（灌頂巻《かんじょうのまき》）。円山《まるやま》公園の裏山の中腹にあり、遺品を展示する。

❸**祇園女御塚《ぎおんのにょうごづか》**…白河院《しらかわいん》から平忠盛《ただもり》に賜った祇園女御の庵跡《いおりあと》ともいう（巻六）。円山音楽堂の西。

❹**清水寺《きよみずでら》**…永万元年（一一六五）、額打論《がくうちろん》*の余波をうけ、延暦寺《えんりゃくじ》の衆徒により炎上（巻一）。

❺**六波羅蜜寺《ろくはらみつじ》**…平清盛《きよもり》像がある。この付近を六原《ろくはら》といい、平家一門の邸宅が軒を並べていた。

❻**西八条邸跡《にしはちじょうていあと》**…祇王《ぎおう》らも召された清盛の邸宅跡。東寺の北、旧JR梅小路貨物駅付近の地。

❼**滝口寺《たきぐちでら》**…横笛《よこぶえ》を愛した滝口入道が庵を結んだ所という（巻一〇）。祇王寺《ぎおうじ》のすぐ南にある。

❽**小督塚《こごうづか》**…高倉天皇に愛された小督の隠棲地《いんせいち》という（巻六）。嵐山《あらしやま》渡月橋《とげつきょう》の北詰《きたづめ》から上流の方へ二〇〇mほど行った所。

❾**扇の芝《おうぎのしば》**…治承《じしょう》四年（一一八〇）、源頼政《よりまさ》が平家に敗れ、自害した所という。平等院境内《けいだい》の東北部。

*額打論…「額打（ち）」とは墓所の四方に門を築き、寺号の額をかけること。二条上皇葬送の際、延暦寺の額を興福寺の衆徒が切り落としたことをきっかけに騒動に発展、当時興福寺の末寺だった清水寺は延暦寺の衆徒に焼き払われた。

A 祇王寺《ぎおうじ》

◆祇王・祇女《ぎにょ》の出家《しゅっけ》寺◆洛西⇩P53下

祇王廿一《にじふいち》にて尼《あま》になり、嵯峨《さが》の奥なる山里に、**柴《しば》の庵《いほり》**をひきむすび、念仏してこそゐたりけれ。妹の祇女も、……十九にて様《さま》を変へ、姉と一所《いつしよ》にこもりゐて、後世《ごせ》を願ふぞあはれなる。（巻一・祇王）

白拍子《しらびょうし》（注）祇王・祇女の姉妹は、平清盛《きよもり》に召されたが、清盛の愛が仏御前《ほとけごぜん》に移ったので、母刀自《とじ》とともに嵯峨の山里に出家・隠棲《いんせい》した。『源平盛衰記《げんぺいじょうすいき》』には「西山嵯峨の奥、往生院《わうじやうゐん》といふ所」とあり、現在の**祇王寺**の地にあたる。後に仏御前も往生院に入った。

祇王寺は嵯峨の小倉山《おぐらやま》の麓《ふもと》にある。簡素な山門の奥にある萱《かや》ぶきの小さな本堂に、祇王ら四人の尼僧《にそう》像を安置し、境内《けいだい》に祇王らの墓と伝える石塔や清盛の供養《くよう》塔もある。

本堂の前庭に落ちる木もれ日は美しく、周囲の竹やぶは嵯峨の閑居によくとけこんでいる。ことに晩秋がよい。

祇　王　寺（右京区）

B 鹿ケ谷《ししがたに》

◆俊寛僧都《しゅんかんそうず》の山荘◆洛東

東山《ひんがしやま》のふもと**鹿《しし》の谷**といふ所は、後ろは三井寺《みゐでら》に続いて、ゆゆしき城郭にてぞありける。俊寛僧都の山荘《さんざう》あり。かれに常は寄り合ひ寄り合ひ、平家滅ぼさんずる謀《はかりこと》をぞ廻《めぐ》らしける。（巻一・鹿谷《ししのたに》）

平家討伐《とうばつ》の計画は、**鹿ケ谷**の俊寛僧都の山荘で、藤原成親《なりちか》・平康頼《やすより》・西光《さいこう》法師・俊寛らによって、承《じょう》安《あん》元年（一一七七）からひそかに進められた。

俊寛の山荘は、『源平盛衰記』には「前は洛陽遙《らくやうはる》かに見渡して、しかも在家《ざいけ》を隔てたり」（巻三）とあり、現在の鹿ケ谷御所《ごしょ》ノ段《だん》町の北部の丘陵地と考えられ、**談合谷《だんごうだに》**と呼ばれる。

霊鑑寺《れいかんじ》のそばに「**此《この》奥《おく》俊寛山庄址**」の碑が建ち、そこから山の方へ三〇〇mほど登った所が、その談合谷である。さらにそこから左へ急坂を数百m登ると、楼門の滝のそばに「**俊寛僧都忠誠之《の》碑**」がある。

「忠誠之碑」と談合谷（左京区）

交通ガイド　■祇王寺　市バス嵯峨釈迦堂前下車西へ徒歩15分　■鹿ケ谷（霊鑑寺）　市バス真如堂前下車東へ10分

口訳A　祇王は二一歳で尼になり、嵯峨の奥の山里に、柴の仮屋《かりや》を造って、念仏して日を過ごしていた。妹の祇女も、……一九歳で出家し、姉と一緒に引きこもって、極楽往生を願うのはあわれ深いことだ。

○**白拍子**―平安末期から現れた芸人・遊女。直垂《ひたたれ》と立烏帽子《たてえぼし》に白鞘巻《しらさやまき》の刀を差して男装で今様《いまよう》を歌った。

● **滝口《たきぐち》入道と滝口寺** ●

『平家物語』（巻十・横笛《よこぶえ》）によれば、平重盛《しげもり》の家来の**斎藤時《とき》頼《より》**（滝口入道）は、建礼門院《けんれいもんいん》の雑《ぞう》仕《し》**横笛**を愛し、妻にしたいと思ったが、父の許しをえられず、一九歳のとき出家《しゅっけ》し、嵯峨の往《おう》生院《じょういん》で修行した。やがて横笛が訪れたが、逢《あ》わなかった。

滝口の居所は、往生院の子院の三宝寺で、祇王寺の上の方にあったが廃絶し、昭和のはじめに再建された。それが現在の**滝口寺**である。

口訳B　東山の麓《ふもと》の鹿の谷という所は、背後は三井寺に続いていて、絶好の砦《とりで》をなしていた。（そこに）俊寛僧都の山荘があった。その山荘に、常に来たりしては集まり、平家を滅亡させるための計画を練っていた。

C 法住寺殿跡《ほうじゅうじどのあと》

◆後白河院《ごしらかわいん》の御所◆洛東

軍《いくさ》は十一月《しもつき》十九日の朝《あした》なり。院の御所**法住寺殿**にも、軍兵《ぐんぴやう》二万余人参りこもりたるよし聞こえけり。御方《みかた》の笠印《かさじるし》には、松の葉をぞ付けたりける。（巻八・鼓判官《つづみはうがん》）

木曽義仲《きそよしなか》は平家を西海に追いやって京を制したが、後白河院は義仲の傍若無人《ぼうじゃくぶじん》のふるまいに堪《た》えかね、ついに義仲追討に踏み切り、院の御所の法住寺殿で両者の合戦が起こった。

法住寺殿は、現在の七条通・八条通・大和大路《やまとおおじ》通・東山山麓《ろく》に囲まれた四町四方（約四四〇m四方）の地にあった。南殿を中心に、北殿・蓮華王院《れんげおういん》・不動堂・景勝光院などや、鎮守社として新日吉《いまひえ》神社・新熊野《いまくまの》神社がまつられていた。

現在の三十三間堂《さんじゅうさんげんどう》（⇩P29）はその蓮華王院を再建したもの。新日吉神社（現在地は移転後のもの）と新熊野神社は現存する。旧地に**法住寺陵**（後白河陵）があり、同名の法住寺ものちに建てられている。

法住寺陵（東山区）

D 宇治川《うじがわ》

◆景季《かげすえ》・高綱《たかつな》の先陣争い◆洛南・宇治⇩P64下

平等院の丑寅《うしとら》、**橘《たちばな》の小島が崎**より、武者《むしや》二騎ひつかけひつかけ出《い》できたり。一騎は梶原源太《かぢはらげんだ》景季、一騎は佐々木四郎高綱なり。人目には何とも見えざりけれども、内々は先に心をかけたりければ、梶原は佐々木に一段《いつたん》ばかりぞ進んだる。（巻九・宇治川先陣）

源頼朝《よりとも》は義仲を討つべく、数万騎の軍勢を京に向かわせ、義経《よしつね》は搦手《からめて》（敵の背後）の大将軍として、宇治から京を攻めた。そのとき、頼朝は景季に摺墨《するすみ》、高綱に生食《いけずき》という名馬を与え、二人は**宇治川**の渡河《とが》一番乗りをはげしく争った。

宇治川の川岸や中州《なかす》の地形は当時と今とでは変化し、「**橘の小島が崎**」の位置は明らかでない。しかし、「**平等院**（⇩P64）の丑寅（東北）」とあるから現在の浮《うき》島《しま》の下流側の橘島がほぼそれにあたるとみられ、今橘島の中ほどに「**宇治川先陣之碑**」が建っている。

宇治川畔に建つ「宇治川先陣之碑」（宇治市）

交通ガイド　■法住寺殿跡・法住寺　市バス博物館三十三間堂前下車南へすぐ　■宇治川（橘橋）　京阪宇治線宇治駅下車すぐ

口訳C　合戦は（寿永二年〈一一八三〉）十一月十九日の朝である。院の御所である法住寺殿にも、武士が二万余人集まりこもっているということが伝わってきた。院の味方の甲《かぶと》につける目印には、松の葉をつけていた。

口訳D　平等院の東北、橘の小島が崎から、武者二騎が馬をはげしく走らせながら出てきた。一騎は梶原源太景季、一騎は佐々木四郎高綱である。人目には何とも見えなかったけれども（二人とも）内心では一番乗りをしようと思っていたので、梶原は佐々木より一段（約一一m）ほど先に進んでいた。

●宇治川の浮島《うきじま》●

宇治川の平等院前の中州。上下二つの島からなり、上流にあるのを**塔の島**、下流にあるのを**橘島**といい、総称して**浮島**という。島には松・桜・もみじなどを植え、ベンチも置かれ、憩《いこ》いの場所となっている。

塔の島の中央にそびえる**十三重石塔**は、高さが一五mもあり、十三重石塔の現存する物としてはわが国最大である。この塔は弘安《こうあん》九年（一二八六）奈良西大寺の僧叡尊《えいそん》が、宇治橋のかけ替えに際して建てたものである。

E 羅城門跡《らじょうもんあと》

◆捕らわれ者の平家◆洛中 ⇩P21下

同じき廿六日《にじふろく》、平氏の生捕《いけど》りども京へ入《い》る。……見る人都のうちにも限らず、およそ遠国近国《ゑんごくきんごく》、山々寺々より、老いたるも若きも来たり集まれり。鳥羽《とば》の南の門・つくり道・**四塚**《よつづか》までひしと続いて、幾千万といふ数を知らず。

（巻一一・一門大路渡《おおじわたし》）

羅城門復元模型

寿永《じゅえい》四年（一一八五）四月、平家の総領平宗盛《むねもり》（清盛の三男）とその子清宗《きよむね》らが生捕りとなって帰京。鳥羽離宮《とばりきゅう》（注）の南門から四塚まで見物人でごった返し、平家のみじめな姿を見て、袖《そで》をぬらさぬ人はなかった。

羅城門は平安京の正門で、四塚にあった。二重閣七間《けん》（幅32m）の巨大な門だったが、天元《てんげん》三年（九八〇）大風で倒壊し、以後再建されなかった。現在、東寺《とうじ》（⇩P21）の西、唐橋《からはし》花園公園に「**羅城門遺址**」の碑が建つ。

「羅城門遺址」碑（南区）

F 寂光院《じゃっこういん》

◆建礼門院《けんれいもんいん》の閑居◆洛北 ⇩P43下

西の山の麓《ふもと》に、一宇《いちう》の御堂《みだう》あり。すなはち**寂光院**これなり。古う作りなせる前水《せんずい》・木立《こだち》、よしある様《さま》の所なり。「甍破《いらか》れては霧不断《ふだん》の香《かう》をたき、枢落《とぼそ》ちては月常住《じやうぢゆう》の灯《ともしび》をかかぐ。」とも、かやうの所をや申すべき。

（灌頂《かんじょう》巻・大原御幸《おおはらごこう》）

寂光院・本堂（左京区）

高倉天皇の中宮《ちゅうぐう》建礼門院（清盛の娘）は寿永四年（一一八五）五月、京都東山の長楽寺《ちょうらくじ》で三一歳のとき出家、その年九月、侍女《じじょ》の阿《あ》波内侍《わのないし》らとともに、大原の**寂光院**に移った。そして、翌年、後白河院が寂光院に行幸した。

寂光院には『平家物語』に書かれた青柳・松・桜などを配した庭があり、当時の趣《おもむき》をよく残している。裏門を出た西側の空地が女院の庵室《あんしつ》跡と伝え、すぐ東に女院の**大原西陵**があり、向かいの翠黛《すいたい》山の中腹に阿波内侍・大納言佐《だいなごんすけ》の局《つぼね》らの墓がある。平成一二年（二〇〇〇）に焼失した本堂は平成一七年に再建された。

交通ガイド　■羅城門跡　市バス羅城門下車北へすぐ　■寂光院　京都バス大原下車西へ徒歩20分

口訳E　同じ（四月）二六日、平氏の生捕りたちが京に帰ってくる。……これを見る人は、京の中の人だけでなく、およそ遠く近くの国々や、山々寺々から、老人も若者もやって来て集まっている。鳥羽離宮の南門・鳥羽の作り道・（羅城門のあった）四塚まで、びっしりと人が続いて、幾千万いるか、数えきれないくらいである。

○**鳥羽離宮**—伏見《ふしみ》区鳥羽にあった白河・鳥羽上皇の離宮。鳥羽殿。一部を寺として、安楽寿院《あんらくじゅいん》とした（⇩P61下）。

口訳F　西の山の麓に、一棟のお堂がある。すなわち寂光院がこれである。古く作りなされた庭先の池や樹木などが、由緒ありげな所である。「屋根の瓦《かわら》が破れて、霧が室内に立ちこめ、絶え間なく香をたいているようであり、扉がはずれ落ちて、月光が（室内に差しこんで）常夜灯をともしているようだ。」というのも、こういう所を申すのだろうか。

大原西陵（左京区）

平家物語とその舞台

徒然草 とその舞台

本文であげた以外の

徒然草 とその舞台

❶**綾小路小坂殿跡**《あやのこうじこさかどの》…烏《からす》が池の蛙《かえる》をとらぬように、棟《むね》に縄を引かれた（一〇段）。祇園八坂《ぎおんやさか》神社の南門前（神幸道《しんこうみち》）のあたりか。

❷**清水寺**《きよみずでら》…参拝の尼が、途中「くさめ、くさめ」（くしゃみ）と言いながら参った（四七段）。

❸**鳥辺山**《とりべやま》…京都の代表的な墓地（七段）。鳥辺野。現在は狭く、五条坂の西大谷付近。

❹**五条天神社**…天皇のご病気、世の中の騒がしいとき、靫《ゆぎ》（矢を入れ背に負う物）をかけた（二〇三段）。病気退散の神。下京区西洞院《にしのとういん》松原の西南角。

❺**木幡**《こはた》…宇治の下僕《かぼく》（馬の口をとる男）が、酒の勢いで奈良法師と争い、失敗した（八七段）。

❻**仁和寺**《にんなじ》…僧が余興に足鼎《あしがなえ》を頭にかぶり、抜くのに苦労した滑稽《こっけい》話（五三段）。

❼**遍照寺跡**《へんしょうじ》…承仕《じょうじ》法師がお堂の間に鳥を誘って殺した（一六二段）。北嵯峨《さが》の広沢の池の西。

❽**野宮神社**《ののみや》…斎王《さいおう》が野宮にいらっしゃるご様子は優美だ（二四段）。嵯峨の野宮はこの地にあったという。JR嵯峨嵐山駅の西。

A 化野《あだしの》 ◆無常な人の世◆洛西

化野の露消ゆる時なく、鳥部山《とりべやま》の煙《けぶり》立ちさらでのみ住みはつる習《なら》ひならば、いかにもののあはれもなからん。世は定めなきこそいみじけれ。（七段）

兼好《けんこう》の人生哲学を表した段として名高い。この後に、「命長ければ恥多し。長くとも四十《よそぢ》に足《た》らぬほどにて死なんこそ、めやすかるべけれ。(注)」と続く。

化野は嵯峨小倉《さがおぐら》山《やま》の北の麓《ふもと》、鳥居《とりい》本《もと》付近の地をいう。平安時代から鳥部（辺）山（清水寺付近、鳥辺野⇩P67）、蓮台野《れんだいの》（船岡山《ふなおかやま》付近）とともに、平安京の代表的な墓地で、化野は風葬が行われたという。

化野にはいくつかの寺院があったが、現在では**化野念仏寺**（⇩P53下）だけが残る。境内の七千八百体の小石仏（多くは室町期）は、この付近から出土したもので、地蔵盆《じぞうぼん》の**千灯供養**《せんとうくよう》は美しくも哀《かな》しい。

化野念仏寺の石塔（右京区）

B 栗栖野《くるすの》 ◆苔《こけ》の細道の庵《いおり》を訪ねに◆洛南（山科）

神無月《かんなづき》のころ、**栗栖野**といふ所を過ぎて、ある山里にたづね入ること侍《はべ》りしに、はるかなる苔の細道をふみ分けて、心細く住みなしたる庵《いほり》あり。（一一段）

その庵は世捨て人風《ふう》のひっそりした住居だったが、庭の柑子《こうじ》（みかんの類）の木の周りが籬《まがき》で厳重に囲ってあったので、興ざめしてしまったという話。住居論ではあるが、住む人の心を問題にしている。

兼好は正和《しょうわ》二年（一三一三）九月、六条有忠《ありただ》から「山城国《やましろのくに》山科《やましな》小野庄」の田地一町《ちょう》を九十貫文《かんもん》で買いとっているから、右の文の「ある山里」は、山科の小野（山科区随心院《ずいしんいん》付近）のことと考えられる。

栗栖野は山科盆地の西北部、花山《かさん》の東麓《ろく》から勧修寺《かんしゅうじ》へかけての野で、現在も山科区栗栖野という。今は住宅が多く建ち、野の趣《おもむき》はとぼしくなった。

厳しく囲われた柑子の木（奈良絵本）

交通ガイド ■化野（念仏寺） 京都バス鳥居本下車南へ徒歩３分 ■栗栖野 京阪バス栗栖野下車すぐ

口訳A 化野の露が少しも消えるときがなく、鳥部山の煙が立ち去らないというように、（人がこの世に）いつまでも住み通せるならわしであったならば、どんなにものの情趣もないことだろう。この世は無常であるのがすばらしいのだ。

○「命長ければ……」の口訳―長生きするとそれだけ恥をかくことも多い。長くとも四〇歳に足らないくらいで死んでゆくのこそ、見苦しくない生き方であろう。（しかし兼好は70歳まで生きた。）

● **大文字《だいもんじ》五山の送り火** ●

毎年八月一六日の夜、盂蘭盆《うらぼん》会《え》の行事として、京都周辺の山に精霊《しょうらい》の**送り火**がともされる。京都人はこれらの送り火を眺めて、夏の終わりを実感する。

口訳B （陰暦）一〇月のころ、栗栖野という所を通り過ぎて、ある山里に人を訪ねて入って行ったことがございましたが、はるかに続く苔《こけ》むす細道をふみ分けて、（その奥に）いかにも物さびしい様子で人の住んでいる庵があった。

C 法《ほう》成《じょう》寺《じ》跡《あと》

◆道長《みちなが》の栄華《えいが》の夢◆洛中

大門《だいもん》・金堂《こんだう》など近くまでありしかど、正和《しやうわ》のころ、南門は焼けぬ。金堂はその後《のち》倒れふしたるままにて、取り立つるわざもなし。無量寿院《むりやうじゆゐん》ばかりぞ、そのかたとて残りたる。丈六《ぢやうろく》の仏九体《くたい》、いとたふとくて並びおはします。（二五段）

人間の営み・栄華は、時の推移の前にはじつにはかない、ということを具体的にえがく。

法成寺は藤原道長が京極殿《きょうごくどの》（土御門殿《つちみかどどの》）の東側に、晩年に建てて住んだ寺で、現在の京都御所《ごしょ》の東、荒神口通《こうじんぐちどおり》北、東西二町（約二二〇m）、南北三町（約三三〇m）の地にあった。『栄華物語』（巻第一五「うたがひ」）によれば、阿弥陀《あみだ》堂・金堂・講堂などがあったが、天喜《てんぎ》六年（一〇五八）炎上、まもなく道長の子頼通《よりみち》が再建したが、鎌倉末にほとんど廃絶した。

現在、荒神口通に面した府立鴨沂《おうき》高校の北側の塀《へい》の一角に、「**法成寺址**」の碑が建っている。

「法成寺址」碑（上京区）

D 上賀茂神社《かみがもじんじゃ》

◆賀茂のくらべ馬◆洛北⇩P40

五月五日《さつきいつか》、**賀茂《かも》の競馬《くらべうま》**を見侍《はべ》りしに、車の前に雑人《ざふにん》立ち隔てて見えざりしかば、おのおの下《お》りて、埒《らち》のきはに寄りたれど、ことに人多く立ちこみて、分け入りぬべきやうもなし。（四一段）

棟《おうち》の木の股《また》で居眠りしている法師を嘲《あざけ》った人の言葉を受けて、兼好が「無常の到来を忘れて見物する者の方がもっと愚かだ。」と言った話。

当時、**賀茂の競馬**は五月一日が通例で、五月五日に行われたのは永仁《えいにん》三年（一二九五）、兼好一三歳の時のことという。すると、右の話は兼好一三歳の時のことで、すでに彼は、無常観をもっていたことになる。

賀茂の競馬は、平安中期から**上賀茂神社**の馬場《ばば》（境内の西端）で行われた。馬場の周囲に柵《さく》をめぐらし、二騎ずつ乗り入れ、直線コースを走って勝負を争う。現在も馬場で毎年五月五日に勇壮に行われる。

賀茂の競馬（上賀茂神社・北区）

交通ガイド ■法成寺跡 市バス荒神口下車西へ徒歩２分　■上賀茂神社 市バス・京都バス上賀茂神社前下車すぐ

口訳C　（法成寺の）総門や金堂などは、最近まであったが、正和（一三一二〜一七）のころ、南門は焼けてしまった。金堂はその後倒れ伏したままで、再建する計画もない。無量寿院だけが、法成寺の面影をとどめる物として残っている。（堂内には）一丈六尺（約四・八m。ただし坐像《ざぞう》の場合、八尺ぐらい）の阿弥陀仏九体が、とても尊いご様子で並んでいらっしゃる。

口訳D　（陰暦）五月五日、賀茂の競馬を見物しましたときに、（私たちの）牛車《ぎっしゃ》の前に群衆が立ちさえぎって（競馬が）見えなかったので、めいめい牛車から下りて、馬場の柵《さく》のそばに近寄ったけれども、（そこは）特に人が大勢立てこんでいて、かき分けて入れそうもない。

●上賀茂の社家《しゃけ》町●

上賀茂神社の門前、明神川《みょうじんがわ》に沿うあたりの、上賀茂神社の社家の集落を「**社家町**」という。

社家の構えは、明神川に小橋を渡し、瓦葺《かわらぶ》きの門があり、前庭に池を設け、屋敷内に川から水を引き、緑の木々の中に住宅が建つ。

中世、上賀茂神社の社領に賀茂六郷があり、社家町はその流れをうける。伝統的なたたずまいを今に残す物として貴重。

E 亀山殿跡《かめやまどのあと》

◆水車《みずぐるま》をまわす話◆洛西

亀山殿の御池《みいけ》に、大井川《おほゐがは》の水をまかせられんとて、大井の土民《どみん》におほせて、水車を造らせられけり。多くの銭《あし》を賜《たま》ひて、数日《すじつ》に営み出《い》だして掛けたりけるに、おほかた廻《めぐ》らざりければ、とかく直しけれども、つひに廻《まは》らで、いたづらに立てりけり。（五一段）

このあと院は、水車の名所宇治《うじ》の住民を召して水車を造らせたところ、くるくると思うように回った。「その道の専門家は尊い」という話。

亀山殿は後嵯峨院《ごさがいん》が建長七年（一二五五）一〇月、嵯峨に造った仙洞御所《せんとうごしょ》で、現在の**天龍寺**《てんりゅうじ》（⇩P54）の地にあった。右の話は、その創建当時のことと考えられる。現在の天龍寺の方丈《ほうじょう》の裏の池は、この亀山殿の池を利用したものといわれる。ここからは、嵐《あらし》山《やま》や小倉山《おぐらやま》が目前に見えて非常に美しい。

天龍寺方丈庭園から見た嵐山（右京区）

F 石清水八幡宮《いわしみずはちまんぐう》

◆仁和寺《にんなじ》の僧の失敗談◆府下八幡《やわた》市

仁和寺にある法師、年寄るまで**石清水**を拝まざりければ、心うく覚えて、ある時思ひ立ちて、ただ一人、徒歩《かち》よりまうでけり。**極楽寺**《ごくらくじ》・**高良**《かうら》などを拝みて、かばかりと心得て帰りにけり。（五二段）

仁和寺の僧が**石清水八幡宮**に参るのに、麓《ふもと》の極楽寺・高良社だけを拝んで帰り、頂上にある肝心の八幡宮に参らなかった失敗談。「少しのことにも先達《せんだつ》（案内者）はほしいものだ」という話。

石清水八幡宮（八幡市）

極楽寺は一の鳥居を入った御旅所《おたびしょ》の所にあった寺で、慶応《けいおう》四年（一八六八）の鳥羽《とば》・伏見《ふしみ》の戦い（注）の兵火で焼失。**高良社**は御旅所のそばに現在もある。高良《こうら》玉垂《たまだれの》命《みこと》をまつり、貞観《じょうがん》二年（八六〇）の創建。高良社の本地仏は、勢至《せいし》・竜樹菩薩《りゅうじゅぼさつ》であるという。つまり、石清水は当時、神仏混交の社であった。

交通ガイド ■亀山殿跡（天龍寺） 京福嵐山本線嵐山駅下車すぐ ■石清水八幡宮 京阪本線八幡市駅下車ケーブル3分

口訳E 亀山殿のお池に、（後嵯峨院が）大井川の水をお引きになろうとして、大井の住民に命じて、水車をお造らせになった。たくさんの金銭を下さって、数日かかって造り出して掛けたけれども、全く回らなかったので、あれこれと修理したが、とうとう回らないで、（そのまま）むなしく立っていた。

口訳F 仁和寺にいる僧が、年をとるまで石清水八幡宮に参ったことがなかったので、つらいと思って、ある時思い立って、たった一人、徒歩で参った。（男山《おとこやま》の麓の）極楽寺・高良社などを拝んで、これだけだと思いこんで帰ってしまった。

○**鳥羽・伏見の戦い**—京都南部の鳥羽・伏見で徳川慶喜《よしのぶ》を奉じた幕府軍と、薩摩《さつま》・長州《ちょうしゅう》軍とが争った内戦。幕府軍の大敗に終わり、討幕派の指導権が確立した。

石清水の高良社（八幡市）

古典和歌とその舞台

本文であげた以外の

古典和歌 とその舞台

①**比叡山《ひえいざん》**…京都市街の東北に高くそびえる山。主峰は八四八m。天台宗《てんだいしゅう》延暦寺《えんりゃくじ》がある。

②**志賀《しが》の山越え**…北白川から近江《おうみ》の滋賀里《しがさと》へ越える道。山中《やまなか》越え。古道は山中から近江の崇福寺《すうふくじ》の下を通っていた。

③**賀茂《かも》神社**…賀茂氏の氏神、平安京の守護社。下鴨《しもがも》・上賀茂《かみがも》の両社があり、葵祭《あおいまつり》で知られる。

④**賀茂川**…京都盆地の東部を流れる。鴨川。京都の象徴。平安時代には禊《みそ》ぎが行われた。

⑤**音羽山《おとわやま》**…北山科《やましな》と大津の境をなす。五九三m。「音」を掛け、「音」の枕詞《まくらことば》となる。

⑥**深草《ふかくさ》**…伏見《ふしみ》区深草付近。昔は荒地が多く、月・鶉《うずら》の名所だった。

⑦**鳥羽《とば》**…南区鳥羽付近。昔は狩場となり、鳥羽離宮《りきゅう》があった。

⑧**大堰川《おおいがわ》**…嵐山《あらしやま》の麓《ふもと》を流れる。上流は保津《ほづ》川、下流は桂《かつら》川。藤原公任《きんとう》の「三船《さんせん》の誉《ほま》れ」の逸話《いつわ》が名高く、三船《みふね》祭を行う。

◆**泉川《いずみがわ》**…山城《やましろ》平野を北流し、八幡《やわた》市で淀《よど》川となる。木津《きづ》川。「瓶《みか》の原《はら》分きて流るる…」(『小倉百人一首』兼輔《かねすけ》)の歌は名高い。(南山城にあり、地図の南方に位置する。)

A 小倉山《おぐらやま》

◆もみじと鹿《しか》の名所◆洛西（嵐山）⇩P55下

夕月夜《ゆふづくよ》**小倉の山**に鳴く鹿の声のうちにや秋は暮るらむ
（『古今集《こきん》』秋下・紀貫之《きのつらゆき》）

小倉山峰のもみぢ葉心あらば今ひとたびの行幸《みゆき》待たなむ
（『小倉《おぐら》百人一首』貞信公《ていしんこう》）

小倉山は、現在は嵐山《あらしやま》の渡月橋《とげつきょう》から西北に見える、優美な円錐形《えんすいけい》の山（二八六m）をいうが、それは中世以後のことで、平安和歌の小倉山は現在の嵐山（三八二m）をも含めていうようだ。

というのは、藤原公任《きんとう》が嵐山の法輪寺《ほうりんじ》（⇩P55下）で、「朝まだき嵐の山の寒ければ…」（『拾遺集《しゅうい》』）と詠んだ歌が、『大鏡《おおかがみ》』に「小倉山嵐の風の…」とあり、『山家集《さんかしゅう》』で西行は法輪寺にこもって、「わがものと秋の梢《こずゑ》を思ふかな小倉の里に家居《いへゐ》せしより」と詠んでいるからである。いまの小倉山は「亀山《かめやま》」ともいった。小倉山はもみじと鹿の名所であった。

小倉山（現嵐山）と法輪寺
（西京区）

B 河原院跡《かわらのいんあと》

◆八重《やえ》むぐらの宿◆洛中⇩P22下

塩釜《しほがま》にいつか来にけむ朝なぎに釣《つ》りする舟の**ここ**に寄らなむ
（『在中将集《ざいちゅうじょう》』）

八重《やへ》むぐらしげれる宿のさびしきに人こそ見えね秋は来にけり
（『小倉《おぐら》百人一首』恵慶《えぎょう》法師）

河原院は左大臣源融《とおる》の邸宅で、五条通・六条通・麩屋町《ふやちょう》通・鴨川《かもがわ》に囲まれた地にあり、池は陸奥《みちのく》の塩釜の浦をかたどって造ってあったという。

融の没後は宇多《うだ》上皇の別荘となった。『江談抄《ごうだんしょう》』（大江匡房《まさふさ》）によれば、宇多妃《ひ》の京極御息所《きょうごくみやすどころ》が河原院で宿泊、融の亡霊が現れ、御息所は仮死状態になったという。『源氏物語』（夕顔）で夕顔の死んだ「なにがしの院」の準拠とする説が有力。上皇の崩御《ほうぎょ》後は寺に改められたが、鴨川の氾《はん》濫《らん》で荒廃した。

現在は、五条大橋の西詰《にしづめ》、高瀬川《たかせがわ》の左岸を数十m下った所に、二本の榎《えのき》の大木がそびえ、その樹下に「**河原院址**」の碑が建っている。

河原院跡（下京区）

交通ガイド　■小倉山（嵐山）　京福嵐山本線嵐山駅下車すぐ　■河原院跡　市バス河原町五条下車東へすぐ

口訳A　▼ほの暗い小倉山に、（わびしそうに）鳴く鹿の声とともに、秋は暮れてゆくのだろうか。▼小倉山の峰のもみじ葉よ、おまえにもし心があるのなら、もう一度の（醍醐《だいご》天皇の）行幸があるまで、散らずに待っていてほしい。

口訳B　▼私は塩釜《しおがま》の浦に、いつのまに来ていたのだろうか。（こんなに景色のよい所だから）朝なぎの海に釣りをする舟は、ここに立ち寄ってほしいものだ。▼蔓草《つるくさ》の生い茂っている河原院は、寂しい感じだのに、訪れる人はないが、ただ秋だけは訪れたことよ。

●なにがしの院異説●

なにがしの院の準拠として、角田文衛《つのだぶんえい》氏は、具平《ともひら》親王（村上天皇の皇子）の**千種殿《ちぐさどの》**（六条宮）をあげられる。

千種殿は紫式部のころ、親王がすでに北の上御殿に移り、荒廃していた。千種殿は五条西洞院《にしのとう》のすぐ東北、下京区布屋町《ぬのやちょう》付近（若宮通の東と西）にあった。

ちなみに角田説で「**夕顔の五条の宿**」の位置は、下京区西洞院《いん》高辻《たかつじ》西入ルの永養寺町《えいようじちょう》の北部。そこから千種殿までの距離は、約三七五mである。

C 名古曽《なこそ》の滝跡《たきあと》

◆名こそ流れて……◆洛西

滝の音は絶えて久しくなりぬれど名こそ流れてなほ聞こえけれ
（『小倉《おぐら》百人一首』大納言公任《きんとう》）

あせにけるいまだにかかり**滝**つ瀬の早くぞ人は見るべかりける
（『後拾遺集《ごしゅういしゅう》』雑四・赤染衛門《あかぞめえもん》）

「**嵯峨《さが》の滝殿《たきどの》**」「**大覚寺**（⇩P51）**の滝殿**」とも。この滝殿や大沢《おお》沢《さわ》の池（⇩P51下）は、嵯峨院（嵯峨天皇の離宮《りきゅう》）の一部であった。『今《こん》昔《じゃく》物語集』によれば、この滝石は平安初期の絵師の百済河成《くだらのかわなり》が立てたものという。

右の和歌によれば、平安中期にすでに水が涸《か》れていたようだし、『山家集《さんかしゅう》』（西行）によれば、平安後期に滝殿の石が多く閑院《かんいん》へ移されたという。

現在は、大沢の池の東北岸から北へ一〇〇m余り行った竹やぶのそばに、わずかに石組《いしぐみ》が残っている。平成六年（一九九四）に、石組と大沢の池とを結ぶ遣水《やりみず》の跡が発掘され、復元されている。

名古曽の滝跡（右京区）

D 檜《なら》の小川《おがわ》

◆夏越《なごし》の祓《はらえ》◆洛北

鳴けや鳴け**檜の小川**のほととぎすおのが五月《さつき》は声も惜しまず
（『重家集《しげいえ》』）

風そよぐ**檜の小川**の夕暮れは禊《みそ》ぎぞ夏のしるしなりける
（『小倉《おぐら》百人一首』従《じゅ》二位家隆《いえたか》）

檜の小川は、**上賀茂神社《かみがも》**（⇩P40）の境内《けいだい》を流れる川。境内の橋殿《はしどの》の所で御物忌川《おものいがわ》と御手洗川《みたらしがわ》が合流し、そこから下流はゆるやかな流れとなる。この合流点から下流の、境内を流れる川を「檜の小川」という。本来「ナラ・ナル・ナロ」という地名は、平坦《へいたん》地を表す自然地名であるから、「ナラの小川」は、傾斜の少ない、ゆるやかな小川の意味であろう。

檜の小川は境内を出ると明神川《みょうじんがわ》と名を変え、一部は賀茂川へ、一部は社家《しゃけ》の家並みの間を東流する。

六月晦日《みそか》（末日）に、**夏越《なごし》の祓《はらえ》**が行われる。

檜の小川と夏越の祓
（上賀茂神社・北区）

交通ガイド ■名古曽の滝跡 市バス大覚寺下車東北へ徒歩10分 ■檜の小川（上賀茂神社） 市バス上賀茂神社前下車すぐ

口訳C ▼滝の水音は、とだえてから長い年月がたったけれども、その名声だけは世間に流れ伝わって、（今でも）やはり聞こえていることだ。
▼水の涸《か》れた今でさえ、このように懸《かか》っている滝ですから、（石組みがなくならないうちに）早く人は見ておく方がよいと思いますよ。

口訳D ▼盛んに鳴けよ、檜の小川のほととぎすよ。自分の月である（陰暦）五月は声も惜しまずに。
▼風がそよそよと檜の葉に吹きそよぐ、この檜の小川の夕暮れは、（いま行われている）夏越《なごし》の禊《みそ》ぎだけが、夏であることの証拠であるよ。

●西行と「なこその滝」●

西行の『**山家集**』には、「大覚寺の滝殿の石ども、閑院《かんいん》に移されて跡もなくなりたり、と聞きて見にまかりたりけるに、赤染《あかぞめ》が、いまだにかかり、とよみけむ、思ひ出《い》でられて、あはれにおぼえければ」と詞書《ことばがき》して、

いまだにもかかりといひし滝つ瀬のその折までは昔なりけむ
（一〇四八）

とある。**閑院**はもと藤原冬嗣《ふゆつぐ》の邸宅で、二条南・西洞院《にしのとういん》西にあり、美しい庭園で知られた。

E 大原野神社《おおはらのじんじゃ》

◆藤原氏の氏神《うじがみ》◆洛西⇩P57下

大原や小塩《をしほ》の山も今日こそは神代《かみよ》のことも思ひ出《い》づらめ
（『古今集』雑上・在原業平《なりひら》）

ここにかく日野《ひの》の杉群《すぎむら》うづむ雪小塩の松に今日やまがへる
（『紫式部集』）

大原野神社（西京区）

業平の歌は、春宮《とうぐう》の御息所《みやすどころ》(注)が藤原氏の氏神《うじがみ》の**大原野神社**に詣《もう》でた時のもので、昔を回想し、高子への恋慕の思いをこめている。紫式部《むらさきしきぶ》の歌は、父為時《ためとき》の赴任先である越前《えちぜん》の国府《こくふ》（福井県武生市《たけふ》）にいて、国府にある日野山（七九五m）の雪を見て、小塩山の松の雪をしのんだもの。

大原野神社は西京区《にしきょう》大原野の小塩山（六四二m）の東麓《ろく》にあり、延暦《えんりゃく》三年（七八四）、長岡京遷都《せんと》の時、奈良の春日《かすが》大社の分霊を請《しょう》じ迎えたもの。藤原氏の氏神で、武甕槌命《たけみかづちのみこと》など四柱の神をまつる。境内は広く閑静。朱塗《しゅぬ》りの社殿が周囲の木々の緑に映《は》えて美しい。

F 宇治橋《うじばし》

◆宇治の橋姫《はしひめ》をしのぶ◆宇治⇩P64下

さむしろに衣片敷《ころもかたし》き今宵《こよひ》もや我《われ》を待つらむ宇治の橋姫
（『古今集』恋四・よみ人しらず）

ちはやぶる宇治の橋守《はしもり》汝《なれ》をしぞあはれとは思ふ年の経《へ》ぬれば
（同・雑上・よみ人しらず）

宇治橋は、宇治川に浮かぶ橘島《たちばなじま》の下流にあり、橋の長さは一五五m。橋の東詰《づめ》近くにある橋寺放生院《はしでらほうじょういん》の「宇治橋断碑《だんぴ》」によれば、大化二年（六四六）に奈良の元興寺《がんごうじ》の僧道登《どうと》（道昭《どうしょう》とする説もある）が架《か》けたという。

交通の要地にあり、『平家物語』（巻四）や『太平記《たいへいき》』（巻一四）などに、この橋をめぐる攻防が記されている。川が急流のため、たびたび損壊した。

宇治橋の守護神は瀬織津姫命《せおりつひめのみこと》（宇治の橋姫）で、橋の三《さん》の間《ま》（橋の上流側の張り出し部分）にまつってあったが、近世には橋の西詰の北側に移り、明治以後、西詰から二〇〇m南の現在地に橋姫神社としてまつられている。

宇治橋と宇治橋断碑（宇治市）

交通ガイド ■大原野神社　阪急バス南春日町下車西へ徒歩10分　■宇治橋　京阪宇治線宇治駅下車すぐ

橋姫神社（宇治市）

口訳E ▼大原野の小塩山の神も、（ご子孫である春宮《とうぐう》の御息所がお参りになった）今日こそは、神代の昔に天孫《てんそん》をお守りなさった当時を思い出していらっしゃることでしょう。▼この武生《たけふ》で、このように日野山の杉の群生を埋めつくしている雪は、（都の）小塩山の松にも、今日は入り乱れて降っていることだろうか。

○春宮の御息所―藤原高子《たかいこ》。長良《ながら》の娘。

口訳F ▼敷物の上に片袖《かたそで》を敷いて（ひとり寝をして）今夜も私を待っているだろうか。宇治の橋姫は（宇治の女は）。▼宇治橋の番人よ、私はとりわけお前を心にかけて思うことだ。（お前を知ってからでも）ずいぶん年月がたったのだから。

そのほかの古典文学とその舞台

本文であげた以外の古典文学とその舞台

❶**上田秋成《あきなり》の墓**…南禅寺《なんぜんじ》の参道から北へ行った、草川町の西福寺《さいふくじ》にある（遺言により埋葬《まいそう》）。

❷**八文字屋跡《はちもんじやあと》**…書店八文字屋の出版した浮世草子《うきよぞうし》を「八文字屋本」といった。富小路《とみのこうじ》通蛸薬師《たこやくし》上《あが》ルの塀沿いに碑がある。

❸**天智《てんじ》天皇陵**…『万葉集』に額田《ぬかたの》王《おおきみ》の歌がある。JR山科《やましな》駅西。

❹**四宮川《しのみやがわ》**…四宮河原の地蔵《じそう》の話がある（『宇治拾遺物語』巻五の二）。北《きた》山科《やましな》四宮を流れる。

❺**随心院《ずいしんいん》**…小野小町《おののこまち》の井戸・地蔵などの伝承遺跡がある。地下鉄東西線小野駅下車東へ。

❻**大極殿跡《だいごくでんあと》**…五月の闇夜《やみよ》、肝《きも》だめしで、年少の藤原道長《みちなが》が大極殿まで行った話（『大鏡』）。

❼**般若寺跡《はんにゃじあと》**…『蜻蛉日記《かげろうにっき》』の作者がこもった「西山の山寺」。右京区鳴滝《なるたき》の三宝寺《さんぼうじ》の東側か。

❽**小倉《おぐら》山荘跡**…藤原定家《ていか》が『小倉百人一首』を選んだ所。嵯峨《さが》厭《えん》離庵《りあん》の西南、往生院《おうじょういん》町東部付近か。JR嵯峨嵐山駅下車。

❾**酒呑童子《しゅてんどうじ》首塚**…御伽草子《おとぎぞうし》『酒呑童子』などで知られる酒呑童子の円墳。老《おい》ノ坂《さか》の旧道沿い。

A 大原《おおはら》・小野《おの》
◆業平《なりひら》も訪ねた小野の里◆洛北

正月《むつき》に拝み奉らむとて、**小野**にまうでたるに、比叡《ひえ》の山の麓《ふもと》なれば、雪いと高し。しひて御室《みむろ》にまうでて拝み奉るに、つれづれといともの悲しくておはしましければ、やや久しくさぶらひて、……

（『伊勢《いせ》物語』八三段）

現在の小野の里あたり（左京区）

惟喬親王《これたかしんのう》（文徳《もんとく》天皇皇子）は、貞観《じょうがん》一四年（八七二）二九歳で出家《しゅっけ》、**小野**に隠棲《いんせい》された。この文は「馬頭《うまのかみ》なる翁《おきな》」（業平《なりひら》）が、親王を小野に訪れた場面。

京都に小野は三か所あり、北区小野郷《ごう》（高雄《たかお》の奥）、山科《やましな》区小野（随心院《ずいしんいん》付近）もあるが、右の文によれば、比叡山の麓の小野、現在の左京区上高野《かみたかの》から**大原**へかけての地である。親王の隠棲地は、大原上野町の比叡山の麓と伝えられる。そこに**親王の墓**があり、そのすぐ下の「御所《ごしょ》の内《うち》」という所がそれという。付近は「山村の別天地」といった感じだ。

B 清水寺《きよみずでら》
◆谷に落ちた幼児の話◆洛東⇨P30

今は昔、いつのころほひのことにかありけむ、**清水**に参りたりける女の、幼き子を抱《いだ》きて御堂《みだう》の前の谷をのぞき立ちけるが、いかにしけるやありけむ、児《ちご》を取り落として谷に落とし入れてけり。

（『今昔物語集』一九の四一）

平安時代には、京の清水寺、近江《おうみ》の石山寺《いしやまでら》・三井《みい》寺、大和《やまと》の長谷寺《はせでら》の観音《かんのん》への信仰が厚く、とくに不幸な女性たちが、寺ごもりして祈ることも多かった。**清水寺**は、延暦《えんりゃく》二年（七八三）、坂上田村麻呂《さかのうえのたむらまろ》が木津川《きづがわ》の上流に観音寺を建て、同一七年（七九八）、それをこの地に移したのに始まると伝えられる。

本堂は懸崖造《けんがいづくり》で、「**清水の舞台**」といい、高い所の代名詞になっている。そこから落ちたら助かるはずはないのだが、谷底の深い木の葉の上に落ちて助かった、それは観音のご利《り》益《やく》だった、という説話。本堂の下に、**音《おと》羽《わ》の滝**(注)や鳥辺《とりべ》野《の》墓地がある。

下から見た清水の舞台（東山区）

交通ガイド ■小野（惟喬親王墓）京都バス野村別れ下車東南へ徒歩10分　■清水寺　市バス清水道下車東へ10分

口訳A （馬頭《うまのかみ》は）正月にお目にかかろうと思って、小野に参上したところ、（そこは）比叡山の麓なので、雪がとても深い。その雪をむりにかき分けて、お目にかかったところ、親王はさびしくもの悲しいご様子でいらっしゃったので、（馬頭は）少し長い間おそばにいて、……。

惟喬親王の墓（左京区）

口訳B 今では昔のことだが、（それは）いつごろのことだったろうか、清水寺にお参りした女で、幼児を抱いて本堂の前の谷をのぞいて立っていたのが、どうしたはずみだったのだろうか、幼児を取り落として谷に落とし入れてしまった。

○音羽の滝―万病に効く霊験あらたかな滝として古くから知られ、水ごり（冷水をあびてけがれをはらうこと）をする人も多い。

C 朱雀門跡《すざくもんあと》

◆朱雀門の鬼と笛◆洛中

博雅三位《はくがさんみ》、月あかかりける夜、直衣《なほし》にて**朱雀門**の前にて遊びて、夜《よ》もすがら笛を吹かれけるに、同じ様《さま》なる人来たり、笛を吹きけり。

（『十訓抄《じっくんしょう》』下巻一〇）

笛の名手の博雅三位（醍醐《だいご》天皇の孫）が、**朱雀門**の前でいい音色《ねいろ》で笛を吹く人と出会い、笛をとりかえた。三位の没後、帝《みかど》は浄蔵《じょうぞう》にその笛を朱雀門の辺りで吹かせると、楼上《ろうじょう》から大声で賞賛《しょうさん》のことばが聞こえたので、初めて鬼の笛とわかった、という怪奇譚《かいきたん》。

朱雀門の楼上には鬼が棲《す》むと信じられ、他に、玄上《げんじょう》という琵琶《びわ》が、一時朱雀門の鬼に盗まれた話（『十訓抄』）などもある。

朱雀門跡の碑（中京区）

朱雀門は平安京大内裏《だいだいり》の正門で、七間《けん》五戸《こ》、重層・瓦葺《かわらぶ》きの建物であったが、永祚《えいそ》元年（九八九）倒壊し、以後再建されなかった。現在、JR二条駅前の千本《せんぼん》通を二〇〇mほど上がった東側、民家の門前の植え込みに「**朱雀門址**」の碑がある。

D 方丈庵跡《ほうじょうあんあと》

◆日野山《ひのやま》の閑居◆洛南

その所の様《さま》をいはば、南に懸樋《かけひ》あり。岩を立てて水をためたり。林の木近ければ、爪木《つまぎ》を拾ふに乏《とも》しからず。名を外山《とやま》といふ。まさきのかづら跡埋《うづ》めり。谷茂けれど、西晴れたり。観念のたより、なきにしもあらず。

（『方丈記』）

鴨長明《かものちょうめい》は五四歳ぐらいの時、京都郊外の**日野山**の奥に、広さ一丈（約三m）四方、高さ七尺（二m余）の**方丈庵**を造り、室内に阿弥陀《あみだ》仏の絵像などを掲げて、仏道精進の生活に入った。

方丈庵想像図

方丈庵の位置は、供水峠《こうずい》（三三八m）の山腹の道付近という伝承に基づいて、現在、七合目付近の谷川のそばの大岩の上の空地に、「**長明方丈石**」の碑が建ててある。しかし、『方丈記』の文に照らしてみても、この付近は庵《いおり》跡としては狭すぎるようだ。

一説によれば、法界寺《ほうかいじ》（⇩P63下）の南約一km、平尾山（二二九m）と天下峠（三四五m）の谷間かという。

交通ガイド ■朱雀門跡　市バス二条駅前下車北東へ徒歩3分　■方丈庵跡　京阪バス日野薬師下車東へ徒歩30分

口訳C 博雅三位が、月の明るく照っていた夜に、直衣《のうし》姿で朱雀門の前で遊んで、一晩中笛を吹かれたときに、同じ直衣姿の人がやってきて、笛を吹いた。

口訳D その方丈庵の辺りを説明すると、南に水を引く樋《とい》がある。岩で囲って水がためてある。林が近いので、薪《たきぎ》にする小枝を拾うのに不自由しない。山の名を「外山」という。蔓草《つるくさ》が道を埋めるほど茂っている。谷は（草木が）茂っているが、西の方は見晴らしがきく。西方浄土を願うのに、便宜《べんぎ》がなくはない。

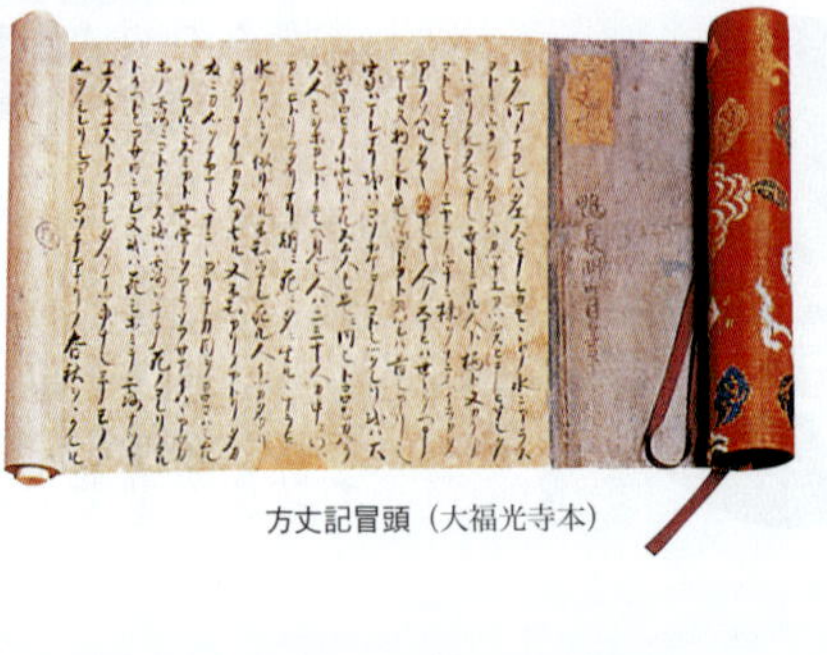

方丈記冒頭（大福光寺本）

落柿舎《らくししゃ》

E ◆芭蕉《ばしょう》の『嵯峨《さが》日記』 ◆洛西⇩P52下

嵯峨に遊びて、去来《きょらい》が**落柿舎**に到《いた》る。凡兆《ぼんてう》共に来《きた》りて、暮れに及びて京に帰る。予《よ》はなほ暫《しばら》くとどむべき由《よし》にて、障子つづくり、葎《むぐら》引きかなぐり、舎中の片隅一間《ひとま》なる処《ところ》、伏処《ふしど》と定む。

（芭蕉『嵯峨日記』）

落　柿　舎（右京区）

落柿舎は芭蕉の門人去来の庵《いおり》で、去来の『落《らく》柿舎《しゃ》の記』によれば、一夜に四十本の柿《かき》の実が落ちたので、「落柿舎」と名づけたという。

去来のころの落柿舎は、去来筆『明細書』によれば、嵐山《あらしやま》の渡月橋《とげつきょう》の北詰《づめ》に近い臨川寺《りんせんじ》の東にあったが、去来の没後に荒廃し、明和《めいわ》七年(一七七〇)、俳人の井上重厚《じゅうこう》が、小倉山《おぐらやま》に近い現在地に再建した。

芭蕉は四月一八日から五月四日まで落柿舎に滞在し、「ほととぎす大竹藪《おほたけやぶ》をもる月夜」「五月雨《さみだれ》や色紙《しきし》へぎたる壁の跡」などの名句を詠んだ。裏の竹やぶのそばに、自然石の簡素な**去来の墓**がある。

(はがした)

金福寺《こんぷくじ》

F ◆芭蕉庵と蕪村《ぶそん》の墓◆洛北⇩P41下

四明山下《しめいさんか》の西南、一乗寺村に禅房あり、**金福寺**といふ。土人《どじん》口称して**芭蕉庵**と呼ぶ。階前より翠微《すいび》に入ること二十歩、一塊《いっくわい》の丘あり。すなはち芭蕉庵の遺跡なりとぞ。

（蕪村『洛東《らくとう》芭蕉庵再興記』）

金福寺は平安初期の創建で、江戸初期に円光寺《えんこうじ》の鉄舟《てっしゅう》和尚《おしょう》が再興した。右の文によれば、芭蕉と親しかった鉄舟は、芭蕉がこの丘で休憩したのを記念して**芭蕉庵**を建てたが、蕪村らはその荒廃するのを嘆いて、天明《てんめい》元年(一七八一)五月に芭蕉庵を再興した。

蕪村は晩年京都に住み、金福寺でたびたび句会を催し、この地を墳墓《ふんぼ》の地とさだめ、天明三年(一七八三)、六八歳で没した。

蕪村の墓は庵のすぐ裏の岡《おか》にある。寺には蕪村の書・文台《ぶんだい》・硯箱《すずりばこ》なども展示されている。

金　福　寺（左京区）

交通ガイド　■落柿舎　市バス・京都バス嵯峨釈迦堂前下車西へ徒歩10分　■金福寺　市バス一乗寺下り松下車東へ徒歩10分

口訳E　（元禄《げんろく》四年(一六九一)、四月一八日）嵯峨に遊んで、去来の落柿舎に行く。凡兆も一緒に来たが、夕方になって京に帰った。私はもうしばらく滞在したらよかろうということで（そこに残って）障子の破れを直したり、庭の雑草を引きむしったりして、落柿舎の片隅の一間が、寝所にきめられた。

● 芭蕉『嵯峨日記』前後 ●

元禄二年(一六八九)　46歳
三月～九月、奥羽・北陸地方を巡歴。（『奥の細道』の旅）

元禄三年(一六九〇)　47歳
四月、大津市の幻住庵《げんじゅうあん》に入る。
（『幻住庵の記』草稿）

元禄四年(一六九一)　48歳
四月～五月、**落柿舎**に滞在。
（『嵯峨日記』執筆）
七月、『猿蓑《さるみの》』（去来・凡兆《ぼんちょう》撰）刊行。

元禄七年(一六九四)　51歳
十月十二日、大坂(阪)にて没。

口訳F　四明岳《だけ》（比叡山中の高峰）の麓の西南、一乗寺村に禅宗の寺があり、金福寺という。土地の人は口伝えに芭蕉庵と呼ぶ。石段の前から山の中腹に向かって二十歩ほど上ると、一つの丘がある。つまり（そこが）芭蕉庵の跡だということだ。

本文であげた以外の

近現代文学 とその舞台

❶ **哲学の道**…田宮虎彦《とらひこ》『卯《う》の花くたし』『琵琶湖疏水《びわこそすい》』などに登場する疏水べりの道。銀閣寺橋から若王子《にゃくおうじ》橋までの約二kmを「哲学の道」という。

❷ **西洞院御坊跡《にしのとういんごぼう》**…倉田百三《ひゃくぞう》『出家《しゅっけ》とその弟子《でし》』に登場する、親鸞《しんらん》の住む「西洞院御坊」は下京区万寿寺《まんじゅじ》通西洞院東入《い》ルの浄土宗大泉寺《だいせんじ》か。

❸ **五番町《ごばんちょう》**…水上勉《みずかみつとむ》『五番町夕霧《ゆうぎり》楼《ろう》』の舞台。千本中立売《なかだちうり》から一筋下り、西へ一筋行ったあたり(市バス「千本中立売」下車)。

❹ **龍安寺《りょうあんじ》**…志賀直哉《なおや》の随筆に『龍安寺の庭』がある。石庭で名高い。

❺ **羅城門跡《らじょうもん》**…芥川龍之介《あくたがわりゅうのすけ》『羅生《らしょう》門《もん》』の舞台となった羅城門跡は、南区四塚《よつづか》。唐橋《からはし》花園公園に碑がある(市バス「羅城門」下車)。

❻ **山科《やましな》**…志賀直哉『山科の記憶』に登場する。自宅は山科川の小さい流れに近い所に一軒建っていた、と書かれている。

❼ **西芳寺《さいほうじ》**…大佛次郎《おさらぎ》『帰郷』に登場。苔寺《こけでら》。阪急電車上桂《かみかつら》か松尾下車。拝観は事前申し込み制。

A 祇園《ぎおん》 ◆京情緒あふれる町◆洛東⇩P33

清水《きよみづ》へ**祇園**をよぎる桜月夜こよひ逢《あ》ふ人みなうつくしき
（与謝野晶子《よさのあきこ》『みだれ髪』）

かにかくに**祇園**はこひし寝《ぬ》るときも枕《まくら》の下を水のながるる
（吉井勇《よしいいさむ》『酒《さか》ほがひ』）

晶子の歌の「清水へ**祇園**をよぎる」は円山《まるやま》公園（⇩P32下）から二年坂・三年坂（産寧《さんねい》坂⇩P30下）をへて清水坂を登り、清水寺（⇩P30）へ通じる道をいう。沿道に土産《みやげ》物店・清水焼店・茶店などが軒をつらね、京情緒あふれる小道として、今日ますます人気が高い。

勇の歌は、かつて祇園にあった「大友《だいとも》」というお茶屋で詠んだもの。縄手通《なわてどおり》（大和大路《やまとおおじ》）を上り、**白川**《しらかわ》にかかる大和橋から東へ行った白川畔《はん》に、この「**かにかくに**」の**歌碑**がある（大友はこの場所にあったという）。

このあたりは、白川に沿ってお茶屋が並び、柳並木が風にそよぎ、祇園の情趣をよく残している。

「かにかくに」祭（11月8日）と歌碑（東山区）

B 清滝《きよたき》 ◆渓流のほとりの宿◆洛西

清滝であろう、と敬二《けいじ》は思った。橋が架《か》かっている。敬二は頭上に蒼《あお》黒くそびえた愛宕《あたご》の頂《いただき》を見上げ、深い谷底をはしる白い川水を見下ろした。猿渡《さるわたり》橋と書いた木橋を渡って、すぐ左手の「ますや」に敬二は毛布包みを下ろした。（徳冨蘆花《とくとみろか》『黒い眼《め》と茶色の目』）

敬二（蘆花）は寿代《ひさよ》（久栄《ひさえ》）との失恋の傷《いた》みをいやし、脚気《かっけ》の病の保養かたがた**清滝**にきて、二〇日余り、「ますや」に泊まった。

清滝の渓流（右京区）

清滝は北嵯峨《さが》の鳥居本《とりいもと》から一㎞余、試《こころみ》峠を越えた所にあり、清滝川に沿う幽地である。現在も清滝川に渡猿橋（猿渡橋）がかかり、橋を渡ったすぐ左側に、料理旅館の「ますや」があり、蘆花の泊まった和室も残る（今は清滝に料理旅館はこの一軒しかない）。また、「ますや」のそばに、蘆花の『**自然と人生**』**碑**が建つ。

交通ガイド ■祇園　市バス祇園下車（清水坂…市バス清水道下車東へ）　■清滝　京都バス清滝下車すぐ

【みだれ髪】 晶子の処女歌集。旧姓鳳《ほう》晶子の名で、明治三四年（一九〇一）刊。積極的な人間性の肯定と情熱的な恋愛歌、さらに京の町を夢幻的に詠み、「明星《みょうじょう》」の浪漫《ろうまん》主義を表して注目された。

【酒ほがひ】 明治四三年（一九一〇）刊。酒と愛欲に耽溺《たんでき》した青春の哀歓を多く詠み、当時の文壇に頽唐《たいとう》派の進出をうながした。

【黒い眼と茶色の目】 大正三年（一九一四）刊。蘆花の恋愛体験を告白した自伝小説。同志社の学生であった蘆花と、同志社社長で蘆花の恩師であった新島襄《にいじまじょう》（黒い眼）の義理の姪《めい》久栄（茶色の目）との恋愛を描く。

旅館「ますや」（右京区）

C 高瀬川《たかせがわ》

◆罪人を運ぶ高瀬舟◆洛中⇩P27下

高瀬舟は京都の**高瀬川**を上下する小舟である。徳川時代に京都の罪人が遠島《えんとう》を申し渡されると、本人の親類が牢《ろう》屋敷へ呼び出されて、そこで暇乞《いとまごい》をすることを許された。それから罪人は高瀬舟に乗せられて、大阪へ回されることであった。（森鷗外《おうがい》『高瀬舟』）

高瀬川一之船入跡（中京区）

高瀬川は鴨《かも》川の二条から水を引き入れ、木《き》屋町《やまち》通（鴨川と河原町通との間）に沿って、十条通まで南流して鴨川にそそぎ、再び鴨川から分水して、竹田、伏見《ふしみ》をへて宇治川にそそぐ。

角倉了以《すみのくらりょうい》が慶長《けいちょう》一六年（一六一一）ごろに完成させた運河で、川幅は約七m、所々に舟入《ふないり》を設けた。川が浅いので、浅瀬を渡るのに都合のよい、底の平たい高瀬舟を用い、盛んなときは二四〇隻余の舟が上下したという。現在は舟は通らない。二条木屋町下ルに「**一之船入**《いちのふないり》」が残り、高瀬舟も浮かんでいる。

D 二条寺町の果物屋《にじょうてらまちのくだものや》

◆レモンの話◆洛中

私は二条の方へ寺町を下り、そこの**果物屋**で足をとめた。…その果物屋は私の知っていた範囲で最も好きな店であった。そこは決して立派な店ではなかったのだが、果物屋固有の美しさが最も露骨に感ぜられた。（梶井基次郎《かじいもとじろう》『檸檬《れもん》』）

往時の二条寺町の果物屋〔八百卯〕（中京区）

『檸檬』に登場する八百卯《やおう》という「**果物屋**」は、二条寺町の東南角にあった。当時は丸太町《まるたまち》から二条寺町をへて二条木屋町まで市電が走り、寺町通は河原町通よりも繁華街で、三高の学生だった「私」は、寺町通をよく散策した。

「私」が果物屋の近所の「鎰屋《かぎや》」の二階の喫茶店の窓から、この果物屋を眺めたという、その「鎰屋」はガソリンスタンドをへて、今はマンションになっている。なお、昭和一五年（一九四〇）以後、**丸善**《まるぜん》は河原町蛸薬《たこやく》師《し》の地に移ったが、当時は三条通麩屋町《ふやちょう》の西北角に建っていた。（注丸善書店は05年10月に閉店となっている。）

交通ガイド ■高瀬川一之船入跡 市バス河原町二条下車東へ徒歩３分 ■八百卯跡地 市バス河原町二条下車西へ徒歩３分

【高瀬舟】 大正五年（一九一六）、「中央公論」に発表。弟殺しの罪で、高瀬舟に乗せられて島流しになる喜《き》助《すけ》の身の上話を、護送の同心《どうしん》が聞く物語。島流しの際にもらった鳥《ちょう》目《もく》二百文《もん》をありがたいと思う意識と、安楽死《あんらくし》の問題とを提起して注目される。いわゆる「歴史離れの歴史小説」。

【檸檬】 大正一四年（一九二五）、「青空」創刊号に発表。梶井の処女作。主人公の学生である「私」は、二条寺町の果物屋でレモンを買い、不安感を鎮《しず》め、丸善の画集の上にそのレモンを置いて、それが爆弾だったらという空想にひたる。青春期の不安と退廃《たいはい》が一個のレモンに吸収され、感覚的な美しさと緊張感を的確に表した佳作《かさく》。

今はなくなった京都の市電

●メモ● 明治12年（1879）創業の『檸檬』の舞台「**八百卯**」は、平成21年（2009）1月をもって閉店となった。

E 橋本《はしもと》の渡《わた》し

◆中州《なかす》の幻想◆府下　八幡市

> 私の乗った船が州に漕《こ》ぎ寄せたとき、男山《おとこやま》はあだかもその絵にあるようにまんまるな月を背中にして、鬱蒼《うっそう》とした木々の繁《しげ》みがびろうどのようなつやを含み、まだどこやらに夕ばえの色が残っている中空《なかぞら》に暗く濃く黒ずみわたっていた。
>
> （谷崎潤一郎《じゅんいちろう》『蘆刈《あしかり》』）

『蘆刈』の「私」は、水無瀬《みなせ》の宮跡を訪ね、その町はずれから橋本の渡しに乗って対岸の橋本へ行こうとして、中州に立ち寄った。

橋本の渡しは、大阪府島本町広瀬と対岸の京都府八幡《やわた》市橋本中之《なかの》町《まち》とを結んだ渡し。その付近で三川《さんせん》（桂川《かつらがわ》・宇《う》治川《じがわ》・木津川《きづがわ》）が合流して淀川《よどがわ》となるので、川幅が広く、中州（島ではなく、細長い砂地の剣先《けんさき》）があり、一面に蘆が生えている。昔の山崎橋はこの付近にあった。

現在は橋も渡しもなく、中之町の大谷川にかかる橋詰《はしづめ》に「山さき　あたご　わたし場」の碑が残る。

三川合流地点のあたり（八幡市）

F 金《きん》閣《かく》寺《じ》

◆美に憑《つ》かれた「私」◆洛西⇨P47

> **金閣**は風のさわぐ月の夜空の下に、いつにかわらぬ暗鬱《あんうつ》な均衡《きんこう》をたたえてそびえていた。林立する細身の柱が月光をうけるときには、それが琴の絃《げん》のように見え、金閣が巨《おお》きな異様な楽器のように見えることがある。
>
> （三島由紀夫《ゆきお》『金閣寺』）

足利義満《あしかがよしみつ》はこの地に**舎利殿《しゃりでん》**（金閣）を中心に北山殿《きたやまどの》を造ったが、義満の没後、おそくとも応永二九年（一四二二）までに**金閣寺**（鹿苑寺《ろくおんじ》）ができたという。

金閣は北山殿の唯一の遺構であったが、昭和二五年（一九五〇）、同寺の徒弟の一学生が放火し、全焼した。現在の金閣は昭和三〇年（一九五五）の再建である。

金閣は初層を法水院《ほうすいいん》、二層を潮音洞《ちょうおんどう》、三層を究竟《くっきょう》頂《ちょう》という。『金閣寺』の中にも、「法水院の内部には、大きなゆらめく影が起こった。」「この火に包まれて究竟頂で死のうという考えが……」などとある。

金閣寺・舎利殿（北区）

交通ガイド　■橋本の渡し（の跡）　京阪本線橋本駅下車西へ徒歩５分　■金閣寺　市バス金閣寺前下車すぐ

【蘆　刈】　昭和七年（一九三二）、「改造」に発表。水無瀬の宮跡を訪ねた私は、折からの十五夜の月にひかれて、橋本の渡しで対岸まで行こうとして、中州で休んでいると、幻の男が現れ、その男の父が体験した没我的な恋愛を語って消えてしまうという話。永遠の女性への憧憬《しょうけい》を、古典的な語りで随筆風に書いている。

【金閣寺】　昭和三一年（一九五六）、「新潮」に発表。昭和二五年七月二日午前三時ごろに起こった金閣寺放火事件の犯人をモデルにしながら、美の幻想と人生とを悲劇的な関係の中にえがいた、中期の代表作。

●足利義満の北山殿《きたやまどの》●

北山殿は、足利義満が西園寺《さいおんじ》家《け》から土地を譲りうけ、応永四年（一三九七）から十年近い年月をかけて造った山荘で、その区域は、東は紙屋川《かみやがわ》、西は大北山から衣《きぬ》笠山《がさやま》に及んだ。

北山殿は、義満の北御所、夫人日野康子の南御所、崇賢門院《すうけんもんいん》（後円融《ごえんゆう》天皇の生母藤原仲子）の女院御所の三つの御所からなっていた。

現在の**金閣寺境内のあたり**に北御所があり、その南に南御所・女院御所があった。

G 等持院《とうじいん》

◆衣笠山《きぬがさやま》の「孤峰庵《こほうあん》」◆洛西⇩P47下

孤峰庵には、山門のわきに鉄鎖《てっさ》のついた耳門《くぐり》があった。里子《さとこ》が草履《ぞうり》の音をさせて入ってくると、この鉄鎖はキリキリと音をたててあたりの静寂を破った。応対に出たのは、里子には初対面の慈念《じねん》である。（水上勉《みずかみつとむ》『雁《がん》の寺《てら》』）

等持院（北区）

「**孤峰庵**」は衣笠《きぬがさ》山《やま》の麓《ふもと》にある寺で、そこに雁の襖絵《ふすまえ》があると書いてある。この「孤峰庵」は、衣笠山麓《ろく》の**等持院**をモデルにし、雁の襖絵は、相国寺《しょうこくじ》塔頭《たっちゅう》の**瑞春院**《ずいしゅんいん》にある孔雀《くじゃく》の襖絵をモデルにしている。

水上勉は福井県の田舎から上京して、九歳から一七歳まで、瑞春院と等持院で小僧を務《つと》めたので、その体験に基づいて舞台を設定している。

等持院は暦応《りゃくおう》四年（一三四一）、足利尊氏《あしかがたかうじ》が仁和寺《にんなじ》の一院を足利氏の菩提寺《ぼだいじ》としたのに始まる。瑞春院は相国寺（⇩P25下）西門のそばにあり、室町後期の創建。

H 中川北山町《なかがわきたやまちょう》

◆北山杉《きたやますぎ》の里◆洛北

菩提《ぼだい》の滝《たき》でバスをおりた。**北山町**は、いそがしい季節なのであろう。そこでもう、男たちが、杉丸太《まるた》の荒むきをしていた。杉皮がうず高く、まわりに落ちひろがっていた。（川端康成《やすなり》『古都《こと》』）

「この小説のヒロイン千重子《ちえこ》は、『真直《まっす》ぐに、きれいに立って』いる娘である。ちょうど北山杉のようにーー。」（山本健吉《けんきち》『古都』解説）と評されている。

『古都』には、京都の地名がすべて実名で登場する。「北山杉」の章にも、「高雄《たかお》まで来れば、一人でも、北山杉の村まで行く。――今は市に合併されて、北区**中川北山町**だが、…」とある。**中川**は北山杉（北山丸太）の産地である。中川から清滝《きよたき》川に沿ってさらに遡《さかのぼ》った、小野下ノ町《しものちょう》の北山グリーンガーデンに、康成筆の『**古都**』**の碑**が建っている。

北山杉

交通ガイド ■等持院 京福北野線等持院駅下車北へ徒歩７分 ■中川北山町 JRバス山城中川下車

【雁の寺】 昭和三六年（一九六一）、「別冊文芸春秋」に発表。「鉢頭《はちあたま》の大きな、眼《め》のひっこんだ小坊主」の慈念の目を通して、住職慈海と里子（もと画家の愛人）との愛欲、里子への母性思慕、住職殺しの完全犯罪などの経過を、雁の襖絵のある孤峰庵を舞台に描く。

【古 都】 昭和三六～三七年（一九六一～六二）、「朝日新聞」に連載。京都の室町《むろまち》に住む千重子と北山杉の村に住む苗子《なえこ》は美貌《びぼう》の双生児の姉妹。二人は別々に育ち、偶然に出会うが、一緒には暮らせない。京都の名所・行事・四季を背景にして、複雑な人間関係を描く。

●北山杉●

本州の日本海側の多雪地方に多いアシウスギ（ウラスギ）を京都地方で「**北山杉**」という。高雄から中川・小野郷《おのごう》にかけて清滝川沿いに植林されており、京都を代表する樹木である。

磨き丸太として、室町時代から茶室や数寄屋《すきや》に用いられ、重宝された。その代表的な建築物が桂離宮や修学院離宮。

現在は主として床柱《とこばしら》に用いられ、庭木としても観賞される。

I 保津川下り《ほづがわくだ》 ◆峡谷《きょうこく》の急流◆洛西

重なる水の甃《しじま》って(注)行く、頭《こうべ》の上には、山城を屏風《びょうぶ》と囲う春の山がそびえている。逼《せま》りたる水はやむなく山と山の間に入《い》る。帽《ぼう》に照る日の、たちまちに影を失うかと思えば、舟は早くも山峡《さんきょう》に入る。**保津の瀬**はこれからである。（夏目漱石《そうせき》『虞美人草《ぐびじんそう》』）

この文は、春の日に、甲野《こうの》さんと宗近《むねちか》君が、京都から汽車で亀岡《かめおか》へ行き、**保津川下り**を楽しむ場面。

保津川下りは、亀岡市保津町の乗船場から嵐山《あらしやま》の渡月橋《とげつきょう》まで、約一二kmの保津峡を舟で下るもので、急流あり、曲折あり、山峡の間を矢のように舟が疾《しっ》走《そう》する。

客は船頭の櫂《かい》と棹《さお》のさばきに一喜一憂。途中に書物岩・屏風《びょうぶ》岩などの、多くの奇岩・怪石がある。JR山陰線（嵯峨野線）の車窓から眺める舟下りの風景は、さながら一幅の絵画を見る思いがする。

保津川下り

J 鴨川《かもがわ》 ◆四条の石橋の下◆洛中⇩P27下

宿の裏の河原、涼み台、岸に咲く紅《あか》い柘榴《ざくろ》の花、四条の石橋の下の方から奔《はし》り流れて来る**鴨川の水**──そこまで行くと、欧羅巴《ヨーロッパ》の戦争もどこにあるかと思われるほど静かであった。（島崎藤村《とうそん》『新生《しんせい》』）

岸本捨吉《すてきち》は、姪《めい》の節子との関係に苦悩して、三年間フランスに逃避していたが、船で帰国して神戸に上陸し、パリなじみの千村や高瀬を訪ねるために京都に立ち寄った。

この文は、**鴨川の四条大橋**のあたりの宿から鴨川を見下ろした風景の描写。大正五年(一九一六)ごろの様子がしのばれ、「四条の石橋」とあるのも時代を感じさせる。四条大橋は京都の中心をなす四条河原町《かわらまち》のすぐ東にあり、橋の東側は南座《みなみざ》から祇園《ぎおん》へと続き、西側は料理屋・旅館街の先《ぽん》斗町《とちょう》が南北に続く。

現在の四条大橋

交通ガイド ■保津川下り乗船場 JR山陰線亀岡駅下車徒歩10分　■鴨川・四条大橋 市バス四条河原町下車東へすぐ

【虞美人草】 明治四〇年(一九〇七)六月～一〇月、「朝日新聞」に連載した長編小説。自我が強くプライドの高い藤尾《ふじお》を中心に、彼女の異母兄で哲学者の甲野さん、その友人で外交官志望の宗近君、彼の妹糸子たちをめぐる、恋愛と友情の葛《かっ》藤《とう》を描く。最後は、青年たちに去られた藤尾が、屈辱《くつじょく》にたえきれず死を選ぶ。

○甃る《しじま》──ちぢかむ。ちぢまる。

【新　生】 前編は大正七年(一九一八)五月～一〇月、後編は翌八年(一九一九)八月～一〇月、「朝日新聞」に連載。自伝的な長編小説。主人公の岸本捨吉は、妻の死後、自分の姪《めい》節子と関係して妊娠させ、苦悩の余りフランスに逃避するが、第一次大戦に遭《あ》って帰国。再び節子と不倫の関係に戻るが、二人の愛を宗教的な高さに浄化《じょうか》しようと努める。

先斗町（中京区）

K 東《ひがし》山《やま》

◆東三本木《さんぼんぎ》の宿から◆洛東

草の生えている加茂川《かもがわ》(賀)。それから日の当たった暑そうな対岸の往来、人家、その上に何本かの煙突、そして彼方《むこう》に真正面に西日を受けた大文字《だいもんじ》から**東山**、もっと近く黒谷《くろだに》、左に吉田山、そしてさらに高く比《ひ》叡《えい》の峰が一眸《いちぼう》の中に眺められた。（志賀直哉『暗夜行路《あんやこうろ》』）

東山を望む（右から大文字山、黒谷、真如堂《しんにょどう》）

時任謙作《ときとうけんさく》は自分が祖父と母との間に生まれたことを知り、みじめな気持ちに陥っていたが、あるとき、ふと京都に来て、初めて救われた気持ちになった。

そして、京都で借家を探す間、川に望んだ**東三本木の宿**に泊まっていた。この文は、その宿から**東山**を望んだときの場面である。

「東三本木の宿」のモデルは、鴨川の丸太《まるた》町《まち》橋のすぐ北西で、昔、廓《くるわ》のあった三本木の「信楽《しがらき》」。今は廃業し、その建物もない。

L 修学院離宮《しゅがくいんりきゅう》

◆究極の美の発見◆洛北⇩P42下

（**寿月観《じゅげつかん》**は）きわめて小さなものではあるが、しかし実に優雅な造りである。ここでは外回りの壁が赤く塗られているばかりか、ただ一つある居間の壁も赤く、床《とこ》の間《ま》の壁だけが白い。この部屋の前に遣《や》り水で限られた小庭があり、そこに大きな楓《かえで》が植えてある。（ブルーノ・タウト『日本美の再発見』篠田英雄訳）

修学院離宮は、比叡山《ひえいざん》の麓《ふもと》、洛北の音羽川《おとわがわ》の北にある。後水尾《ごみずのお》上皇のために、徳川幕府が明暦《めいれき》二年（一六五六）から万治《まんじ》二年（一六五九）にかけて造営した離宮で、上《かみ》・中《なか》・下《しも》の御茶屋《おちゃや》に分かれている。

下の御茶屋の**寿月観**は、正門を入った所にあり、十二畳の数《す》寄屋造《きやづくり》の書院である。タウトのこの文は、寿月観の建物の配色の妙と空間的な造形美を鋭くとらえている。

修学院離宮・寿月観（左京区）

交通ガイド ■東三本木　市バス河原町丸太町下車北東すぐ　■修学院離宮　市バス修学院離宮道下車北東へ徒歩20分

現在の東三本木通（上京区）

【暗夜行路】　大正一〇年（一九二一）から昭和一二年（一九三七）まで、断続的に「改造」に発表。自伝的な長編小説。主人公の時任謙作は、母の不義の子とわかり、また、妻の直《なお》子が彼女の従兄要《いとこかなめ》と過失を犯したのを知り、苦悩の果て伯耆《ほうき》（鳥取県）の大山《だいせん》にこもり、ようやくすべてを許す心境になる。直子も夫に従おうと心に期する。

【日本美の再発見】　昭和一四年（一九三九）、岩波書店刊。岩波新書。「日本建築の基礎」「伊勢神宮」「永遠なるもの—桂離宮《かつらりきゅう》」などの項目にわたり、日本の建築・工芸の美を再発見した書物。ブルーノ・タウトは、ドイツのケーニヒスベルクの生まれ、表現派建築の代表作家。（一八八〇〜一九三八）。ナチスから逃れ、昭和八年（一九三三）から四年間、日本に亡命。所収の文は「永遠なるもの」の一節。

第Ⅳ章 目的別コース案内

光明　正信

祇園の街並み

●第Ⅳ章中にある次の印は、
＊＝国宝指定の文化財及び特別名勝
○＝重要文化財及び名勝
を示します。

東山界隈

京都を満喫する散歩道として**最も人気の高い代表コース**。一級の社寺や、庭園に公園、豊富な史跡、情緒ある町並みが東山山麓《ひがしやまさんろく》に点在するが、それらが特に凝縮されたコースを紹介する。

土産《みやげ》物屋や観光客向けの心をそそるお店が両脇《りょうわき》にひしめき、石畳の道は古都の風情《ふぜい》を際だたせている。また、紹介コースの周辺にも見るべき所が多いので、余裕があれば訪ねたい。

清水寺から青蓮院へ歩く

京都駅 ═ 市バス 100 206 15分 ⇒ ・清水道 ─ 歩 10分 → ❶清水寺 ─ 徒歩20分 ─ 産寧坂

洛東30

東山山麓《さんろく》は緩《ゆる》やかだが、坂道が多く、階段も多い。歩きやすい靴を選ぶこと。**所要約4時間。**

懸崖造《けんがいづくり》の**本堂***（**舞台**）が有名。奥に回って**子安《こやす》の塔**といわれる**三重塔**も必見。縁結びの**地主《じしゅ》神社**も人気がある。

ガイド

❶**清水寺**《きよみずでら》へはバス停五条坂からも行けるが、平安京での五条大路である現在の松原《まつばら》通をたどりたいのでバス停**清水道**で降りる。すぐ南の信号交差点を山側に入る。この東西の細道が松原通で、清水寺までの坂道を清水道（清水坂）という。やがて広い道の五条坂と合流する。左手角の七味専門店「七味家」横の石段に続く道が**産寧坂**《さんねいざか》（三年坂）。

まもなく**清水寺**の広い石段に着く。上って仁王門をくぐる。三重塔の脇《わき》から市内が一望できるのでチェック。本堂にお参りし、錦雲渓《きんうんけい》に突きだした**清水の舞台**に出たら裏手へ。左に縁結びで人気の**地主**《じしゅ》**神社**、そのまま進んで本堂と舞台がよく見え

コースの周辺に

清閑寺《せいかんじ》という寺が清水寺の裏手にある。**菅原道真**《みちざね》が彫ったという十一面観音が伝わり、『平家物語』に名高い**小督局**《こごうのつぼね》がここで出家、亡くなったという。かつては大寺であったが、今は小さな本堂が建つ侘《わ》びた古寺となっている。**六条天皇**と**高倉天皇**の御陵があり、境内からの眺望がよく、

二寧坂・八坂の塔 ← 徒歩5分 ❷**霊山観音**（洛東32） ← 徒歩5分 → ❸**高台寺**（洛東32） → 徒歩15分 → ❹**長楽寺**（芭蕉堂・西行庵）（洛東32下） → 徒歩10分 → ❺**八坂神社**（円山公園）（洛東32下） → 徒歩10分 → ❻**知恩院**（洛東34） → 徒歩5分 → ❼**青蓮院**（洛東34下） → 歩5分 → 東山三条 → 市バス 5 100 206 25分 → **京都駅**

高さ24mの**霊山観音**《りょうぜん》。平和への祈願と戦死者の英霊ならびに戦争犠牲者の冥福《めいふく》を祈念して、昭和30年（一九五五）に一個人によって開眼されたもの。

秀吉正室「**北政所**《きたのまんどころ》（俗称ねね）」が秀吉を弔《とむら》って建てた寺。**開山堂**と**観月台**、**臥竜廊**《がりょうろう》で結ばれた**霊屋**《おたまや》、茶席**傘亭**《かさてい》と**時雨亭**《しぐれてい》、小堀遠州改修の**池泉鑑賞式庭園**《ちせん》など見るべき所が多い。

時宗寺院で**一遍**《いっぺん》ら代々の上人像が貴重。また壇ノ浦での最後の源平合戦で生き残った**建礼門院**《けんれいもんいん》がここで出家したことで有名。儒学者**頼山陽**《らいさんよう》や水戸藩志士らの墓もある。

四条通の東端にあたる**西楼門**から奥へ入っていくと祇園造《ぎおんづくり》の**本殿**がある。**祇園祭**の本社で、通称「**祇園さん**」として親しまれている。

威容を誇る高さ日本一の*三門や左甚五郎《ごろう》《じん》の忘れ傘で有名な*御影堂《みえいどう》には圧倒される。**うぐいす張り**の廊下に続く**大方丈・小方丈**、法然上人の終焉《しゅうえん》地に建つ当寺最古の**勢至堂**《せいしどう》も必見。

門前の**楠**《くすのき》**の大樹**は感動もの。**池泉鑑賞式庭園**《ちせん》が美しく、土佐派系の絵師筆「**浜松の図**」や不動画の最高傑作「*青不動（複製を展示）」は見逃せない。

る**奥の院**へ。**音羽の滝**《おとわ》へは階段で下へ。本堂下の楓《かえで》の道を抜け、清水坂にもどり、**産寧坂**へ。

石段を下り石畳道を行くと**二寧坂**《にねいざか》（**二年坂**《にねんざか》）の石標があり、右手に折れる。直進すれば八坂道《やさかみち》（八坂通《やさかどおり》）となり、**八坂の塔**（法観寺《ほうかんじ》）もすぐ。二寧坂には、かつて美人画で有名な**竹久夢二**が大正3年（一九一四）に数か月住んでいたこともある。

さらに進んで突き当たる坂道が「維新の道」。そのまま行けば京都霊山護国神社。幕末維新の志士らが祀《まつ》られ、坂本龍馬《りょうま》や桂《かつら》小五郎《こごろう》（木戸孝允《こういん》）などの多数の墓がある。向かいの霊山歴史館には当時の歴史的遺物を展示する。維新の道を越え、正面の高台の駐車場へ上ると山側に❷**霊山観音**《りょうぜん》のお顔が見える。

❸**高台寺**《こうだいじ》はこの広い駐車場の北側にある。次に入口前の細い石段を下り、真新しい石畳の「ねねの道」に入る。真向かいが、ねねが晩年を過ごした名高い圓徳院《えんとくいん》。南方には人力車が並び、手前には京情緒あふれる「石塀小路《いしべ》」のランプ。

ゆっくり歩きたい「ねねの道」

北進して鍵形《かぎがた》に曲がり、**芭蕉堂**《ばしょうどう》**・西行庵**《さいぎょうあん》の前をすぎて**円山公園**《まるやま》入口。その前の坂道を公園に沿って上ると❹**長楽寺**《ちょうらくじ》。山手から公園に入り下っていくと❺**八**《や》**坂神社**《さか》。❻**知恩院**《ちおんいん》へは、少しもどって左手北に進む。

公園北門を出れば、壮大な三門がそびえる。さらに車道を進み、数分で❼**青蓮院**《しょうれんいん》の大楠《おおくすのき》が見えてくる。京都駅への帰途は、バスは東山三条、地下鉄東西線は東山駅からとなる。

紅葉も美しい穴場。清水寺の裏口から20分ほどで往復できる。

清閑寺

六道《ろくどう》**の辻**《つじ》は「地獄の一丁目」といわれ、地獄に通じるという井戸のある**六道珍皇寺**《ろくどうちんのうじ》（⇩P67）のそばの松原通にある。そこから山側が平安期は**鳥辺野**《とりべの》と呼ばれた葬送地であり、清水道はまさにそこを辿《たど》るわけである。

●清水寺の七不思議●

俗に七不思議といわれるが十六はあるとか。平景清《かげきよ》（弁慶《べんけい》とも）の足形石、両方とも口を開けている狛犬《こまいぬ》、弁慶の指跡、鬼《おに》瓦《がわら》が竜になっている三重塔、景清爪彫《つめほ》りの観音などなど。

嵐山・嵯峨野

平安京遷都《せんと》の後、都《みやこ》の郊外に貴族の別荘地として、最初に開けたのが**嵐山**《あらしやま》・**嵯峨野**《さがの》である。『枕草子《まくらのそうし》』も「野は嵯峨野、さらなり」と第一番にあげている。嵯峨天皇の嵯峨院（現**大覚寺**）をはじめとして、その皇子の源融《とおる》の棲霞観《せいかかん》（現**清涼寺**《せいりょうじ》）、それに後嵯峨院の亀山《かめやま》殿《どの》（現**天龍寺**）など、多くの文人・貴族がこの地を愛し、山荘・草庵《そうあん》を営み、心の安らぎを得ようとした。

その山水の美しさは今も変わらず、人びとの心に潤《うるお》いと安らぎを与えている。京都で最も京都らしいところ、それは嵐山・嵯峨野であろう。

嵯峨野の竹林

嵐山付近を歩く

休日の嵐山《あらしやま》付近は混雑する。そのときの交通機関はなるべく電車を利用すること。**所要約4時間。**

京都駅 → 市バス28 京都バス73 83 35分 → 阪急嵐山駅前 → 歩 5分 → **❶法輪寺**(洛西55下) → 徒歩15分(渡月橋を渡る) → **❷時雨殿**(洛西54下)(小督塚) → 徒歩5分 → **❸天龍寺**(洛西54) → 徒歩10分 → **❹野宮神社**(洛西54下) → 野々宮 → 市バス28 京都バス71 72 45分 → 京都駅
(❹野宮神社 → 大河内山荘 → 歩 15分 → 常寂光寺)

本尊**虚空蔵菩薩**《こくうぞうぼさつ》は「嵯峨《さが》の虚空蔵さん」と親しまれ、四月に十三歳になった子供がこの寺に知恵をもらいに参る「**十三まいり**《じゅうさん》」で賑《にぎ》わう。境内《けいだい》から渡月橋《とげつきょう》と嵯峨野の展望がよい。

小倉百人一首《おぐらひゃくにんいっしゅ》がテーマの体験型展示施設。**藤原定家**《ふじわらのていか》が百人一首を選出した小倉山**時雨亭**《しぐれてい》にちなんで建てられた。簡易化した十二単《ひとえ》や束帯の着用経験もできる。

平安初期の壇林寺《だんりんじ》、鎌倉時代の**亀山**《かめやま》**殿**《どの》と歴代皇室にゆかりの景勝地である。現在の建物は比較的新しいものばかりだが、**庭園***は歴史があり、特別名勝・史跡に指定されている。

黒木の鳥居《とりい》、小柴垣《こしばがき》の簡素な社《やしろ》は周囲の竹藪《たけやぶ》、苔《こけ》の庭などとともに平安の昔をしのばせる。『**源氏物語**』ゆかりの社。

阪急・嵐電《らんでん》嵐山駅のいずれからでも、渡月橋《とげつきょう》の南、山の中腹に多宝塔が見える。これが**❶法輪寺**《ほうりんじ》である。この寺の境内《けいだい》から見下ろす渡月橋や嵯峨野の眺めはよい。時々上のモンキーパークから野猿が出て来て、一緒に景色を眺めていることも。

天龍寺・庭園(右京区)

渡月橋を北へ渡って、川に沿って右へ行くと、駐車場の先に**臨川寺**《りんせんじ》があるが、今は拝観停止中。

嵐山を背景にした渡月橋を眺めながら、上流へ向かう。橋の先、右手に**小督塚**《こごうづか》がある。さらに進み、嵐《らん》亭の手前で右折すると、**❷時雨殿**《しぐれでん》がある。次に、**❸天龍寺**《てんりゅうじ》へは時雨殿の前の道を行く。

天龍寺の多宝殿の後ろから野宮《ののみや》への近道があるが、急がずに散策を楽しむには表通りに出て、嵐電嵐山駅の前の道を北へ向かう。野宮バス停のところで左折して竹藪《たけやぶ》の中の道を行く。途中に天龍寺からの近道の出口がある。**❹野宮神社**《ののみや》は藪の中に静まりかえっている。

野宮を出て、山陰本線の踏切を越えて行くと**常寂光寺**《じょうじゃくこうじ》・**落柿舎**《らくししゃ》、向かって左横の藪の中の道を登って行くと**大河内山荘**《おおこうちさんそう》に達する。

百体の歌仙人形を展示する(時雨殿)

コースの周辺には

渡月橋付近は何といっても京都の代表的な観光地だけに様々な店が集まる。**有名タレント**の名を付けた店も多い。扱う品物に関係なく、その店はタレントの人気の盛衰を反映する。土産物屋・飲食店も時代とともに移り行くが、渡月橋のほとりの**桜**《さくら》**餅**《もち》、西山艸堂《せいざんそうどう》の**湯豆腐**、いしかわの**竹細工**の店はあまり変わらない。

嵯峨野トロッコ列車は旧山陰本線を使った観光列車で大人気。トロッコ嵯峨駅〜トロッコ亀岡《かめおか》駅まで約25分。**保津峡**《ほづきょう》**の絶景**が見所。1日8〜9便、3月1日〜12月29日運行。祝日やシーズン期間を除く水曜日休。

大河内山荘は往年の映画スター**大河内伝次郎**《でんじろう》が、昭和7年(一九三二)から約三十年かけて造りあげた山荘で、小倉山《おぐらやま》の中腹から山頂へかけての一帯に点在する石仏・石塔などを集めた石造美術、持仏堂・茶室などの建物、回遊式庭園が素晴らしい。昔と今のスターのスケールの違いを考えさせられる。

奥嵯峨を探索する

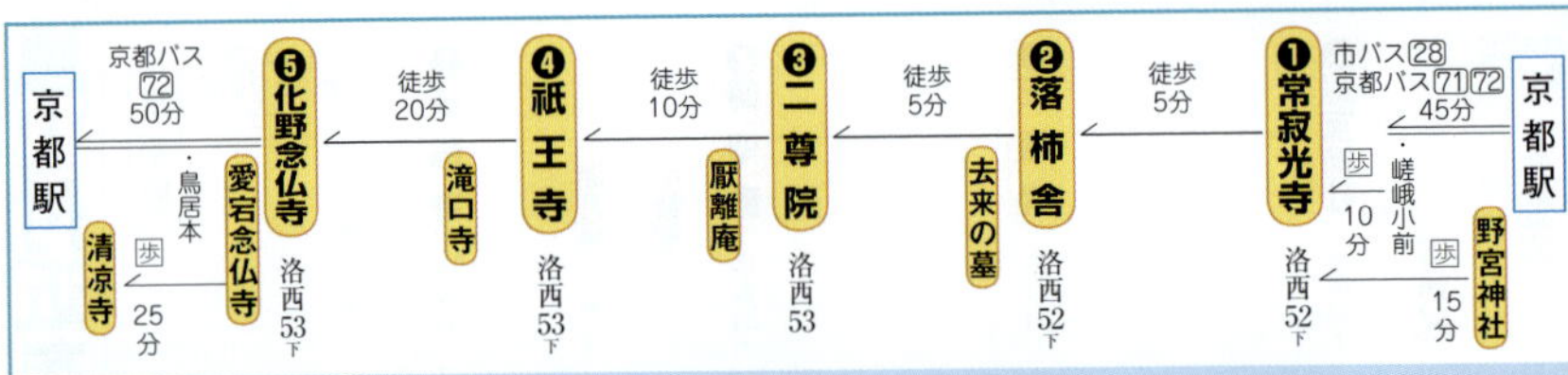

小倉山《おぐらやま》に沿って奥嵯峨を歩くコース。紅葉のころがとくによい。所要約5時間。

仁王門《におうもん》は茅葺《かやぶ》き屋根の小ぢんまりした門。**多宝塔**(桃山)には釈迦《しゃか》・多宝如来《にょらい》を安置し「並尊閣《へいそんかく》」と称する。

松尾芭蕉《ばしょう》の門人**向井去来**《むかいきょらい》の山荘。芭蕉も滞在し、『嵯峨日記《さがにっき》』を著している。もとは大堰《おおい》川畔にあったのをこの地に再興した(一七七〇年)。

本堂には本尊**釈迦・阿弥陀如来**《あみだにょらい》**二尊像**(鎌倉)、**法然上人**《ほうねんしょうにん》**絵像**などを安置する。本堂後方に角倉了以《すみのくらりょうい》・伊藤仁《じん》斎《さい》ら名家の墓がある。

竹藪《たけやぶ》に囲まれた茅葺《かやぶ》きの本堂。苔《こけ》に覆《おお》われ、十数本の楓《かえで》の老木の立つ前庭。『**平家物語**』(祇王《ぎおう》)ゆかりの地で、浮世《うきよ》の栄華《えいが》ははかないものと悟った若き女性の哀《かな》しみを伝える。

「化野《あだしの》の露」(『徒然草《つれづれぐさ》』)は、はかないもののたとえに引かれる。露のように消えはしなかったが、風化して目鼻立ちも定かでない**石仏**たちも、人の世のはかなさを物語る。

❶**常寂光寺**《じょうじゃくこうじ》へ直接行く時はバス停嵯峨小学校前で下車、西へ小倉山の方に歩いて行く。野宮《ののみや》神社からは大河内山《おおこうちさん》荘《そう》の前の道を北へ進むと、常寂光寺の前に出る。仁王門《におうもん》付近に多くの歌碑・記念碑がある。本堂後方の多宝塔付近からの展望もよい。

❶を下って田圃《たんぼ》のはずれに出ると、左前方に有智子内親王墓《うちしないしんのう》と並んで❷**落柿舎**《らくししゃ》が見える。柿の木におおわれたわら葺《ぶ》きの草《そう》庵《あん》は、俳諧《はいかい》道場と呼ばれるにふさわしい雰囲気がある。

内親王墓の西側の道を北上すると、**去来の墓**《きょらい》のある墓地を右に見て、❸**二尊院**《にそんいん》の総門の前に出る。伏見《ふしみ》城から移したというかめしいこの総門をくぐって境内《けいだい》に入る。

二尊院の北を渡月橋から清滝《きよたき》を経て愛宕《あたご》神社に至る街道が通っている。道は鍵《かぎ》型に折れては北へ向かう。途中で左に入ると❹**祇王寺**《ぎおうじ》、その奥に滝口寺《たきぐちでら》。

奥嵯峨の風景

ここから念仏寺までは土産《みやげ》物屋・飲食店の多い道である。❺**化野念仏寺**《あだしの》は街道から左へ入った所にある。さらに北上すると鳥居本《とりいもと》に出る。わら葺きの古風な鮎《あゆ》茶屋が鳥居の下にある。その奥に、ユニークな昭和の羅漢《らかん》さんで知られる**愛宕念仏寺**《おたぎ》がある。時間のある向きは立ち寄ってみたい。

常寂光寺の時雨亭跡(右京区)

常寂光寺の表門

の横に江戸時代の数学書『**塵劫記**《じんごうき》』の顕彰碑《けんしょうひ》がある。約三百六十年前に吉田光由《みつよし》が著したもので、当時としては最高のものであった。

一例を挙げよう。「直径百間《けん》の円形の土地を弦《げん》で分割する。それぞれの面積は二千九百坪《つぼ》、二千五百坪、二千五百坪である。この時の弦の長さ、及びその弦によって生じた弓形の高さ(矢)を問う」。これを代数どころか、数式も使わず言葉で計算するのは大変なことであろう。光由は**角倉了以**《すみのくらりょうい》の一族で嵯峨に住んでいた。

小倉百人一首

の**藤原定家**《ていか》(さだいえ)の山荘は、小倉山麓《ろく》にあった。山荘の時雨《しぐれ》亭の跡というのが**二尊院・常寂光寺・厭離庵**《えんりあん》の三か所にある。定家の日記によると、「中院草庵」と呼んでいること、その他の記載から清凉寺から二尊院の間の少し山手、愛宕《あたご》街道の南にあったようだ。**厭離庵**は定家の息子為家《ためいえ》の舅宇都宮頼綱《しゅうとうつのみやよりつな》の山荘の跡で、この山荘の障子《しょうじ》に貼《は》る色紙形染筆のために選んだのが『**小倉百人一首**』だといわれる。

北嵯峨を散策する

●嵐山・嵯峨野コース(3)

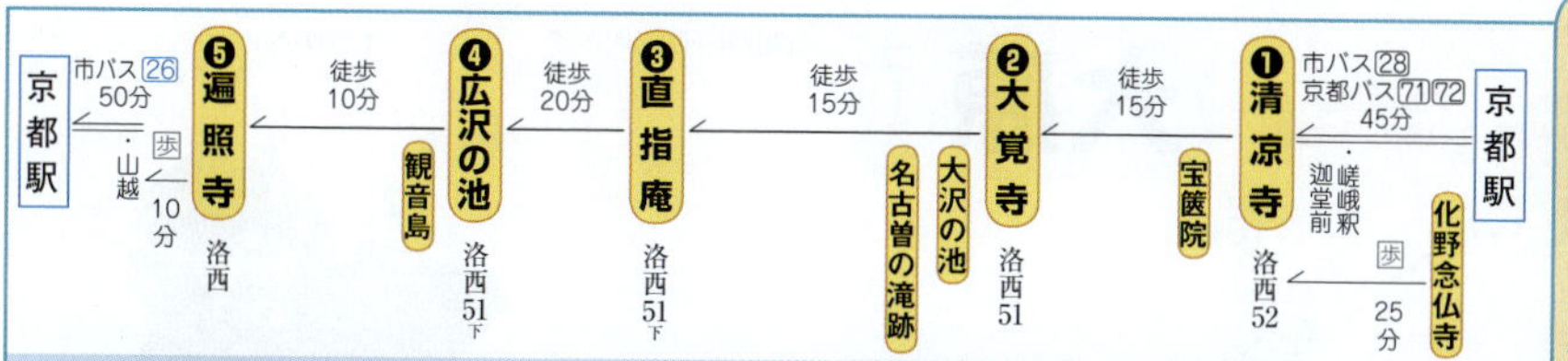

小倉山山麓《おぐらやまさんろく》を離れて東へ嵯峨野《さがの》を散策する。歩く道は長いが、のどかな風景が楽しめる。**所要約5時間。**

境内《けいだい》正面に**釈迦如来立像**《しゃかにょらい》を安置する**本堂**(江戸)がある。右の**阿弥陀堂**《あみだどう》はこの寺の前身棲霞寺《せいかじ》のもので、その時の本尊**阿弥陀如来像**(平安)その他は霊宝館に納めてある。

右近《うこん》の橘《たちばな》・左近《さこん》の梅を前庭に植えて寝殿造《しんでんづくり》風に建てた**宸殿**《しんでん》(江戸)が玄関の東にある。その襖絵《ふすまえ》「**牡丹図**《ぼたんず》・**紅梅図**《こうばいず》」(桃山)は狩野山楽《かのうさんらく》の代表作。宸殿後方の**正寝殿**(客殿)は書院造《しょいんづくり》。襖絵「**松・鷹図**《たか》」も山楽筆。東に大沢の池、北方に**名古曽の滝跡**《なこそ》がある。

開山堂以外の建物は明治以後のもの。周囲の竹藪《たけやぶ》の美しさが抜群。思い出を綴《つづ》る「**想い出草**《おも》」ノートが有名。

九八九年寛朝《かんちょう》僧正が遍照寺《へんじょうじ》を池の西北に建てた。池中の観音島《かんのん》はその庭園の名残で、石仏の**十一面千手観音像**《じゅういちめんせんじゅ》が鎮座する。寺は間もなく衰えたが、池は花・月の名所として有名。

広沢の池畔から近世に現在地に移転した。収蔵庫に創建当時の本尊**不動明王坐像**《ふどうみょうおうざぞう》・**十一面観音立像**(平安)などを安置する。

注 **清凉寺(嵯峨釈迦堂)霊宝館**は4～5月、10～11月の間だけ開館。

❶**清凉寺**《せいりょうじ》へ直接行く時はバス停嵯峨釈迦堂前で下車、西へ。仁王門《におうもん》は愛宕《あたご》街道に面し、正面の道は、南は渡月橋《とげつきょう》、西は二尊院《にそんいん》に通じる。

化野念仏寺《あだしのねんぶつじ》から清凉寺へ行く時は、念仏寺から少し戻って、八体の石仏のある三叉路《さんさろ》で左折する。左(北方)に大文字《だいもんじ》送り火の一つ鳥居《とりい》形の火床《ひどこ》が見える。大覚寺《だいかくじ》道バス停のある道に出るまでに、右手に森が見える。この森の横を行くと清凉寺に出る。清凉寺を出て、豆腐《とうふ》店の森嘉《もりか》の前を東へまっすぐ行き、左(北)に折れてさらに進むと❷**大覚寺**。**大沢の池**は大覚寺の東側にある。池の北側にある竹藪《たけやぶ》の東、広場の西北隅に「**名古曽の滝跡**《なこそ》」の石組《いしぐみ》がある。

池の西北出入口から民家の間の道を北へまっすぐ行き、突き当たりを左へ入ると、❸**直指庵**《じきしあん》に至る。

直指庵(右京区)

❸から戻り、最初の十字路を東にとり、後宇多《ごうだ》天皇陵の前を過ぎる。右手に広がるのどかな水田風景を見ながら南にカーブすると、❹**広沢の池**の西堤に出る。

広沢の池と石仏十一面千手観音像(右京区)

池の西南をさらに南に進むと小寺❺**遍照寺**《へんじょうじ》。帰りは池の南沿いの道を東に進み、バス停山越《やまごえ》から京都駅へ。

清凉寺の本尊

釈迦如来立像《しゃかにょらい》の胎内に五色の布で作った**五臓**が入っていた。これは中国での解剖学の水準を示すとともに、生身の釈迦への信仰を表している。

この釈迦像は、釈迦が亡き母マヤ夫人に説法するため、90日間この世を離れた時、優填王《うてんのう》が釈迦の身代わりに作らせて拝んだというわれの像を、中国で拝んだ奝然《ちょうねん》が亡き母を思う気持ちもあって、模刻して持ち帰ったものである。胎内には「承平《しょうへい》八年(九三八)正月二四日ひつじのときうまる　とこ丸」と書いた紙片も入っていた。奝然のへその緒《お》に母が付けたもので、亡き母をしのんで奝然が入れたものであろう。

直指庵の前

を流れる谷川は、この奥の京見峠を越えた所にある菖蒲谷《しょうぶだに》を堰《せ》き止めて池とし、そこから一八〇m余りトンネルを掘って水を引いたもの。この工事には『**塵劫記**《じんごうき》』の吉田光由《みつよし》が当たり、三百数十年前の土木技術を示している。大沢の池から直指庵へ行く途中の町会所の前にその顕彰碑《けんしょうひ》が建てられている。

大原の里（左京区）

大原

比叡山《ひえいざん》は厳しい戒律のもとに学問修行に励む道場であった。救いを求めるものの、厳しさには耐えられない人はせめてその近くにと、比叡の麓《ふもと》の**大原**《おおはら》に集まった。

その中には、**建礼門院**《けんれいもんいん》や、**鴨長明**《かものちょうめい》もいた。**『伊勢《いせ》物語』『源氏物語』**など、多くの文学作品で大原を舞台に登場する人は、いずれもこの世に望みを失って、この里に逃れて来た人たちである。

かれらをやさしく迎え、心の傷を癒《い》やしたのは大原の人びとと自然であり、み仏であった。

大原を散策する

洛北《らくほく》の山里を散策する。足元はしっかりと歩けるような用意を忘れずに。**所要約5時間。**

京都駅 ―京都バス 17 18 60分→ 大原 ―歩 10分→ **❶三千院**（洛北43） ―徒歩5分→ **❷来迎院**（洛北43下）（来迎院の奥に**音無の滝**がある。） ―歩 10分・徒歩10分→ **❸勝林院**（洛北43下）（**実光院**・**宝泉院**） ―徒歩25分→ **❹寂光院**（洛北43下）（**建礼門院陵**） ―歩 15分→ 大原 ―京都バス 17 18 60分→ 京都駅

往生極楽院《おうじょうごくらくいん》（阿弥陀堂《あみだどう》）は一一四八年建立《こんりゅう》の三間《げん》四面の常行三昧堂《じょうぎょうざんまい》で、**阿***弥陀三尊坐像**《ざぞう》を安置。蓮台《れんだい》を持つ観《かん》音《のん》、合掌《がっしょう》する勢至菩薩《せいしぼさつ》は跪座《きざ》し来迎《らいごう》の姿を現す。中央内陣には壁画が残る。

本堂（室町）は中央が内陣で、**薬師**《やくし》**・阿弥陀・釈迦如来坐像**（平安）、その他を安置する。本堂右後方に、この寺で融通《ゆうずう》念仏の教えを説いた良忍《りょうにん》の墓の**三重石塔**（鎌倉）がある。

本尊は「**証拠の阿弥陀**」と呼ばれる。これは平安の昔、この本尊の前で法《ほう》然《ねん》上人らが問答（論争）をした時、姿を現して、その論の証明をしたのでこの名が付いた。現在の本堂・本尊はともに江戸時代のもの。

建礼門院《けんれいもんいん》当時の建物が荒廃していたのを、淀君《よどぎみ》の願により片桐且元《かたぎりかつもと》が再興した。本尊は高さ約二mの**地蔵菩**《じぞうぼ》**薩**《さつ》**立像**（室町）だが、平成一二年に本堂とともに焼損し、今は収蔵庫に安置する。**平家没落の哀話をしのぶ寺。**

注 **寂光院本堂**は平成 12 年(2000)に焼失。その後平成 17 年(2005)に再建された。

ガイド

大原《おおはら》へは、京都駅、四条河原町、出町柳《でまちやなぎ》駅前、国際会館駅前などのターミナルから、それぞれ京都バスが出ている。いずれも大原下車。京都バスの乗り場の向かい側に、三千院《さんぜんいん》近道の標示がある。この土産《みやげ》物屋の並ぶ坂道を登って行く。右手に三千院の南から流れ出る谷川（呂川《りょせん》）の水音が絶えず響く。

❶三千院は、希望者は宸殿《しんでん》で写経ができる。仏教思想が集約された十六字を心静かに写経するのもよいだろう。宸殿から**往生極楽院**に出る。その東の一段高い所に紫陽花苑《あじさいえん》がある。不動堂の後方の律川《りっせん》を渡った所に**阿弥陀如来石仏**（鎌倉）がある。約二三〇cmの大きいもので「売炭翁石仏」と呼ばれる。

❷来迎院《らいごういん》は三千院の南側の道を呂川に沿って上る。聞こえる水音が音階「呂」の音なので「呂川」と名付けられる。声明梵唄《しょうみょうぼんばい》の道場にふさわしい名である。来迎院の先、律川上流に「**音無**《おとなし》**の滝**」がある。

音無の滝

❸勝林院《しょうりんいん》は三千院前の楓《かえで》並木の奥に本堂の正面を見せる。その手前、律川との間に後鳥羽《ごとば》・順徳《じゅんとく》天皇陵と**実光**《じっこう》**院**《いん》が向かい合っている。血天井の**宝泉院**《ほうせんいん》は勝林院の隣にある。

勝林院・本堂（左京区）

❹寂光院《じゃっこういん》へは、来た道を大原バス停にもどり、「寂光院近道」の標識に沿って西北へ向かう。のどかな山里の緩やかな上り道を行く。両側に山が迫ると、寂光院の石段の下に出る。

大原の里

は哀《かな》しみの里である。**惟喬親王**《これたか》（『伊勢物語』）・**浮舟**《うきふね》（『源氏物語』）・**建礼門院**（『平家物語』）等々。実在・架空を問わず失意の人々を迎え入れ、極楽往生の願いをかなえたのが、大原である。

建礼門院は阿弥陀如来像の手から引いた五色の糸を持っておかくれになったと『平家物語』は伝える。今も勝林院の阿弥陀如来の手に五色の綱と白布の綱が付いている。白布の綱は葬式の時来迎橋の上に置いた棺《かん》の上に先を垂らし、この綱に引かれて死者は阿弥陀の浄土へ導かれると信じられている。平安時代以来の信仰が生きているのも大原らしい。

大原だけの名物

は**大原女**《おはらめ》と**しば漬**《づけ》、とは土地の人の言。**大原女姿**は建礼門院に仕えた阿波内侍《あわのないし》の山仕事の際の服装で、馴《な》れないため脚絆《きゃはん》を間違えて、前後逆に付けていたのを、それも優雅だと里人がそのまま真似《まね》たという。**しば漬**も建礼門院が好まれたとの言い伝えがある。茄子《なす》・胡瓜《きゅうり》・紫蘇《しそ》などの塩漬《しおづけ》で、酸味を帯びた上品な味である。

哲学の道(左京区)

哲学の道

山に沿って、川が流れ、桜並木が続く。揺れる川藻《かわも》に小魚が戯《たわむ》れ、**春は花びら、夏は蛍、秋は紅葉**が彩《いろど》りを添える。川も並木も道も、人間の営みである。しかし、時の流れが、人工の跡を消して、しみじみとした味のある散歩道を作りあげている。

点在する古寺と、洒落《しゃれ》た喫茶店や土産物《みやげ》店が奇妙に調和して、魅力を添え、楽しみを増す。もし、この道を歩きつつ思索にふけることができたら、あなたは哲学者になれるかも……。

哲学の道を散策する

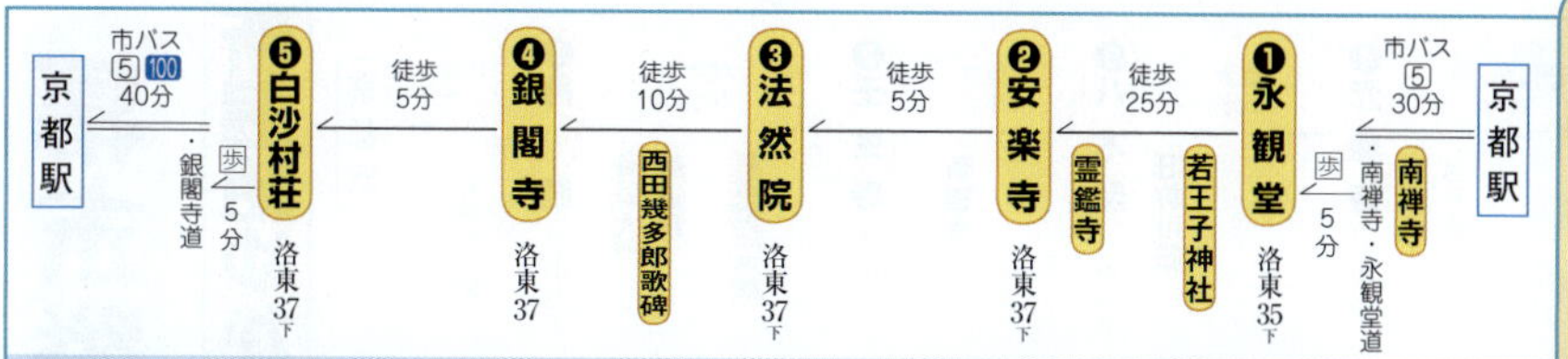

「**哲学の道**」と呼ばれる散歩道を歩く。ゆっくりと物思いつつ歩きたいので、時間に余裕を見ておこう。**所要約4時間。**

禅林寺《ぜんりんじ》。「永観遅し」といって、振り返られた姿を写したという「○**見返りの弥陀《みだ》**」が有名。紅葉に包まれる堂塔も美しい。

茅葺《かやぶ》きの山門。サツキの庭。女房《にょうぼう》**松虫・鈴虫の墓**。(拝観時期に制限があるので注意。)

茅葺きの門内の砂盛《すなもり》。緑に包まれた**本堂**。静寂そのものの境内《けいだい》。**墓地**には谷崎潤一郎《じゅんいちろう》ら名士の墓も多いが、そっとしておきたい。

慈照寺《じしょうじ》。室町足利義政《あしかがよしまさ》が山荘として建てた東山殿《ひがしやまどの》を寺としたもの。建築物に****銀閣**(観音殿)・***東求堂《とうぐどう》**など。善《ぜん》阿弥《あみ》作(一説に相阿弥《そうあみ》)の***庭園**は特別名勝・特別史跡。

橋本関雪《かんせつ》記念館。日本画家**橋本関雪**の住居を公開。○**池泉《ちせん》回遊式庭園**。画室の正面の池に大文字《だいもんじ》を映せるようになっている。石造美術の収集でも知られる。

注 **安楽寺**は春秋一定期間のみ公開。**法然院**は境内は自由だが、春秋 1 週間ずつ内部公開。

京都駅から市バス⑤で南禅寺《なんぜんじ》・永観堂道《えいかんどう》下車。東に向かう。正面に❶**永観堂**の総門がある。この門前の道を南に向かえば南禅寺に至る。北(左)に進むと、すぐに「新島襄《じょう》先生墓地登り口」の石標がある。ここを右に曲がる。爪先《つまさき》上がりの道を行くと若王子《にゃくおうじ》橋。橋を渡れば**若王子神社**。

ここから疏水《そすい》の流れに沿って北へ「**哲学の道**」が始まる。桜並木の静かな道である。桜・源氏蛍・紅葉《もみじ》と四季折々の彩りを浮かべる水は澄んでいて、魚の悠々と泳ぐ姿も見える。大豊《おおとよ》神社への大豊橋から四つめの橋(寺ノ前橋)を渡り、道標に従って東へ登ると、やがて正面に**霊鑑寺《れいかんじ》**の門。右へ入ればノートルダム女学院中学高等学校。そのまま脇《わき》の上り坂をたどれば、山腹に『平家物語』に出てくる鹿ケ谷《ししがたに》の**俊寛僧都《しゅんかんそうず》の山荘跡**。ここは左へ向かい、すぐに❷**安楽寺《あんらくじ》**、しばらくして❸**法然院《ほうねんいん》**と続く。

安楽寺は門外から覗《のぞ》くだけでも美しい寺である。法然院は閑静な緑豊かな寺で、立ち去りかねて、本堂の縁側にいつまでも座っている人をいつも見かける。法然院を出て北へ、次のT字路を左へ下って洗心橋を渡る。ここで再び疏水に沿う道に戻り北上するが、その前に一つ南の橋のたもとにある哲学者・**西田幾多郎《きたろう》の歌碑**を確認。戻って北へ進むと「哲学の道」の北端となる銀閣寺道に突き当たる。右に❹**銀閣寺**、左に❺**白沙村荘《はくさそんそう》**へ続くこの参道付近は、個性的な飲食店・土産《みやげ》物店が数多く並び、いつも観光客で賑《にぎ》わっている。

永観堂(左京区)

京都の水 はすべて北から南に流れるが、この疏水《そすい》だけは例外である。蹴上《けあげ》から南禅寺を通って北に流れ、高野川《たかのがわ》・賀茂川《かもがわ》の下をくぐって、堀川に至る。そのうちの若王子《にゃくおうじ》から銀閣寺にかけての沿道を「**哲学の道**」と呼ぶ。

大正10年(一九二一)、長年の苦労が報われて、やっと生活が楽になった橋本関雪《かんせつ》夫人米子《よねこ》が「社会の為《ため》に」とこの川のほとりに三百本の桜を植えた。人はこれを「関雪桜」と名付け、大切に育てた。京都大学哲学科教授の**西田幾多郎《きたろう》**は、田中飛鳥井《あすかい》町の自宅からこの桜並木の下を、歩きながら思索にふけるのを日課にしていた。この道は西田に限らず**河上肇《はじめ》**など、この付近に住む京都大学の学者・学生たちの絶好の散歩道であった。

法然院墓地 にある河上肇の墓の横に「たどりつきふり返り見れば山川を越えては越えて来つるものかな 肇」(万葉仮名)。法然院下の洗心橋上流に「人は人吾《われ》は吾也《なり》とにかくに吾行く道を吾は行くなり 寸心」(寸心は西田幾多郎の号)。ともに人生に深く思いを致す心境を歌った歌碑である。

幕末維新散歩コース

幕末の京都を舞台に、血気盛んな若者たちが、命をかけて駆け巡った。中でも人気高い新選組と坂本龍馬《りょうま》の足跡をたどってみた。

新選組ゆかりの史跡を歩く

新選組が幕末に住んでいた屯所《とんしょ》を中心に壬生界隈《みぶかいわい》を歩く。**所要約3時間。**

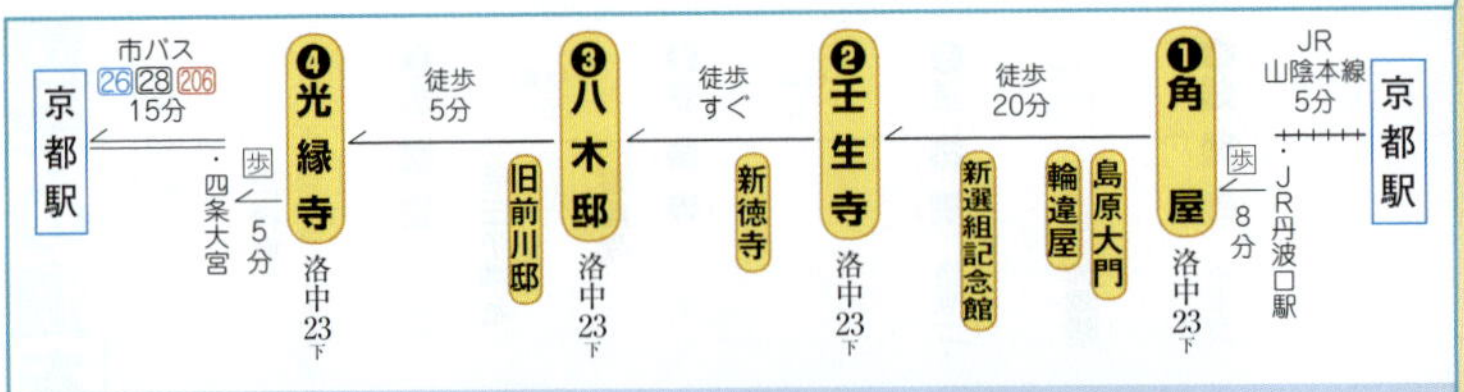

島原花街は寛永18年(一六四一)に公許され開設。中でも特に賑《にぎ》わった**角屋《すみや》**は江戸期の現存する唯一の**揚屋《あげや》**。新選組や諸藩の武士、与謝蕪村《よさぶそん》らの俳人も訪れ、**島原俳壇**もできていた。

新選組は境内で大砲打ちの教練をした。局長**近藤勇《いさみ》**の胸像を中心に**芹沢《せりざわ》鴨《かも》**初代局長や隊士らの墓のある**壬生塚**がある。

八木邸に芹沢鴨ら水戸《みと》派が逗留《とうりゅう》し、刀傷が遺《のこ》る。前川邸に近藤勇・**土方《ひじかた》歳三《としぞう》**・**沖田総司《おきたそうじ》**らが逗留し、合わせて**壬生屯所**という。

裏の墓地に副長**山南《さんなん》敬助**や**沖田総司の縁者**という謎《なぞ》の墓が建っている。本堂内には新選組関連の書籍が集められている。

京都駅山陰本線(嵯峨野線)に乗車し、一つ目の丹波口駅で下車、中央卸売市場のある線路の東側を南下。「島原西門跡碑」のある島原住吉神社を左折(東へ)してすぐ右折(南へ)、この細道を下って突き当たると❶**角屋《すみや》**の北端に出る。傍らに東鴻臚館《ひがしこうろかん》跡碑。入口は東側に回り込んで南へ。揚屋《あげや》造りの窓の格子《こうし》に圧倒される。次に、東へ進み、突き当たると**島原大門《だいもん》**。一筋戻って北へ。置屋《おきや》の**輪違屋《わちがいや》**の軒行灯《のきあんどん》が面白い。

そのあと、北進して五条通まで行く。その手前に、町家の私設**新選組記念館**。五条通を丹波口まで戻り、交差点を北へ渡り、細い千本通をそのまま行くと❷**壬生寺《みぶでら》**南門に着く。

壬生塚を参り、東へ出ると壬生浪士隊が最初に宿した**新徳寺**。その北向かいに❸**八木邸**(京和菓子の鶴屋《つるや》)。その向かいが**旧前川邸**で長屋門が目につく。次に、綾小路通を東へ進み、一筋越すと北側に❹**光縁寺**。墓地は本堂裏にある。さらに東に進み、大宮通に出て北に上がれば四条大宮バスターミナルに至る。

角屋《すみや》では

江戸時代、歌舞音《かぶおん》曲《ぎょく》の遊宴を中心にお茶会や句会が開かれた。そうした町人文化を示す建物や美術品・古文書を「**角屋もてなしの文化美術館**」として、春秋(3月中旬~7月中旬、9月中旬日~12月中旬)に公開。蕪村《ぶそん》の絵や句帳、円山応挙の襖絵《ふすまえ》、2階大広間「青貝の間」「扇の間」などが見もの。

格子の美しい角屋

新選組屯所は

慶応元年(一八六五)、西本願寺の北集会所に移り、今も残る**太鼓楼**で教練に励んだが、境内で大砲を打つ彼らは心よく思われず、二年後、さらに南の**不動堂屯所**が造営され、そこに移った。

太鼓楼

龍馬ゆかりの史跡を歩く

新選組と新選組から狙《ねら》われていた坂本龍馬ゆかりの史跡を歩く。所要約4時間。

京都駅 →（市バス205・5など20分）→ 河原町三条 → ❶池田屋跡（洛中）→（徒歩3分）→ ❷酢屋（洛中）→（徒歩10分）→ 土佐藩邸跡・土佐稲荷岬神社 → ❸近江屋跡（洛中）→ 中岡慎太郎寓居之地・古高俊太郎邸跡 →（徒歩25分）→ ❹円山公園（洛東32下）→ 龍馬・慎太郎像・月真院 →（徒歩15分）→ ❺京都霊山護国神社（洛東）→（徒歩すぐ）→ ❻霊山歴史館（洛東）→（歩5分）→ 東山安井 →（市バス206 15分）→ 京都駅

元治元年（一八六四）、旅館**池田屋**に潜伏していた尊皇攘夷《そんのうじょうい》派長州藩士を、新選組が急襲した。

龍馬は材木商の**酢屋**《すや》に常宿し、近江屋と**土佐藩邸**を往復していた。2階は龍馬関連資料を展示。

慶応3年（一八六七）、この地にあった**近江屋**2階奥の間で、龍馬は中岡慎太郎とともに暗殺された。

円山公園の中程奥に、りりしい**龍馬と慎太郎の銅像**がある。**月真院**は高台寺塔頭《たっちゅう》。新選組と袂《たもと》を分かった禁《きん》裏《り》御陵衛士《ごりょうえじ》が屯所としていた。

背後の**霊山**《りょうぜん》**墓地**に**龍馬と慎太郎の墓**がある。他にも禁門の変や池田屋事件で落命した志士ら中心に多くの墓碑が並ぶ。

全国唯一の**幕末・明治維新の専門歴史博物館**。龍馬や新選組関連の実際に使われた遺物を所蔵。龍馬を切ったという刀など展示し、興味深い。

ガイド

河原町三条バス停を降りて三条通北側歩道を鴨川方面へ。約50m行った北側に❶**池田屋跡**を示す「**池田屋騒動之跡**」碑。歩道に銘板がある。次に東進し、三条小橋を渡って木屋町通を南へ。一筋目を西に入ると龍馬の常宿で材木商❷**酢屋**《すや》がある。木屋町通に戻って南下。五筋目の蛸薬師《たこやくし》橋の脇《わき》に「**土佐藩邸跡**」碑。西に入った北側に、かつて土佐藩邸内にあった**土佐稲荷**《いなり》**岬**《みさき》**神社**。小振りの龍馬像がある。

続いて河原町通に出る。西へ渡って20mほど南に、❸**近江**《おうみ》**屋跡**を示す「**坂本龍馬・中岡慎太郎**《しんたろう》**遭難之地**」碑がある。次に戻って東側歩道を南下する。あぶらとり紙の「象」の店先に「**中岡慎太郎寓居之地**」碑。すぐ南の角から東に約30mほど入ると南側に「**古**《ふる》**高俊太郎**《たかしゅんたろう》**邸跡**」碑。古高が拷問《ごうもん》にあい、池田屋について漏《も》らしたのだった。さらに木屋町通まで出て南下し、四条通を東へ四条大橋を渡って突き当たりの八坂《やさか》神社まで歩く。

❹**円山公園**内の奥に、**龍馬と慎太郎の銅像**がある。次に南下して「ねねの道」に入る。**月真院**を左に見て、そのままこの道を突き当たりまで進むと東の山側に延びる「維新の道」に至る。

この坂を上りつめると❺**京都霊山**《りょうぜん》**護国神社**。背後の霊山に幕末に活躍した志士たちが眠り、祀《まつ》られている。龍馬と慎太郎の墓も中腹にある。この神社の向かいが❻**霊山歴史館**。帰りは維新の道を東大路通まで進み、東山安井バス停から京都駅へ戻る。

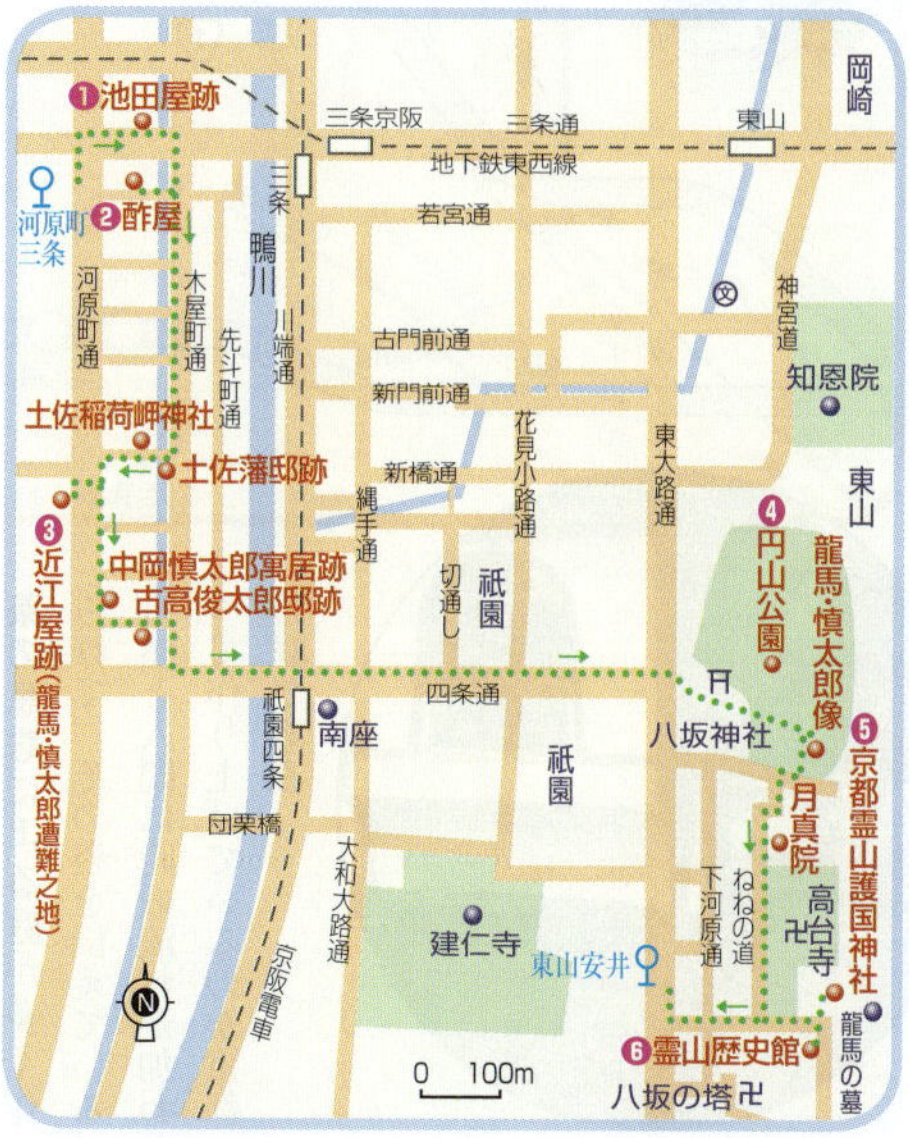

伏見の寺田屋

も酢屋と同じく龍馬が定宿《じょうやど》としていたが、どちらも船着き場が近く、淀川《よどがわ》経由で海に出られるという舟運を考慮してのことという。

（⇩P61）

当時の雰囲気を伝える梅の間

大仙院・方丈庭園（大徳寺・北区）

京の名庭

「奈良は仏像、京都は庭」とよくいわれる。京都は奈良に比べて古仏や古い建築は少ないが、そのかわりに**すぐれた庭**が多い。

これは京都が長い間都《みやこ》であったため、応仁《おうにん》の乱（一四六七〜七七）など戦火にさらされることも多く、古建築・古仏を多く失ったことによる。そのかわりに、王朝貴族の洗練された感覚、あるいは中世以後、**禅・茶の思想による庭**が多く作られて、その姿を伝えている。自然と人間に時の流れが加わって作り上げているのが京都の庭である。

●庭園コース(1) 東福寺から東山に沿って上る

京都駅 → JR奈良線 2分 → ・東福寺駅 → 歩 5分 → ❶東福寺（洛南59） → 徒歩20分 → ❷智積院（洛東29下） → ・東山七条 → 市バス 202 206 207 10分 → ・東山安井 → 歩 5分 → ❸高台寺（洛東32） → 徒歩20分 → 知恩院（庭園も公開） → ❹青蓮院（洛東34下） → 徒歩20分 → 無鄰菴 → ❺南禅寺（洛東35） → 歩 10分 → ・南禅寺・永観堂道 → 市バス 5 30分 → 京都駅

東山山麓《ひがしやまさんろく》の道は緩やかだが、坂道が多い。**東福寺**《とうふくじ》と**南禅寺**《なんぜんじ》に時間がかかる。**所要約6時間。**

方丈《ほうじょう》庭園の枯山水《かれさんすい》は東西南北の四部分からなり、南庭の立石と白砂紋、北庭の苔《こけ》と敷石の市松《いちまつ》模様が斬新《ざんしん》。塔頭**芬陀院**《たっちゅうふんだいん》は伝雪舟《せっしゅう》作の**枯山水**。塔頭**光明院**《こうみょういん》の**枯山水**も注目。

池泉《ちせん》鑑賞式。細長い庭の大半は池で、水面は書院の縁の下まで入り込む。対岸の斜面にサツキなどの刈り込みや滝の石組《いしぐみ》がある。一文字の手水鉢《ちょうずばち》が庭の要《かなめ》になる。

池泉鑑賞式。開山堂を挟み、観月台のある橋廊のかかる西庭、霊屋《おたまや》への臥竜廊《がりょうろう》の傍《かたわ》らに東庭がある。西庭には鶴《つる》・亀《かめ》の石組などあり華麗。東庭は古色を帯びて簡素静寂。

池泉鑑賞式。室町時代に造られた庭を、江戸初期と明治時代に改修。小御所・宸殿《しんでん》など池を囲む建物から、また庭の各所からも眺められるので回遊式の要素もある。

本坊方丈庭園は「**虎《とら》の子渡し**」と呼ばれる**禅院式枯山水**。塔頭**金地**《こんち》**院**《いん》の庭は「**鶴亀《つるかめ》の庭**」と呼ばれる**蓬莱《ほうらい》式枯山水**。塔頭**南禅院**の庭は**池泉鑑賞・回遊式**で南禅寺発祥の地にふさわしい古色がある。

●庭園コース(2) 平安神宮から洛北へ

京都駅 → 市バス 5 100 30分 → ・京都会館美術館前 → ❶平安神宮（洛東36） → ・京都会館美術館前 → 市バス 5 32 100 10分 → ・銀閣寺前(32 100)・銀閣寺道(5) → 歩 5~8分 → ❷銀閣寺（洛東37） → 歩 8分 → ・銀閣寺道 → 市バス 5 10分 → ・一乗寺下り松町 → 歩 10分 → ❸詩仙堂（洛北41） → 徒歩20分 → ❹曼殊院（洛北42） → 歩 20分 → ・修学院道 → 市バス 5 31 65 10分 → ・岩倉操車場前 → 歩 20分 → ❺円通寺（洛北40下） → 歩 25分 → ・国際会館駅 → 地下鉄烏丸線 20分 → 京都駅

❶❷のように広い庭を巡るものがあるので、時間に余裕を見ておく必要がある。**所要約6時間。**

池泉回遊・舟遊《しゅうゆう》式。東・中・西・南の四庭に分かれる。四季の花、特に『細雪《ささめゆき》』『古都《こと》』に描かれた紅枝垂《べにしだれ》桜が有名。東山を借景とする東神苑の橋殿の風景は古都を代表する。

池泉回遊式。西芳寺《さいほうじ》(苔寺《こけでら》)に倣《なら》う。江戸初期に改修。東山《ひがしやま》に上る月の光を受ける銀沙灘《ぎんさだん》・向月台《こうげつだい》はその時のもの。上段の庭は昭和に発掘されたものである。

上下二段の庭に分かれ、下段は最近のもの。上段は白砂の空間をサツキの刈り込みが囲む簡素な庭である。**石川丈山**《じょうざん》の簡素な日常がしのばれる。

枯山水。滝の石組《いしぐみ》・石橋と添え石を中心にして、流れと池は白砂で表す。紅葉のころがよい。「梟《ふくろう》の手水鉢《ちょうずばち》」が名高い。全体に桂離宮《かつらりきゅう》に似通《にかよ》うところがある。

枯山水。苔の平庭に石と刈り込みが点在する。生垣《いけがき》の向こうに遠く比叡山《ひえいざん》を眺め、期せずして、借景《しゃっけい》式庭園となっている。

●庭園コース(3) 大徳寺から洛中を下る

京都駅 → 地下鉄烏丸線 12分 → ・北大路駅（バスにのりかえ） → 市バス 1 204~206 5分 → ・大徳寺前 → ❶大仙院（洛北39）（大徳寺塔頭に 龍源院・瑞峰院・高桐院 がある） → ・大徳寺前 → 市バス 12 15分 → ・二条城前 → ❷二条城（洛中24） → 徒歩7分 → ❸神泉苑（洛中24下） → 歩 5分 → ・堀川御池 → 市バス 9 10分 → ・西本願寺前 → ❹西本願寺（洛中23） → 東本願寺 → 徒歩25分 → ❺渉成園（洛中22下） → 徒歩20分 → 京都駅

まず**大徳寺**《だいとくじ》まで行き、堀川通《ほりかわどおり》に沿って、京都駅の方へ戻って来るコース。**所要約5時間。**

大徳寺塔頭《たっちゅう》。**枯山水**《かれさんすい》。狭い東庭に深山から流れ出す渓流が、舟の浮かぶ大河となり、海(南庭)に注ぐ。山水画の世界を石で表現する。石庭の代表作。

二《に》の丸《まる》庭園。**池泉《ちせん》回遊式**。周囲の建物のどこから見ても正面になるため、「八陣《はちじん》の庭」と呼ばれる。立派な石が惜し気もなく使われていて、豪快・華麗である。

池が大半を占める**平安初期の禁苑**。行幸、遊宴・狩猟が行われ、雨乞《あまご》いの場ともなった。現在はその当時よりかなり狭くなっている。

大書院庭園。**枯山水**。御影堂《ごえいどう》を借景《しゃっけい》にし、中国の廬山《ろざん》になぞらえる。枯滝《かれたき》、鶴《つる》・亀《かめ》二島の石組《いしぐみ》、三つの石橋、蘇鉄《そてつ》の植え込みなど豪快・華麗。東南にある**滴翠園**《てきすいえん》は非公開。

枳殻邸《きこくてい》とも。**池泉回遊・舟遊《しゅうゆう》式**。渉成園十三景からなる。印月池・漱枕居《そうちんきょ》・縮遠亭《しゅくえんてい》などの名は文人《ぶんじん》趣味でこの庭が造られていることを示す。石川丈山《じょうざん》作。

注 **西本願寺大書院**は事前申し込み制。参拝部へ往復はがきで申し込む。

●庭園コース(4)

洛西の名庭を訪ねる

京都駅 ―市バス101・205 35分→ ・金閣寺道 歩3分 → ❶金閣寺（洛西47）［堂本美術館］［等持院］ ―徒歩20分→ ❷龍安寺（洛西48） ―徒歩20分→ ❸退蔵院（洛西48下） ―徒歩10分［双ヶ丘］→ ❹法金剛院（洛西50下） ・（市）花園扇野町 （京）花園黒橋 ―市バス93 京都バス 15分→ ・嵐山天龍寺前 ❺天龍寺（洛西54） ・嵐山天龍寺前 ―市バス28 京都バス 40分→ 京都駅

❶～❹は交通の便がよくないのですべて徒歩。❷～❸が少しわかりにくい。**所要約6時間。**

***池泉《ちせん》回遊・舟遊《しゅうゆう》式**。鏡湖池《きょうこち》には葦《あし》原《はら》島などの島、九山八海石や細川・赤松などの大名が寄進した名石が点在し、金閣を飾る。金閣北方の竜《りゅう》門《もん》瀑《ばく》・安民沢《あんみんたく》は北山殿《きたやまどの》以前のもの。

***枯山水《かれさんすい》**。十五個の石と白砂で永遠不変の姿を見せる。土塀の際《きわ》の細長い石の裏に「小太郎・清?二郎」と彫られている。この庭ゆかりの者の名であろうか。謎《なぞ》である。

妙心寺《みょうしんじ》塔頭《たっちゅう》。**枯山水**。枯滝石組《かれたきいしぐみ》、鶴《つる》・亀《かめ》・蓬莱《ほうらい》島などの石組は、山水画の趣《おもむき》があり、作者が画家狩野元信《かのうもとのぶ》であるとの説もうなずける。

***池泉回遊式**。平安後期の庭で、一一三〇年に林賢《りんけん》が滝の石を組み、三年後に静意が更に滝を高くした。この庭ほど、作者その他についての記録が明確なものは珍しい。

***池泉回遊式**。嵐山《あらしやま》を借景《しゃっけい》とする。竜門の滝と鯉魚《りぎょ》石、その手前の石橋と鶴島など石を効果的に用いる。東岸の洲浜《すはま》状の曲線は**亀山殿**《かめやまどの》の名残のようである。

注 **金閣寺→龍安寺**へバスの場合59に乗り、**龍安寺前**で下車、北へすぐ。注 京都バス停**花園黒橋**はJR踏切を越えた所。

●庭園コース(5)

洛南・宇治の名庭を訪ねる

京都駅 ―市バス19 25分→ ・城南宮 ❶城南宮（洛南61） 歩15分 ・竹田駅 ―近鉄 5分→ ・丹波橋駅（京阪にのりかえ） ―京阪（宇治線）25分（中書島でのりかえ）→ ・京阪宇治駅 歩7分 → ❷平等院（宇治64） 歩7分 ・京阪宇治駅 ―京阪（宇治線）7分→ ・六地蔵駅（バスにのりかえ） ―京阪バス 15分→ ・醍醐三宝院 ❸三宝院（洛南63下） ・醍醐三宝院 ―京阪バス 10分［随心院 徒歩の場合に寄っても可］→ ・小野 歩10分 → ❹勧修寺（洛南62） ・小野駅 ―地下鉄東西線 6分→ ・山科駅（JRにのりかえ） ―JR（東海道線）5分→ 京都駅

すこし離れた❶城南宮《じょうなんぐう》を省略して、❷平等院《びょうどういん》からスタートしてもよい。**所要約5時間。**

楽水苑《らくすいえん》。平安・室町・桃山・現代の各時代の特徴を巧みに取り入れて再現した昭和の庭。中根金作氏の作庭。北側の庭では春秋二回「**曲《きょく（ごく）》水《すい》の宴**」が催される。

池泉《ちせん》舟遊《しゅうゆう》式。阿字《あじ》池の中央に鳳凰《ほうおう》堂があり、経典に描かれた極楽浄土をこの世に現そうとする。浄土式庭園の典型。

醍醐寺《だいごじ》塔頭《たっちゅう》。***池泉鑑賞式**。豊臣秀吉《とよとみひでよし》が設計監督した。三段落ちの滝。鶴《つる》・亀《かめ》など三島を石橋・土橋でつなぐ構成も豪華。藤戸《ふじと》石をはじめ、石組《いしぐみ》も見事で、見飽きることがない。

氷池園《ひょうちえん》・書院前庭。**池泉舟遊式**。もとは北に寝殿《しんでん》があり、その南庭であった。池中の三島に平安時代の面影《おもかげ》がうかがえる。現宸殿《しんでん》南庭の勧修寺《かじゅうじ》型灯籠《とうろう》、ハイビャクシンの老木も一見に値《あたい》する。

注 **平等院→醍醐寺**（三宝院）へは、**六地蔵駅**から地下鉄東西線に乗り、**醍醐駅下車**東へ徒歩10分の行き方もある。

●庭園コース(6)

近現代の名庭を巡る

京都駅 ―JR奈良線 2分→ ・東福寺駅 歩5分 → ❶東福寺（洛南59）［光明院］［霊雲院］ ―徒歩10分→ ・東福寺 ―市バス202・207 10分→ ・祇園 ❷円山公園（洛東32下）［並河靖之七宝記念館］［ウェスティン都ホテル］ ―徒歩20分→ ❸無鄰菴（洛東34下）［ゆうりぞうと京都洛翠］ ―徒歩15分→ ❹平安神宮（洛東36） ・動物園前 ―市バス32・100 10分→ ・銀閣寺前 ❺白沙村荘（洛東37下） 歩5分 ・銀閣寺道 ―市バス5・100 40分→ 京都駅

東山山麓《ひがしやまさんろく》に点在する近現代の名作庭家の**小川治兵衛**《おがわじへえ》（七代）と**重森三玲**《しげもりみれい》の傑作を訪ねる。**所要約6時間。**

方丈《ほうじょう》庭園「八相庭」 昭和14年（一九三九）重森三玲作。南庭の立石と白砂紋、北庭の苔《こけ》と敷石の市松《いちまつ》模様が有名。塔頭**光明院《こうみょういん》「波心庭」**と塔頭**霊雲院《れいうんいん》「九山八海の庭」「臥雲《がうん》の庭」**も重森作庭の傑作。

小川治兵衛（七代）が**円山公園**内に明治43年（一九一〇）本格的**池泉回遊式庭園**を完成。**並河靖之《なみかわやすゆき》七宝記念館庭園**、**ウェスティン都ホテル葵殿《あおいでん》庭園**も治兵衛作庭。

明治の元勲《げんくん》・**山県有朋**《やまがたありとも》の別荘で、**庭園**は山県自ら設計・監督し、治兵衛が明治29年（一八九六）に作庭。**ゆうりぞうと京都洛翠《らくすい》庭園**は琵琶湖を模し、十一代治兵衛が修復。

池泉回遊式の**神苑**《しんえん》は**東苑・中苑・西苑・南苑**と分かれ、それぞれ四季折々の草花で彩る。明治28年（一八九五）から20年かけて治兵衛が作庭。

約二六〇〇坪の**池泉回遊式庭園**に**日本画家・橋本関雪**《かんせつ》が集めた石造美術品を数多く配置。建物や庭園の設計も関雪自身が行い、大正5年（一九一六）から作庭、幾度と拡張。平成12年（二〇〇〇）国指定名勝。（⇩P107）

●参考● **小川治兵衛**（七代）…京都府生まれ。近代日本庭園の先駆者（1860～1933）。**重森三玲**…岡山県生まれ。日本庭園を独学で学ぶ（1896～1975）。

庭の見どころ

時代による変化

■平安時代■

寝殿造《しんでんづくり》の庭は正面に凹字型の池を設け、竜頭鷁首《りゅうとうげきしゅ》の船を浮かべ詩歌管弦《しいかかん》の宴《うたげ》を催す。池は広くなければならない。**大沢の池**。

浄土式庭園は浄土曼茶羅《まんだら》の構図を基本とする。七宝池の中に島があり、池のほとりに、阿弥陀堂《あみだどう》と両側に伸びる翼廊《よくろう》や回廊がある。池では船遊び、中島には舞台を設けて奏楽し、極楽浄土へ人々を誘う。**平等院**。

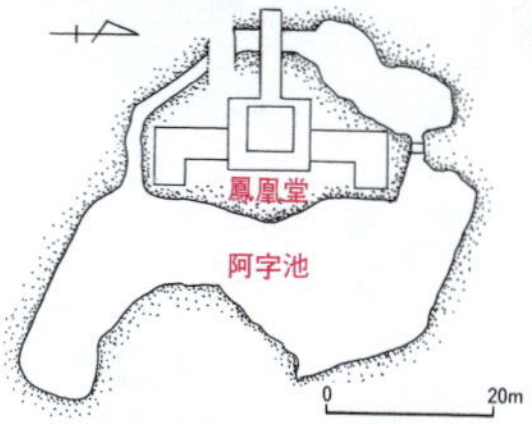

浄土式庭園（平等院）

■鎌倉時代■

武家の**書院造《しょいんづくり》**が主流となり、庭は大和絵《やまと》風のものから、岩石を多く用いて、北宋《ほくそう》山水画風の厳しい自然を表そうとする。池は舟遊《しゅうゆう》式から**回遊式**となり、規模も次第に小さくなる。**西芳寺《さいほうじ》**（苔寺《こけでら》）・**天龍寺《てんりゅうじ》**など。

天龍寺庭園

■室町時代■

前代の宋元画的な庭が発展。庭園も絵画と同様に**鑑賞されるもの**となり、自然の中の理想世界を抽象的に表現する。**禅宗**の影響が大きい。池は小さくなるか、全くなくなり、**枯山水**が誕生する。ほとんどが一か所に座って鑑賞する。**龍安寺《りょうあんじ》・銀閣寺**など。

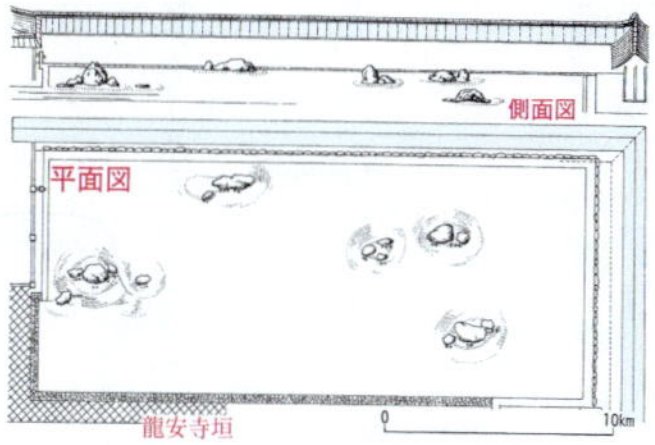

枯山水庭園（龍安寺）

■桃山時代■

戦国時代を戦い抜いた勝利者の庭は豪華絢爛《けんらん》、**権力を誇示するもの**であった。池は大きくなり、**回遊式**が多い。鶴《つる》島・亀《かめ》島などが石組《いしぐみ》で飾られ、それまでの庭では海上遙《はる》かかなたにあり、舟で行くものであった理想の蓬萊《ほうらい》島に、橋が架けられ、容易に行けるものとなった。**醍醐三宝院《だいごさんぼういん》・二条城二の丸庭園**など。

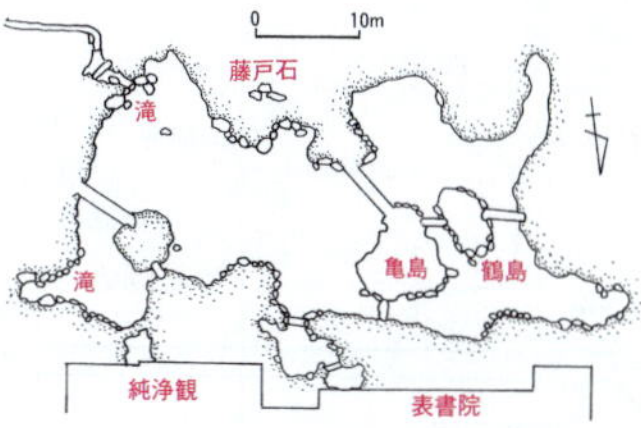

醍醐三宝院庭園

■江戸時代■

大名・貴族は、**大庭園**を造築した。そこにはありとあらゆる様式があった。全国の名所もあれば、田畑もある。茶席や東屋《あずまや》もそろっていた。**桂離宮《かつらりきゅう》・修学院離宮《しゅがくいんりきゅう》**、さらには京都ではないが、**金沢兼六《けんろく》園《えん》・岡山後楽園《こうらくえん》**の大名の庭園など。

金沢兼六園（石川県）

庭園の要素

《水》 水源をどこに求めるか、場所に制約がある。

池泉…舟遊びをする舟遊《しゅうゆう》式（大庭園になる）、回りを歩く回遊式、一所に座って眺める鑑賞式。

流れ…遣水《やりみず》を設けて曲水《きょくすい》の宴などを行う。城南宮《じょうなんぐう》の楽水苑《らくすいえん》。

滝…平地では高さに限界あり。大覚寺の名古曾《なこそ》の滝、法金剛院《ほうこんごういん》の青女の滝、金閣寺の竜門瀑《ばく》など が有名。石組《いしぐみ》で表すことも多い。

金閣寺竜門瀑石組

《樹木》 生長・繁茂すると、景観に変化を生じる（大庭園なら考慮の要は少ない）。日照の関係により育つ樹種に制約を生じる。

刈り込み…形・大きさを決められるが、人工的・装飾的な感じが拭《ぬぐ》えない。江戸時代の庭に多い。

花木、落葉樹…四季の変化を生じる。

《石》 変化がなく、**永遠性**を象徴する。その組み合わせにより、風景や思想も表現できる。

《砂》 花崗岩《かこうがん》の風化した白砂の、北白川産の白川砂が入手しやすい。円錐《えんすい》形の砂盛《すなもり》・砂紋《さもん》を描いて**変化**を与える。

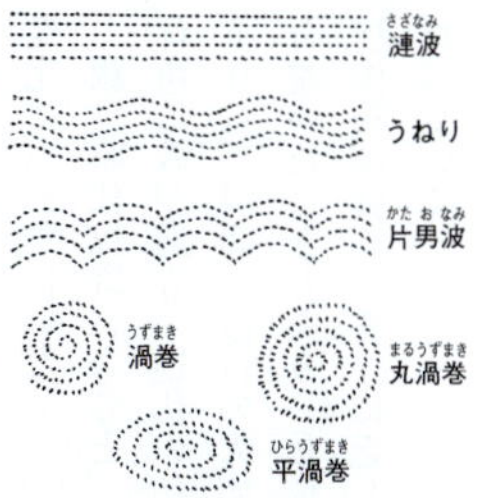

《遠景》 遠方に山などが見え、それを庭園の一部に取り入れ、**借景《しゃっけい》**とする。

借景式庭園（正伝寺）

平等院・阿弥陀如来坐像(宇治市)

京の仏像

京都に残る仏像の多くは、広隆《こうりゅう》寺の弥勒《みろく》菩薩《ぼさつ》半跏《はんか》思惟像《しいぞう》や大陸からの請来《しょうらい》仏を除いては、ほとんどが平安初期の貞観《じょうがん》時代の**密教《みっきょう》仏**、後期の藤原時代の**定朝《じょうちょう》様式**のもの、鎌倉時代の**運慶《うんけい》の流れ**を汲むものに大別でき、いずれも木像である。その点で奈良の諸仏のように変化に富んではいない。

鎌倉時代以降になると、鎌倉新仏教が造寺・造仏の功徳《くどく》よりも、信仰・修行の大切さを説いたこともあり、仏像の制作熱は衰え、秀作に乏しくなっていく。

●仏像コース(1)
東寺から六波羅蜜寺へ

京都駅 ―近鉄(京都線)2分― ・東寺駅 ―歩5分― ❶東寺 洛中21 ・九条大宮 ―市バス 202 208 15分― ・泉涌寺道 ―歩12分― ❷泉涌寺 洛南59下 ―徒歩25分― ❸三十三間堂 洛東29 ―徒歩20分― (国立博物館) ―❹六波羅蜜寺 洛東31 ―歩7分― ・清水道か五条坂 ―市バス 100 206 15分― 京都駅

時間に余裕のない場合は、コースの上で少し離れたところにある❷泉涌寺《せんにゅうじ》を省略する。徒歩中心のコース。**所要約5時間。**

講堂に**五大明王《みょうおう》・五仏・五大菩薩像《ぼさつぞう》**が**四天王像《してんのうぞう》**などとともに安置され、大半は平安初期を代表する密教仏《みっきょうぶつ》。羅城門《らじょうもん》から移した**兜跋毘沙門天像《とばつびしゃもんてんぞう》**は宝物館にある。(但し、宝物館は春秋それぞれ二か月間のみ開館。)

唐《とう》の玄宗《げんそう》皇帝が楊貴妃《ようきひ》をしのんで造らせたという、彩色も美しい**楊貴妃観音像《かんのんぞう》**は中国南宋《なんそう》時代のもので、一三世紀中ごろに渡来した。観音堂に安置する。

細長い本堂を埋める千体の**千手《せんじゅ》観音立像《ぞう》**の中央に、本尊**千手観音坐《ざ》像**が安置されている。いずれも鎌倉時代の仏師湛慶《たんけい》はじめその一門の作。**風神《ふうじん》・雷神《らいじん》、二十八部衆立像**も傑作。

毛髪を持つので「かつら掛け地《じ》蔵《ぞう》」と呼ばれる**地蔵菩薩立像**、唱《とな》えた念仏が仏像になっている**空《くう》也《や》上人《しょうにん》像**、経巻《きょうかん》を持つ伝**平清盛《たいらのきよもり》像**など、人間味にあふれる像が多い。いずれも収蔵庫にて。

注 **東寺宝物館**は３月下旬～５月下旬、９月下旬～ 11 月下旬ごろ開館。

●仏像コース(2)
西陣から洛西の仏像を巡る

京都駅 ―市バス 101 206 35分― ・千本今出川 ―歩5分― ❶大報恩寺 洛中26下 ―歩5分― ・千本今出川 ―市バス 6 206 など 5分― ・千本丸太町(のりかえ) ―市バス93 京都バス 15分― ・(市)花園扇野町 (京)花園黒橋 ❷法金剛院 洛西50下 ・花園黒橋 ―京都バス 5分― ・太秦《うずまさ》広隆寺前 ❸広隆寺 洛西50 ・太秦広隆寺前 ―京都バス 20分― ・嵯峨釈迦堂前 ❹清凉寺 洛西52 (二尊院) ・嵯峨釈迦堂前 ―市バス28 京都バス 45分― 京都駅

各寺院の間が離れている。❶から❷はバスの乗り換えに、❷から❸は徒歩の場合わかりにくい道に注意。**所要約5時間。**

千本釈迦堂《せんぼんしゃかどう》とも。**釈迦如来坐像《しゃかにょらいざぞう》**を本尊とする。本堂は京都市街で最古の建物。本堂西の霊宝殿に、釈迦に従う**十大弟子像・六観音像《ろくかんのん》**などを所蔵する。いずれも鎌倉時代の仏師快慶《かいけい》とその弟子たちの作。

収蔵庫を兼ねた仏殿《ぶつでん》に、定朝《じょうちょう》様式の**阿弥陀如来《あみだにょらい》坐像**などを安置する。**十一面観音《じゅういちめんかんのん》坐像**は華麗な装身具で飾られ、極彩色で十二天・二十八部衆の描かれた美しい厨子《ずし》に納められている。

国宝第一号の**弥勒菩薩半跏思惟像《みろくぼさつはんかしいぞう》**の存在があまりにも大きく、他の多くの仏像の印象が薄れるのはやむをえないが、平安初期の優れた仏像を数多く所蔵。霊宝殿にて。

嵯峨《さが》釈迦堂とも。釈迦在世のころの姿を像に刻《きざ》み、それを模写したものを更に写して中国から持ち帰ったのが本尊**釈迦如来立像**。異国的なお姿(清凉寺《せいりょうじ》式という)も人々の信仰を集めるもととなった。霊宝館にも多くの仏像を納める。

注 **清凉寺(嵯峨釈迦堂)霊宝館**は４月～５月、10 月～ 11 月の間だけ開館。

●仏像コース(3)
洛南・宇治の仏像を訪ねる

京都駅 ―JR奈良線 5分― ・JR稲荷駅 ―歩12分― ❶石峰寺 洛南60下 ―歩12分― ・JR稲荷駅 ―JR奈良線 20分― ・JR宇治駅 ―歩13分― ❷平等院 宇治64 ―歩7分― ・京阪宇治駅 ―京阪(宇治線)7分― ・六地蔵駅(地下鉄にのりかえ) ―地下鉄東西線 2分― ・石田駅 ―歩20分― ❸法界寺 洛南63下 ―歩15分― ・石田 ―京阪バス 10分― ・醍醐三宝院 ❹醍醐寺 洛南63 ・醍醐三宝院 ―京阪バス 20分― ・山科駅(JRにのりかえ) ―JR(東海道線)5分― 京都駅

❹**醍醐寺《だいごじ》**霊宝館(宝聚院《ほうじゅいん》)は公開期日に注意。上《かみ》醍醐の拝観は下《しも》醍醐で拝観可能か問い合わせてから登ること。**所要約5時間。**

江戸末期の異色の画家伊藤若冲《じゃくちゅう》の下絵によって彫った**五百羅漢《らかん》石仏群**。中でも、釈迦《しゃか》の一代記を表す群像は出色である。

鳳凰堂《ほうおうどう》の本尊**阿弥陀如来坐像《あみだにょらいざぞう》**は、平安時代を代表する仏師定朝《じょうちょう》の現存する唯一の作。和様《わよう》仏像の頂点を示す。天井下の**雲中供養菩薩《うんちゅうくようぼさつ》**五十二体の大半は定朝とその弟子の作で、鳳翔館《ほうしょうかん》にて展示。

阿弥陀堂の本尊**阿弥陀如来坐像**は、鳳凰堂の本尊とよく似ていて、定朝の影響を強く受けている。美しい天蓋《てんがい》も見落とせない。

金堂《こんどう》には本尊**薬師《やくし》三尊像**など。霊宝館(宝聚院)には**如意輪観音《にょいりんかんのん》・聖《しょう》観音・閻魔《えんま》天像**などがある。上醍醐薬師堂には**薬師三尊像**など創建時の古仏が多く残されている。

注 **醍醐寺霊宝館(宝聚院)**は３月下旬～５月上旬、10 月上旬～ 12 月上旬ごろ開館。前もって問い合わせること。

仏像の見どころ

時代に見る特徴

■天平《てんぴょう》時代■

皇族・貴族が国家や一族のために造った。彼らの好みからか、優美でわかりやすいものが多い。奈良の**東大寺《とうだいじ》**・**興福寺《こうふくじ》**・**唐招提寺《とうしょうだいじ》**の**諸仏**など。末期には国家の権力と結びついて俗化した。

東大寺・不空羂索観音像《ふくうけんさくかんのんぞう》

■平安時代・前期（貞観《じょうがん》）■

堕落した都市仏教を避けて深山にこもって修行する修行者が現れる一方、空海《くうかい》が真言《しんごん》密教を説き、禁欲的で厳しく、神秘感に満ちた相貌《そうぼう》の像が造られた。奈良では**新薬師寺**の本尊**薬師如来像**、京都では**神護寺薬師如来像**《じんごじやくしにょらいぞう》、**東寺**《とうじ》の密教**諸仏像**など。

神護寺・薬師如来像

■平安時代・後期（藤原）■

文物《ぶんぶつ》のすべてが日本化し、貴族好みの、女性的で優雅な像が多く造られた。仏師**定朝**《じょうちょう》の様式が代表。**平等院阿弥陀如来坐像**《あみだにょらいざぞう》のほか、**法界寺**《ほうかいじ》・**法金剛院**《ほうこんごういん》**の阿弥陀像**など。

法金剛院・阿弥陀如来坐像

■鎌倉時代■

男性的で力強く、また写実的で玉眼を多く用いた。奈良仏師**運慶**《うんけい》とその一派が代表。**三十三間堂**・**六波羅蜜寺**《ろくはらみつじ》・**大報恩寺**《だいほうおんじ》（千本釈迦堂）などに彼らの作が多く残っている。

六波羅蜜寺・伝運慶像

仏像の種類

《如来《にょらい》》

悟りを開いた者。「仏」とは厳密にはこの如来をさす。頭部に特徴があり、粗末な衣だけを着て装飾はつけない（大日《だいにち》如来は例外）。**釈《しゃ》迦《か》・薬師・阿弥陀・大日**など。

阿弥陀如来像（平等院）

《菩薩《ぼさつ》》

将来仏になるべく、修行中の者。如来の慈悲の面を表し、優しい相貌を見せる。如来は出家後の釈迦の姿だが、菩薩は太子のころの釈迦をモデルとする。宝冠・宝髻《ほうけい》・天衣《てんね》・裳《も》を着け、胸・腕などにも飾りを着ける。**観音**《かんのん》（十一面観音など）・**文殊**《もんじゅ》・**普賢**《ふげん》・**日光**・**月光**《がっこう》・**地蔵**など。

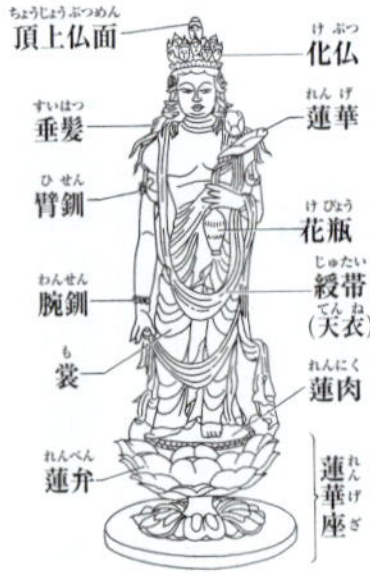

十一面観音像（奈良・法華寺）

《明王《みょうおう》》

真言陀羅尼《だらに》（呪文《じゅもん》）を保持する者。如来の厳しさを表し、忿怒《ふんぬ》の姿で衆生《しゅじょう》を叱《しか》りつける。髪は炎のようで、手に悪を懲《こ》らす道具を持つ。**不動**《ふどう》・**降三世**《ごうざんぜ》・**金剛夜叉**《こんごうやしゃ》・**愛染**《あいぜん》など。

不動明王像（東寺）

《天部《てんぶ》》

ヒンズー教・バラモン教の神々をとり入れた。男性は甲冑《かっちゅう》姿で沓《くつ》をはき、足下に邪鬼《じゃき》を踏む。女性はひれ袖《そで》のついた長い袂《たもと》の上着、下には下着と裳を着け、沓をはく。**持国天**《じこくてん》・**増長天**《ぞうじょうてん》・**広目天**《こうもくてん》・**多聞天**《たもんてん》・**吉祥天**《きっしょうてん》・**金剛力士**《こんごうりきし》**像**など。

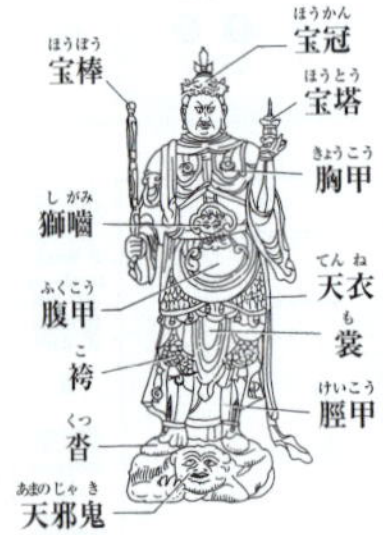

毘沙門天（多聞天）像（浄瑠璃寺《じょうるりじ》）

主な印相《いんぞう》

仏像の手の種々な形。

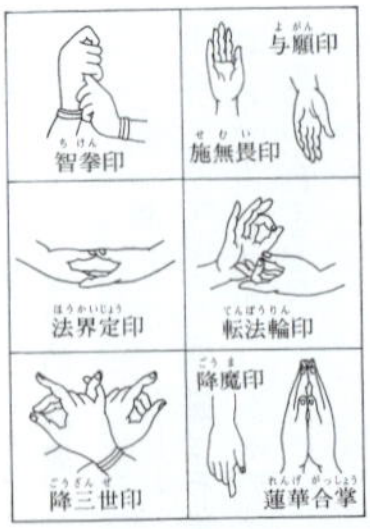

仏像の時代による流れ

時代＼種類	釈迦如来	薬師如来	阿弥陀如来	大日如来	弥勒菩薩	聖観音	十一面観音	地蔵菩薩	不動明王	四天王	十二神将	二十八部衆	仁王
飛鳥	◉	○	△	△	◉	○	△	△	△	○	△	△	△
白鳳	◉	○	○	△	◉	○	△	△	△	○	△	△	○
天平	◉	◉	△	△	◉	○	○	△	△	○	○	△	○
弘仁	◉	◉	○	◉	△	◉	○	○	○	◉	△	△	△
藤原	○	◉	◉	◉	△	◉	○	◉	◉	◉	◉	△	○
鎌倉	◉	○	◉	○	○	○	◉	◉	◉	◉	○	○	◉
室町	◉	○	◉	○	○	○	◉	◉	◉	◉	◉	◉	◉
桃山	◉	○	◉	◉	○	○	○	◉	◉	◉	○	◉	◉
江戸	◉	○	◉	○	○	○	○	◉	◉	○	◉	○	◉

（◉多い　○やや多い　△少ない）

二条城・襖絵《ふすまえ》「松に孔雀図」（狩野探幽《かのうたんゆう》筆）

京の名画

平安京を母胎《ぼたい》として、外来文化の模倣から脱して、日本独自の文化が育った。文学では漢詩・漢文をしのいで、和文による傑作が数多く生まれた。

絵画の方でも、大陸の風景・人物を画題とした唐絵《からえ》と並行して、身の周りの自然・風俗を描く**大和絵**《やまとえ》が描かれるようになり、近世の**宗達**《そうたつ》・**光琳**《こうりん》、さらには**応挙**《おうきょ》・**呉春**《ごしゅん》らへと続き、近代の京都画壇へと受け継がれる。

京都に残された名画を見ることは、日本美術史上の名画のほとんどを見ることになる。

●絵画コース(1) 洛東の名画を訪ねる

京都駅 → 市バス 100・206・208 10分 → ・東山七条 → ❶智積院(洛東29下) → 徒歩5分 → ❷養源院(洛東29下) → 徒歩5分 → ❸国立博物館(洛東29下) → ・博物館三十三間堂前 → 市バス 206 15分 → ・知恩院前 → 歩5分 → ❹青蓮院(洛東34下) → 歩7分 → ・東山三条 → 市バス 5・100・206 25分 → 京都駅

市美術館　国立近代美術館*

❸～❹は、時間のある人は東山五条北東の五条坂から産寧坂《さんねいざか》～高台寺～円山公園(⇩P98)を徒歩で行く手も。**所要約4時間。**

❶ 大書院の障壁画《しょうへきが》「**桜・楓図**《かえでず》」*(長谷川《はせがわ》等伯《とうはく》・久蔵《きゅうぞう》父子筆)その他が収蔵庫に展示されている。金地に極彩色《ごくさいしき》で描かれた絵は桃山時代のみならず、日本美術を代表する。〔桃山〕。

❷ 襖絵《ふすまえ》「**松図**」、杉戸絵「**唐獅子**《からじし》**に白象図**」「**波に麒麟図**《きりんず》」(俵屋宗達《たわらやそうたつ》筆)。装飾的手法に宗達の画風がよく表れている。〔江戸〕。

❸ 新館に館蔵品や各社寺から寄託された**国宝・重文クラス**の名品が展示されている。適宜《てきぎ》陳列替えが行われ、ふだん見られないようなものに出会える。旧館は主として特別展示用として開館される。

❹ 宸殿《しんでん》浜松の間《ま》の襖絵《ふすまえ》「**浜松の図**」は、土佐派による大和絵《やまとえ》風のもの。杉戸絵「**祇園会山鉾図**《ぎおんえやまぼこず》」は住吉具慶《ぐけい》の筆と伝える。〔江戸〕。また、不動明王の名画**青不動***(複製)も展示。〔鎌倉〕。

注 **国立博物館**は新館(平常展示館)建て替え工事に伴い、旧館(特別展示館)での特別展開催期間以外は全館休館中(2014年春まで)。

●絵画コース(2) 洛中の名画を訪ねる

京都駅 → 近鉄(京都線)2分 → ・東寺駅 → 歩10分 → ❶観智院(洛中21下) → 徒歩20分 → ❷西本願寺(洛中23) → ・西本願寺前 → 市バス 9 10分 → ・二条城前 → ❸二条城(洛中24) → ・二条城前駅 → 地下鉄東西線2分 → ・烏丸御池駅(のりかえ) → 地下鉄烏丸線5分 → ・今出川駅 → 歩5分 → ❹承天閣美術館(洛中25下) → 歩5分 → ・今出川駅 → 地下鉄烏丸線4分 → ・北大路駅(バスにのりかえ) → 市バス 1・37 25分 → ・神光院前 → 歩15分 → ❺正伝寺(洛北40下) → 歩15分 → ・神光院前 → 市バス 9 40分 → 京都駅

中心は❷の書院と❸二《に》の丸御殿《まるごてん》の襖絵《ふすまえ》。時間の都合で❹❺のいずれかを選ぶ。**所要約6時間。**

❶ 東寺塔頭《とうじたっちゅう》。客殿上段の間《ま》の障壁画「**鷲**《わし》**の図**」は宮本武蔵《むさし》の筆と伝える。〔江戸〕。(公開時期注意。)

❷ 書院・対面所の「**商山四皓図**《しょうざんしこうず》」「**西**《せい》**王母図**《おうぼず》」、白書院の「**帝鑑図**」など中国の事跡を描く。いずれも渡辺(狩野《かのう》)了慶《りょうけい》筆と推定。北能舞台に面した狭屋《さや》の小壁の「**武蔵野図**《むさしのず》」の繊細さも捨て難い。〔桃山〕。

❸ **二の丸御殿**の遠侍《とおざむらい》は道味と真節、式台・大広間は探幽《たんゆう》、小広間は尚信《なおのぶ》、御座の間は興以《こうい》というように**狩野派**の画家の**障壁画**が彩りを飾っている。〔江戸〕。

❹ 相国寺境内《しょうこくじけいだい》にあり、その末寺の宝物を展示。金閣寺《きんかくじ》大書院蔵の「**葡萄**《ぶどう》**・芭蕉図**《ばしょうず》」(伊藤若冲《じゃくちゅう》筆)その他、屏風《びょうぶ》・仏画・頂相《ちんぞう》(禅宗高僧の肖像)などを随時公開している。〔江戸〕。

❺ 方丈《ほうじょう》の襖絵《ふすまえ》「**淡彩山水図**」は狩野山楽《さんらく》の筆になり、水墨を主とする落ち着いたもの。〔桃山〕。

注 **西本願寺大書院**は事前申し込み制。注 **観智院**は春秋一時期のみ公開。

●絵画コース(3) 宇治・洛南の名画を訪ねる

京都駅 → JR奈良線20分 → ・JR宇治駅 → 歩13分 → ❶平等院(宇治64) → 歩7分 → ・京阪宇治駅 → 京阪(宇治線)7分 → ・六地蔵駅(地下鉄にのりかえ) → 地下鉄東西線2分 → ・石田駅 → 歩20分 → ❷法界寺(洛南63下) → 歩15分 → ・石田 → 京阪バス10分 → ・醍醐三宝院 → ❸宝聚院(洛南63) → 徒歩3分 → ❹三宝院(洛南63下) → ・醍醐三宝院 → 京阪バス20分 → ・山科駅(JRにのりかえ) → JR(東海道線)5分 → 京都駅

❸**宝聚院**《ほうじゅいん》(醍醐寺《だいごじ》霊宝館)は開館の日が限られているので注意を要する。**所要約5時間。**

❶ **鳳凰堂壁扉画**《ほうおうどうへきひが》*。「**九品来迎図**《くぼんらいごうず》」と「**日想観**」が描かれている。鳳凰堂のものは模写。宝物館(鳳翔館《ほうしょうかん》)に保存されているが、剥落《はくらく》・落書きが甚だしい。〔平安〕。

❷ 阿弥陀《あみだ》堂内陣の柱に「**十二光仏**」、小壁に「**雲中飛天**」などが描かれ、貴重な絵画遺品となっている。〔平安〕。

❸ 醍醐寺塔頭《たっちゅう》。寺宝を納める霊宝館。「**過去現在因果経**《いんがきょう》*(絵因果経)」は我が国最古の絵巻物といわれる。〔天平〕。俵屋宗達《たわらやそうたつ》筆の「**扇面散図**《せんめんちらしず》」「**舞**《ぶ》**楽図**《がくず》」。〔江戸〕。その他、「**五大尊像**」*などの仏画も多い。〔平安〕。

❹ 醍醐寺塔頭。表書院の障壁画《しょうへきが》「**柳図**」「**山水秋草図**」などは長谷川《はせがわ》等伯《とうはく》一派の筆になる。他に「**賀茂**《かも》**詣図**《もうでず》」も異色のものである。〔桃山〕。

注 **宝聚院(醍醐寺霊宝館)**は3月下旬～5月上旬、10月上旬～12月上旬ごろ開館。前もって問い合わせること。

絵画の見どころ

京都・絵の流れ

国宝・重文級の名画は京都にも多いが、掛け軸・巻物は収蔵庫などに保管され、目に触れる機会は少ない。それに比べて建築物に付属する「壁画」「襖絵《ふすまえ》」など、いわゆる「障壁画《しょうへきが》」は比較的目にすることができる。古都の名画巡りはどうしても「障壁画」に片寄るのはやむをえないだろう。

■障壁画と屏風《びょうぶ》・大和絵《やまとえ》■

障壁画は古くは法隆寺壁画、平安時代のものには平等院鳳凰堂《ほうおうどう》の**阿弥陀《あみだ》浄土図・九品来迎図《くぼんらいごうず》**、一部しか残らないが、法界寺**阿弥陀堂・**三千院**往生《おうじょう》極楽院**などがある。宮殿では紫宸殿《ししんでん》に「賢聖障子《けんじょうのそうじ》」、清《せい》涼殿《りょうでん》に「**荒海障子《あらうみのそうじ》**」「**昆明池障子《こんめいちのそうじ》**」のあったことが『枕草子』などにも出てくる。これらは手法・画題から中国風の唐絵《からえ》と呼ばれる。一方、貴族の日常生活の場を飾ったのは和歌を伴う四季・名所・年中行事などの絵を描いた屏風で、**大和絵《やまとえ》**と呼ばれた。その代表は京都国立博物館にある「**山水屏風**」(平安後期)である。

荒海障子(南面)

■大和絵《やまとえ》＝絵巻物■

中世の大和絵は**絵巻物**に主流が移り、現在目に触れる機会が多いのが高山寺《こうざんじ》「**鳥獣人物戯画《ちょうじゅうじんぶつぎが》**」、北野天満宮《てんまんぐう》「**北野天神縁起《てんじんえんぎ》絵巻**」などである。だが、禅宗とともに中国から入ってきた水墨画《すいぼくが》に圧されて影が薄くなる。

北野天神縁起絵巻　大宰府に左遷され、都をしのんで涙する道真。

鳥獣人物戯画(部分)

■唐絵《からえ》＝水墨画■

唐絵は、大徳寺に残る南宋《なんそう》の牧谿《もっけい》の絵を始め多くの**水墨画**が輸入され、その掛け軸を鑑賞するために書院造《しょいんづくり》の一要素である押板《おしいた》(床《とこ》の間《ま》)が設けられるほどもてはやされた。日本人も水墨画を学び、妙心寺塔頭《たっちゅう》退蔵院「**瓢鮎図《ひょうねんず》**」(如拙《じょせつ》)、京都国立博物館「**天橋立図《あまのはしだてず》**」(雪舟《せっしゅう》)などの傑作が生まれた。雪舟と同門で周文に学んだ狩野正信《かのうまさのぶ》は、足《あし》利《かが》将軍家にお抱えの絵師として仕え、狩野派の祖となった。

瓢鮎図《ひょうねんず》(部分)

■狩野派の絵画■

正信の子**元信《もとのぶ》**(一四七六〜一五五九)は狩野派を大成、大徳寺塔頭大仙院の襖《ふすま》絵《え》(現在は屏風)を残した。元信の孫**永徳《えいとく》**(一五四三〜九〇)は、安土《あづち》城・聚楽《じゅらく》第《だい》に金碧《きんぺき》の大障壁画を描き、豪華絢爛《けんらん》な桃山時代を代表する様式を確立したが、作品は大徳寺塔頭聚《じゅ》光院《こういん》などに残るのみである。

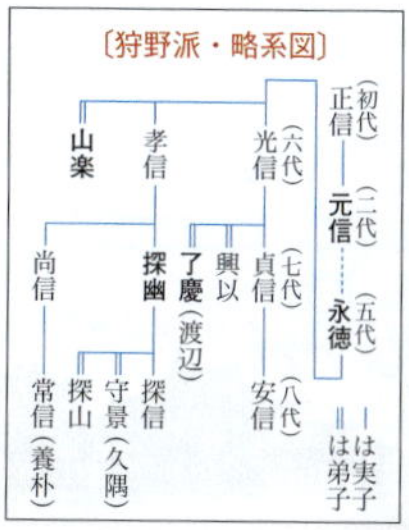

永徳没後は**山楽《さんらく》**(正伝寺・大覚寺)、**渡辺了慶《りょうけい》**(西本願寺)などが出た。また**探幽《たんゆう》**は江戸に下って幕府の御用絵師となり、江戸狩野派と呼ばれた。二条城の障壁画の制作者には二〇代の探幽・尚信《なおのぶ》兄弟、六〇代の山楽・興以《こうい》の名が見え、狩野派の画家が総出で制作に当たったことが窺《うかが》える。狩野派は室町以来公的な場の障壁画を描き、その絵は松に鷹《たか》、牡丹《ぼたん》・菊、瀟湘《しょうしょう》八景など中国的な題材が主であった。

狩野探幽「竹虎図《ず》」(部分・南禅寺)

■長谷川等伯《はせがわとうはく》・俵屋宗達《たわらやそうたつ》ら■

狩野派に対抗して、松に草花、山水秋草・桜・楓《かえで》と日本的な画題が、**長谷川等伯**一派によって描かれ、智積院《ちしゃくいん》・三宝院などに襖絵《ふすまえ》として残る。しかしこの流派は余り続かず、むしろ**俵屋宗達**が描く養源院襖絵、醍醐《だいご》寺《じ》霊宝館(宝聚《ほうじゅ》院《いん》)「**舞楽図《ぶがくず》**」「**扇面散図《せんめんちらしず》**」など日常生活に溶け込む格式ばらない絵に見るべきものがある。宗達の流れは**尾形光琳《こうりん》**らに受け継がれる。

長谷川等伯「楓図《かえでず》」(智積院)

二条城・二の丸御殿（中京区）

京の名建築

古都京都の建築物で、現存するもののうち、市街地で最も古いのが**大報恩寺**《だいほうおんじ》（千本釈迦堂《せんぼんしゃかどう》）**本堂**（一二二七）、周辺部では**醍醐寺**《だいごじ》**五重塔**《ごじゅうのとう》（九五二）である。

古いものの大半は倒壊・焼失し、現存するのは桃山時代以降のものが多い。しかし、木造建築物の並ぶ大都会で、これだけ残っているのはむしろ奇跡に近いといえるかもしれない。

残された貴重な遺産のうち、国宝で拝観可能なものを中心に巡るコースを考えてみた。

●建築コース(1)
洛中の名建築を見る

京都駅 ―市バス 9・50・101 15分→ ・二条城前 ❶**二条城**（洛中24） ―徒歩10分→ ・堀川御池 歩5分 ❷**二條陣屋**（洛中24下） ―市バス 9 10分→ ・西本願寺前 ❸**西本願寺**（洛中23） ―徒歩20分→（少しそれて**東本願寺**も見たい） ❹**東寺**（洛中21）**観智院** ―徒歩20分→ 京都駅

❷二條陣屋《にじょうじんや》と❸西本願寺書院は事前申し込み制。注意を要する。所要約5時間。

*二の丸御殿は六棟が雁行《がんこう》（雁の列のようにはすかいに組んだもの）、大小の破風《はふ》（屋根の切妻《きりづま》についている装飾板）と飾り金具、重なる瓦屋根《かわら》が堂々として美しい。内部も徳川将軍の権威を誇示し、豪壮華麗。〔江戸〕。

小川家住宅。**数寄屋《すきや》風書院造《しょいんづくり》の町家の遺構**○である。入洛した大名の宿泊所として、火災・敵襲などに備えた陣屋建築にもなっていて、忍者屋敷の観もある。〔江戸〕。

*書院。対面所と白書院を中心とする大規模な書院造。*北能舞台は現存最古の能舞台。*飛雲閣《ひうんかく》は三重で各階の屋根が変化に富む（非公開）。*唐門《からもん》の彫刻は色彩が華麗。「日暮《ひぐら》しの門」と俗称される。〔桃山〕。

*金堂《こんどう》は一重、裳階《もこし》付き。大仏様《だいぶつよう》の挿肘木《さしひじき》を用い、大仏殿の形式に倣《なら》う。薬師《やくし》三尊を安置する。〔桃山〕。*五重塔《ごじゅうのとう》は純和様で古式を残す。〔江戸〕。塔頭《たっちゅう》**観智院《かんちいん》客殿***は客殿と住坊を兼ねる。〔桃山〕。

注 ❹**東寺**から**京都駅**は**近鉄東寺駅**まで歩き（約5分）、**近鉄京都線**に乗ってもよい（1駅約2分）。

●建築コース(2)
稲荷大社から東山に沿って上る

京都駅 ―JR奈良線 5分→ ・JR稲荷駅 ❶**伏見稲荷大社**（洛南60） ―徒歩20分→（**光明院**） ・東福寺 ❷**東福寺**（洛南59） ―市バス 208 10分→ ・博物館三十三間堂前 ❸**三十三間堂**（洛東29） ―市バス 100・206 10分→ ・博物館三十三間堂前 ・清水道 歩10分 ❹**清水寺**（洛東30） ―徒歩30分→（**産寧坂**（三年坂）・**高台寺**・**八坂神社**） ❺**知恩院**（洛東34）・知恩院前 ―市バス 206 25分→ 京都駅

徒歩中心のコース。❹～❺は少し長いが、京都で一・二の楽しい散歩道である。所要約5時間。

○**本殿**は流造《ながれづくり》の大きなものであるが、拝殿との間がきわめて狭く、前からの姿はとらえにくい。〔室町〕。○**御茶屋**は書院風茶席。仙洞御所《せんとうごしょ》から移したもの。〔桃山〕。

*三門は二重・入母屋造《いりもやづくり》で大仏様《だいぶつよう》の挿肘木《さしひじき》を用いる。○**禅堂**（僧堂）は一重裳階《もこし》付き、切妻造《きりづまづくり》。○**東司《とうす》**（便所）は切妻造。いずれも中世の建築様式を伝える貴重なもの。〔室町〕。

*本堂。一重・入母屋造。正面三十五間《けん》、側面七間の長大な建物で、内部は二重虹梁《こうりょう》に蛙股《かえるまた》を置き、中央を除いて天井を張らず、和様《わよう》を用いている。〔鎌倉〕。

*本堂。寄棟造《よせむねづくり》で三方裳階付き、正面左右に翼廊《よくろう》が出ている。この複雑で、美しい曲線を描く屋根を頂く建物は、**懸崖造《けんがいづくり》**（舞台造《ぶたいづくり》）と呼ばれるものである。〔江戸〕。

*三門は二重・入母屋造。我が国最大の三門。*御影堂《みえいどう》（本堂）は内・外陣《げじん》に分かれ、外陣は広い畳敷きで、多くの信者の礼拝の場となっている。○**方丈《ほうじょう》**は書院造《しょいんづくり》。〔江戸〕。

●建築コース(3)
東山南禅寺を北上して下鴨へ

京都駅 ―市バス 5 30分→ ・南禅寺・永観堂前 歩10分 ❶**南禅寺**（洛東35） ―徒歩20分→ ❷**平安神宮**（洛東36）・京都会館美術館前 ―市バス 5・32・100 10分→ ・銀閣寺前（32・100） ・銀閣寺道（5） 歩5～8分 ❸**銀閣寺**（洛東37） 歩8分 ・銀閣寺道 ―市バス 5 10分→ ・一乗寺清水町 歩20分 ❹**曼殊院**（洛北42） 歩25分 ・修学院駅 ―叡山電鉄 8分→ ・出町柳駅 歩15分 ❺**下鴨神社**（洛中27）・下鴨神社前 ―市バス 4・205 35分→ 京都駅

❶と❷の間は、「哲学の道」を歩く場合はその順序を変える。所要約6時間。

*大方丈《ほうじょう》は入母屋造《いりもやづくり》で、一五九〇年造営の清涼殿《せいりょうでん》を御所から移したといわれる貴重なもの（異説もある）。○**三門**は二重・入母屋造、上層からの見晴らしがよい。〔江戸〕。

平安遷都《せんと》千百年記念として平安京の**応天門《おうてんもん》・大極殿《だいごくでん》**を約三分の二に縮小して再現。大極殿の左右には**蒼竜楼《そうりゅうろう》・白虎楼《びゃっころう》**をおく。平安京の華麗さを十分にしのべる。〔明治〕。

*銀閣（観音殿《かんのんでん》）は二重・宝形造《ほうぎょうづくり》。二階は仏殿風、一階は住宅風で腰高障子《しょうじ》を用い中世風。*東求堂《とうぐどう》は入母屋造。内部には茶室の祖形の**同仁斎《どうじんさい》**や**持仏堂《じぶつどう》**などがある。〔室町〕。

大小二棟の○**書院**があり、寄棟《よせむね》の数寄屋《すきや》風書院造で、寺院風ではない。小《こ》書院黄昏《たそがれ》の間から眺める庭は、印象的。〔江戸〕。

歴史は平安以前と古い。*本殿は流造《ながれづくり》で、神社の本殿として最も一般的な、流造の基本となっているものである。〔江戸〕。

建築

京都美術文化財案内

●建築コース(4)

洛北上賀茂から洛西仁和寺へ

京都駅 → 市バス⑨ 40分 → ・上賀茂御薗橋《みその》 → 歩 5分 → ❶上賀茂神社（洛北40） → 歩 5分 → ・上賀茂御薗橋 → 市バス⑨㊲ 10分 → ・北大路堀川 → 歩 5分 → ❷大徳寺（洛北39） → ・大徳寺前 → 市バス204 205 12など 10分 → ・金閣寺道（12は金閣寺前まで行く） → 歩 3分 → ❸金閣寺（洛西47） → 徒歩 25分（平野神社） → ❹北野天満宮（洛中26） → 歩 5分 → ・北野白梅町駅 → 京福北野線 7分 → ・御室《おむろ》仁和寺駅 → ❺仁和寺（洛西49） → ・御室仁和寺 → 市バス㉖ JRバス 40分 → 京都駅

国宝建築の多い超豪華コース。時間がなければ、❷からはじめてもよい。**所要約6時間。**

***本殿**は流造《ながれづくり》。下鴨《しもがも》神社と並び、社殿の基本。○**拝殿**（細殿）は前庭に円《えん》錐《すい》形の砂盛りが立つ。山の緑に、朱塗りの楼門・廻廊《かいろう》などの社殿が映《は》え、華麗である。〔江戸〕。

唐門**は聚楽第《じゅらくだい》から移した豪華なもの。〔桃山〕。○**三門**（金毛閣《きんもうかく》）は利休《りきゅう》ゆかりのもの。〔桃山〕。**仏殿**等は禅宗《ぜんしゅう》様《よう》。〔江戸〕。塔頭**大仙院本堂《たっちゅうだいせんいん》は入母《いりも》屋造《やづくり》で方丈《ほうじょう》建築の基本形。〔室町〕。

舎利殿《しゃりでん》（**金閣**）は三重の楼閣・宝形《ほうぎょう》造《づくり》。二・三階に金箔《きんぱく》が貼《は》りつめてあるので「金閣」と呼ばれる。〔室町・昭和再建〕。

本殿**・拝殿**は権現造《ごんげんづくり》。本殿と拝殿の入母屋造の屋根を、石の間《ま》で連結する。屋根の形が複雑で八棟造《やつむねづくり》と呼ばれる。○**中門**・○**廻廊**・○**東門**なども同時期のもの。〔桃山〕。

***金堂**《こんどう》は御所の紫宸殿《ししんでん》を移したもの。屋根を瓦葺《かわらぶき》に、内部を仏堂に改めたが、全体の規模・構造は変わらない。〔桃山〕。○**二王門**《におうもん》・○**五重塔**《ごじゅうのとう》はこの寺を代表する建造物。〔江戸〕。

注 京都駅から❶**上賀茂神社**へは④に乗り、**上賀茂神社前下車**（終点）の行き方もある。ただし、60分近くかかる。

●建築コース(5)

洛南・宇治の名建築を訪ねる

京都駅 → JR奈良線 20分 → ・JR宇治駅 → 歩 13分 → ❶平等院（宇治64） → 歩 7分 → ・京阪宇治駅 → 京阪（宇治線） 3分 → ・京阪黄檗《おうばく》駅 → ❷万福寺（宇治64下） → ・京阪黄檗駅 → 京阪（宇治線） 4分 → ・六地蔵駅（地下鉄にのりかえ） → 地下鉄東西線 2分 → ・石田駅 → 歩 20分 → ❸法界寺（洛南63下） → ・石田 → 京阪バス 10分 → ・醍醐三宝院 → ❹醍醐寺（洛南63） → 徒歩 数分 → ❺三宝院（洛南63下） → ・醍醐三宝院 → 京阪バス 20分 → ・山科駅（JRにのりかえ） → JR（東海道線） 5分 → 京都駅

宇治上神社

古く、しかも第一級のものを巡る。❸は歩くには少し遠いが、一見の価値あり。**所要約6時間。**

***鳳凰堂**《ほうおうどう》（**阿弥陀堂**《あみだどう》）。中堂は裳階《もこし》付き・入母《いりも》屋造《やづくり》。左右に延びる翼廊《よくろう》は、角の宝形造《ほうぎょうづくり》の楼閣から手前に折れ曲がり、切妻造《きりづまづくり》の破風《はふ》を見せる。極楽浄土の荘厳《そうごん》さを表す。〔平安〕。

○**三門**から○**法堂**《はっとう》までが一列に並び、それらを囲む諸堂は左右対称に。床《ゆか》は土間、円窓や卍《まんじ》くずしの勾欄《こうらん》、建物正面の額、左右の柱の聯《れん》など、すべて中国風である。〔江戸〕。

***阿弥陀堂**は裳階付き・宝形造。内部中央一間《けん》四方に仏壇。内陣の四本の柱と天井下の小壁に天人《てんにん》その他を描く。本尊の周囲を念仏しつつ歩く常行堂《じょうぎょうどう》の形式。〔平安〕。

五重塔**《ごじゅうのとう》は奈良時代の形式を残すが、内部は板敷の床で、次代の形式への過程を見せる。金堂**《こんどう》は入母屋造で随所に平安の様式を残す。上醍《かみだい》醐《ご》にも***薬師堂**《やくしどう》などが残る。〔平安〕。

唐門**《からもん》は扉《とびら》の雄大な桐《きり》の紋《もん》に桃山の気風が感じられる。表書院**の上段の間には床《とこ》と違棚《ちがいだな》だけあり、寝殿《しんでん》造《づくり》の風を留《とど》める。○**宸殿**《しんでん》は書院造で、違棚は天下の三棚の一つ。〔桃山〕。

法界寺・阿弥陀堂（伏見区）

万福寺・卍くずしの勾欄《こうらん》（宇治市）

建築の見どころ

神社建築

起源は日本固有の宮殿建築に始まる。大和《やまと》・飛鳥《あすか》時代以前に成立したらしく、伊勢《いせ》神宮（神明造《しんめいづくり》）・出雲《いずも》大社（大社造）・住吉《すみよし》大社（住吉造）は、我が国固有の建築様式を伝えている。

奈良時代後期に仏教の影響を受けて、①**春日造**《かすがづくり》（奈良・春日大社）・②**八幡**《はちまん》**造**（京都・石清水《いわしみず》八幡宮）が、平安時代に入って③**流造**《ながれ》（京都・上《かみ》賀茂《がも》、下鴨《しもがも》神社）・④**日吉**《ひえ》**造**（大津・日吉大社）ができたといわれる。

①春日造

②八幡造

③流造

④日吉造

⑤**権現造**《ごんげんづくり》は八幡造の本殿と拝殿との間に石の間を設け、この三つを工の字型に結ぶ。北野天満宮《てんまんぐう》は権現造の変形で、拝殿の左右に楽の間の棟二つが加わって複雑な構成となり、**八棟造**《やつむね》と呼ばれる。⑥**祇園造**《ぎおん》（京都・八坂《やさか》神社）は寺院建築に最も近い。

⑤権現造

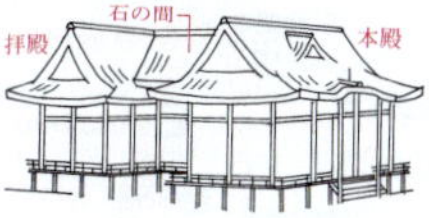

⑥祇園造

寺院建築

本来は外来のものだが、中世に**大仏**《だいぶつ》（天竺《てんじく》）**様**《よう》・**禅宗**（唐《から》）**様**が入ってくるまでのすべてを**和様**と呼ぶ。それぞれ特徴はあるが、目立ってわかりやすい見所を何点か挙げる。

▼**和様**…蛙《かえる》（蟇）股《また》・連子窓《れんじまど》・板唐戸《いたからど》。
▼**禅宗様**…詰組《つめぐみ》・花頭窓《かとう》・桟唐戸《さんからど》。
▼**天竺様**…挿肘木《さしひじき》・桟唐戸。

蛙股

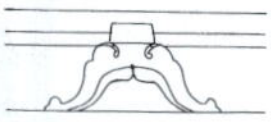

詰組

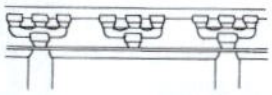

挿肘木

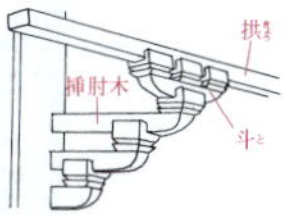

連子窓

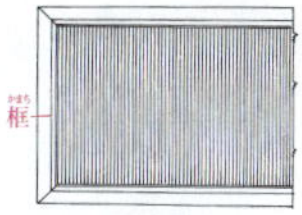

花頭窓

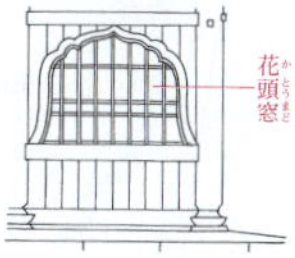

伽（がらん）藍

七堂《しちどう》**伽藍**というが、七堂が何をさすか、時代・宗派によって異なり、七つあるとは限らない。

塔《とう》　三重・五重のような**多重塔**と**多宝塔**がある。塔は本来、仏舎《ぶっしゃ》利《り》を納めるものであったが、平安初期には法舎利（経典）を納めるものへ変化し、心柱が掘立式から地上式に変わる。

金堂《こんどう》　中堂・本堂・仏殿《ぶつでん》とも呼ばれる。寺院の中心。本尊を安置する。

講堂《こうどう》　法堂《はっとう》とも。説教と経典の講義を行う所。

鐘楼《しょうろう》**・鼓楼**《ころう》　鐘《かね》をついたり、太鼓《たいこ》を打ったりする所。

経蔵《きょうぞう》　経文《きょうもん》を納めておく蔵《くら》。経堂。

僧房・食堂《じきどう》　僧房は僧侶《そうりょ》の住居。

僧堂　禅堂。禅僧が座禅をする所。

庫裏《くり》（庫裡）**・庫院**　寺の台所。

方丈《ほうじょう》　長老・住持《じゅうじ》（寺のあるじの僧）の居住する所。

塔頭《たっちゅう》　寺の境内にある僧の住居。方丈・庫裏をもち、独立する。

三門《さんもん》　禅宗寺院の正門で、古代奈良の寺の中門に当たる。悟りを開くための三つの門（空門・無相門・無作門＝三解《げ》脱《だつ》門の略）。平安時代には寺院は山に建てられ、寺の門を「**山門**」と呼んだので、それと混用されることも多い。

住宅建築

■寝殿造《しんでんづくり》■

平安時代。建物は左右対称が原則。中心は**寝殿**で、主《あるじ》の居住、公式の接客場所。内部は固定した仕切りは少なく、屏風《びょうぶ》・几帳《きちょう》・障子《しょうじ》（取り外し可能な襖《ふすま》）などを用いた。床は板張りで、座る部分に畳などを用いた。天井は張らない。

寝　殿　造

■書院造《しょいんづくり》■

室町時代ごろに完成。内部の間仕切りにほぼ固定した引き違い戸を用い、室内に畳を敷きつめた。天井を張り、板戸・明《あか》り障子《しょうじ》を用い、作り付けの違い棚や押板《おしいた》（床《とこ》の間《ま》の前身）などを設ける。銀閣寺東《とう》求堂《ぐどう》が古い遺構。

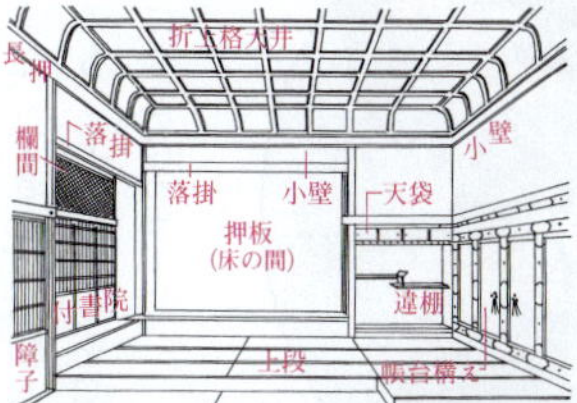

書　院　造

その後に、書院造が発展した形式が「**広間**《ひろま》」である。二の間《ま》・三の間と並べ、上手《かみて》の一の間には床《とこ》・棚・付け書院（書院窓）・帳台構《ちょうだいがま》えを設け、一段高くして、上段の間と呼んだ。内部装飾も障壁画・欄《らん》間《ま》の彫刻・格天井《ごうてんじょう》など豪華であった。**二条城**など。

■数寄屋造《すきやづくり》■

茶室の簡素を第一とする様式を住居に取り入れたもの。土壁・皮付きの柱・畳敷きの床の間・障子窓など、書院造に茶室の要素を取り入れた。**現代の一般住宅にも影響**を与えた。

③ 京の文化を「体感」する

清水焼・
ろくろを回す

京を体験

千二百年の歴史を誇る京都だが、その連綿と続く歴史を支えてきたのは**京都の住民**。教科書で教わる歴史を表の歴史とすれば、それを裏で支えてきたのが庶民の生活であった。

都に住む京都人の日常生活に、今なお様々な行事や風習、産業として歴史が息づいている。また、日本の**伝統文化**は**京都をルーツ**とするものも多い。そうした京都の今をかいま見、できれば体験してみるのも、生きた歴史を知ることになるだろう。

京町家めぐり

全体注意！ 体験どころを訪れる場合、条件等が変更されることもあるので必ず前もって問合せをしておこう。

杉本家住宅
すぎもと け じゅうたく

大規模な**大店《おおだな》の町家《まちや》**。国の重要文化財。京格子《こうし》や出格子、犬矢来《いぬやらい》、土塗りの虫籠窓《むしこまど》など、京都の風情《ふぜい》あるたたずまいを今に伝える。母屋《おもや》は、表通りに面する店舗部と裏の居住部を取合部《とりあいぶ》でつなぐ表屋造《おもてやづく》り。もとは江戸中期の寛保《かんぽ》3年(一七四三)、伊勢国松坂《いせのくにまつさか》出身の初代杉本新右衛門が「奈良屋」の屋号で創業した呉服店。現在の家屋は幕末の大火後の明治3年(一八七〇)に再建されたもの。

▼保存会会員のみ見学可。年に3回の一般公開あり。要問合せ。綾小路《あやのこうじ》通の正面外観は常に見物できる。

[問合先（保存会）☎075-344-5724]

地下鉄 四条駅下車西へ徒歩 7 分

冨田屋
とんだ や

明治18年(一八八五)に建造されたもので、店舗と奥の住居からなる表屋造りと呼ばれる明治期の**典型的な呉服問屋の大店《おおだな》の町家**。伝統的商家の趣をよく残しており、母屋・離れ・三つの蔵が国の登録有形文化財。

▼町家見学、「しきたりを学ぶ」は要予約。有料。着付やお茶席の体験もできる。

[問合先☎075-432-6701]

市バス 今出川大宮下車南へ徒歩 3 分

紫織庵
し おりあん

江戸後期の名医・荻野元凱《おぎのげんかい》が医院を開業。その後、大正15年(一九二六)、室町《むろまち》の豪商・四代目井上利助が、元凱時代そのままに、武田五一《ごいち》が設計した当時最新のライト様式の洋間を加えて新築。「**大塀造《だいへいづく》り**」と呼ばれる、医者や芸術家、大店の隠居用に建てられた**町家建築の代表**。京都市指定有形文化財、京都府医学研究会史跡に指定。現在、京友禅の長襦袢《ながじゅばん》を展示する美術館として公開。

▼見学は要予約。

[問合先☎075-241-0215]

地下鉄 烏丸御池駅下車南西へ徒歩 5 分

堀野記念館
ほりの きねんかん

キンシ正宗の**堀野家の旧本宅**。天明元年(一七八一)、初代松屋久兵衛がこの地に創業したことに始まる。酒蔵《さかぐら》は、明治13年(一八八〇)に伏見《ふしみ》に移されたが、江戸時代の酒造りや、幕末から明治にかけての**町家の生活文化を紹介する記念館**として、屋敷や蔵を公開。ガイド説明あり。母屋と天明蔵、文庫蔵は京都市有形文化財。文庫蔵の前には、京の三大名水のひとつ「染井《そめい》の水」と同じ水脈の「桃の井」が湧《わ》いていて、自由に飲むことができる。

▼火曜休館・他もあり、要確認。

[問合先☎075-223-2072]

地下鉄 丸太町駅か烏丸御池駅下車東へ徒歩 10 分

京町家とは?

一般的な京町家は

間口が狭く奥行きが深い、俗に「**うなぎの寝床**」といわれる短冊形の敷地を持つ。昔、間口の幅によって税金を掛けられていた名残《なごり》とも。

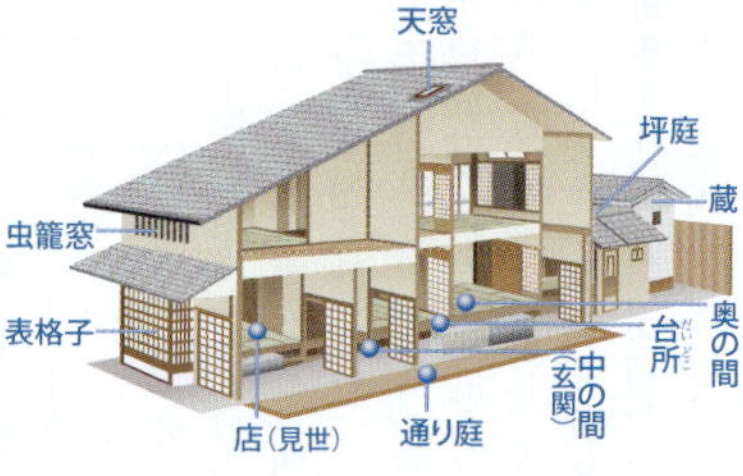

(町家平面図⇨ P11 参照)

表の格子戸をくぐると土間が奥に向かって伸び、それに沿って職人の仕事場や商売のための**店(見世)の間**、客を迎える**中の間(玄関)**と続く。**台所《だいどこ》**から奥の部屋がプライベートスペース。

土間は**通り庭**と呼ばれ、竈《かまど》(おくどさん)や流しがあるキッチンスペースは**走り庭**といい、**火袋**と呼ばれる吹き抜けの天井に、美しい梁組《はり》が見える。

さらに奥に入ると、便所や風呂などの水回り、**坪庭**、**蔵**などがある。

四条京町家
しじょうきょうまちや

明治43年（一九一〇）に鋼材卸商《おろししょう》の隠居所として建てられた、典型的な**表屋造《おもてやづく》りの町家**。店の間から通り庭に沿って、玄関、台所、奥の間が縦一列に続き、奥には蔵がある。二階には座敷や控えの間も。京都市が保存のために改修し、今はNPO法人として一般公開。昔ながらの井戸や「おくどさん」、五《ご》右衛門風呂《えもんぶろ》も残る。季節ごとに変えられるしつらえで、町家の暮らしぶりを体感できる。1・2階はレンタルスペースとしても利用可（有料）。
▼水曜休館。

［問合先☎075-255-0801］

市バス 四条西洞院下車北へすぐ

西村家別邸
にしむらけべってい

上賀茂神社の東側には、道路脇《わき》を流れる明神川《みょうじんがわ》に沿って、同社神職の住宅「社家《しゃけ》」が連なり、社家町を形成。明神川に架かる小橋を渡ると、土塀に囲まれた古風な門構えの奥に棟の低い母屋《おもや》があり、土塀越しの緑が影を落とす。庭には池を設けて川から水を引き、禊《みそ》ぎの水に用い再び川に戻す。**旧錦部《にしごり》家住宅**。上賀茂神社の東側には…

［問合先☎075-781-0666］

市バス 上賀茂神社前下車東へ徒歩5分

二條陣屋（小川家住宅）
にじょうじんや（おがわけじゅうたく）

二条城の南に位置し、米・両替商の萬屋平右衛門《よろずやへいえもん》の店舗併用住宅だった。萬屋は公事師《くじし》（民事裁判の弁護士か司法書士のような役割）として身を起こしたといわれ、公判を待つ武士が逗留《とうりゅう》する**公事宿**であったとも。現存の屋敷には、天窓に見せかけた武《む》者隠《しゃかく》しや吊《つ》り階段・隠し階段などの仕掛けがあり、また、畳を上げると能舞台となるお能の間など工夫や意匠が凝らされている。**数寄屋《すきや》造りと書院造りを折衷《せっちゅう》した町家建築**。国の重要文化財。
▼水曜休。高校生以上。要予約、時間指定あり。

［問合先☎075-841-0972］

地下鉄（東西線）二条城前駅下車南西へ徒歩5分

上京歴史探訪館
かみぎょうれきしたんぼうかん

かつて平安京の内裏《だいり》があった**西陣の一角**にある築九十年の小さな**京町家**。京都らしさを今に残す上京の歴史や魅力を紹介している。周辺は、文政年間創業の老舗《しにせ》をはじめとする町家が建ち並び、昔の風情が残っている。
▼通年の土・日に開館。要確認。

［問合先☎075-812-2312］

市バス 堀川下立売下車西へ徒歩10分（京・町家文化館内）

細長い通り庭は 靴を脱がずに通り抜けできるので、人の出入りや商品の出し入れに便利。また、風の通り道でもある。台所の**天窓**は煙出しと明かりとりを兼ね、**坪庭《つぼにわ》**も同じく室内への採光と通風に役立っている。とくに夏は坪庭に水を打つことで、室内に涼風を呼ぶことができる。

町家の実体は 江戸中期に確立したといわれるが、蛤御門《はまぐりごもん》の変（一八六四）の「**どんどん焼け**」でほとんど消失した。現存する町家の多くは明治〜大正に再建されたもの。

近年、町家の景観は エコロジカルな仕組みが見直されている。古い町家を再生し、現代的に住みやすく改装した**新しい町家**が注目され、店舗や住まいとして活用されている。また、京都市の**景観条例の施行**によって、町家を基本とした京都らしい街並みを復活させる試みも始まっている。

「新しい」町家

八木邸《やぎてい》（新選組壬生屯所跡《しんせんぐみみぶとんじょあと》）

壬生《みぶ》の**郷士の屋敷**で、八木源之丞《げんのじょう》が江戸後期に建てた。長屋門や与力窓、出格子など、風格のある構えで、**新選組**が離れ座敷を最初の屯所とした。現在は京菓子司・京都鶴屋鶴寿庵《つるやかくじゅあん》を営み、その隣の屋敷を一般公開（⇩P108）。芹沢鴨《せりざわかも》が襲われた座敷には、鴨居に当時の刀傷が残っている。京都市指定有形文化財。▼不定休。

［問合先（京都鶴屋鶴寿庵）☎075-841-0751］

市バス 壬生寺道下車南へ徒歩1分

京都生活工藝館 無名舎《きょうとせいかつこうげいかん むめいしゃ》

吉田家住宅。祇園祭《ぎおんまつり》のいわゆる鉾町《ほこまち》、京呉服の問屋街「室町《むろまち》」の一角にあり、建物は白生地《しろきじ》問屋を商った**京商家の典型**ともいうべき表屋造り。

予約すれば見学ができ、坪庭《つぼにわ》のある昔ながらの京町家のしつらえを体験できる。

祇園祭の期間は**屏風《びょうぶ》祭**も行われる。

京都市の歴史的意匠建造物、景観重要建造物に指定。▼不定休。見学は前日までに要予約。

［問合先☎075-221-1317］

地下鉄 四条駅下車北西へ徒歩10分

京都文化博物館《きょうとぶんかはくぶつかん》

京都の歴史と文化の紹介を目的として、**平安遷都一二〇〇年記念**に創立された博物館。**2階の歴史展示室**で、古代～大正時代に至る京の街の様子を模型や映像で紹介。京町家や通り、時代風俗が肌身に伝わってくるようだ。1階の「ろうじ店舗」では江戸末期の京町家の表構えを復元。▼月曜休館。常設展は19時30分まで開館。

［問合先☎075-222-0888］

地下鉄 烏丸御池駅下車南東へ徒歩5分

瀧澤家住宅《たきざわけじゅうたく》

匠斎庵《しょうさいあん》と呼ばれ、鞍馬《くらま》街道沿いに残る**保存状態の良い町家**。母屋は宝暦10年（一七六〇）建築の木造2階、格子窓にウダツ（防火用として妻壁を屋根より高くおいたもの）がある。江戸中期の町家遺構として価値が高い。重要文化財。一階はぜんざい・くずきりなどの甘味処《どころ》。二階が見学できる。▼見学は土曜・日曜・祝日のみ。

［問合先☎075-741-3232］

叡山電鉄 鞍馬駅下車北へ徒歩7分

●京町家の見どころ

虫籠窓《むしこまど》：二階の天井が低い、中二階の構造が多かった町家の二階正面の窓。縦格子を漆喰《しっくい》で塗り込めたもので、虫《むし》籠《かご》のように見えるのでこの名がある。

格子：さまざまな種類があり、格子の形状でその家の職業がわかるほどだった。光や風を通しながらも視界を遮る役目を果たす。

犬矢来《いぬやらい》：割竹などで建物の外壁や塀の下部に作った仮の囲い。雨の跳ね返りや犬を避ける目的で設置するが、竹の曲線が、京町家に独特の表情を作り出す。

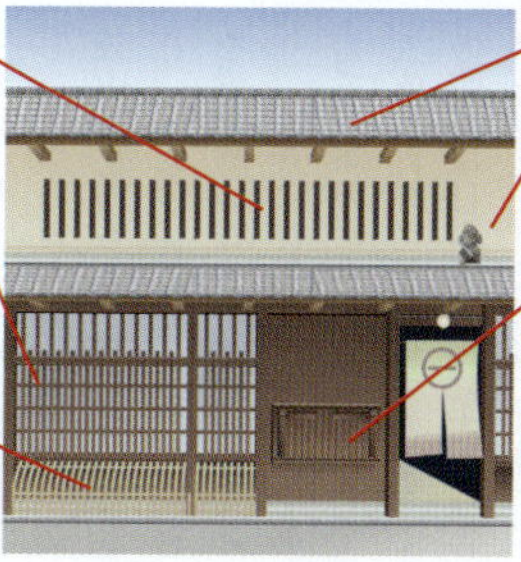

一文字瓦《いちもんじがわら》：軒先の水平線が強調され、下端がまっすぐで一切飾りを施さない瓦の葺《ふ》き方。

鍾馗《しょうき》さん：京町家の門口の上、通り庇《びさし》の上によく祀《まつ》られている瓦《かわら》製の鍾馗人形。疫鬼をはらう魔除けの神として信仰されている。

ばったり床几《しょうぎ》：店の間の外側に作り付けられた縁台。使わないときは折りたためるようになっている。使うときに前にばったり倒すのでこの名がついた。

鍾馗さん

伝統文化体験めぐり

茶道　古香庵（細見美術館）

こ こうあん（ほそみ びじゅつかん）

茶道の歴史や**お作法**などのショートレクチャー、基本的なお点前《てまえ》デモンストレーションの後、自分で茶筅《ちゃせん》を振って薄茶を点《た》て、季節の生菓子とともにいただく**ミニ体験型**の内容。日本美術の粋を集める美術館の茶室であり、茶道関連展覧会もよく催されている。▼不定休。2名以上で受付。前日の午前中までに要予約。修学旅行生向きプログラムも。

［問合先☎075-752-5555］

市バス　東山二条下車東へ徒歩３分

茶道　美好園茶舗

び こうえんちゃ ほ

仏壇・数珠《じゅず》・香の店が並ぶ西本願寺の門前町・仏具屋町。明治5年（一八七二）の創業から、**本願寺御用達の御茶司**を務めてきた老舗《しにせ》。また、西本願寺の茶道師家である茶道藪内《やぶのうち》流の御家元にも抹茶《まっちゃ》を納め、店には代々の宗匠から銘を受けた抹茶も多く、宗匠好みのお茶を味わうことができる。抹茶とお菓子をいただく**抹茶体験コース**と簡単な作法を学ぶ**茶会体験コース**の2つがある。▼日・祝休（相談可）。前日までに要予約。

［問合先☎075-371-1013］

市バス　西本願寺前下車東へすぐ

華道　未生流笹岡家元

み しょうりゅうささおかいえもと

華道未生流家元で学ぶ「**盛花《もりばな》**」**体験**（約1時間）。大正初期に始まる生け花の流派で、初心者にもわかりやすい指導と、自然を重んじる生け花が特徴。大正時代に建てられた家元邸には、庭園内に茶室もあり、家元で体験ができるのは魅力的でもある。**華道コース**に、**茶道も加えたコース**もある。▼日・火・土（午前）休。1週間前までに要予約。

［問合先☎075-781-8023］

市バス　飛鳥井（あすかい）町下車東へ徒歩３分（未生会館）

香道　香老舗 薫玉堂

こうろうほ くんぎょくどう

香道《こうどう》は平安時代から楽しまれている日本三大芸道のひとつ。**香道の作法を体験**し、香炉の持ち方、聞き方などを学ぶ。また、香りの歴史や香道についてのお話をうかがう。▼第4土曜のみ開催。10時〜、14時〜。2日前までに要予約。

［問合先☎075-371-0162］

市バス　西本願寺前下車東へすぐ

茶道《ちゃ(さ)どう》は「茶の湯」

ともいい、抹茶《まっちゃ》を飲む作法を中心に、実生活のみならず精神生活までつながる幅広い総合芸術として発展した。平安時代、中国原産の茶が日本に伝わった当初は、薬と考えられていた。

鎌倉時代に**栄西《えいさい》**によって再び茶が持ち帰られるが、茶の湯として成立したのは、室町時代の東山《ひがしやま》文化のもと、**村田珠光《むらたじゅこう》**による。珠光の「草庵《そうあん》茶の湯」の精神を受け継いだのが**武野紹鷗《たけのじょうおう》**であり、さらに哲学性・審美性を加えて、茶の湯を「侘《わび》茶道」として大成したのが**千利休《せんのりきゅう》**である。この侘茶は日本の文化に大きな影響を与えた。その後、利休の子孫の京都の三千家（表千家・裏千家・武者小路《むしゃのこうじ》千家）を中心に、多くの流派が生まれ、現在に至っている。

表千家・裏千家のある小川通（上京区）

茶道資料館《ちゃどうしりょうかん》

茶道

茶道の家元である**裏千家の資料館**で茶道体験。**立礼式**《りゅうれい》といういすに座って行う点前《てまえ》(作法)で抹茶をいただき、**茶道の精神**に触れられる。事前予約をすれば、講師の指導も。また茶道具、茶の湯に関する美術工芸品や資料も見学。年間4回程の企画展も開催され、関連講演会や講座等もある。▼月休、展示準備期間休。体験は10人まで。1週間前までに要電話予約。

[問合先☎075-431-6474]

市バス 堀川寺ノ内下車すぐ

妙心寺《みょうしんじ》

坐禅・法話

禅宗の**臨済**《りんざい》**宗妙心寺派大本山**での修行体験。心の乱れを整えて行う**坐禅**《ざぜん》、心に響く**法話**の体験、**作務**(清掃)などを体験。広い境内には、南北朝時代、花園法皇が高僧を招いて開いた三門や仏殿、法堂《はっとう》など数々の建造物が並ぶ。多くの重要文化財や、史跡・名勝に指定された庭園があり、46もの塔頭《たっちゅう》に囲まれている。▼不定休。小・中・高校生(修学旅行団体)のみ受付。1か月半前までに要申し込み。

[問合先(宗務本所)☎075-463-3121]

JR 花園駅下車東へ徒歩5分 市バス 妙心寺前下車北へ徒歩3分

法住寺《ほうじゅうじ》

写経・坐禅

平安時代の末期、**後白河法皇**《ごしらかわ》は院政をここで行い「**法住寺殿**」と呼ばれた。そのゆかりの寺で**写経**と**坐禅**を体験する。また、法皇は今様《いまよう》という当時の歌謡を好み書物を制作し、この今様の解説や法話も聞ける。三十三間堂の隣にあり、後白河法皇の信仰した本尊の身代わり不動明王が有名な寺。毎月第3日曜日午前10時～食事付きの写経会があり、食事作法の指導付きの精進料理も体験。▼不定休。坐禅は5人以上で受付。1週間前までに電話で要予約。

[問合先☎075-561-4137]

市バス 博物館三十三間堂前下車南へすぐ、東山七条下車南へ徒歩3分

高台寺《こうだいじ》

坐禅・茶道

「ねね」と呼ばれた豊臣秀吉の妻の北政所《きたのまんどころ》が、秀吉を弔うため建てた寺で、ねねもここで亡くなった。**坐禅**や**法話**、**茶道**が体験できる。貴重な建築物が多く残り、このうち霊屋《おたまや》の中に描かれた蒔絵《まきえ》は、**高台寺蒔絵**として有名。▼不定休。10人以上で受付。2週間前までに電話で要予約。

[問合先☎075-561-9966]

市バス 東山安井下車東へ徒歩5分

華道《かどう》とは四季折々の

植物材料を花器に挿して、その命の尊さや姿の美しさを表現し、観賞する芸術。神仏へのお供えに始まる花を飾る文化が、室町時代、書院造《しょいんづくり》の床の間を飾る花として発達、華道家元の**池坊**《いけのぼう》を始め数多くの流派を生んだ。その教えは技術にとどまらず、**礼儀作法**、**人間性や生き方**といった思想的なものにまで及ぶ。

香道《こうどう》とは作法に基づき

香木《こうぼく》をたいて、その香りを鑑賞する日本独自の芸道。香木は仏教とともに伝来し、平安貴族の間では、室内や衣類に香をたきこめる空薫物《そらだきもの》や、たいた香の優劣を競う**薫物合**《たきものあわせ》が流行した。香道として成立したのは室町時代、足利義政《あしかがよしまさ》のころ。香道では「**香りを聞く**」といい、香席では源氏物語や和歌などの文学的主題を数種の香を用いて表現し、鑑賞する**組香**《くみこう》が行われるようになった。

源氏物語に見る薫物合(風俗博物館・模型)

伝統工芸 体験 めぐり

●陶芸・京菓子・友禅染など

陶芸 青窯会会館《せいようかいかいかん》

京焼・清水《きよみず》焼の体験学習。素焼きの生地に呉須《ごす》（絵具）で絵を描く**絵付け体験**や、手動のろくろを回す**手びねり体験**ができる。初心者はもとより、プロを目指す教室も開かれ、懇切ていねいな指導のもとに、観光旅行者や修学旅行生が気軽に陶芸体験を楽しめる。絵付けは約10日後、手びねりは約30日後に学校や自宅へ届けられる。▼日・祝休。団体は1週間前までに要予約。

［問合先☎075-531-5678］

市バス 泉涌寺道下車東へ徒歩５分

陶芸 コトブキ陶春《ことぶきとうしゅん》

山科《やましな》清水焼団地にある**清水焼の窯元《かまもと》**。見学のほかに、湯《ゆ》呑《の》み・花びんなどの素焼の器に、気軽に**下絵をつける体験**や**手びねりの体験**ができる。体験作業時間は40分程度。作品は約4～5週間後に郵送される。▼12～2月の日・祝休。「手びねり」は要予約。団体要予約。

［問合先☎075-581-7195］

京阪バス 清水焼団地下車すぐ

くみひも 安達くみひも館《あだちくみひもかん》

先生から手順を教わりながら、**くみひも作りを体験**。人気の携帯ストラップコースは、好きな色糸のセットを選んでくみひもを作り、房をつけるなどの仕上げを経て、当日持ち帰り可。他に、帯締め・ベルト、髪飾り、ブレスレットのコースもある。くみひもに関する資料展示館もある。▼不定休（休館日体験相談可）。当日までに要予約。体験者は展示館無料。

［問合先☎075-432-4113］

地下鉄 丸太町駅下車北へ徒歩５分

京菓子 井筒八ッ橋本舗《いづつやつはしほんぽ》

せんべいに似た堅い琴形の「**八ッ橋**」作りに挑戦。まず紺色の衣装に着替え、「**焼き子さん**」に変身。専用の押し木やテキ（鉄の棒）といった道具を使って、32枚の八ッ橋を焼く。自分で手描きしたシールを張った缶に八ッ橋を入れたら完成。記念にもなってうれしい。▼年中無休。前日までに要予約。空きがあれば当日可。

［問合先☎075-255-2121］

市バス 四条河原町下車西へ徒歩５分「京極一番街」内

京くみひもの歴史は古く、正倉院御物《しょうそういんぎょぶつ》にもあるほどで、装束や冠《かんむり》の紐《ひも》、甲冑《かっちゅう》や馬具、巻物、楽器、箱など様々なものに使われた。現在も、帯締めや羽織《はおり》の紐などの**和装関係**、**茶道の袋物**、**髪飾り**など用途は広い。丸台などを使って数十本の糸を組みあげ、へらで打ち締めていく。基本組みで四十種類、模様の変化を含めると**三千五百種類**もあるとされる。

京漆器《しっき》は平安京の官営工房漆部司《ぬりべのつかさ》の技術を継承した職人たちによって発展。室町期に茶の湯文化とともに広まり、漆器の中心地として栄えた。桃山期～江戸初期の**高台寺蒔絵《まきえ》**、**本阿弥光悦《ほんあみこうえつ》・尾形光琳《こうりん》**らの作品は有名。肉付きを薄くした瀟洒《しょうしゃ》な仕上げが特徴。現在は棗《なつめ》などの茶道具を主体に、高い品質とデザイン性を誇る。

絞り染め

京都絞り工芸館《きょうとしぼりこうげいかん》

「**京都の絞り染め**」専門の美術館。緻密《ちみつ》で美しい絞り染め作品の見学ができ、正絹地を使った**絞り染め体験**ができる。数種類の図柄の中から生地を選び、ふくさを絞って染める。絞り台を使い、絞り技術者が丁寧に指導。修学旅行生や団体15名～にはお得なコースもある。二条城も近く、ついでに寄るのも便利。▼不定休（土・日・祝は要確認）。要予約。

[問合先☎075-221-4252]

地下鉄（東西線）二条城前駅下車西南へ徒歩5分

友禅染

京都伝統産業ふれあい館《きょうとでんとうさんぎょうふれあいかん》

伝統産業製品の展示や紹介を行う施設。型紙を利用して友禅《ゆうぜん》染をする**摺型《すりがた》友禅染体験**ができる。コースター、ハンカチ、うちわ、ランチョンマット、Tシャツなどが、多数の絵柄サンプルの中から選んだ好みの柄で染められる。▼京都市勧業館「みやこめっせ」の地下一階。8月臨時休あり。平日は団体のみ（2週間前に要予約）。エプロンなどの用意が必要。

[問合先☎075-762-2670]

地下鉄（東西線）東山駅下車北へ徒歩10分

絵付・版画
匂い袋など

EN家 体験工房 創《えんや たいけんこうぼう そう》

京都の景色が一望できるスペースで、**素焼きの土鈴人形の絵付け**、香りを調合する**匂《にお》い袋作り**などの工芸体験ができる。他に京扇子の絵付けや、木版画、京こま、金彩色紙作り、京七宝《しっぽう》、象嵌《ぞうがん》、七味唐辛子《とうがらし》調合など、さまざまな製作体験ができる。同じフロアに工芸実演コーナーがあり、職人との交流も楽しめる。平安神宮の裏にあり、お参りした後に寄りやすい。▼正月期間外無休。要予約。少人数の場合は予約不要。

[問合先☎075-761-0142]

市バス 熊野神社前下車東へ徒歩5分（アミタビル3F）

友禅染

丸益西村屋《まるますにしむらや》

築約70年の京町家型複合施設「繭-MAYU」内にある**京友禅体験工房**。友禅染の一技法である摺込《すりこみ》友禅が気楽に体験できる。小風呂《ふろ》敷《しき》やTシャツ・扇子・ポーチなど素材は約二十種類、図案は約五百種類の中から好きなものが選べる。▼三箇日《さんがにち》以外無休。前日までに要予約。団体二五〇名まで、約一か月前までに要予約。

[問合先☎075-211-3273]

地下鉄（東西線）二条城前駅下車東南へ徒歩5分

京扇子は 古代の木簡《もっかん》をルーツとし、檜《ひのき》の薄板をつないだ**檜扇《ひおうぎ》**が始まりとされる。やがて紙と竹でできた**紙扇《かみせん》**が作られ、一三世紀ごろに中国に輸出。それがヨーロッパで洗練され、日本へ逆輸入されて**絹《きぬ》扇《せん》**を生み出した。涼をとる目的以外に、様々な儀式で使われ、**慶弔用**、**茶扇**、**舞扇**など装飾用途も多い。製造は工程ごとに分業化されており、かつては五条大橋辺りに扇屋が集まっていた。

京七宝《しっぽう》は 金属地に釉薬《ゆうやく》を焼き付けて装飾する技法で古代オリエント生まれ。7世紀日本に伝来、江戸後期に独自技術が完成。京都では琳派《りんぱ》や京焼の伝統を受け継ぐ**京七宝**に発展した。明治初期、ドイツ人ワグネルの指導によって透明釉薬が使われ始め、**並河靖之《なみかわやすゆき》**らの繊細で華麗な作品が、世界的に評価された。

伝統工芸と文化を歩く

京都の伝統工芸と伝統文化に関する施設は数多い。その中でも各分野を代表する所を中心に**実際に歩いて回るコース**を紹介してみたい。

清水焼を訪ねる

（伝統工芸）

五条坂を中心に**清水焼**《きよみずやき》などを探る徒歩中心のコース。**所要約3時間。**

京都駅 →（市バス206 13分）→ ・馬町 → **①河井寛次郎記念館**（洛東）→（徒歩15分）→ **②京都陶磁器会館**（洛東）五条坂・茶わん坂 →（徒歩5分）→ **③近藤悠三記念館**（洛東）→（歩10分）→ ・五条坂 →（市バス206・100 15分）→ 京都駅

山科川田に清水焼団地もある

①民芸運動家および陶芸作家として業績を残した河井寛次郎旧宅を公開。遺作・収集した**民芸品・作業場・登**《のぼ》**り窯**《がま》などを展示。

②**清水焼のすべて**―土産物《みやげ》から高級品までを展示・即売する。定期的に焼き物作家の個展や企画展、京焼き制作の実演も行っている。

③中国元《げん》時代に始まる染付《そめつけ》技法の伝統を受け継ぎ、**清水焼**に新しい境地を開いた近藤悠三《ゆうぞう》。その生家・仕事場跡に作品・日常愛用品を展示。中でも**染付大皿**は世界最大といわれる。

［案内］五条通では毎年8月7～10日に「五条坂陶器祭り」が行われる。

ガイド

京都駅から市バスで馬町《うままち》下車、西へ。一筋目を右(北)へ入るとすぐ、**①河井**《かわい》**寛次郎**《かんじろう》**記念館**がある。

①の前を北へ行くと五条通へ出るが、もとの馬町通へ戻り西へ下る。右手に赤煉《れん》瓦造りの建物(明治のタバコ王村井天狗《てんぐ》堂の工場跡)があり、その次の四辻(大和大路通)を北に出て五条通を横断。「ここより東五条坂」の碑があり東へ進む。ここから東大路通までが本来の五条坂だと地元の古老はいう。本来の五条坂にも作家・問屋・小売店が軒を連ねている。

東大路通を横断し、その東大路通を北へ少し行くと**②京都陶磁器会館**。次に五条坂に戻り、しばらく登ると「ト字路」になり、右は茶わん坂で、**③近藤悠三**《ゆうぞう》**記念館**を経て清水寺へ行く道。まっすぐ行けば清水道と合流し、産寧坂《さんねいざか》(三年坂)へ行き着く。

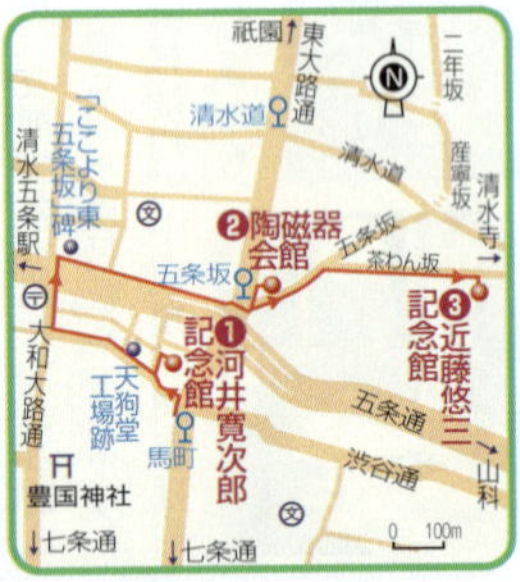

染と織を訪ねる

（伝統工芸）

京都駅 →（市バス9 10分）→ ・堀川松原 → **①古代友禅苑**（洛中）

日本の伝統衣装の代表ともいえる着物の製作を支える**友禅染**《ゆうぜんぞめ》と**西陣**《にしじん》**織**《おり》を探る。**所要約3時間。**

①手描き・型染めの実演の見学や、自分で染める体験もできる。また、製

ガイド

①古代友禅苑《ゆうぜんえん》は京都駅から市バスで堀川松原下車、高辻通《たかつじどおり》を西へ。②へは、堀川通に戻り、バスで北へ堀川今出川《いまでがわ》まで行く。この通りは、現在は御池通～今出川通辺りまで河川公園として整備されているが、かつてこの川沿いに友禅工場が多く、川の水の色によって、京都の景気がわかったという。**②西陣**《にしじん》**織**《おり》**会館**は今出川から堀川通を少し南へ下がる。②の見学の後は、堀川通を北上し、寺之内《てらのうち》通を東へ入って**宝鏡寺**《ほうきょうじ》(人形

京焼は 京都で作られる陶磁器の総称で、**清水焼**《きよみずやき》はその代表。多品種少量の手造り生産が特徴。江戸初期の古清水《こきよみず》の窯《かま》に始まり、**野々村仁清**《にんせい》が完成した色絵陶器、**尾形乾山**《けんざん》の作品など多彩に発展していった。近代では、清水《きよ》六兵衛《みずろくべえ》や**近藤悠三**など個人作家たちの活躍も見逃せない。生産拠点は、清水・五条地区から、現在は泉涌寺《せんにゅうじ》や山科《やましな》地区、宇治炭山などに移っている。

河井寛次郎記念館（東山区）

京友禅染は 江戸前期の扇絵師、**宮崎友禅斎**《ゆうぜんさい》の考案とされ、**手描き友禅**と**型友禅**に大別される。手描き友禅は工程ごとに分業体制になっている。明治以降、型を使い染料を混ぜた糊《のり》を置く**写し友禅**の技法が考案され、量産化されるようになった。

職人による友禅染

市バス 9 10分 ・堀川今出川
❷西陣織会館 洛中
歩 8分
宝鏡寺 妙顕寺
歩 12分 ・今出川駅
地下鉄烏丸線 8分
京都駅

品の展示・即売も行う。**友禅染のすべてを知ることが可能。**

西陣織の製品の展示と即売を行う。生産工程の解説案内付き。手機《てばた》・つづれ織りの実演や華麗な「きものショー」も行っている。歴史的資料を展示する史料室もある。

(伝統文化)

茶の文化を訪ねる

京都駅
市バス 9 30分 ・堀川寺ノ内
❶茶道資料館 洛中
本法寺 裏千家 今日庵 表千家 不審庵
徒歩 15分 ・堀川中立売
❷樂美術館 洛中
市バス 9 12 50 10分 ・堀川三条
歩 5分
❸大西清右衛門美術館 洛中
歩 5分 ・烏丸御池駅
地下鉄烏丸線 6分
京都駅

千利休がはじめた茶道を伝える家元を中心に、茶の湯工芸を探る。

所要約3時間。

茶道美術を総合的に展示。裏千家歴代の家元が収集した資料・文献などを収蔵する**今日庵《こんにちあん》文庫**を併設。呈茶付。希望すれば茶道体験もできる（要事前申し込み）。

初代長次郎以来四百年にわたる、樂家に伝わる陶芸を中心に**茶道工芸品・文書資料を展示**。月一回、実際に手に触れて鑑賞できる会もある。

桃山時代から四百年以上続く**千家十職**の京釜師《かまし》・大西家代々の名品を展示。茶の湯釜の歴史と技術を紹介。（夏季・冬季休館。要問合せ。）

の寺）と**妙顕寺《みょうけんじ》**（尾形光琳《おがたこうりん》の墓がある）の前を通り、東へ烏丸通まで行く。地下鉄今出川駅はそこから南へ約5分の所。この寺之内通はかつて織機の音が絶えなかった所。少しでも雰囲気を味わいたい。なお、西京極に京都友禅文化会館もあるが、現在は観光・見学施設関連は閉館となっている。

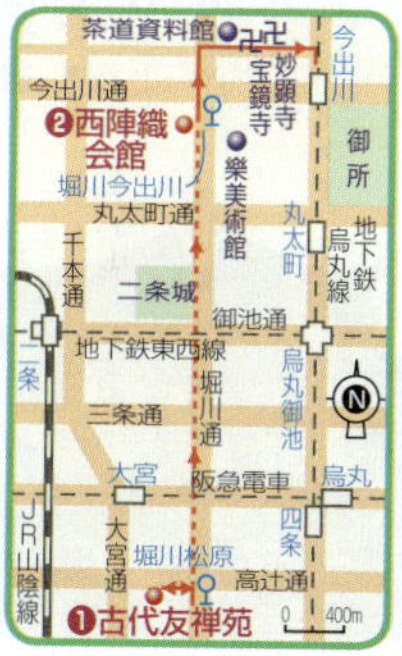

ガイド

市バスでいったん❶**茶道資料館**のある堀川寺ノ内まで上がり、あと下って行くコース。

❶の北側は「三巴《みつどもえ》の庭」（本阿弥光悦《ほんあみこうえつ》作）、「涅槃《ねはん》図」（長谷川等伯《はせがわとうはく》筆）がある**本法寺《ほんぽうじ》**の境内《けいだい》。その東に**裏千家《うらせんけ》**、南に**表千家《おもてせんけ》**の門がある。

❷**樂《らく》美術館**へは、堀川今出川から堀川通を徒歩で南へ下がる。一条戻り橋では水のない堀川が姿を見せ、岸の石垣に昔の面影が残る。安倍晴明《あべのせいめい》があやつる式神《しきじん》（陰陽師《おんみょうじ》が使役する鬼神）をこの橋下に隠したと伝わる。中立売《なかだちうり》橋を渡って東へ一筋、油小路《あぶらのこうじ》通を上がると❷がある。

次に、堀川通まで出て市バスで三条まで下がり、三条通を東へたどると❸**大西清右衛門《せいえもん》美術館**にいたる。

樂美術館（上京区）

西陣織は

先染《さきぞめ》した**絹糸を使う高級紋織物《もんおりもの》**。平安京の朝廷直属の織部司《おりべのつかさ》の工人集団以来の伝統を受け継ぎ、応仁の乱のとき西軍の陣が置かれた西陣の地で、多彩な絹織物が発展。多くの作業工程が分業化され洗練されていった。江戸中期の火事や幕府の奢侈《しゃし》禁止令で打撃を受けたが、明治初期にフランスからジャカード機械織機《しょっき》を輸入し、再生した。近年、着物を着る機会が減り、西陣織は衰退の傾向にあるが、ドレスなど洋装への取り組みや、豊富な図案を現代デザインに応用し、工夫と知恵で存続が図られている。

西陣織の帯

京菓子は

宮廷や寺社などの需要を中心に発展。江戸時代には庶民にも普及し始め、後期には上菓子屋《じょうがしや》仲間ができ、その技術は一段と向上。茶の湯の発展に伴い、趣向を凝らした**芸術性の高い京菓子**が作られるようになった。

京菓子

伝統芸能めぐり

●文楽・歌舞伎・能など

体験・鑑賞

※修学旅行相談所☎075-752-0227

ギオンコーナー（京都伝統芸能館）

文楽・狂言・京舞

茶道・華道・琴・雅楽

京都ならではの伝統芸能のエッセンスが、一つの舞台でダイジェストに鑑賞できる。**茶道・華道・琴・雅楽・文楽・狂言・京舞**の七種類の伝統芸能がショー形式で紹介される。また、玄関ロビーには、**舞妓《まいこ》や花街《かがい》文化**を紹介した絵画や写真などを展示する**舞妓ギャラリー**がある。舞妓の持ち物や、月ごとに変わる花簪《かんざし》の実物、髪型のミニチュア、五花街の「をどり」なども紹介し、あこがれの舞妓さんがぐっと身近に感じられる。また、簡単な作法を学びながらお手前が体験できる茶道体験教室もある。

▼公演18時～・19時～（12～3月の第2週目までは金・土・日・祝日のみ公演）。茶道体験は1回30名までで要予約。修学旅行生は修学旅行相談所へ予約する。

[問合先☎075-561-1119]

市バス 祇園下車西へ一筋目を南へ、徒歩5分（ヤサカ会館内）

南座

歌舞伎

江戸時代からの芝居小屋の伝統を伝える**南座**では、年に数回、**歌舞伎《かぶき》**公演が行われる。三階席ならば比較的手頃《てごろ》な金額で鑑賞できる。毎年「**南座歌舞伎鑑賞教室**」として、初めての人にも楽しめるような解説付きの公演も実施されている。

▼鑑賞教室の公演予定や団体申し込みおよび料金などは南座に確認のこと。

[問合先☎075-561-1155]

市バス 四条京阪前下車南へすぐ　京阪 祇園四条下車すぐ

西陣織会館

琴・辻芸

念仏踊

琴の演奏・辻芸《つじげい》・六斎《ろくさい》念仏や大念仏狂言など**様々な伝統芸能が鑑賞**できる。**西陣織会館**は本来、「きものショー」や伝統工芸士による実演など、西陣織のすべてがわかる施設。十二単《じゅうにひとえ》や舞妓《まいこ》から小紋《こもん》や浴衣《ゆかた》の着物体験もでき、着物姿で市内観光を楽しむコースもある。

▼伝統芸能鑑賞は団体のみ受付。公演19時。修学旅行は修学旅行相談所へ2か月以上前までに。「きものショー」は無料。着付体験・手織体験は有料、要予約。

[問合先☎075-451-9231]

市バス 堀川今出川下車すぐ

能は　平安時代の「**猿楽《さるがく》**」をベースに歌・舞の要素が加わり、室町時代に**観阿弥《かんあみ》・世阿弥《ぜあみ》**父子によって大成。二曲（舞・謡）と三体（老・女・軍）の物真似《ものまね》とで構成される歌舞劇。能面と豪華な能装束を着け、内面的・象徴的な演技が特徴。シテ方五流として**観世《かんぜ》・金春《こんぱる》・金剛《こんごう》・宝生《ほうしょう》・喜多《きた》**があり、京都には金剛流の家元がある。

金剛流家元の舞台

狂言は　猿楽をもとに台詞《せりふ》を中心に発展。中世の世情を風刺した喜劇的な演目が多く、素顔で演じる。現在、**大蔵《おおくら》**と**和泉《いずみ》**の流派があり、京都では大蔵流茂山家が活躍。

狂言の舞台（大蔵流）

京舞の　井上流は、京都の座敷舞の一流派で、寛政年間（一七八九～一八〇一）に初世**井上八千代《やちよ》**が創始。御殿風の座敷舞と地唄舞《じうたまい》を基礎に、二世が文楽や能の要素を取り入れて大成。明治5年（一八七二）、京都内国博覧会での、芸

平安雅楽会

雅楽・舞楽

旅館など宿泊先で、**雅楽器の演奏**や、雅楽の舞である**舞楽**を鑑賞できる。大正5年（一九一六）創立の伝統ある雅楽会で、京都をはじめ、全国の有名社寺で演奏し、海外でも公演。楽器の詳しい説明もあり、代表者数人の演奏体験も可能。▼団体のみ受付。内容・定員・所要時間・公演会場などは応相談。1か月前までに電話で問い合わせる。料金応相談。

〔問合先（事務局）☎075-231-5732〕

〔事務局〕中京区新京極錦 錦天満宮内

河村能舞台

能楽

観世流シテ方の**河村家**の能舞台で、体験参加型の**能楽おもしろ講座**が受けられる。客席が畳敷きで、昔ながらの造りのメリットを生かして、正しい座り方や挨拶《あいさつ》の仕方からはじまり、神妙な能面や和楽器とのふれあい、能舞台での歩き方体験、能の鑑賞などと盛りだくさん。能の世界を本場で体験できる貴重な場所。▼団体30～300名ほど、少人数は応相談。不定休。要電話予約。プログラムなどの相談も可能。料金要問合せ。

〔問合先☎075-722-8716〕

地下鉄 今出川駅下車北へ徒歩5分

上賀茂神社・下鴨神社

雅楽・舞楽

『源氏物語』にも登場する、古い歴史をもつ**上賀**《かみが》**茂**《も》**・下鴨**《しもがも》**両神社**では、修学旅行の団体で申し込むと、王朝の雅《みやび》を今に伝える芸能の鑑賞ができる。上賀茂神社では境内見学と**雅楽の鑑賞**。下鴨神社では境内見学と十二単《ひとえ》姿の**王朝貴族舞鑑賞**、および重要文化財「**大炊殿**《おおいどの》」の見学。▼無休。修学旅行生対象。50～150名。修学旅行相談所へ1か月以上前までに要予約。料金600～800円。

〔問合先☎上賀茂神社075-781-0011／下鴨神社075-781-0010〕

市バス (上賀茂神社)上賀茂神社前下車すぐ、(下鴨神社)下鴨神社前下車すぐ

京都文化博物館

蹴鞠

古代日本のサッカー・**蹴鞠**《けまり》が鑑賞できる。歴史や道具、ルールなどの解説のあと、日本で唯一の蹴鞠保存会の人たちの実演を見学する。その後、代表者数名による蹴鞠の体験も。博物館の常設展示（京都の歴史および美術工芸の展示）も見学できる。▼月曜休館。修学旅行生対象。100～200名。2か月以上前までに修学旅行相談所へ。料金1000円ていど。

〔問合先☎075-222-0888〕

地下鉄 烏丸御池駅下車東南へ徒歩10分

舞妓《まいこ》らが踊る**都をどり**を三世が振り付けし、井上流が祇園甲部の舞師匠となった。現在は五世が流派を継承。都をどりを毎年四月に行う。

都をどり

歌舞伎は

一六〇〇年ごろ、京都で出雲《いずも》の**阿国**《おくに》が始めた「**かぶき踊り**」をルーツとし、女歌舞伎・若衆歌舞伎を経て、成年男子が演じる野郎《やろう》歌舞伎となり今に至る。「かぶき」とは奇妙な身なりや言動のことで「**歌舞伎**」と書くのは明治以降。阿国は北野天満宮や四条河原で踊って人気を得た。その後、四条河原には幕府公認の七芝居小屋が建ち、その伝統は**南座**に引き継がれる。元禄時代に上方《かみがた》風の創始者**坂田藤十郎**《とうじゅうろう》が**近松門左**《もんざ》**衛門**《えもん》と協力して、舞踊中心から会話中心の歌舞伎に発展させた。

出雲の阿国像（東山区・南座西）

④ 京の探しもの

発見！資料館・博物館

注 **年末年始**（12／28～1／4）・**お盆**（8／15・16）は休館が多く、また、休館日が祝日のときは開館し翌日が休館となるところも多いので注意。

京都国際マンガミュージアム

京都市と京都精華大学の共同事業の**マンガの総合博物館**。貴重な歴史資料、現代の人気作品、世界各国の名作など約30万点所蔵。**マンガ家アシスタント体験**のワークショップも行う。昭和4年（一九二九）建造の元龍池《たついけ》小学校校舎を活用。

▼水曜休のほか休館日あり。体験は5名以上で事前に要予約。

［問合先☎075-254-7414］

地下鉄 烏丸御池駅下車北へすぐ

京都市 学校歴史博物館

明治維新後、東京遷都という危機感の中で、京都人は様々な近代化政策を進め、その一つが**日本初の学区制小学校（番組《ばんぐみ》小学校）**で、明治2年（一八六九）に64の小学校を開校。当時からの教科書、教具・教材や古文書などを展示。また、学校ゆかりの作家から寄贈された貴重な美術工芸品等も展示。旧・開智小学校の建物を利用し、高《こう》麗《らい》門様式の校門などに歴史を感じさせる。

▼水曜休。市内の小中学生は土・日無料。

［問合先☎075-344-1305］

市バス 四条河原町下車西へ、二筋目を南へ徒歩5分

漢検 漢字資料館

漢字の資料館で「世相を表す漢字」の入選作や、石碑などに刻まれた漢字の拓本《たくほん》などを展示。中国古代の模造瓦《もぞうがわら》の拓本作り体験や、漢字の実力を試す漢字検定の模擬テストが受けられる。

▼土・日・祝休。体験学習は事前に要予約。15名まで。

［問合先☎0120-509-315］

地下鉄 五条駅下車北へ徒歩5分

益富地学会館 石ふしぎ博物館

珍しい石や様々な鉱物、化石などの標本2万点、地学や岩石に関する所蔵書籍数千冊、研究用機器などを収集展示。常時、指導員が質問に答えてくれる。昭和48年（一九七三）に**益富寿之助《ますとみかずのすけ》**によって創設された日本地学研究会館を近年、財団法人化。益富は薬剤師ながら、地学好きが高じて紫綬褒章《しじゅほうしょう》受章。

▼月曜休。展示室は土・日・祝日のみ開館。団体予約で平日見学可。

［問合先☎075-441-3280］

地下鉄 丸太町駅下車北へ徒歩5分

立命館大学 国際平和ミュージアム

立命館大学の教学理念「平和と民主主義」を推進するため、平成4年（一九九二）に開設された。**戦争と平和**についての**世界初の大学立博物館**。実物資料や、写真・解説パネル、映像のほか、戦時中の民家も復元。国際平和メディア資料室を併設し、平和関連資料を閲覧できる。随時、企画特別展を開催。

▼月曜休、夏期一定期間休。

［問合先☎075-465-8151］

市バス 立命館大学前下車東南へ徒歩5分

幕末維新ミュージアム 霊山歴史館

幕末の激動の時代に殉じた志士ら約四〇〇柱の墓碑の並ぶ霊山《りょうぜん》のふもと、彼ら志士を中心に、朝廷・公卿《くぎょう》・諸侯・藩主・文人・画家など重要人物の遺品や関連史料約五〇〇〇点を収集し、随時、テーマ展示。また調査研究をもとに講演会や歴史トークを公開している。

▼月曜休、展示入替え日休。

[問合先☎075-531-3773]

市バス 東山安井あるいは清水道下車東へ徒歩10分

京都大学総合博物館

日本初の本格的な大学博物館。開学から百年以上にわたって収集した貴重な学術標本資料約二五〇万点を保管。第一線での研究や教育活動に活用するとともに、その先端の成果の紹介を重点に、京都大学の研究をわかりやすく展示。文化史、自然史及び技術史関係の常設展、年2回の企画展に加え、公開講座、学習教室などを催し、広く一般市民に公開する。

▼月・火曜休。

[問合先☎075-753-3272]

市バス 百万遍下車南へ徒歩2分

並河靖之七宝(しっぽう)記念館

明治～大正期に活躍した、日本を代表する七宝家並《なみ》河靖之《かわやすゆき》(→p131)の作品を所蔵・展示する。建物は明治27年(一八九四)建造の並河の工房町家を利用。庭園も七代目小川治兵衛《じへえ》によって、琵琶湖疏水《びわこそすい》を利用して造られた名園。

▼月・木曜休。夏季8月～9月中頃、冬季12月中頃～3月中頃は休館。

[問合先☎075-752-3277]

地下鉄 (東西線)東山駅下車北東へ徒歩5分

ブリキのおもちゃと人形博物館

四条堀川から少し東、バス停前のビルの2階にあり、1階入口の立て看板が目印。40～70年代のブリキ製のロボット、自動車、飛行機などの玩具《がんぐ》がぎっしり並ぶ。30年間かけて集めた一万五〇〇〇点のうち六〇〇〇点を展示。毎日10点ずつ入れ替えている。昭和63年(一九八八)にオープンした同館の広さは30坪。懐かしいアニメヒーロー、リカちゃん人形やら貴重なフィギュアもいっぱい。

▼日・祝日休。

[問合先☎075-223-2146]

市バス 四条堀川下車東南へすぐ（1F 福屋工務店その3F）

宇治市 源氏物語ミュージアム

『源氏物語』の舞台となる宇治市は、「紫式部文学賞」を設け、「源氏物語散策の道」を整備していたが、平成10年(一九九八)、模型や映像によって光源氏や「宇治十帖」の世界をわかりやすく紹介する源氏物語テーマ館を開館。関連ライブラリーも備える。平安貴族の生活の様子が垣間《かいま》見られて楽しい。

▼月曜休。

[問合先☎0774-39-9300]

京阪 京阪宇治駅下車東へ徒歩8分　JR 宇治駅下車北東へ徒歩15分

梅小路蒸気機関車館

鉄道開業百年(一九七二)記念に、旧国鉄が開設した蒸気機関車専門博物館。代表的な18両を国指定重要文化財「扇形車庫」に保存する。1日3回、展示運転線1kmを走行する「SLスチーム号」に体験乗車できる。平成9年(一九九七)に旧二条駅舎を移築し、資料展示館として利用。

▼月曜休。祝日と春・夏休み期間中無休。

[問合先☎075-314-2996]

市バス 梅小路公園前下車南へ徒歩5分(公園内)

京の伝説・不思議発見

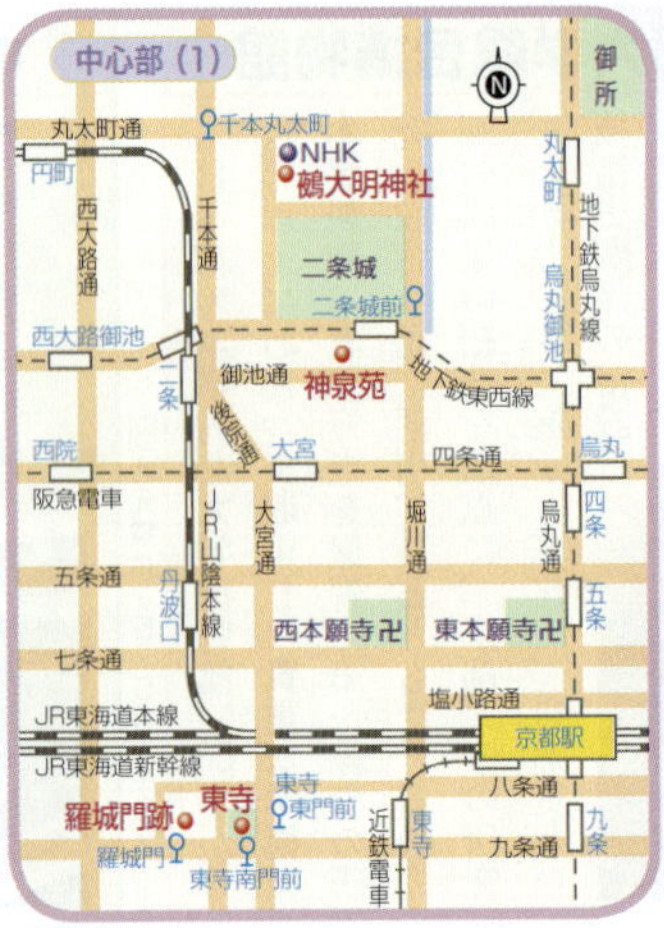

東寺
とうじ

東寺（⇩P21）を囲む白壁の東南角は「**猫の曲がり**」と呼ばれ、ここを通ると不吉なことが起こると伝えられる。昔ここに白虎《びゃっこ》像があり、それが猫に見えたのが由来とか。少し前までは花嫁を乗せた婚礼のハイヤーは通らなかったという。でも今は跡形もなく、大きな交差点からは想像もできない。

市バス 東寺東門・東寺南門下車すぐ

羅城門跡
らじょうもんあと

平安京の玄関口だった**羅城門《らじょうもん》**（⇩P21）に有名な鬼伝説がある。二階楼上を住処《すみか》にして夜な夜な鬼が人をむさぼり食うという噂《うわさ》が立っていた。それを聞いた源頼光《みなもとのよりみつ》は、配下の四天王の一人、**渡辺綱《わたなべのつな》**に「金札」と「鬼切の太刀《たち》」を与え、羅城門へ向かわせた。鬼の姿は見えず、金札を立て置いて立ち去ろうとしたその時、兜《かぶと》に重みを感じた綱はとっさに鬼だと直感し、鬼切の太刀を抜き放った。振り返ると、腕を切り落とされた鬼が綱をにらみつけ、そのまま逃げ去ったという。

腕を持ち帰り、翌日に陰陽師《おんみょうじ》・安倍晴明《せいめい》を訪ねて、言われた通りに祈禱《きとう》すると一人の老婆が現れた。腕を取り返しに来た鬼だとわかり、綱は老婆の首をはね、鬼を退治したと伝わる。

『今昔物語集《こんじゃくものがたりしゅう》』には、楼上の二階で老婆が屍《しかばね》から髪を抜き取っているのを盗賊が見たという話がある。放置された死骸が多くあり、人骨の山ができていたとも伝えられ、**芥川龍之介《あくたがわりゅうのすけ》**はこれを題材に**『羅生門《らしょうもん》』**を書いた。

（映画「羅生門」ロケ風景）

市バス （羅城門遺址へは）羅城門下車すぐ

神泉苑
しんせんえん

『今昔物語集』によると、**神泉苑**（⇩P24）で、東寺の**空海《くうかい》**と西寺の守敏《しゅびん》との**雨乞《あまご》いの呪法《じゅほう》比べ**が行われた。天長2年（八二四）淳和《じゅんな》天皇の勅命で、守敏が祈禱《きとう》によって洛中に雨を降らせた。野山にも雨を降らせようと空海が祈禱するが一向に降らない。守敏が雨を降らせる竜神を瓶《かめ》に押し込め、邪魔をしているのを知った空海は、天竺《てんじく》の竜王を呼んで祈り、国中に雨を降らせることができたという。

地下鉄 （東西線）二条城前駅下車西へ徒歩３分

鵺大明神社
ぬえだいみょうじんじゃ

祭神は鵺《ぬえ》で、頭は猿、胴体は狸《たぬき》、尾は蛇、手足は虎《とら》という怪物だ。**『平家物語』**に、近衛《このえ》天皇の時、丑《うし》の刻（午前2時）に東三条の森の方から黒雲がわき、御所を覆《おお》って怪しげな声を響かせたとある。毎夜の怪異におびえた天皇は、**源頼政《よりまさ》**に警護させた。黒雲に妖気《ようき》を感じた頼政は、八幡大菩薩《はちまんだいぼさつ》と祈って矢を放つと、鋭い叫び声とともに異形の鵺が落ちてきたという。この矢を洗ったのが二条児童公園内の鵺池と伝わり、池の北側、NHK京都局南に社はある。

（鵺池）

市バス 丸太町智恵光院下車南へ徒歩３分

第Ⅳ章 目的別コース案内

晴明神社
せいめいじんじゃ

平安時代の宮廷陰陽師《おんみょうじ》・**安倍晴明《せいめい》**の邸《やしき》跡に、彼を祀《まつ》ったのが神社の起こりという。**陰陽師《おんみょうじ》**は、陰陽五行説に基づいて天体を観測し、暦をつくり、占いや祈禱《きとう》をした。卓越した能力をもつ晴明に、後世、神格化されて数々の不思議な伝説が生まれた。**『今昔物語集』**や**『宇治拾遺物語』**によると、式《しき》（識）神《じん》(がみ)を使って、晴明を陥《おとしい》れようとした僧侶《そうりょ》をやり込めた話や、蛙《かえる》を念じ殺した話などが伝えられる。境内は晴明ブームですっかり変わったが、あちこちに「**晴明桔梗《ききょう》**（☆）」と呼ばれる五芒《ごぼう》星《せい》があしらわれており、独特の雰囲気がある。

市バス 一条戻り橋下車北西へ徒歩２分

一条戻り橋
いちじょうもどりばし

戻り橋の由来は、延喜《えんぎ》18年（九一八）文章博《もんじょう》士・三善清行《みよしきよゆき》が、この橋で息子浄蔵《じょうぞう》の祈りによってよみがえった話による。西側には安倍晴明の邸《やしき》があり、晴明は橋下に十二神将の式神を隠していたといわれる。

能や歌舞伎《かぶき》でもおなじみの鬼女伝説、渡辺綱《つな》がこの橋の上で鬼女の腕を切り落とした話は有名だが、その綱の上司・源頼光《よりみつ》の邸は、橋の東側にあった。橋はあの世とこの世を結ぶもの、戻り橋は大内裏《だいだいり》の鬼門の方角に当たり、橋の北は葬送の地である。死者だけでなく鬼や魔物、妖怪《ようかい》がこの世とつながりを持つ**魔界への入口**の一つなのかも知れない。

元は小さな木橋であったが、戦後石橋に架け替えられ、現在は拡幅されて、コンクリートの何の変哲もない橋に変わってしまった。花嫁行列や縁談のある者はこの橋を渡ってはいけないとか、この橋を渡って旅に出ると無事に戻れるなど、俗信が今も残るという。

市バス 一条戻り橋下車すぐ

白峯神宮
しらみねじんぐう

白峯神宮は、保元《ほうげん》の乱で敗北し、讃岐《さぬき》に配流され、無念の死を遂げた**崇徳《すとく》天皇**（上皇）を祀《まつ》っている。配流先で９年間、崇徳は、「日本の大魔縁となって天皇一族を倒す」と京都の王朝を呪《のろ》い続け、ついに怨霊《おんりょう》となったという。それを鎮《しず》めるために、後の明治天皇が明治元年（一八六八）に、讃岐の白峯に祀られていた崇徳天皇の霊を勧請《かんじょう》して創建した。

市バス 堀川今出川下車すぐ

大将軍八神社
たいしょうぐんはちじんじゃ

大将軍八神社は、桓武《かんむ》天皇が平安遷都にあたり、王城鎮護のため奈良から勧請したもの。**大将軍**は暦の吉凶を司《つかさど》る八将軍の一つで、方位を守護し、建築・転宅・婚姻・旅行などに際して**方除《ほうよ》けの神**として信仰される。方位信仰は平安期～鎌倉初期にかけて盛んで、方位が悪いので行くのを控えたり、**方違《かたたが》え**をして出かけたりした記録が多く残っている。そのころに百体以上の木彫り神像が奉納され、今も圧倒的な迫力をもつ。

市バス 北野天満宮下車南西へ徒歩５分

地主神社

じ しゅじんじゃ

縁結びで女性に人気の**地主神社**だが、新たに縁を結ぶことは、実は悪縁を切ることでもある。その証拠が「祈り杉」の裏に立つ一本のご神木。そこに**丑《うし》の刻参り**をしていた痕跡《こんせき》があるという。深夜、草木も眠る丑三《み》つ刻（午前2時ごろ）に、藁《わら》人形を五寸釘《くぎ》で木に打ちつけ、憎い相手に呪《のろ》いをかける。その時たどった跡が弁慶《べんけい》の指跡といわれる溝《みぞ》で、清水寺《きよみずでら》本堂（⇩P30）の床を支える横柱に付けられ、本堂裏を回り、暗闇《くらやみ》の中で、地主神社に案内したとされる。

市バス 清水道下車東へ徒歩 10 分（清水寺舞台裏手）

知恩院

ち おんいん

知恩院（⇩P34）の七不思議の一つに、「**左甚五郎《じんごろう》の忘れ傘**」というのがある。御《み》影《えい》堂《どう》の屋根裏に少しだけ傘先が見えるというもの。お堂をあまりに完璧《かんぺき》につくりあげたのを心配し、左甚五郎がわざと置き忘れたのだといわれている。しかし、その傘には別の説が伝わる。

江戸初期、御影堂の完成が近づいたある日、知恩院第32世霊巌上人《しょうにん》が説教をした折、人びとの中にびしょ濡《ぬ》れの童《わらべ》を見つけた。問いただすと、実はキツネで、この御影堂のおかげで住み家を壊され、仕返しにやってきたという。だが、お説教を聞いて心を改めたと涙目だった。

上人はキツネを哀れんで傘を貸し、神通力で寺を守るよう頼んで祠《ほこら》を与えた。この時の借し傘が「忘れ傘」とされる。その祠は、**濡髪大明《ぬれがみだいみょう》神《じん》**として現在も祀《まつ》られている。濡髪大明神の裏手に回ると小さな鳥居があり、その奥にこぶし大の穴があいている。そこから白キツネが出入りしていたという。

（御影堂）

（濡髪大明神・裏の鳥居）

市バス 知恩院前下車東へ徒歩 5 分　地下鉄 （東西線）東山駅下車南へ徒歩約 10 分

将軍塚

しょうぐんづか

桓武《かんむ》天皇が平安京へ遷都《せんと》した折、山頂に、国家守護を願い、鉄の弓矢を持ち甲冑《かっちゅう》を着た武将像を西向きに埋めたというのが**将軍塚**。また蝦夷《えぞ》征伐で活躍した征夷大将軍・坂上田村麻呂《さかのうえのたむらまろ》も同様に、立ったまま都の東に埋葬されたことから、田村麻呂の墓との説もあるが、山科にも墓がある。この塚が、源頼朝《よりとも》が挙兵する前年、国家の異変を感じて鳴動したと『源平盛衰記《じょうすいき》』『太平記』に記されている。

市バス 祇園下車、知恩院裏手の山道を徒歩約 30 分

六道珍皇寺

ろくどうちんのう じ

小野篁《たかむら》は平安初期の政治家・漢学者・歌人として知られ、遣唐副使にもなった人物。篁が昼は朝廷に出仕し、夜は閻魔《えんま》王宮の役人であったという奇怪な伝説は『江談抄《ごうだんしょう》』や『今昔物語集』にある。閻魔庁では第2の冥官《めいかん》であったという。**六道珍皇寺**（⇩P67）の裏庭に地獄への入口とされる井戸があり、出口の井戸は嵯峨野《さがの》にかつてあったそうだ。「**六道の辻《つじ》**」と呼ばれる境内一帯は鳥辺野《とりべの》の葬送地への入口であり、地獄へも通じているのか。

（六道珍皇寺の井戸）

市バス 清水道下車西へ徒歩 5 分

化野念仏寺

あだしのねんぶつじ

化野は奥嵯峨《さが》の二尊院から**化野念仏寺**（⇩P53・79）に至る地域をさす。東の鳥辺《とりべ》野《の》、北の蓮台野《れんだいの》とともに都人の**葬送の地**。『徒然草』にも、人生の無常の象徴として鳥辺山の煙とともに、「あだし野の露」と記される。『餓鬼草紙《がきぞうし》』には、土盛りの墓と、風葬にされた死者や、散らばった骨、墓を暴いて屍肉《しにく》を食らう餓鬼の様子が描かれている。その惨状を見かねた弘法《こうぼう》大師が、供養のために建てた如来寺《にょらいじ》が由来。八月の地蔵盆には、無縁仏にろうそくを灯《とも》して**千灯供《せんとうく》養《よう》**が行われる。揺れる無数の灯が幻想的な光景をみせる。

京都バス 鳥居本下車南へすぐ

愛宕山

あたごやま

愛宕山は京都の西北にそびえ、古来、火の神を祀《まつ》る霊山。役行者《えんのぎょうじゃ》が開いた修験道の道場で、各地にある**愛宕神社の総社**。「お伊勢七度、熊野《くまの》へ三度、愛宕山へは月参り」と人々の信仰を集めた。全国の天狗《てんぐ》の総領**太郎坊天狗**の棲《す》み処《か》とされ、役行者と雲遍上人に衆生《しゅじょう》を救うことを約束したが、都を襲う大火は愛宕の天狗の仕業《しわざ》とされ、人々に恐れられた。

京都バス 清滝下車山道を徒歩約2時間30分

千本閻魔堂

せんぼんえんまどう

千本閻魔堂の名で親しまれる引接寺《いんじょうじ》は、葬送の地・**蓮台野《れんだいの》の入口**にあり、野辺送りの寺であった。閻魔庁を模したという本堂には巨大な閻魔大王像が安置され、その迫力は自分が地獄で裁きを受けるかのようだ。

戦国時代に日本を訪れた宣教師、ルイス・フロイスもこの閻魔像を見て、身の毛もよだつ恐ろしさだったと記している。

市バス 千本鞍馬口下車西南へすぐ

鞍馬山

くらまやま

謡曲でも有名な**鞍馬山**は、千手観音菩《せんじゅかんのんぼ》薩《さつ》・毘沙門天《びしゃもんてん》・護法魔王尊の三身を一体として尊天と称した信仰の道場である。造東寺長官藤原伊勢人《いせんど》により**鞍馬寺**（⇩P45）が建立され、都の北方守護神となった。鞍馬山の奥、木の根道が広がる奥の院から魔王殿《まおうでん》のあたりを僧《そう》正ケ谷《じょうがだに》といい、**牛若丸**（源義経）が天狗《てんぐ》と剣術修行をした舞台。背比べの石や息つぎ水などの遺跡が点在する。

（魔王殿）

叡山電鉄 鞍馬駅下車鞍馬寺山門まですぐ（魔王殿まで徒歩約60分）

貴船神社

きぶねじんじゃ

女性の嫉妬《しっと》による呪《のろ》い話が謡曲「**鉄輪《かなわ》**」で原型は『平家物語』。嵯峨天皇の御代、ある娘が深い恨みから**貴船神社**（⇩P45）へ、鬼にしてほしいと7日通った。姿を変えて宇治川へ21日間浴せよとのお告げ。さっそく角《つの》を作り、顔は朱塗りに。体に赤土を塗って頭には鉄輪。そこに松をつけて火を灯《とも》し、川へ急いだ。ついに鬼となって憎い女を呪い殺し、夫やその親族までをも取り殺したという。あな、恐ろしや……。

（謡曲「鉄輪」）

叡山電鉄 貴船口駅下車北へ徒歩25分

伝説・不思議発見

京の探しもの

京都ユニークお守り集め

動物お守り

▲八坂庚申堂「くくり猿」
欲をくくり（抑え）、願いをかなえる。

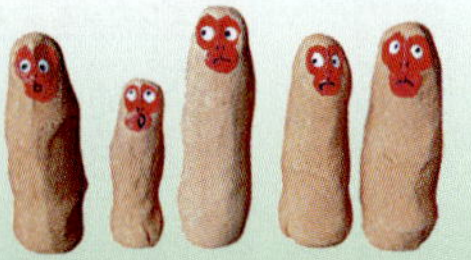

▶八坂《やさか》庚申堂《こうしんどう》「指猿《ゆびざる》」
器用な猿にあやかって技芸上達を願う。
市バス 清水道下車東へ徒歩5分（八坂の塔そば）
☎541-2565

▶鞍馬寺《くらまでら》「福虎《ふくとら》」
「あ・うん」の虎の土鈴。虎は鞍馬寺の本尊毘沙門天《びしゃもんてん》の使いで、魔除けを果たす。また、物事は最初と最後が大切と説き、開運を願う。☎741-2003

縁結びお守り

▲貴船《きぶね》神社
「えんむすび守《まもり》」
古くから縁結びの願い所。結び目がポイント。☎741-2016

◀地主《じしゅ》神社
「愛のちかい」
ふたりの愛をさらに深める、かたく結ばれるお守り。
☎541-2097

▶地主神社
「ふたりの愛」
恋人同士になったあと、ふたりの愛を育てるお守り。

平安調雅びお守り

◀貴船神社
「えんむすび守《まもり》」
和泉《いずみ》式部が夫との復縁を祈願したのが貴船神社。少し奥に小さな祠《ほこら》「結社《ゆいのやしろ》」があり、ここで縁を願う。

◀野宮《ののみや》神社「源氏物語旧蹟 開運招福お守り」
光源氏と姫君が刺繍《ししゅう》された絢《けん》爛豪華《らんごうか》な錦織《にしきお》りお守り。
☎871-1972

▶今宮《いまみや》神社「和歌おみくじ」
十二単《ひとえ》の女御《にょうご》と和歌が描かれた雅《みや》びなおみくじ。しおりにもなる。
市バス 今宮神社前下車すぐ。あるいは船岡山下車北へ徒歩7分　☎491-0082

▶野宮神社
「斎宮《さいぐう》人形お守り」
伊勢神宮に仕えた斎宮は野宮神社で身を清めて旅立った。心身清らかに過ごせるお守り。

注お守りは、ほとんど500円～2000円の手ごろなものを選んである。注京都市外局番は075。

変わり種！お守り

◀貴船神社
「ルアーお守り」
水難除《よ》け、豊漁を祈願。魚釣りに必携。貴船川は鴨川の源流にあたり、貴船神社は水の神様でもある。

▶野宮神社「神殿御守」
ポータブル神棚として画期的。日々の願い事に便利。

学業・合格成就お守り

◀錦天満宮《にしきてんまんぐう》
「合格土鈴」
進学・就職などの成就《じょうじゅ》を土鈴を鳴らして祈願する。
市バス 四条河原町下車北東へ徒歩5分（錦小路通新京極）
☎231-5732

▶六角堂《ろっかくどう》
「交通安全・学業成就お守り」
子供に人気のランドセル型。小銭入れにもなる。
地下鉄 四条駅下車北へ徒歩5分
☎221-2686

魔除け・厄除けお守り

◀大将軍八神社《たいしょうぐんはちじんじゃ》「風水お守り」
黒（玄武《げんぶ》）・青（青龍《せいりゅう》）・白（白虎《びゃっこ》）・赤（朱雀《すざく》）の四神が四方を守る。裏面は北斗七星。
市バス 北野天満宮下車南西へ徒歩5分（一条通御前通西入ル）☎461-0694

▲晴明《せいめい》神社
「魔除けステッカー」

五芒星《ごぼうせい》は晴明神社の社紋で、晴明桔梗《ききょう》とも呼ばれる。これは天地五行をかたどり、万物の除災清浄をあらわしたもの。陰陽《おんみょう》道《どう》の祈禱呪符《きとうじゅふ》のひとつ。

☎441-6460

◀鞍馬寺「降魔扇《ごうません》」
「きよめうちわ」とも呼び、天狗《てんぐ》の扇をかたどり、魔を吹き払って浄《きよ》める。

▶大将軍八神社
「方除厄除珠守《ほうよけやくよけたままもり》」
花模様が描かれた陶製のお守り。

■もっとあるあるお守りグッズ■

分類	寺社	所在地	電話	お守り
●縁結び・幸福招来	鈴虫寺（華厳寺）	西・松室地家町	☎381-3830	幸福お守り
	下鴨神社	左・下鴨泉川町	☎781-0010	縁結び絵馬
	千本釈迦堂《しゃかどう》（大報恩寺）	上・今出川七本松上ル	☎461-5973	おかめ福面
	六孫王神社《ろくそんのう》	南・壬生通八条角	☎691-0310	縁結びお守り
●変わり種お守り	白峯《しらみね》神宮	上・今出川通堀川東入ル	☎441-3810	スポーツ闘魂守
	釘抜《くぎぬき》地蔵（石像寺《しゃくぞうじ》）	上・千本通上立売上ル	☎414-2233	釘抜地蔵絵馬
	西院春日《かすが》神社	右・西院春日町	☎312-0474	勝栗守
●心願成就	六角堂	中・六角通東洞院西入ル	☎221-2686	合掌地蔵御守
	吉祥院天満宮《きっしょういん》	南・吉祥院政所町	☎691-5303	夢かなう守
	六波羅蜜寺《ろくはらみつじ》	東・五条通大和大路上ル	☎561-6980	成す御守
●無病息災	釘抜地蔵（石像寺）	上・千本通上立売上ル	☎414-2233	おさすり地蔵お守り
	護王神社	上・烏丸通下長者町下ル	☎441-5458	足腰の根付け袋お守り
	目疾《めやみ》地蔵（仲源寺）	東・祇園町南側	☎561-1273	めやみ地蔵お守り
	今熊野観音寺	東・泉涌寺山内町	☎561-5511	ボケ封じかぼちゃお守り
●長寿祈願	平安神宮	左・岡崎西天王町	☎761-0221	長寿橘《たちばな》守
	法輪寺	西・嵐山虚空蔵山町	☎861-0069	茱萸袋《ぐみぶくろ》（9月9日重陽の日のみ）
●土鈴お守り	下鴨神社	左・下鴨泉川町	☎781-0010	神鈴 賀茂なす
	伏見稲荷大社	伏・深草藪之内町	☎641-7331	命婦《みょうぶ》土鈴
	北野天満宮	上・馬喰町	☎461-0005	神牛（土鈴）
	松尾《まつのお》大社	西・嵐山宮町	☎871-5016	霊亀《れいき》土鈴

［京都市外局番 075］

キネマの京都めぐり

東映 太秦映画村

映画文化館 東映太秦《うずまさ》映画村の中にある明治洋館風の建物。充実した資料がわかりやすく展示され、映画ファンはもちろん、研究者にも興味深い。

日本橋

⊙マップ内の名称や位置などはしばしば変更がなされるので注意。

住　所	京都市右京区太秦東蜂ヶ岡《はちがおか》町 10
交　通	市バス＝太秦広隆寺前下車北東へ徒歩 5 分 京都バス＝太秦広隆寺前下車北東へ徒歩 5 分 嵐電嵐山線＝太秦広隆寺駅下車北へ徒歩 5 分 JR 嵯峨野線＝花園駅下車西へ徒歩 15 分
入村料	大人 2200 円、中高 1300 円、小 1100 円 学校団体割引あり
営業時間	9:00～17:00(時季により営業時間が異なる)
休村日	1月中旬 5日間ほど　**問合せ**：0570-064349

時代劇のロケ風景

太秦《うずまさ》映画村と大映通り

映画村を歩いていると、どこかで見たようななじみの町を歩いている気がする。そのうちどこかでロケをやっているのに出会う。そこで気がつく。「ああこれはテレビで見ている風景だ」と。そう、水戸黄門《みとこうもん》など時代劇の「村」なのだ。

大映通りは今の三条通と嵐電嵐山線の南、太秦広隆寺駅から帷子ノ辻《かたびらのつじ》駅までの通りをいう。かつては扮装《ふんそう》のままの俳優たちが食事をしたり、買い物をしたりと、活気にあふれた商店街だったが、大映撮影所が閉鎖され、往時の面影は少ない。

しかし、歴史ある京都の映画を軸にした産官学連携のイベント「**京都太秦キネマフェスティバル**」などが開催され、キネマストリートとして、地域振興のための努力が懸命になされている。

ロケ地案内

現代劇編

鴨川・近代建築・祇園白川界隈《かいわい》など

■京都を舞台にしたドラマによく登場するのが、**鴨川《かもがわ》の風景**だ。出町柳《でまちやなぎ》の三角州、丸太町や三条あたりの西側の河原、川を横切る飛び石、鴨川越しに家々の屋根の連なりとその向こうの東山が見える風景などは、いかにも京都を感じさせる。■ローマの水道橋のような南禅寺の**水路閣**、**京都府庁旧本館**などちょっとレトロな近代建築も見逃せない。■京都といえば**祇園《ぎおん》**。白川沿いの辰巳《たつみ》神社やお茶屋のある風景、**東山高台寺付近**のねねの道や石塀小路《いしべこうじ》、八坂《やさか》の塔界隈もよく登場する場所である。

水路閣（南禅寺）

時代劇編1

上賀茂神社・下鴨神社・嵐山・今宮神社・妙心寺・仁和寺・大覚寺など

■古社寺の多い京都は、時代劇のロケ地として最適。**上賀茂神社**境内のならの小川や社家町のあたり、**下鴨神社**の馬場や糺《ただす》の森付近。■寺院の門前の賑《にぎ》わいを出す**嵯峨《さが》釈迦堂《しゃかどう》**や**今宮神社**の参道、隅田川の風景として**大覚寺**の**大沢の池**は定番。**仁和寺《にんなじ》**もよく登場する。■**妙心寺**内の通路は、電信柱や消火栓をカモフラージュすれば、武家屋敷町の雰囲気が出る。■**嵐山《あらしやま》の中ノ島橋**（太鼓橋）は江戸市中の橋、**奥嵯峨**には、時代劇用の田舎家のセットが建てられ、周辺の小川や竹藪《たけやぶ》などとともによく使われる。

嵐山・中ノ島橋

時代劇編2

木津川流れ橋・粟生光明寺・保津峡落合・美山北地区など

■京都郊外にも時代劇ロケの好適地が多い。渡し船が登場するシーンでは**木津川の河原**を、そこに架かる木橋の**流れ橋**（上津屋橋）も一目見たら納得の、江戸の面影。■長岡京市粟生《あお》の**光明寺**の石段、**保津峡落合**の崖っぷちなども見覚えのある所。■江戸近郊の町や村の雰囲気は南丹市美山《みやま》町の**茅葺《かやぶ》き民家**の集落・北地区など。

流れ橋（上津屋橋）

京都文化博物館では、映像文化の研究・振興を目的に、**フィルムライブラリー事業**として、京都で製作された作品を中心に古典・名作映画約七八〇作品を所蔵する。

映像ホール・映像ギャラリーは、収集してきたフィルムを上映するとともに、ポスター、シナリオなどの映画関係資料を展示。映画上映は、木〜日曜、1日2回（13時30分〜、17時00分〜）に行われ、映像ホールの開場は上映開始の30分前、定員は一〇〇名となっている。

映像ホール・映像ギャラリー

京都の大学

キャンパスめぐり

京都学生祭典

大学の街

京都はよく「**大学の街**」とか「**学生の街**」とか言われる。京都府は四年制大学に通う学生数が人口一〇万人あたり六〇三五人で全国1位、2位の東京を1割ほどしのいでいる（09年度）。京都市の場合、京都市民約一五〇万人のうち、約一二万人が大学生である。いかに学生の割合が多いかわかる。

狭い京都盆地の中で大学生がひしめき合い、刺激し合い、若者の文化が常に芽吹き、育っている街でもある。文化祭のシーズンには全大学生が集う**京都学生祭典**が毎年10月上旬に開かれている。

京都大学

■沿革…明治30年(一八九七)に創立された**京都帝国大学**を前身とし、付属医専と第三高等学校を統合して昭和24年(一九四九)に新制大学として発足。文、教育、法、経済、理、医、薬、工、農、総合人間の各学部を置き、人文科学をはじめ、さまざまな研究所などを付設する。

■教学理念…創立以来の「**自由の校風**」を継承・発展させ、多元的な課題の解決、地球社会の調和ある共存に貢献する。

■キャンパス…中枢部が置かれる左京区**吉田**、自然科学系の研究所をおく**宇治**《うじ》、理工系の研究教育の**桂**《かつら》の3か所がある。

■ここをチェック！…京都大学のシンボル・吉田キャンパスの**時計台**は、大正14年(一九二五)に武田五一によって設計され、平成15年(二〇〇三)、デザインは当時のまま改修されて「**百周年時計台記念館**」として一般に開放されている。ここには京都大学の歴史を紹介する**展示室**や**フレンチレストラン**、京大グッズを販売するコーナーなどがある。

正門近くには生協の**カフェレストラン**もあり、開放的でアカデミックな雰囲気が人気。大学総長プロデュースの「総長カレー」をはじめ、おすすめメニューも豊富。

時計台のある吉田キャンパスと正門近くのカフェレストラン（テラス）

〔(本部)左京区吉田本町☎075-753-7531〕

同志社大学

■沿革…明治8年(一八七五)**新島襄**《にいじまじょう》が**同志社英学校**として設立、大正9年(一九二〇)**同志社大学**となる。神、文、社会、法、経済、商、政策、文化情報、理工などの各学部がある。

■教学理念…**キリスト教**に基づく「**良心**」をモットーとし、自由主義・国際主義を教育理念とする。

■キャンパス…主に理工系の学生が学ぶ**京田辺**、文科系の学生が学ぶ京都御苑《ぎょえん》近くの**今出川**《いまでがわ》などがある。

■ここをチェック！…今出川キャンパスの烏丸通《からすまどおり》に面した「**寒梅館**《かんばいかん》」はニューイングランド風建築で、コンサートなどが開かれるホールや、人気インテリアデザイナー設計の学食、眺めのよいおしゃれなフレンチレストランなど、一般市民に開放され、親しまれている。

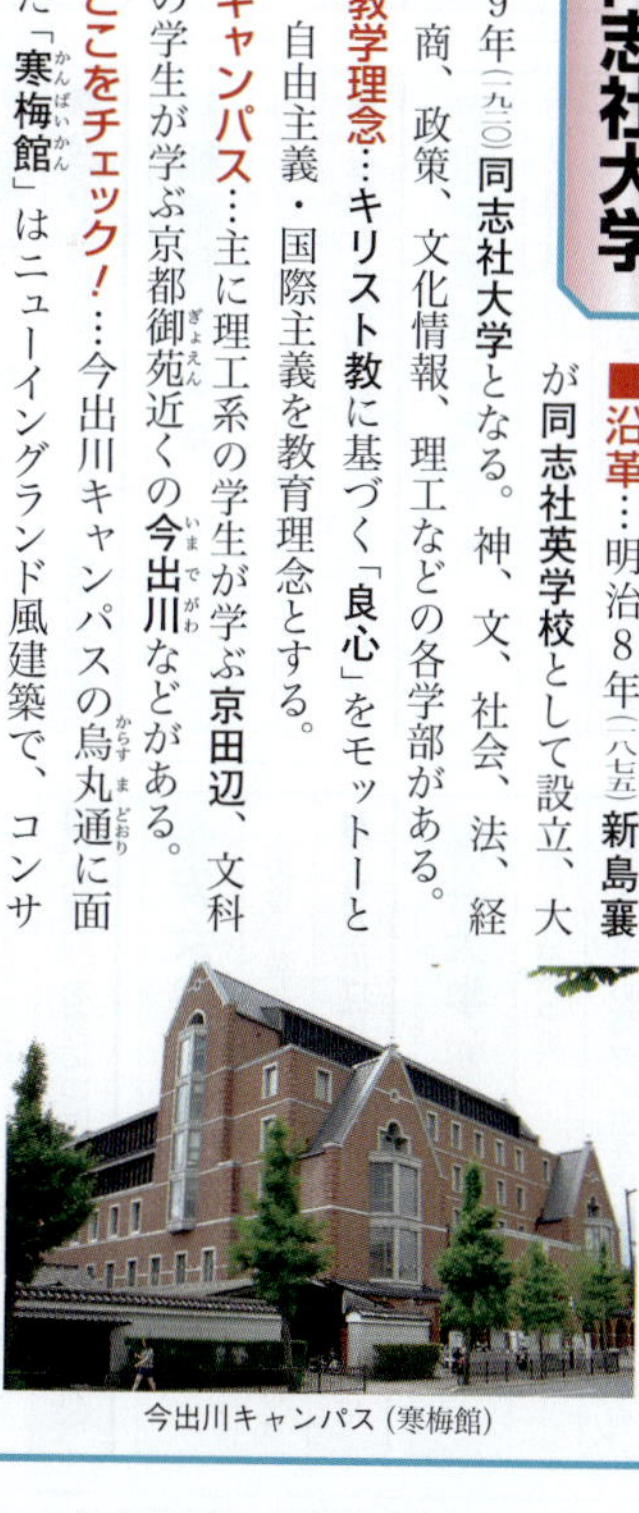
今出川キャンパス（寒梅館）

〔(庶務課)上京区今出川通烏丸東入ル☎075-251-3110〕

立命館大学

■沿革…明治33年(一九〇〇)**京都法政学校**として設立、大正2年(一九一三)**立命館大学**と改称。法、経済、経営、産業社会、文、理工、国際関係、政策科学、映像、国際インスティテュート、文理総合インスティテュートなどの学部がある。

■教学理念…「**平和と民主主義**」の教学理念のもと、国際化・情報化・開放化を積極的に推進する。

■キャンパス…金閣寺や龍安寺《りょうあんじ》近くの**衣笠**《きぬがさ》、経済・理工系を置く**びわこ・くさつ**(滋賀県草津市)、専門職大学院を置く**朱雀**《すざく》などがある。

■ここをチェック！…朱雀キャンパスはJR二条駅の隣という好立地で、レンガ造りのクラシックな外観の「**中川会館**」には、1階にメモリアルホールや生協、7階にレストランがあり、一般に開放されている。

朱雀キャンパス（中川会館）

〔(総務課)中京区朱雀☎075-813-8137〕

その他の京都市内の主な大学一覧（四年制・一部市外もあり）

※国＝国立大学、公＝公立大学、私＝私立大学

京都教育大学 国
伏見区深草藤森町　☎644・8106
■地域に開かれた教育の総合大学を目指す。

京都工芸繊維大学 国
左京区松ケ崎橋上町　☎724・7014
■人間と自然の調和、知と美の融合を。

京都市立芸術大学 公
西京区大枝沓掛町　☎334・2200
■芸術の普遍的意義を担う人材を育成。

京都府立医科大学 公
上京区河原町通広小路上ル　☎251・5111
■世界のトップレベルの医学を府民の医療へ。

京都府立大学 公
左京区下鴨半木町　☎703・5101
■教育・研究・地域貢献の質の向上を目指す。

大谷大学 私
北区小山上総町　☎432・3131
■「人間学」をキーワードにした教育・研究。

京都外国語大学 私
右京区西院笠目町　☎322・6012
■心で感じ、心でつながる語学力を育成。

京都学園大学 私
亀岡市曽我部町南条大谷　☎0771・29・2214
■人間力を養い力強く社会へ巣立つ人材を育成。

京都嵯峨芸術大学 私
右京区嵯峨五島町　☎864・7858
■創造的で感性豊かな表現者を送り出す。

京都産業大学 私
北区上賀茂本山　☎705・1408
■あなただけの「自己実現のコンセプト」を完成。

京都女子大学 私
東山区今熊野北日吉町　☎531・7030
■自他の対立を超え命あるものの平等を自覚させる。

京都精華大学 私
左京区岩倉木野町　☎702・5131
■「自由自治」の精神を貫く熱い姿勢を堅持。

京都造形芸術大学 私
左京区北白川瓜生山　☎791・9122
■「京都文芸復興」の鼓動を揺り動かす。

京都橘大学 私
山科区大宅山田町　☎571・1111
■自立・共生・臨床の知がキーワード。

京都ノートルダム女子大学 私
左京区下鴨南野々神町　☎781・1173
■ひとりの地球市民として平和を咲かせる人材に。

京都文教大学 私
宇治市槇島町　☎0774・25・2400
■仏陀《ぶっだ》の生き方を手本とした人格の完成を。

京都薬科大学 私
山科区御陵中内町　☎595・4600
■愛学躬行《きゅうこう》＝愛知・哲学、有言実行の精神。

京都光華女子大学 私
右京区西京極葛野町　☎325・5221
■生かされて生きることの自覚に基づく人間形成。

種智院大学 私
伏見区向島西定請　☎604・5600
■人間としての「こころ」の成長を目指す。

同志社女子大学 私
上京区今出川通寺町西入ル　☎251・4111
■キリスト教主義、国際主義、リベラル・アーツ。

花園大学 私
中京区西ノ京壺ノ内町　☎811・5181
■自己追求と回光返照―私は何をなすべきか。

佛教大学 私
北区紫野北花ノ坊町　☎491・2141
■「人間力」を身につけ「共に生まれかわれ」。

平安女学院大学 私
上京区下立売通烏丸西入ル　☎414・8108
■知性を広げ望みを高くし感受性を豊かに。

龍谷大学 私
伏見区深草塚本町　☎642・1111
■真実を求め真実に生き真実を顕《あきら》かにする。

注 ■のコメントは建学精神・教学理念など**一言コメント**。電話は京都市外局番 075 を省く。
注 住所はキャンパスが２つ以上ある場合、本部をおくキャンパスを掲載した。

第V章　役立て資料

編集部

大徳寺・大光院土塀

京都の主な　博物館・美術館案内

○時間は開館～閉館の時間。入館は閉館30分前までが望ましい。
○年末年始（12月28日～1月4日ごろ）は休館が多いので注意。
○料金の「高」は高校生料金、「中」は中学生料金。

1 博物館・美術館・資料館関係

アサヒビール大山崎《おおやまざき》山荘《さんそう》美術館
乙訓郡大山崎町
900円（高500円・中無料）　☎957-3123
10時～17時　＊月曜休

●本館に民芸運動の河井寛次郎やバーナード・リーチの陶工芸品を展示。安藤忠雄氏設計の新館「地中の宝石箱」にモネ作「睡蓮《すいれん》」「日本の橋」などを展示。

何必館《かひつかん》・京都現代美術館
東・祇園町北側
1000円（高中800円）　☎525-1311
10時～17時半　月曜休

●鑑賞空間を意識した設計で、北大路魯《ろ》山人《さんじん》・村上華岳《かがく》・山口薫《かおる》の各作品室が設けられ、企画展では世界的な作家の展覧会も開催。

河井寛次郎《かわいかんじろう》記念館
東・五条坂鐘鋳町
900円（高500円・中300円）　☎561-3585
10時～17時　＊月曜休（⇩P132）

観峰《かんぽう》美術館
左・岡崎南御所町
600円（中400円）　☎771-7130
10時～16時　展示替え期間休

●熱心な書道教育で文字の父と仰がれた観峰流書道宗家・原田観峰が設立した美術館で世界の文字文化資料を展示。年に3回展示替えを行っている。

北村美術館
上・河原町通今出川下ル東
600円（高中400円）　☎256-0637
10時～16時　＊月曜休・春秋期のみ開館

●北村謹次郎が収集した茶道美術品約千を収蔵。佐竹本「三十六歌仙絵」や蕪村《ぶそん》筆の「鳶鴉図《とびからす》」など重要文化財14点を含む。春秋に季節を意識した企画展を行う。

京セラ美術館
伏・竹田鳥羽殿町
無料　☎604-3515
9時～17時　土・日曜休、特別休館日あり

京都国際マンガミュージアム
中・烏丸通御池上ル
800円（高中300円）［体験1000円］　☎254-7414
10時～18時　＊水曜休（⇩P136）

京都国立近代美術館
左・岡崎円勝寺町
常設展430円（高中無料）　☎761-4111
9時半～17時（4～8月頃毎金20時まで）＊月曜休

●京都市美術館と向かい合い、土田麦僊《ばくせん》らの日本画、安井曾太郎《そうたろう》らの洋画、河井寛次郎の陶器四百点余と、欧米の写真コレクション約千点を収蔵する。

京都国立博物館
東・東山七条西入ル
常設展520円（高中無料）　☎525-2473
9時半～17時（毎金20時まで）＊月曜休（⇩P29）

京都市学校歴史博物館
下・御幸町通仏光寺下ル
200円（高中100円）　☎344-1305
9時～17時　＊水曜休（⇩P136）

京都市考古資料館
上・今出川通大宮東入ル
無料　☎432-3245
9時～17時　＊月曜休

京都市美術館
左・岡崎円勝寺町
各展覧会で異なる　☎771-4107
9時～17時　＊月曜休

●平安神宮の鳥居横に、昭和8年（一九三三）に設立。近現代の日本画・洋画を中心に所蔵品が数多いが、国内外の特別展・公募展の会場となることが多い。

京都市平安京創生館
中・丸太町通七本松西入ル（京都アスニー）
無料　☎812-7222
10時～17時　＊火曜休

●平成6年（一九九四）の平安建都1200年を記念して平安京を精巧に復元した模型を展示。国宝の「北野天神縁起絵巻」（複製）や「洛中洛外図屏風《びょうぶ》」（複製）も見もの。

京都市歴史資料館
上・寺町通丸太町上ル
無料　☎241-4312
9時～17時　月曜・祝日休

●歴史のまち京都の変遷を古文書や美術工芸品などを通して具体的に展示。専門図書や歴史資料も豊富にそろえる市民のための歴史研究施設。

京都大学総合博物館
左・京都大学本部構内
400円（高300円・中200円）　☎753-3272
9時半～16時半　月・火曜休（⇩P137）

注住所略記　下＝下京区、中＝中京区、上＝上京区、東＝東山区、北＝北区、左＝左京区、右＝右京区、南＝南区、伏＝伏見区、山＝山科区、西＝西京区　注電話は京都市外局番075を省く。

京都府 京都文化博物館
中・三条通高倉上ル　☎222-0888
常設展500円（高中無料）
10時～19時半　＊月曜休（⇩P127・135）

京都府立総合資料館
左・下鴨半木町　☎723-4831
無料
9時～16時半　第2水曜・日・祝休

●京都に関する資料を中心に、多種多様な図書資料約五〇万点を所蔵し、閲覧できる。国宝「東寺百合文書《ひゃくごうもんじょ》」の一般公開や収蔵品展、企画展も開催。

宇治市 源氏物語ミュージアム
宇治市宇治東内　☎0774-39-9300
500円（中250円）
9時～17時　＊月曜休（⇩P137）

●実物大の牛車《ぎっしゃ》や平安期の調度品の複製を展示。『源氏物語』中の六條院《ろくじょういん》の縮小模型や「宇治十帖」の中の「橋姫」場面を再現。篠田正浩《しのだまさひろ》監督の映画「浮舟」も上映。

高麗《こうらい》美術館
北・紫竹上岸町　☎491-1192
500円（高400円・中無料）
10時～17時　＊月曜休

●京都の在日朝鮮人・故鄭詔文《チョンジョムン》氏が収集した高麗青磁や朝鮮白磁のほか、朝鮮美術・工芸品約一七〇〇点を収蔵。年4回展示替えし、春と秋に企画展を開催。

立命館大学 国際平和ミュージアム
北・等持院北町　☎465-8151
400円（高中300円）
9時半～16時半　＊月曜休（⇩P136）

近藤悠三《こんどうゆうぞう》記念館
東・清水一丁目　☎561-2917
500円（高400円・中300円）
10時～17時　＊水曜休（⇩P132）

小倉百人一首殿堂 時雨殿《しぐれでん》
右・嵯峨天龍寺芒ノ馬場町　☎882-1111
500円（中300円）
10時～17時　＊月曜休（⇩P54・101）

角屋《すみや》もてなしの文化美術館
下・西新屋敷揚屋町　☎351-0024
1000円（高中800円、2階別途要予約）
10時～16時　＊月曜休・春秋開館（⇩P108）

泉屋博古館《せんおくはくこかん》
左・鹿ケ谷下宮ノ前町　☎771-6411
730円（高520円・中310円）
10時半～17時　＊月曜、7・8、12～2月休

●旧住友財閥の14・15代が収集した、住友コレクションとして世界的に知られる中国古代青銅器など五〇〇点余りを展示。「泉屋」は住友家の屋号。

京都府立 陶板名画の庭
左・下鴨半木町　☎724-2188
100円（中無料）
9時～17時　無休

●世界的名画を忠実に陶板で再現。ミケランジエロ作「最後の晩餐《ばんさん》」など陶板8点を安藤忠雄氏設計の施設に集める。植物園との共通券も。

京都府立 堂本印象美術館
北・平野上柳町　☎463-0007
500円（高400円・中200円）
9時半～17時　＊月曜休（⇩P47）

●伝統的な日本画から抽象画まで、日本画壇に刺激を与え続けた近代日本画家の大家、堂本印象の美術館。金閣寺から龍安寺、仁和寺に至る散策道に立地する。

野村美術館
左・南禅寺下河原町　☎751-0374
700円（高300円・中200円）
10時～16時半　＊月曜休・春秋期のみ開館

●野村家2代目野村徳七が、明治から昭和にかけて集めたコレクション―茶道具や能面・能装束など、茶室もしつらえた和風の館内で鑑賞できる。

白沙村荘 橋本関雪《かんせつ》記念館
左・浄土寺石橋町　☎751-0446
800円（高中500円）
10時～17時　無休（⇩P107「白沙村荘」）

美術館「えき」KYOTO
下・烏丸通塩小路下ル　☎352-1111
各展覧会で異なる
10時～20時　不定休

●古典から現代アート、国内外問わず幅広いジャンルの文化性・話題性のある展覧会を開催する。京都駅ビル7階、大階段に隣接。

琵琶湖疏水《びわこそすい》記念館
左・南禅寺草川町　☎752-2530
無料
9時～17時（12～2月は～16時半）　＊月曜休

●疏水関連の設計図や書画、貢献した人びとの紹介や主任技師田邉朔郎《たなべさくろう》の遺品などを展示。京都人の生活と産業発展の礎《いしずえ》となった琵琶湖疏水の歴史を伝える。

風俗博物館
下・新花屋町通堀川東入ル　☎342-5345
500円（高中300円）
9時～17時　日曜・祝日・12月休

●西本願寺の東向かい、井筒ビル5階。『源氏物語』に登場する六條院《ろくじょういん》の模型を展示し、平安貴族の生活をつぶさに紹介。半年ごとに場面変更。等身大人形に着付けた縄文時代～現代の衣装のほか武具・小物類も展示。

細見美術館
左・岡崎最勝寺町　☎752-5555
各展覧会で異なる
10時～18時　＊月曜休

●細見家三代にわたって収集した縄文時代～近代の珠玉の日本美術の名品を中心に、年数回、四季折々の企画展を開催。体験できる茶室「古香庵《こごうあん》」も併設（⇩P128）。

霊山《りょうぜん》歴史館
東・清閑寺霊山町　☎531-3773
500円（高300円・中200円）
10時～16時半　＊月曜休（⇩P109・137）

注 休館日の（＊）は、その日が祝日であれば開館する所。（さらに翌日を振替え休日にする所もある。）

❷伝統産業・文化・工芸館関係

いけばな資料館
中・六角通東洞院西入ル
無料 ☎221-2686
10時～16時 土・日・祝休 要予約

●華道家元池坊《いけのぼう》歴代の花伝書などいけばなに関する文献や花器《かき》・屏風《びょうぶ》・軸物《じくもの》などを収蔵し、同地出土資料や頂法寺(六角《ろっかく》堂《どう》)の什物《じゅうぶつ》等を合わせて常設展示。

月桂冠 大倉《おおくら》記念館
伏・南浜町
300円(高中100円) ☎623-2056
9時半～16時半 無休

●江戸初期、伏見に創業した大倉酒造の酒蔵《さかぐら》を利用した資料館。日本酒の歴史を紹介し、市指定文化財の酒造道具を行程にしたがって展示。

大西清右衛門《おおにしせいえもん》美術館
中・三条通新町西入ル
料金要問合せ ☎221-2881
10時～16時半 *月曜、夏・冬季休 (⇩P133)

●四〇〇年以上にわたり、茶の湯の伝統を守り続ける千家十職の釜師《かまし》大西家の茶の湯釜と道具類を公開。茶の湯釜の名品に手を触れて楽しめる鑑賞会も開催。

織成館《おりなすかん》
上・浄福寺通上立売上ル大黒町
500円(高中350円) ☎431-0020
10時～16時 *月曜休

●能装束の逸品をはじめ、全国から収集した伝統織物の手織り道具を、西陣の織屋の町家を改造して展示。隣接工場でのジャカード機の手織《てばた》見学もできる。

上京歴史探訪館
上・下立売通智恵光院西入ル
無料(「むかしの生活用具」見学100円) ☎812-2312
10時～16時 通年の土・日開館 (⇩P126)

京都伝統産業ふれあい館
左・岡崎成勝寺町
無料(友禅染体験は700円から) ☎762-2670
9時～17時 無休 (⇩P131)

京都陶磁器会館
東・東大路通五条上ル
無料 ☎541-1102
9時半～17時 水・木曜休 (⇩P132)

清水三年坂《きよみずさんねんざか》美術館
東・清水寺門前産寧坂北入ル
500円(高中300円) ☎532-4270
10時～17時 *月・火曜休(臨時休有)

●幕末・明治期、技術と芸術性両面に頂点を迎えていたといわれる金工・七宝《しっぽう》・蒔絵《まきえ》・薩摩焼《さつまやき》で、海外から里帰りした細密華麗な優品を展示。2階で企画展示。

京焼清水焼工芸館
山・川田清水焼団地町
無料 ☎581-6188
9時～17時 無休

●清水焼の伝統を受け継ぎながら、新たな挑戦も試みる現代の陶芸作家や窯元《かまもと》などの手作り作品約二〇〇〇点を常時展示、即売。体験教室もある(要予約・有料)。

ギルドハウス京菓子(京菓子資料館)
上・烏丸通上立売上ル
無料 ☎432-3101
10時～17時 水曜休(団体は要予約)

●京菓子の老舗・俵屋吉富《たわらやよしとみ》の北隣に設立。京菓子に関する古文書・絵画・美術工芸品・道具類などの資料や糖芸《とうげい》菓子を展示。茶室で一服も楽しめる(有料)。

古代友禅苑《ゆうぜんえん》(友禅美術館)
下・高辻通猪熊西入ル
500円(高中400円) ☎823-0500
9時～17時 無休 (⇩P132)

博物館 さがの人形の家
右・嵯峨鳥居本仏餉田町
800円(高中500円) ☎882-1421
9時半～17時 *火曜休・春秋開館

●優雅な御所人形や重厚な嵯峨《さが》人形をはじめ江戸期の人形20万点を所蔵。楽しいお多福や、からくり人形なども含み常時1万点を展示。休館時、団体相談応。

京のじゅばん&町家の美術館 紫織庵《しおりあん》
中・新町通六角上ル
500円(高中350円) ☎241-0215
10時～17時 *火曜休 要予約 (⇩P125)

四条京町家
下・四条通西洞院東入ル
300円(維持協力金) ☎255-0801
10時～17時 *水曜休 (⇩P126)

杉本家住宅
下・綾小路通新町西入ル
会員公開。年に3回の一般公開。要問合せ ☎344-5724(保存会) (⇩P125)

瀧澤家《たきざわけ》住宅(匠斎庵《しょうさいあん》)
左・鞍馬本町
300円(見学料) ☎741-3232
11時～16時 見学は土・日・祝日のみ (⇩P127)

千總《ちそう》資料館
中・三条通烏丸西入ル
無料 ☎211-2531
10時～17時 水曜休・臨時休館あり

●創業四五〇余年、京友禅の老舗・千總に伝わる江戸・明治・大正・昭和・平成の美術品、染織品及び資料の一部を本社ビル2階千總ギャラリーにて公開する。

茶道《ちゃどう》資料館
上・堀川通寺之内上ル
通常展700円(高400円・中300円) ☎431-6474
9時半～16時半 *月・展示準備中休 (⇩P129・133・156)

冨田屋《とんだや》
上・大宮通一条上ル
2100円(町家見学と「京都のしきたり」を学ぶ) ☎432-6701
9時～17時 月曜休 要予約 (⇩P125)

並河靖之七宝記念館《なみかわやすゆきしっぽうきねんかん》
東・堀池町
☎752-3277
600円（高中300円）
10時～16時半　＊月・木曜・夏・冬季休（⇩P112下・131下・137）

●明治・大正期に活躍した七宝作家・並河靖之の邸宅美術館。窯場や工房を復元し、所蔵七宝作品や道具類を展示。国指定文化財。庭園は市指定名勝。

西陣織会館
上・堀川通今出川下ル
☎451-9231
無料
9時～17時　無休（⇩P132・134）

西陣織工芸美術館　松翠閣《しょうすいかく》
上・寺ノ内通智恵光院東入ル
☎431-1670
200円
9時半～17時　月曜休

●琳派《りんぱ》、円山応挙《おうきょ》、広重《ひろしげ》、北斎《ほくさい》などの日本美術やゴッホやミレー、ルノワールなどの名画を西陣織の最新技術で再現。町家の佇《たたず》まいにて観賞。

西村家別邸（賀茂の社家）
北・上賀茂中大路町
☎781-0666
500円
9時半～16時半　12／9～3／14休（⇩P126）

二條陣屋《にじょうじんや》（小川家住宅）
中・大宮通御池下ル
☎841-0972
1000円（高800円）
10時～16時　＊水曜休 要予約（⇩P126・170）

キンシ正宗　堀野《ほりの》記念館
中・堺町通二条上ル
☎223-2072
300円（高中200円）
11時～17時　＊火曜休、他もあり（⇩P125）

宮井ふろしき　袱紗《ふくさ》ギャラリー
中・室町通六角下ル
☎221-1076
1000円（入場料＋体験料）
10時～17時（予約制）　土・日・祝休

●江戸中期～昭和初期の袱紗・ふろしきや世界各国の布帛《ふはく》など約二五〇〇点の染織資料を企画展示。解説・ふろしきの包み方体験・DVD鑑賞など約90分見学。

永楽屋細辻伊兵衛商店本店　町家手拭《てぬぐい》ギャラリー
中・室町通三条上ル
☎256-7881
無料
11時～19時　無休

●創業四〇〇年の老舗木綿《もめん》問屋。明治～昭和初期の趣味の手ぬぐい約二〇〇種の復刻の際に集められた貴重なコレクションを展示。祇園店にも同様を展示。

京ふろしきで包む

京手ぬぐいのバッグ

京都生活工藝館　無名舎（吉田家住宅）
中・新町通六角下ル
☎221-1317
1000円（高800円・中500円）
10時～18時　不定休 要予約（⇩P127）

八木邸（新選組壬生屯所跡《みぶとんじょ》）
中・壬生梛ノ宮町
☎841-0751
600円（高中・見学のみ料金）
9時～17時　不定休（⇩P108・127）

八《や》つ橋庵《はしあん》としはしゅうやかた
右・西京極西衣手町
☎313-2151
無料（刺繍《ししゅう》美術館）
9時～17時15分　無休

●花・鳥・風・月をテーマにしたししゅう作品、京ししゅうの歴史と資料を展示。「おあそびししゅう講座」（体験は⇩P155）あり。団体用送迎バスあり。

樂《らく》美術館
上・油小路通一条下ル
☎414-0304
各展覧会で異なる（中無料）
10時～16時半　＊月曜休（⇩P133）

3 社寺関係

北野天満宮宝物殿《きたのてんまんぐうほうもつでん》
上・御前通今小路上ル
☎461-0005
300円（高中250円）
9時～16時　縁日（25日）と観光シーズンに開館（⇩P26）

●国宝の「北野天神縁起絵巻」「日本書紀」「北野大茶湯図」をはじめ、奉納された宝物の多くが重要文化財に指定され、日本の美の伝統を鑑賞できる。

鞍馬山《くらまやま》霊宝殿（鞍馬山博物館）
左・鞍馬本町
☎741-2368
200円（中100円）
9時～16時　＊月曜、12月初～2月末休（⇩P45）

高台寺掌美術館《こうだいじしょうびじゅつかん》
東・高台寺下河原町
☎561-1414
600円（高中250円）寺院共通
9時半～18時　不定休（⇩P32）

広隆寺《こうりゅうじ》霊宝殿
右・太秦蜂岡町
☎861-1461
700円（高500円・中400円）
9時～17時（12～2月は16時半まで）無休（⇩P50）

金比羅絵馬館《こんぴらえまかん》
東・東大路松原上ル
☎561-5127
500円（高中400円）
10時～16時　＊月曜休（⇩P31）

相国寺承天閣美術館《しょうこくじじょうてんかくびじゅつかん》
上・今出川通烏丸東上ル
☎241-0423
各展覧会で異なる
10時～17時　展示替え期間休（⇩P25）

清凉寺《せいりょうじ》霊宝館
右・嵯峨釈迦堂藤ノ木町
☎861-0343
400円（高中300円）
9時～17時　4～5月・10～11月開館（⇩P52）

泉涌寺《せんにゅうじ》宝物館（心照殿）
東・泉涌寺山内町
☎561-1551
500円（中300円）伽藍拝観共通
9時～16時半　第4月曜休（⇩P59）

醍醐寺《だいごじ》霊宝館（宝聚院《ほうじゅいん》）
伏・醍醐東大路町
☎571-0002
600円（高中300円）
9時～17時　＊一時期月曜休（⇩P63）

智積院《ちしゃくいん》収蔵庫
東・東大路七条下ル
☎541-5361
500円（高中300円）諸堂・庭園共通
9時～16時半　無休（⇩P29）

東寺《とうじ》宝物館
南・九条町
☎691-3325
500円（中300円）
9時～17時半（秋～16時半）春秋開館（⇩P21）

仁和寺《にんなじ》霊宝館 右・御室大内 ☎461-1155
500円（高中300円）
9時～16時半 春と秋のみ開館（⇩P49）

藤森神社《ふじのもりじんじゃ》宝物殿 伏・深草鳥居崎町 ☎641-1045
志納金
9時～16時 5／1～5祭礼休

4 その他の博物館・美術館など

益富地学会館 石ふしぎ博物館 上・出水通烏丸西入ル ☎441-3280
200円
10時～16時 月曜休 展示室 土・日・祝公開（⇩P136）

梅小路蒸気機関車館 下・七条大宮西入ル ☎314-2996
410円（中100円）
10時～17時 ＊水曜休（春・夏休み中無休）（⇩P137）

漢検 漢字資料館 下・烏丸通松原下ル
無料（体験は要事前連絡）☎0120-509-315
10時～17時 土・日・祝日休（⇩P136）

ギャラリー妖精村《ようせいむら》 中・堺町通三条上ル ☎256-5033
無料
10時～18時 ＊月曜休

●イラストレーターで絵本作家の永田萠《もえ》が主催するギャラリー。原画を展示し、各種工芸作家の企画展を、随時開催している。

京都祇園《ぎおん》らんぷ美術館 東・祇園町南側 ☎525-3812
500円（高中300円）
10時半～17時半 ＊水曜休・臨時休あり

●江戸時代の菜種《なたね》ランプや国内外の石油ランプを約七〇〇点展示。美術品としてのランプを始め、実際に使われていたランプも多く、当時の風俗がしのばれる。

京都水族館 下・観喜寺町（梅小路公園内） ☎354-3130
2050円（高1550・中1000円）
9時～17時 無休（臨時休業有り）

●2012年3月オープンの内陸型水族館。海洋生物だけでなく、京都盆地と河川を意識した水生生物コーナーを広く確保。遊びながら学べる体験プランもある。

京都府立植物園 左・下鴨半木《なからぎ》町 ☎701-0141
200円（高150円・中無料）
9時～17時（延長あり） 12／28～1／4休園

●大正13年（一九二四）開園。総面積約24万㎡、約一二〇〇〇種の植物の育つ日本屈指の植物園。日本最大級の観賞温室にも約四五〇〇種を育てる。

京の田舎民具《いなかみんぐ》資料館 山・小山小川町 ☎581-2302
500円（高中300円）
9時～16時半 月曜休

ＪＲ稲荷《いなり》駅ランプ小屋 伏・深草稲荷御前町 ☎0570-00-2486（ＪＲ西日本お客様センター）
140円（ＪＲ利用者は無料）
10時～15時（7日前までに要予約） 無休

●ＪＲ稲荷駅敷地内。旧国鉄最古のレンガ造り建物。旧東海道本線の駅だったころの石油ランプ保管小屋。貴重な当時の手提《てさ》げランプや信号灯などを展示。

島津創業記念資料館 中・木屋町通二条南 ☎255-0980
300円（高中200円）
9時半～17時 ＊水曜休

●明治～昭和中期の理化学器械やレントゲン装置、文献・資料など約六〇〇点を展示。島津製作所だけでなく、日本近代科学技術の発展の歴史が見てとれる。

新選組記念館 下・坊城通五条下ル ☎344-6376
500円
予約制（時間は予約の際に決定） 不定休（⇩P108）

竹の資料館（京都市洛西竹林公園内） 西・大枝北福西町 ☎331-3821
無料
9時～17時 水曜休

●竹林公園の中の竹に関する総合資料館。回遊式庭園の生態園には一一〇種の竹が集められ、自然観賞と観察ができる。他に竹の伝統工芸品の展示販売もある。

虎屋《とらや》京都ギャラリー 上・一条通烏丸西入ル ☎431-4736
無料
11時～17時 無休

ＪＲ稲荷駅ランプ小屋（外観）

ブリキのおもちゃと人形博物館 下・四条堀川東入ル ☎223-2146
500円
10時～16時 日曜・祝日休（⇩P137）

町家《まちや》写真館 上・大宮通元誓願寺下ル ☎431-5500
無料
11時～17時（予約制） 日曜・祝日休

●西陣にある築一三〇年になる典型的な表屋造りの町家を、写真家・水野克比古《かつひこ》氏のギャラリーとしてていねいに再生。町家の雰囲気も楽しめる。

京都太秦 美空ひばり座 太秦映画村映画文化館内 ☎0570-064349
要入村料（⇩P144）
9時～17時 一月中旬5日間休

京《みやこ》エコロジーセンター（京都市環境保全活動センター） 伏・深草池ノ内町 ☎641-0911
無料
9時～21時（展示室は17時まで） ＊木曜休

●環境に優しい活動（エコロジー）の輪を広げる展示拠点施設。地球規模での環境問題から、京都ならではのエコロジー生活の知恵などを体験的に学べる。

京都の主な体験どころ案内

○主として修学旅行生など団体向きの場所を選んだ。個人の場合、前もって問い合わせること。
○料金や時間などが変更になることがあるので、必ず前もって問い合わせをして計画したい。**予約制**が多い。（料金は概ね修学旅行生対象。個人は要問合せ。一部税込表示。）

❶ 陶芸（清水焼）を楽しむ

コトブキ陶春《とうしゅん》
山・川田清水焼団地町
絵付け1404円～など　☎581・7195
9時～17時（21時半）12～2月の日・祝休（⇩p130）

青窯会会館《せいようかいかいかん》
東・泉涌寺東林町
絵付け1080円～など　☎531・5678
10時～15時半　日曜・祝日休（⇩p130）

西村菰軒《こけん》
東・渋谷通東大路西入ル
3000円～　☎561・3552
9時～18時（夜間応相談）　不定休

●京町家風の体験どころ。粘土はどれだけ使ってもよく、マグカップや動物の置き物などにも挑戦できる。陶芸作家の指導が行き届く。手回しロクロも体験可。

藤平《ふじひら》陶芸
東・五条橋東
絵付け1800円～など　☎561・3979
10時～17時　日曜・祝日休

森陶器館
東・清水2丁目
手回しロクロ2680円～など　☎561・3457
9時～17時　不定休

夢アトリエ
西・嵐山樋ノ上町
2000円～など　☎864・0652
9時～12時、13時～21時　無休

●初心者でもとりくみやすい「玉作り」製法。粘土を手で変形させて、湯呑《ゆの》みや茶わんなどを作る。北山杉を使って時計や照明器具を作るコースもある。

❷ 染・織・くみひも・ししゅうなど

安達《あだち》くみひも館（くみひも）
上・出水通烏丸西入ル
携帯ストラップ2000円～など　☎432・4113
9時～16時　不定休（⇩p130）

京都絞り工芸館（染）
中・油小路通御池南入ル
2000円～（入館料500円）　☎221・4252
10時～17時　不定休（⇩p131）

京都伝統産業ふれあい館（染）
左・岡崎成勝寺町
ハンカチ小500円、Tシャツ1400円など　☎762・2670
9時半～16時（受付）　8月臨時休あり（⇩p131）

栗山《くりやま》工房（染）
右・梅ヶ畑高鼻町
紅型染め1000円～など　☎861・9660
10時～12時、13時～16時　土・日・祝休

●沖縄伝来の紅型《びんがた》染めという染め方でテーブルセンターを染める。特有の鮮やかな色彩と文様が目を引く。他に藍《あい》染め体験や工房の見学もできる。

古代友禅苑《ゆうぜんえん》（染）
下・高辻通猪熊西入ル
1250円～（別途要入苑料高400円）　☎823・0500
9時～17時　無休（⇩p132）

しょうざん光悦《こうえつ》芸術村（染）
北・衣笠鏡石町
1400円　☎495・2098（染織ギャラリー）
9時～16時　無休

●小風呂敷《こぶろしき》の型染め友禅を体験する。布地は5色から、図柄は季節感あふれる数種類から選べる。別途料金で日本庭園の四季の花の鑑賞も楽しめる。

西陣織会館（織）
上・堀川今出川下ル
1500円（15名以上は1300円）　☎451・9231
9時～15時半　無休（⇩p134）

●ミニ手織り機でテーブルセンターを織る。伝統工芸士の指導もあり、初心者でも安心。本物は絹糸だが扱いやすい木綿《もめん》糸などを使う。

丸益《まるます》西村屋（染）
中・小川通御池下ル
ハンカチ1260円～など　☎211・3273
9時～19時（夜間応相談）　無休（⇩p131）

八《や》つ橋庵《はしあん》とししゅうやかた（ししゅう）
右・西京極衣手町
ししゅう1050円、まゆ人形1370円　☎313・2151
9時～17時15分（夜間応相談）　無休

ローケツ染・職人体験　やまもと（染）
右・西京極牛塚町
2000円～など　☎313・1871
10時～18時　水曜休（応相談）

●①白生地にロウで下絵を描く。②染め上げる。③ロウを落とす。④アイロンで仕上げる、という工程。ロウのひび割れでいろんな仕上がりがあって楽しい。

❸ 念珠《ねんじゅ》・七宝《しっぽう》・象嵌《ぞうがん》・金属工芸など

今井半念珠店《いまいはんねんじゅてん》（念珠）
東・大黒町通正面下ル
1300円～3000円　☎561・0307
9時～15時　日曜・祝日休

●お店は四〇〇年の歴史を持つ老舗。念珠（数珠）について学び、オリジナルの腕輪念珠を製作する。天然石を使ったオリジナルブレスレット作りも。

美装カトレア工房（七宝） 東・本町パークホームズ1F
1500円～　☎551・1105
10時～16時　土・日・祝休（団体は応相談）

金網《かなあみ》つじ（金属工芸） 東・高台寺南門通下河原東入ル
3000円　☎551・5500
10時～17時　不定休

●自分だけの「豆腐《とうふ》すくい」網を製作する。手編みでちょっと細かい作業だが、十分に職人技を学べる。自分で作った道具で食べる湯豆腐は格別だ。

川人《かわひと》ハンズ（象嵌《ぞうがん》） 北・等持院南町
2600円　☎461・2774
9時～15時　（教室実施日、月～木）

工芸工房 鎚舞《ついぶ》（彫金） 中・押小路通麩屋町東入ル
4000円～　☎223・4122
10時～・14時～・18時～　無休

●彫金とは、金属を打ったり彫ったりして模様を出す技のこと。飾り職人の指導を受け、一本の銀の棒から曲げてリングの形に整え、シルバー指輪を製作する。

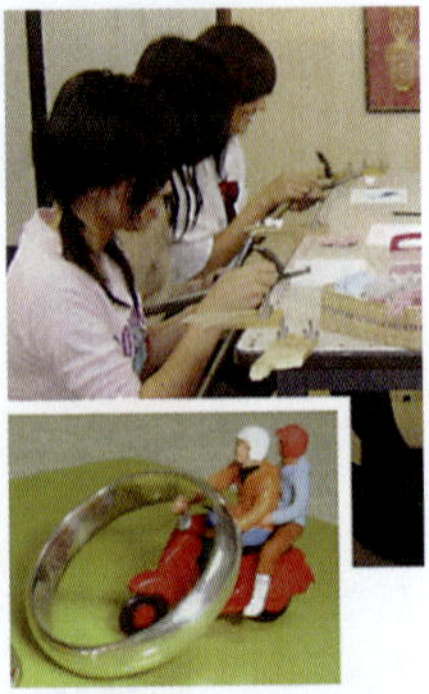

リングを磨き（上）完成（下）

4 京扇子《きょうせんす》・和紙工芸・紙すき

京扇堂《きょうせんどう》（京扇子絵付け） 下・東洞院通正面上ル
2200円（送料込）　☎371・4151
9時～15時（休日10時～15時）　無休

京扇子《きょうせんす》とくの（京扇子絵付け） 下・富小路通松原下ル
2160円（送料無料）　☎351・7489
9時～17時　土・日・祝日休

舞扇堂《まいせんどう》（京扇子絵付け職人体験） 東・祇園町南側
絵付け1600円～2000円　☎532・2050
10時～20時　水曜休

折《お》り鶴《づる》サロン夢（和紙工芸） 下・七条河原町北西角
1575円（材料費込）　☎341・1191
11時～17時（応相談）　日曜休（応相談）

●一枚の京友禅和紙を使って二羽以上の鶴がつながった作品（連鶴）を二種類作り、飾り台に乗せて完成させる珍しい和紙工芸体験。宿泊先へ夜間出張可。

京・嵐山・絵はがきハウス かるかや（手摺《ず》り絵はがき） 西・嵐山西一川町
1200円　☎864・6054
9時～17時　無休

鈴木松風堂《しょうふうどう》（和紙工芸） 中・柳馬場六角下ル
1620円～2700円など　☎231・5003
10時～18時　不定休

もとしろ（紙すき） 左・大原来迎院町
500円～　☎744・3388
10時～15時　11月以外無休

●京都の古里大原で和紙を作る。和紙の原料を型に流し込み、紅葉の押し花や桜の花びらなどを散らして色紙を製作。草花など素材の持ち込みも可。

5 京菓子作り（八《や》つ橋《はし》・和菓子）

井筒八ツ橋本舗《いづつやはしほんぽ》（八つ橋） 中・寺町通四条上ル
970円　☎255・2121
10時～18時　無休（⇩p130）

有職菓子御調進所 老松《おいまつ》（和菓子） 上・今出川通御前東入ル
1500円　☎463・3050
10時～・13時半～　7～8月休

おたべ本館（八つ橋） 南・国道十条西入ル
600円　☎0120・8284・39
9時～・14時～　原則無休

●京名物の生《なま》八つ橋「おたべ」を作る。粉を水で練り、かまどで蒸し上げ、生地を作る。あんを包んで三角形に仕上げる。ビデオによる工場見学付。

京菓子司 よし廣《ひろ》（和菓子） 中・西ノ京東月光町
1620円　☎811・5602
9時15分～・11時～・13時半～・15時15分～　不定休

大原で紙すきを体験

京菓匠 七條甘春堂《しちじょうかんしゅんどう》（和菓子） 東・七条通本町東入ル
1700円　☎541・3771
（団体）9時～、10時半～、12時～、13時～、15時～　無休

6 修養体験（香道《こうどう》・茶《ちゃ》道《さどう》・華道《かどう》・坐禅《ざぜん》など）

香老舗《こうろうほ》 薫玉堂《くんぎょくどう》（香道） 下・堀川通西本願寺前
2500円（抹茶・菓子付）　☎371・0162
10時～、14時～　第4土曜に開催（⇩p128）

細見美術館茶室 古香庵《ここうあん》（茶道） 左・岡崎最勝寺町
1620円～2160円（入館料別途要）　☎752・5555
11時～17時　不定休（⇩p128）

美好園茶舗《びこうえんちゃほ》（茶道） 下・油小路通花屋町下ル
500円（お手まえなし料金）　☎371・1013
10時～17時　日曜・祝日休（応相談）（⇩p128）

茶道資料館（茶道） 上・堀川通寺之内上ル
700円（高400円・中300円）　☎431・6474
10時～15時　＊月・展示準備中休（⇩p129・133・152）

末生流笹岡家元《みしょうりゅうささおかいえもと》（華道・茶道）
左・田中里ノ前町
4320円（華道コース・花材込） ☎781・8023
10時～17時 日・火・土（午前）休 （⇩p128）

高台寺《こうだいじ》（坐禅・法話・茶道）
東・高台寺下河原町
坐禅1000円（旅修生700円） ☎561・9966
9時～17時 不定休 （⇩p129）

法住寺《ほうじゅうじ》（写経・坐禅）
東・三十三間堂廻町
写経・坐禅各1500円（拝観料込） ☎561・4137
9時～17時 不定休 （⇩p129）

妙心寺《みょうしんじ》（坐禅・法話）
右・花園妙心寺町
800円（小中高修旅生のみ受付） ☎463・3121
6時～9時、16時～20時 不定休 （⇩p129）

7 総合体験どころ

アド・京都（京都文化とのふれあい）
上・西三本木通丸太町上ル
料金各種（要問合せ） ☎221・8880
9時～17時 無休

●狂言・京舞など京都の伝統芸能に関する体験が主だが、型紙を使っての友禅染、湯呑《ゆの》みやマグカップなど清水焼絵付け、京扇子絵付けなどもある。

ギオンコーナー（京都伝統芸能館）
東・花見小路通四条下ル（ヤサカ会館内）
3150円（修旅生高1300円・中1000円） ☎561・1119
18時～・19時～ 無休 （⇩p134）

EN《えん》家《や》体験工房創《そう》
左・聖護院円頓美町（アミタビル3F）
料金各種（要問合せ） ☎761・0142
10時～18時 無休 （⇩p131）

京都旅企画
西・川島北裏町
料金各種（要問合せ） ☎394・4551
9時～21時 無休

●陶芸・金彩友禅・和菓子など「伝統産業編」体験コースと、能楽・狂言体験鑑賞や雅楽《ががく》・琵琶《びわ》の体験鑑賞などの「伝統芸能・文化編」体験コースを用意する。

西陣織会館
上・堀川今出川下ル
料金各種（要問合せ） ☎451・9231
9時～15時半 無休 （⇩p133・134）

地域観光情報研究社
中・堺町通錦小路上ル（谷堺町ビル）
料金各種（要問合せ） ☎212・8807
9時～17時 土・日・祝休（予約者は休日可）

●①漆器の絵付け。丸絵皿や写真スタンドなどから選ぶ。②金彩友禅（色挿し）。③和本作り。表紙に模様をつける型染めと糸を使った製本作業。④扇子の絵付け。

漆器絵付け体験

8 その他いろんな体験

あだしのまゆ村（繭《まゆ》人形）
右・嵯峨鳥居本化野町
1300円（15人以上1000円） ☎882・4500
9時～17時 原則無休

●蚕《かいこ》の繭を使った人形作りにチャレンジ。提灯《ちょうちん》などの小物をつけ、時代劇でおなじみの銭形平次が定番。愛らしくかわいらしさは絶品。

かわいいまゆ人形

粟嶋堂宗徳寺《あわしまどうそうとくじ》（お守り作り）
下・三軒替地町
500円 ☎371・2332
9時～15時半 不定休

㈱御《お》池《いけ》（竹かご作り）
中・油小路通四条上ル
3240円 ☎221・3211
9時～17時半 日・祝・第2土休

大原観光保勝会（着付け体験）
左・大原来迎院町
2000円 ☎744・2148
10時～14時 日曜・祝日休

●一昔前、柴《しば》や薪《たきぎ》を頭に載せて京の町中に売り歩いた大原女《おはらめ》に変身。意外にも活動的で着心地がよく大好評間違いなし。そのまま三千院や寂光院の観光も可能。

香《かおり》の都《みやこ》（ブレスレット作りなど）
下・堀川六条下ル
300円～など ☎352・3799
9時～17時半（時間応相談） 日・祝、第2・4土休

●複数のコースから選ぶ。好きなビーズを使ってオリジナルのブレスレット・腕輪念珠《ねんじゅ》・ネックレスを作る。匂《にお》い袋コースでは香りのよい漢方薬を混ぜ合わせる。

高橋提燈《ちょうちん》（提灯作り）
山・勧修寺瀬戸河原町（山科工場）
1050円～など ☎351・1768（申込先・本店）
9時～12時、13時～17時 日・祝、隔週土休

●日本の伝統の明かりともいえる提灯。江戸時代中ごろ創業の工場で製作の工程を見学し、その後、ミニ提灯の絵付けを体験する。見学のみも可能（840円お土産付）。

風俗博物館（着付け体験）
下・新花屋町通堀川東入ル
500円（高中300円） ☎342・5345
9時～17時 日曜・祝日・12月休

●平安装束が自由に試着でき、まるで平安貴族になったよう。また源氏物語の主人公光源氏の邸宅（六條院）を約4分の1で再現。約100体の人形も目を引く。

大原女姿に変身！

京のみやげ物案内

〔買い求める際の注意点〕
○店舗を構えた責任ある店で買うこと。
○製造業者名入りの製品であること。
○郵送を依頼する場合など、料金の領収書を必ず受け取ること。
○安い品を押し売りする場合は注意すること。
○製造元・製造年月日・量目などを確認すること。

古い歴史をもつ京都は、伝統的な名産、名物も数多く、土産《みやげ》選びに迷うにちがいない。老舗《しにせ》を一軒一軒訪ね歩くのも楽しみだが、時間を節約したい向きには、市内の大手デパートや、京都駅地下街ポルタなどの有名店の支店、それに新京極界隈《かいわい》（⇩P161）を利用するのも便利。

このコーナーでは、比較的手ごろな値段で買い求めることができる品物や店舗を中心に紹介する。（店舗は本店を中心にあげた。）

老舗《しにせ》の店がまえ（亀末廣《かめすえひろ》）

1 伝統工芸品

京扇子

平安時代以来、製造の本場であった京都では、現在でも全国生産量の約90％を仕上げている。手描きの模様が涼しげな夏物扇子のほか、能楽用・茶道用・舞扇《まいおうぎ》・絹扇など、特殊なものもある。

●**京扇堂《きょうせんどう》** 下・東洞院通正面上ル 地下鉄 五条駅 ☎371・4151
●**宮脇賣扇庵《みやわきばいせんあん》** 中・六角通富小路東入ル 地下鉄 烏丸御池駅 ☎221・0181
●**舞扇堂《まいせんどう》** 東・祇園町南側 市バス 四条京阪前 ☎532・2002

京扇子

清水焼

清水焼

京焼とも。薄手の磁器が主流で、窯元《かまもと》は現在は山科《やましな》・宇治に移ったが、販売店は昔からの清水《きよみず》・五条坂周辺に軒を連ねる。（⇩P130・132）

●**京都陶磁器会館** 東・東大路通五条上ル 市バス 五条坂 ☎541・1102
●**たち吉** 下・四条通富小路角 市バス 四条河原町 ☎255・3507
●**京焼清水焼工芸館** 山・川田清水焼団地町 京阪バス 清水焼団地 ☎581・6188

京七宝・京象嵌・金属工芸

銅の下地に何色ものガラスの釉《ゆう》薬《やく》を焼き付けた七宝《しっぽう》焼《や》きや、陶磁器や金属・木材などに金銀の模様をはめ込んだ象嵌《ぞうがん》、金属を細かく彫金した錺《かざり》細《ざい》工《く》など、アクセサリーを中心に人気がある。

●**稲葉七宝** 東・三条通白川橋西入ル 市バス 東山三条 ☎761・1161
●**京びそう** 中・御幸町通夷川《えびすがわ》上ル 地下鉄 京都市役所前駅 ☎253・3255
●**川人《かわひと》ハンズ** 北・等持院南町 市バス 等持院南町 ☎461・2774

京竹工芸

竹林の美しい洛西嵯峨《さが》野《の》に工房や専門店が数多くある。京都ならではの良質の竹材を使い、華道や茶道の道具、室内の飾り、小物まで幅広く製作される。

●**いしかわ竹の店** 右・嵯峨天龍寺造路町 嵐電 嵐山駅 ☎861・0076
●**竹・民芸定家** 右・嵯峨二尊院門前 市バス 嵯峨釈迦堂前 ☎881・2660
●**神田竹細工店** 東・高台寺桝屋町 市バス 東山安井 ☎561・7686

竹細工（かご）

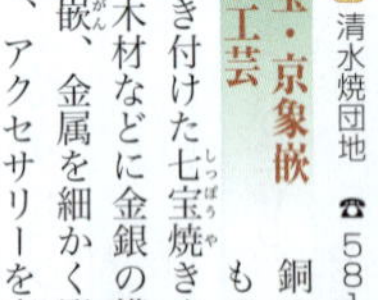
京友禅（がま口）

西陣織・京友禅

昔から「京の着だおれ」といわれる京呉服《ごふく》。高級品は限りがないが、お土産向きの財布・ネクタイ・袋物などもある。新京極や駅、観光地土産物店でも手に入る。

●**井和井《いわい》** 中・新京極四条上ル 市バス 四条河原町 ☎221・0314
●**井澤屋《いざわ》**（和装小物） 東・祇園南座前 京阪 祇園四条駅 ☎525・0130
●**おはりばこ** 北・紫野門前町 市バス 大徳寺 ☎495・0119

京人形

まるまると太った幼児の姿をした御所《ごしょ》人形や、市松人形など美しい衣装の着付人形が代表的。高級品が多いが、小ぶりで手

注 京都市外局番は075。

ごろなものも。伏見稲荷《ふしみいなり》名物の素朴な土製「伏見人形」もある。

●**田中彌《や》** 地下鉄 四条駅 下・四条通柳馬場《やなぎのばんば》東入ル ☎221-1959

●**小刀屋《こがたなや》忠兵衛** 市バス 河原町三条 中・三条河原町東入ル ☎221-6349

かんざし・つげ櫛

可憐《かれん》な花かんざし、本つげ櫛《ぐし》の凝ったものが多いが、ちりめん地の髪飾りなど手軽に使えるものも豊富。

●**かづら清《せい》** 市バス 祇園 東・祇園石段下西北 ☎561-0672

かんざし

匂い袋

香・匂い袋

平安の昔から愛されてきた雅《みや》びな香りを、お香や匂《にお》い袋で手軽に楽しめる。ちりめん細工の香袋はインテリアにも。

●**香老舗《こうろうほ》 松栄堂《しょうえいどう》** 地下鉄 丸太町駅 中・烏丸通二条上ル東側 ☎212-5590

●**香老舗 薫玉堂《くんぎょくどう》** 市バス 西本願寺前 下・堀川通西本願寺前 ☎371-0162

●**豊田愛山堂老舗** 市バス 祇園 東・四条通祇園町北側 ☎551-2221

京組紐

丁寧に組まれた美しい組紐《くみひも》。手ごろな小物やストラップ、切り売りもある。

●**伊藤組紐店** 市バス 河原町三条 中・寺町六角北西角 ☎221-1320

2 食べもの

京漬物

伝統的な製法で作られる数々の京漬物。代表は、しば漬け、千枚漬け、すぐき。

●**京つけもの西利《にしり》** 市バス 西本願寺前 下・堀川通七条上ル ☎361-8181

●**京つけもの大安《だいやす》本店** 市バス 動物園前 左・平安神宮東 ☎761-0281

【しば漬け】 なす・きゅうり・しそ・みょうがなどを刻んで塩漬けにした洛北大原の名物。しその香りと紫色が美しい。

●**土井《どい》志《し》ば漬《づけ》本舗** 京バス 花尻橋 左・八瀬花尻町 ☎744-2311

●**志《し》ば久《きゅう》** 京バス 大原 左・大原三千院道 ☎744-4893

【千枚漬け】 聖護院《しょうごいん》かぶらを薄く輪切りにして、昆布《こんぶ》などを加え漬けこんだもの。10月～3月ごろ。

●**大藤《だいとう》本店** 市バス 四条河原町 中・麩屋《ふや》町通四条上ル ☎221-5975

●**村上重《じゅう》本店** 市バス 四条河原町 下・西木屋町通四条下ル ☎351-1737

【すぐき】 上賀茂特産のかぶらに重しをかけて漬け、室《むろ》に入れて発酵《はっこう》させたもので酸味が強い。10月～5月ごろ。

●**御《おん》すぐき處《どころ》なり田《た》** 市バス 上賀茂神社前 北・上賀茂山本町 ☎721-1567

●**すぐきや六郎兵衛** 市バス 上賀茂神社前 北・上賀茂神社鳥居前 ☎721-6669

京佃煮

京都の佃煮《つくだに》は木《き》の芽煮《めだき》とちりめん山椒が有名。

【木の芽煮】 木《き》の芽《め》(山椒《さんしょう》)を昆布や椎茸《しいたけ》とともに煮た佃煮《つくだに》。鞍馬《くらま》名産だが、市中でも手に入る。

●**渡辺木の芽煮本舗** 叡電 鞍馬駅 左・鞍馬本町 ☎741-2025

【ちりめん山椒】 ちりめんじゃこを山椒と醤油《しょうゆ》でふっくら炊きあげた、ご飯がすすむ逸品。食料品土産物の定番。

●**京佃煮舗《きょうつくだにほ》 やよい** 市バス 祇園 東・八坂神社南楼門下ル ☎561-8413

ちりめん山椒

湯葉

湯葉・麸

湯葉《ゆば》は、豆乳を煮て表面にできる薄膜をすくい上げて乾かしたもの。生もおいしいが、お土産には乾燥湯葉が便利。小麦に含まれるグルテンを原料とする麸《ふ》は、乾燥したものだけでなく、生麸《なまふ》もある。帰る直前なら、生麸や生麸饅頭《まんじゅう》もよい。

●**千丸屋《せんまるや》** 地下鉄 四条駅 中・堺町通四条上ル ☎221-0555

●**湯波半《ゆばはん》老舗** 地下鉄 京都市役所前駅 中・麩屋《ふや》町通御池上ル ☎221-5622

●**半兵衛麸《はんべえふ》** 京阪 清水五条駅 東・問屋町通五条下ル ☎525-0008

宇治茶・香煎

品質のよい高級茶、煎茶《せんちゃ》・玉露《ぎょくろ》などのほか、抹茶《まっちゃ》やほうじ茶もよい。

●**一保堂《いっぽどう》茶舗** 市バス 河原町二条 中・寺町通二条上ル ☎211-3421

●**祇園辻利《ぎおんつじり》** 市バス 祇園 東・祇園町南側 ☎551-1122

七味唐辛子

京都の七味《しちみ》は香り高いのが特徴。清水坂七味屋の清水焼ミニ器のものが好評。

●**七味家** 市バス 清水道 東・清水産寧坂《さんねいざか》(三年坂)角 ☎551-0738

●**長文屋《ちょうぶんや》** 市バス 北野白梅町 北・北野下白梅町 ☎467-0217

昆布

京都独特の味わいが古くから知られる。塩昆布・おぼろ・とろろ昆布のほか、昆布を細く切って竹細工のように編んだ「細工昆布」も京都ならではのもの。

●**ぎぼし** 地下鉄 四条駅 下・柳馬場通四条上ル ☎221-2824

●**京昆布匠《きょうこんぶしょう》かじの** 市バス 河原町丸太町 中・寺町通丸太町下ル ☎231-0141

注 万一品物の変質破損などのあった場合は、できるだけ早く購入先・製造元などへ届け出ること。

●松前屋
市バス 府庁前　☎231・4233　中・釜座《かまんざ》通丸太町下ル

京菓子

宮中や大名への献上品、寺社での行事用、茶席用と、古くから様々な需要に合わせて、京都の銘菓の種類は数え切れないほど多い。好みと予算で選べばよいが、土産用に日持ちするものを紹介する。

●豆政
【五色豆】えんどう豆に、白・赤・青・黄・紫の五色の砂糖のころもをかけたもの。
中・夷川《えびすがわ》柳馬場西入ル

●十六五《とうろくご》
地下鉄 丸太町駅　☎211・5211　東・祇園南座前

【八《や》ッ橋《はし》】米粉に、にっき・砂糖・けしを混ぜ、薄くのばして短冊型に切って焼いたもの。生《なま》八ッ橋は焼かないもので、あんの入ったものもある。

●井筒《いづつ》八ッ橋本舗
京阪 祇園四条駅　☎561・0165　東・川端通四条上ル

●聖護院《しょうごいん》八ッ橋総本店
京阪 祇園四条駅　☎531・2121　左・聖護院山王町

●おたべ　清水《きよみず》黒舞台
市バス 熊野神社前　☎761・5151　東・清水二丁目

【雲龍《うんりゅう》】雲中の竜をかたどったもの。

●俵屋吉富《たわらやよしとみ》
市バス 五条坂　☎551・2077　上・烏丸通上立売《かみだちうり》上ル

【柚餅《ゆずもち》】柚の入った餅に、和三盆《わさんぼん》糖（純白の上等の砂糖）をまぶしたもの。

●鶴屋吉信《つるやよしのぶ》
地下鉄 今出川駅　☎432・3101　上・今出川通堀川西入ル
市バス 堀川今出川　☎441・0105

【御池煎餅《おいけせんべい》】ほんのり甘い麩焼《ふや》き煎餅。

●亀屋良永《かめやよしなが》
地下鉄 京都市役所前駅　☎231・7850　中・寺町通御池西南角

【祇園ちご餅】白味噌《みそ》あんを求肥《ぎゅうひ》（餅に似た生菓子）でつつんだもの。

●三條若狭屋《さんじょうわかさや》
市バス 堀川三条　☎841・1381　中・三条通堀川西南角

【松風】

●亀屋陸奥《かめやむつ》
市バス 堀川七条　☎371・1447　下・西中筋通七条上ル

【野菜煎餅《せんべい》】京野菜をのせて焼いた煎餅。

●末富《すえとみ》
地下鉄 五条駅　☎351・0808　下・松原通室町東入ル

【羊かん】

●虎屋《とらや》
地下鉄 今出川駅　☎441・3111　上・烏丸通一条角

●総本家駿河屋《するがや》
京阪 伏見桃山駅　☎611・5141　伏・京町三丁目

【京のよすが】季節感あふれる干菓子《ひがし》の詰め合わせ。

●亀末廣《かめすえひろ》
地下鉄 烏丸御池駅　☎221・5110　中・姉小路通烏丸東入ル

京のよすが

【茶寿器《ちゃじゅのうつわ》】菓子でできた抹茶茶碗。季節の干菓子とともに。

●甘春堂《かんしゅんどう》
東・川端通正面大橋角
京阪 七条駅　☎561・4019

【干菓子】和三盆《わさんぼん》を使った上品で繊細な甘さの干菓子。

●塩芳軒《しおよしけん》
市バス 堀川中立売　☎441・0803　上・黒門通中立売上ル

【金平糖《こんぺいとう》】さまざまな味と香りの手作り金平糖。専門店は日本でこだけ。

●緑寿庵清水《りょくじゅあんしみず》
市バス 百万遍　☎771・0755　左・吉田泉殿町

金平糖

3 その他

【あぶらとり紙】金箔《きんぱく》打《う》ち紙をつかった、吸収力の高いもの。

●よーじや（三条店）中・三条麩屋町（他にも店舗多数、化粧品も販売、カフェ店も）

あぶらとり紙

●象《ぞう》
地下鉄 市役所前駅　☎221・4501　中・河原町通四条上ル

【箸《はし》】細身の竹箸・みやこばしが人気。かわいい箸袋もある。

●市原平兵衛《いちはらへいべえ》商店
市バス 四条河原町　☎213・3322　下・堺町通四条下ル

【町家手拭《てぬぐ》い】レトロモダン柄の手拭いを中心に、ハンカチやバッグなども。

●永楽屋細辻伊兵衛《ほそつじいへえ》商店本店
地下鉄 四条駅　☎341・3831　中・室町通三条上ル（他に祇園店、四条店、寺町店）
地下鉄 烏丸御池駅　☎256・7881

【念珠】各総本山御用達ながら、念珠《ねんじゅ》のブレスレットやストラップも人気。

念　珠

●今井半《いまいはん》念珠店
東・大黒町通正面下ル

●安田念珠店
京阪 七条駅　☎561・0307　中・寺町六角《ろっかくかど》角

【一筆箋《いっぴつせん》・便箋《びんせん》・封筒】雅《みや》びな柄やワンポイントに人気。目上の人へのお土産に。

●嵩山堂《すうざんどう》はし本
市バス 河原町三条　☎221・3735　中・六角通麩屋町東入ル

●裏具《うらぐ》
地下鉄 京都市役所前駅　☎223・0347　東・宮川筋四丁目

●楽紙舘《らくしかん》本店
市バス 四条京阪前　☎551・1357　中・蛸薬師通高倉西入ル

【まゆ細工】繭玉《まゆだま》を使ったメルヘン人形。かわいらしさが目を引く。

●あだしのまゆ村
地下鉄 四条駅　☎221・1070　右・嵯峨鳥居本化野《あだしの》町
京バス 鳥居本　☎882・4500

まゆで作った雛《ひな》人形

新京極界隈《かいわい》を歩く

いろいろな土産物屋が並ぶ

新京極

京都の端だから京極《きょうごく》。東と西に京極はあった。西京極の地名は今も残るが、東京極は今の寺町通《てらまちどおり》で、地名は残っていない。その寺町通の東に京都の繁栄策としてつくられた盛り場が、**新京極**である。明治5年（一八七二）ごろ、寺の境内《けいだい》の一部を買い上げて南北五〇〇mほどの通りを開いた。もとは映画館・劇場などが中心であったが、近年は若者向けのファッションの街に変《へん》貌《ぼう》しつつある。しかし、**娯楽の場・土産物《みやげもの》店の多さ**は抜群で、市民・旅行客が最もよく集まる所に変わりはない。

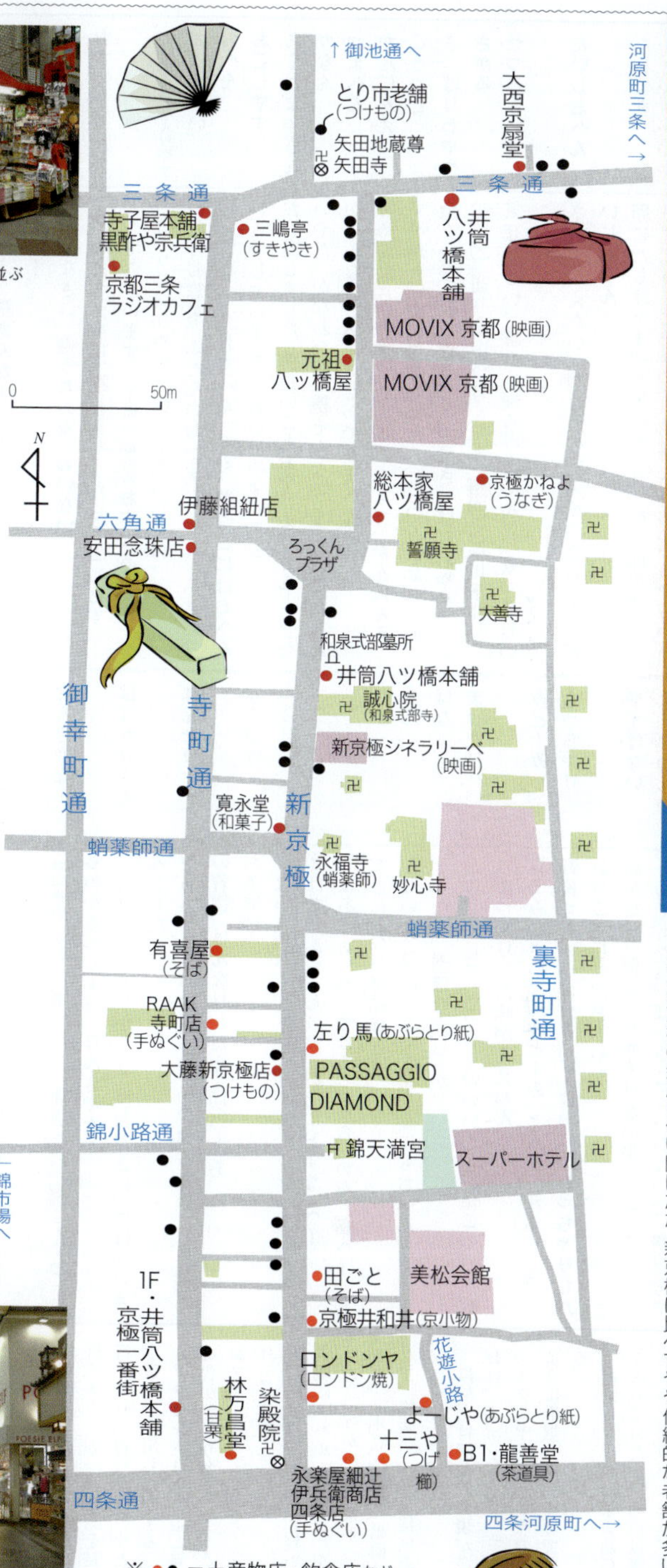

※ ●● ＝土産物店・飲食店など

● **裏寺町通と寺町通**　**裏寺町通**は新京極通と河原町通の間にある南北の細い通り。秀吉の区画整理で、寺をここに集めた名残をとどめる。**寺町通**は昔の東京極通。新京極の発展に伴い開けたが、新京極に比べてやや伝統的な老舗《しにせ》が多い。

新京極通の風景（中京区）

主な京言葉

○・印は、比較的高い音節のアクセントを示す。
○京都近郊の大阪・奈良・滋賀などで、同様の使い方をしているものもある。

京言葉	普通の言い方(用い方の例)
あがる	〔上る〕通りを北へ行くこと。例四条烏丸《からすま》上ル。
あかん	だめです。例そんなことしたら、あかんえ。
あんなーへー	あのねえ。例あんなーへー、うちの人ゆうたらなあ、……。
おいない	おいでなさい。例うちの家、おいない。
おす	①あります。(存在)例お薬やったらここにおす。②〜でございます。(丁寧)例暑《あつ》おすなあ。
おはよーおかえりやす	〔お早うお帰りやす〕行ってらっしゃい。
おばんざい	日常のお惣菜《そうざい》。ふだんのおかず。
おへん	ありません。「おまへん」とも。例ここにはおへん。
おこしやす	いらっしゃいませ。「おいでやす」とも。
おやかまっさん	お邪魔《じゃま》しました。例長いことおやかまっさんどした。
かなん	いやだ。かなわない。例そんなことするの、かなん。
かまへん	かまわない。例気にせんでかまへんえ。
かんにんえ	ごめんなさい。例きついこと言うて、かんにんえ。
ころっと	すっかり。例用事があったの、ころっと忘れてた。
さっぱりわやや	全く台なしだ。例ひどい雨でさっぱりわやや。
さがる	〔下る〕通りを南へ行くこと。例四条堀川下ル。
せつろしい	気ぜわしい。例もう帰らなあかんて、せつろしいこっちゃ。
だいじおへん	さしつかえない。例うちの病気やったら、もうだいじおへん。
だしまき	卵にだし汁をまぜて焼いた、うす味の卵焼き。
ちゃちゃいれる	かきまわす。邪魔をする。例人の話に、ちゃちゃいれんといて。
どーえ	どうですか。例おひとつ、どーえ。

京言葉	普通の言い方(用い方の例)
どす	〜です。例これがほんまの京友禅《ゆうぜん》どす。
どんつき	突き当たり。
なにゆーといやす	どういたしまして。例なにゆーといやす。たいしたこともようせんのに。
なんぎやなー	〔難儀やなあ〕困ったね。迷惑だね。例こんなこともわからへんとは、なんぎやなー。
はばかりさん	ご苦労さま。ありがとう。例おおきに、はばかりさんどした。
はんなり	色あいなどで、陽気で上品な明るさのこと。例この着物、はんなりしたええ柄やなあ。
ぶぶづけ	お茶漬け。
へー	①はい。例へー、そーどす。②はあ。(あいづちの意)例そーどすな、へー。③はあ。(あいづちではあるが、否定の意)例へー、おおきに。今日は結構どす。
へん	〜ない。「ひん」とも。例なんにもおへん。
ほな	そしたら。例ほな、行こか。
まったり	とろんとして口あたりのいいこと。例この白味噌《みそ》のまったりした味がええねん。
みとーみ	見てみなさい。例みとーみ、きれいな花やこと。
もっちゃり	野暮《やぼ》ったい。見ばえがしない。例もっちゃりしたかっこうして、どーやな。
やすけない	品がない。例こんなやすけない帯、いやや。
よーいわんわ	とんでもない。ばかなこといわないで。例自分でやっといて人のせいにして、よーいわんわ。
よーおまいりやす	よくお参りになりました。(参詣《さんけい》の時のあいさつ)

■京言葉とは

〔分類〕
①**中京《なかぎょう》言葉**—主に町家《まちゃ》(屋)で。
②**商家言葉**—問屋など商家で。
③**職人言葉**—西陣織《にしじんおり》など職人で。
④**花街《ごしょ》言葉**—祇園《ぎおん》などで。
⑤**御所言葉**—女房《にょうぼう》言葉とも。

〔特徴〕
優雅で、柔らかく、女性的な感じを受ける。

音声・音韻上は「手＝テー、目＝メー」と一音節語を長く発音したり、「買った＝コウた」と、**ウ音便**を多用したりする。

アクセントは東京語と異なる場合がかなり多く、「アメ(雨)がフル(降る)」と言う(東京語は「アメがフル」)。

敬語表現が発達し、軽い尊敬表現に「ハル」(助動詞)を多用する(「行かハル・泣かハル」)。また、「オ豆サン」「祇園サン」など、接頭語「オ」、接尾語「サン」を好んで使う。

修辞上は**婉曲《えんきょく》的表現**が多く使われ、「○○を下さい」が「○○オクレヤシマヘンヤロカ」のように推量や疑問の形で語られる。

古来、京言葉は中央語の地位を占めていたが、明治以後特に東京語が標準語となり、京言葉は近畿地方の代表的な方言となった。

京の難読地名

○京都市近郊のものも挙げた（長岡京市・久御山《くみやま》町など）。
○参照頁の**太字**は、項目として掲載されているもの。

画数	地名	読み	区・市・町	参照頁
1	一口	いもあらい	久御山町	
	乙訓	おとくに	長岡京市	
3	小栗栖	おぐる〔り〕す	伏見区	
	大宅	おおやけ	山科区	
	万里小路	までのこうじ	下京区	
	丸太町通	まるたまち—	上京区など	15など
	山端	やまばな	左京区	
4	不明門通	あけず—	下京区	
	化野	あだしの	右京区	**53**・**79**
	太秦	うずまさ	右京区	50・144
	木幡	こはた・こわた	宇治市	66・78
	月輪	つきのわ	東山区	**73**
	双ヶ丘	ならびがおか	右京区	**49**
	仁和寺	にんなじ	右京区	**49**・78
	円山公園	まるやま—	東山区	**32**
	壬生寺	みぶでら	中京区	12・**23**
5	石清水	いわしみず	八幡《やわた》市	**81**
	巨椋池	おぐらいけ	伏見区	
	石像寺	しゃくぞうじ	上京区	26
	由岐神社	ゆき—	左京区	45
6	衣棚通	ころものたな—	中～北区	
	西石垣通	さいせき—	下・中京区	
	地主神社	じしゅ—	東山区	30・**140**
	羽束師	はつ〔づ〕かし	伏見区	
	先斗町	ぽんとちょう	中京区	95
	向日市	むこうし	向日市	
7	車折神社	くるまざき—	右京区	
	芹生	せりょう	左京区	
	糺（ノ）森	ただすのもり	左京区	27
8	直指庵	じきしあん	右京区	**51**・103
	直違橋	すじかいばし	伏見区	
	若王子神社	にゃくおうじ—	左京区	35・107
	宗像神社	むなかた—	上京区	25
	物集女	もずめ	向日市	
9	県神社	あがた—	宇治市	
	音羽	おとわ	山科区	
	枳殻邸	きこくてい	下京区	**22**・111
	革堂	こうどう	中京区	
	泉涌寺	せんにゅうじ	東山区	**59**・73・115
	栂尾	とがのお	右京区	56
	柳馬場通	やなぎのばんば—	下・中京区	15
10	蚕ノ社	かいこのやしろ	右京区	
	釜座通	かまんざ—	下・中京区	
	烏丸通	からすま—	下～北区	15など
	栗栖野	くる〔り〕すの	北・山科区	**79**
	流木	ながらぎ	左京区	
	納所	のうそ	伏見区	
11	帷子ノ辻	かたびらのつじ	右京区	
	産寧坂	さんねいざか	東山区	**30**・98
	鹿ヶ谷	ししがたに	左京区	**75**・107
	崇道神社	すどう—	左京区	**44**
	深泥池	みぞ〔ど〕ろがいけ	北区	
	鹿王院	ろくおういん	右京区	
12	間之町通	あいのまち—	下・中京区	
	菟道	うじ・とどう	宇治市	
	雲林院	うりんいん	北区	**71**
	御室	おむろ	右京区	**49**
	御前通	おんまえ—	南～上京区	
	雲母坂	きららざか	左京区	41
	御幸町通	ごこまち—	下・中京区	15
	椥辻	なぎつじ	山科区	
	智積院	ちしゃくいん	東山区	**29**・111
	落柿舎	らくししゃ	右京区	**52**・**89**・102
13	愛宕神社	あたご—	右京区	56・141
	新熊野神社	いまくまの—	東山区	
	新日吉神社	いまひえ—	東山区	
	椹木町通	さわらぎちょう—	上京区	
14	槇尾	まきのお	右京区	56
15	麩屋町通	ふやちょう—	下・中京区	15
	横川	よかわ	大津市	44
	霊山観音	りょうぜんかんのん	東山区	32・99
16	樫原	かたぎはら	西京区	
19	鶏冠井	かいで	向日市	
	蹴上	けあげ	左京・東山区	
24	鷹ケ峰（鷹峯）	たかがみね	北区	39

京都乗り物案内

❶交通機関と道路事情

京都市内の交通機関の中心は、京都駅を真ん中にした**地下鉄烏丸《からすま》線**と、三条京阪駅を真ん中にした**地下鉄東西線**を軸に、市内の主要道路をほとんど網羅している、**市バス**や各**私鉄バス**である。「碁盤《ごばん》の目」といわれる整然とした京都の町筋だが、このバスの路線がいりくんでややこしいのが難。バス路線案内図や各ターミナルの案内所でよく確かめて乗ること。朝夕のラッシュ時や休日には渋滞《じゅうたい》が多いので、時間的余裕をもつことにも注意したい。

JR・阪急・京阪《けいはん》・近鉄・京福《けいふく》・叡電《えいでん》といった**鉄道**の利用も、時間の節約の面で意外と便利だ。バスとの上手な乗り継ぎを考えよう。市内は**タクシー**も数が多いので、グループでうまく利用すれば割安で済み、しかも目的地のすぐ前まで行けるので、時間的には断然有利。

交通の中心・市バス

❷各交通機関の利用法と特典

バス

●市バス

市バスだけでも、約八〇系統の路線がある。必ずバスの系統番号を確認して乗ること。同じ番号でも循環バスは**逆回りもあるので要注意**。路線は三系統に色分けされる。

赤(オレンジがかった赤)＝均一料金区域(平成二六年四月現在二三〇円)内の一定路線を循環する二〇〇番台のバス。一部快速もある。

青＝それ以外の均一料金区域内を走るバス。

白＝均一料金区域外のバスで、乗るときに整理券を取り、下車時に運賃表の料金を払う。

＊その他、観光名所を快速でつなぐ**洛バス** 100 101 102 **系**や、土・日昼間、御池～烏丸～四条～河原町の各通りを一周する**100円循環バス**もある。

☆**回数券**―一〇〇〇円・三〇〇〇円・五〇〇〇円があり、各私鉄バスにも利用可。バスターミナルやバス停近くのお店などで販売。

☆**トラフィカ京カード**―市バスと地下鉄で利用できる一〇〇〇円(利用額一一〇〇円)と三〇〇〇円(利用額三三〇〇円)の共通カード。乗り継ぎの割引あり。市バス・地下鉄案内所、地下鉄券売機などで販売。

☆**市バス・京都バス一日乗車券カード**―市バス・京都バスの運賃均一区間で一日乗り放題のお徳用カード。一枚五〇〇円。市バス・地下鉄案内所、市バス・京都バス車内などで販売。

☆**京都観光一日・二日乗車券**―一日乗車券は大人一二〇〇円、二日乗車券は大人二〇〇〇円。地下鉄・京都バスと共通。所定圏内で一日ないし二日、何回でも乗車できる。市バス・地下鉄案内所、地下鉄券売機などで使用日の一ヶ月前から発売する。特典ガイドマップ付。

お徳用の「京都観光一日乗車券」

☆**京都修学旅行1dayチケット**―九〇〇円。修学旅行生限定の市バス・京都バス・地下鉄一日乗車券。市内の観光名所巡りに最適。嵐《あらし》山《やま》・大原《おおはら》など均一料金区間以外の利用もOK。

注 京都観光一日・二日乗車券を**券売機で購入した場合**は、駅務室にて**特典ガイドマップ**を受け取ること。

修学旅行パスポート（⇨P171）と同様の優待付。

●**京都バス**
三条京阪・京都駅前・出町柳《でまちやなぎ》駅前・国際会館駅前から、洛西《らくさい》の嵐山・清滝《きよたき》、洛北の鞍馬《くらま》・大原・比叡山《ひえいざん》方面へ。

●**JRバス**
京都駅から高雄《たかお》・周山《しゅうざん》方面へ。

●**京阪バス**
三条京阪から、山科《やましな》・醍醐《だいご》・六地蔵《ろくじぞう》・伏見《ふしみ》方面へ。京都駅から、比叡山への路線もある。

●**阪急バス**
阪急洛西口《らくさいぐち》・東向日《ひがしむこう》・長岡天神《ながおかてんじん》駅、JR向日町・長岡京駅から西山・長岡京・大山崎《おおやまざき》方面へ。

●**京阪京都交通バス**
京都駅から阪急桂駅・桂坂・亀岡《かめおか》方面へ。

●**京阪宇治バス**
宇治市内とその周辺を運行。

市営地下鉄

●**烏丸《からすま》線**
京都駅・四条駅から洛北方面のアクセスに便利。北大路駅・国際会館駅からのバス乗り継ぎを利用する。

●**東西線**
東西線は、東は山科・醍醐・六地蔵へ、西は京福嵐山本線に乗り継ぎ可能な太秦天神川《うずまさてんじんがわ》駅まで延びて、東西の移動が格段と速くなった。

☆**市営地下鉄1dayフリーチケット**—地下鉄全線で乗り放題のカードで六〇〇円。地下鉄沿線の観光施設の優待割引付。

乗り継ぎをくふうしたい地下鉄

鉄道

目的地まで、バスより大幅に移動時間が短縮できる。発車本数も多いので、利用すると便利。

●**JR**
京都駅から**東海道本線**で山科へ、**山陰本線**（嵯峨野《さがの》線）で太秦《うずまさ》・嵯峨野・保津峡《ほづきょう》へ、**奈良線**で伏見・宇治方面へ。いずれも10～30分間隔。

●**京阪電鉄**
本線は出町柳《でまちやなぎ》駅から三条駅を通り大阪淀屋橋《よどやばし》駅まで。七条駅（博物館・三十三間堂）、東福寺駅（東福寺）、伏見稲荷駅（伏見稲荷大社）など、東山・伏見方面の散策に便利。出町柳からは叡山《えいざん》電鉄に乗り換え、八瀬《やせ》・鞍馬《くらま》など洛北方面へ。**宇治線**は本線の中書島《ちゅうしょじま》から分かれて黄檗《おうばく》駅（万福寺）を通り京阪宇治駅（平等院）まで。**京津《けいしん》線**は御陵《みささぎ》から地下鉄東西線に乗り入れ、滋賀県浜大津～京都市役所前・太秦天神川の各駅まで直通もある。

●**阪急電鉄**
京都線は四条河原町駅から大阪梅田駅まで。途中の桂駅から**嵐山線**が通じていて、嵐山・嵯峨野方面の散策に利用できる。また大宮駅から京福電鉄（嵐山本線）に乗り換えも。

●**近畿日本鉄道（近鉄）**
京都駅から奈良、大阪、伊勢志摩《いせしま》まで線が延びている。地下鉄竹田駅へ相互乗り入れするので、北大路駅から洛南方面への移動に便利。

●**京福《けいふく》電鉄（嵐電）**
四条大宮から嵐山に向かう**嵐山本線**と、北野《きたの》白梅町《はくばいちょう》からの**北野線**が帷子ノ辻《かたびらのつじ》で合流する。一部は路面を走り、昔ながらの「ちんちん電車」風の車両が人気を得ている。嵐山本線は太秦《うずまさ》、北野線は等持院《とうじいん》、龍安寺《りょうあんじ》、妙心寺《みょうしんじ》、御室《おむろ》（仁和寺《にんなじ》）など観光地の中を通る。交通渋滞にあわず洛西の散策ができる。地下鉄東西線太秦天神川駅から嵐山線への乗り継ぎもできる。

ゆっくり走る京福電鉄（嵐電）

●**叡山《えいざん》電鉄**

出町柳から宝ヶ池《たからがいけ》～八瀬《やせ》までの**叡山本線**と、宝ヶ池で分かれ、岩倉・貴船《きぶね》・鞍馬へ行く**鞍馬線**とがある。八瀬比叡山口からケーブル、ロープウェイを乗り継いで比叡山頂まで行ける。

タクシー

京都市中は、東西約5km、南北約8kmといった広さなので、タクシーによる移動もそれほど高くつかない。グループで利用すればなお経済的だが、京都は**小型車**が圧倒的に多いので、5人グループは要注意。各ターミナル、主要バス停の近くに乗り場があるが、主な通りは「**流し**」のタクシーがたえず走っているので手をあげてとめればよい。

観光タクシーや貸切り制での利用は、早く多くの観光地を回るのには便利だが、ゆっくりじっくりと拝観したい場合には不向き。

タクシーの運賃（目安）

型	人数	運　賃（メーター制）	貸切（3時間半）
小型	4	1.7kmまで610円。313mごと80円加算。	14,000円
中型	5	1.7kmまで620円。276mごと80円加算。	14,420円

△人数は乗務員は除く。△運賃のうち時速10km以下は時間により80円加算。
△一部異なる運賃の車もある。△貸切料金は京都個人タクシー協同組合の例。

レンタサイクル

見どころが一地域にかたまってある時、歩くのも大変だが、バスに乗るほどでもない場合には**自転車が便利**。**大原《おおはら》**や**嵐山《あらしやま》・嵯峨野《さがの》**にレンタサイクルのお店が多い。半日～一日単位の貸し出しで、料金は八〇〇～一五〇〇円程度。また、市内貸出サイクルターミナル5カ所での返却自由なところもある。（要割増料金）

● 京都乗り物 注意&おすすめ6か条 ●

❶四条河原町などの主要バス停や大きな交差点でのバス停は、行き先によって**乗り場が異なっていたり**、同じ行き先でも**路線によって違っていたりする**ので、あらかじめバス路線で系統番号を確認しながら利用すること。往路・復路も合わせて10カ所以上の同名バス停のあるところもある。

❷停留所名の多くは交差する二本の通りの名を組み合わせたものなのでわかりやすいが、五条坂（市バス）と東山五条（京阪バス）のように**私鉄バスと停留所名の違うところ**がいくつかある。

❸循環バス（200番台）は、**時計回り**と、**反時計回り**があるので目的地への回り方を把握しておくこと。したがってバス停も2カ所になるので間違えないようにしよう。

❹バス利用で一番割安の**市バス・京都バス一日乗車券カード**（500円）が、**均一料金（230円）区域内**であれば何回も乗れるので特におすすめだが、嵯峨野や修学院あたりは区域外になり、**区域境界からの運賃を払わなければならない**ので留意しておくこと。

❺やや遠方へ向かうときは**京都観光一日乗車券カード**（1200円）（二日乗車券は2000円）も便利。市バスと地下鉄の全域と、遠隔地を除く京都バスが乗り放題。（⇨P164）

❻修学旅行生はさらにお得な「**京都修学旅行1dayチケット**」（900円）もおすすめ。（⇨P164）

こちらとあちらを同じ番号のバスが走る(!?)

京都駅前バスターミナル

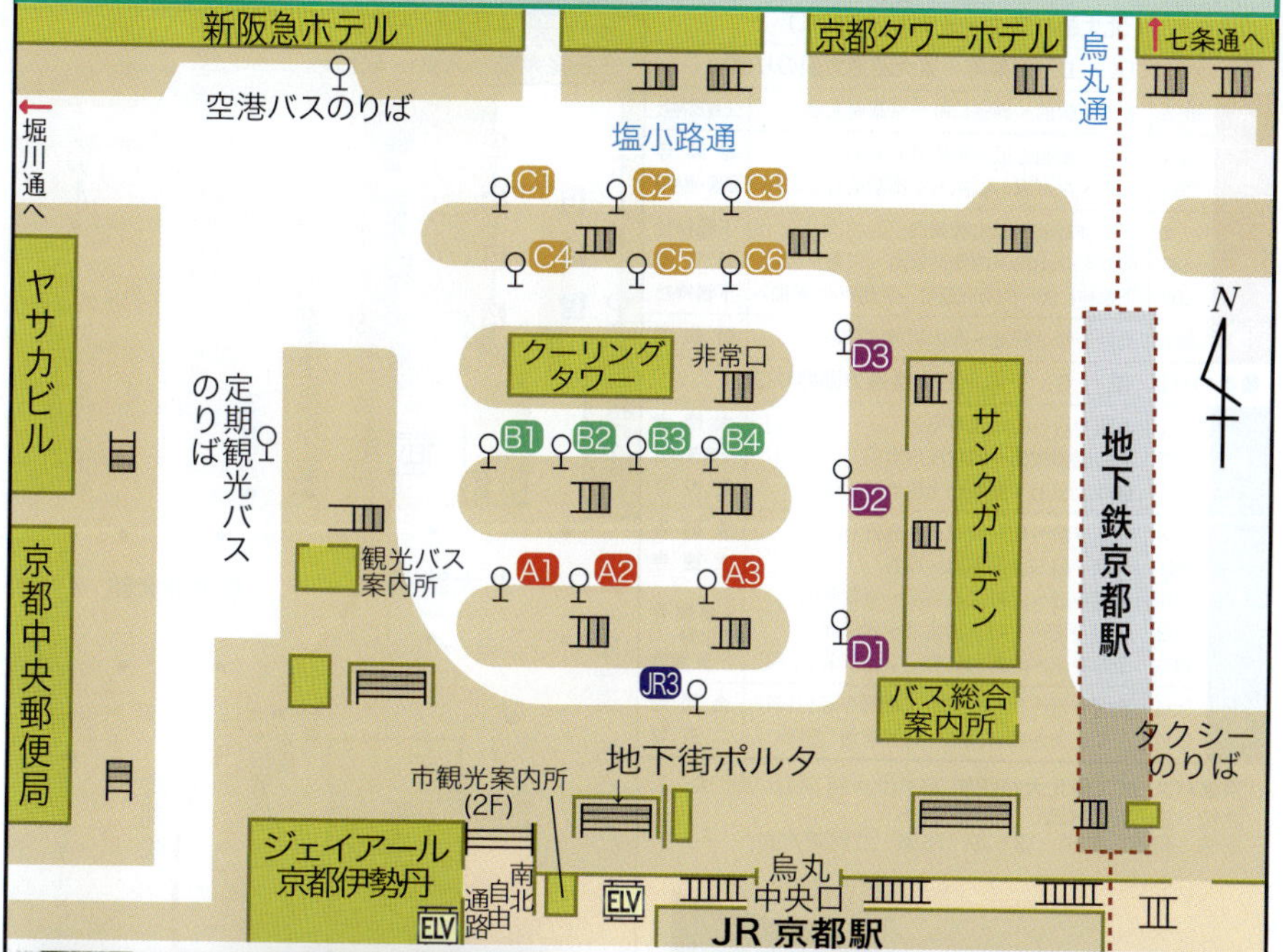

京　都　駅

京都駅前バスターミナル

乗り場	系統	主な経由	主な目的地
A1	5	三条京阪前～銀閣寺道～岩倉操車場	南禅寺 銀閣寺
A2	17	七条河原町～銀閣寺道～錦林車庫前	銀閣寺
	4	四条河原町～出町柳駅前～上賀茂神社前	京都御所 下鴨神社
	205	七条河原町～洛北高前～北大路BT(循環)	
A3	206	七条大宮～千本北大路～北大路BT(循環)	大徳寺
B1	9	西本願寺前～二条城前～西賀茂車庫	二条城 上賀茂神社
B2	101	二条城前～金閣寺道～大徳寺前～北大路BT	二条城・金閣寺
	50	四条西洞院～二条城前～立命館大学前	北野天満宮
B3	205	西ノ京円町～金閣寺道～北大路BT(循環)	金閣寺
B4	26	西大路四条～北野白梅町～山越中町	仁和寺
C1	208	七条堀川～西大路七条～九条車庫(循環)	東寺
C4	19	東寺南門前～城南宮～中書島～横大路車庫	城南宮
	42	東寺東門前～南区総合庁舎前～洛西口駅前	東寺
	78	大石橋～九条大宮～東寺南門前～久世工業団地	東寺
C4	16	羅城門～東寺南門前～九条車庫前	東寺
	81	大石橋～西大手筋～中書島～横大路車庫	寺田屋
	南5	東福寺道～稲荷大社前～竹田駅東口	東福寺 稲荷大社
C5	33	西大路七条～桂駅東口～洛西BT	桂離宮
	73	烏丸五条～西京極～洛西BT	
	75	堀川五条～西大路御池～双ヶ丘～山越中町	妙心寺 太秦映画村
D1	100	東山七条～祇園～動物園前～銀閣寺前	南禅寺 銀閣寺
D2	206	東山七条～祇園～高野～北大路BT(循環)	清水寺
	208	東山七条～東福寺～九条車庫前(循環)	東福寺
D3	28	四条堀川～松尾大社前～嵐山天龍寺前～大覚寺	天龍寺 大覚寺
C2	京阪京都交通バス	阪急桂駅・桂坂・洛西・亀岡方面へ	
C3	京都バス	八瀬・大原方面へ	
C6	京都バス・京阪バス	太秦映画村・嵐山・清滝・苔寺・比叡山方面へ	
JRバス		高雄(神護寺・高山寺)・栂ノ尾《とがのお》・周山方面へ	

△駅南側の**京都駅八条口**には、71（松尾橋行）・84（太秦天神川駅前行）などの市バスの乗り場もある。

乗り場	系統	主な経由	主な目的地
		北大路バスターミナル（市バス）	
		●赤のりば（A～D：河原町・東大路通方面のりば）	
A	北3	北大路駅前～御薗口町～京都産大前	上賀茂神社
B	204	高野～銀閣寺道～岡崎道（循環）	銀閣寺
	206	高野～百万遍～祇園～京都駅前（循環）	祇園・清水寺
C	1	下鴨神社前～出町柳駅前	下鴨神社
	37	河原町今出川～四条河原町～三条京阪前	新京極
	205	下鴨神社前～四条河原町～京都駅前（循環）	下鴨神社
D	北8	高野～修学院道～北山駅前（循環）	詩仙堂
		●青のりば（E～G：千本・西大路通方面のりば）	
E	1	大徳寺前～西賀茂車庫前	大徳寺
	37	上賀茂御薗橋～西賀茂車庫前	上賀茂神社
	北1	佛教大学前～鷹峯源光庵前～玄琢	光悦寺
F	北8	大徳寺前～松ケ崎駅前～高野（循環）	大徳寺
	M1	大徳寺前～金閣寺道～原谷	大徳寺
	101	金閣寺道～北野天満宮前～京都駅前	金閣寺 北野天満宮
	102	金閣寺道～北野天満宮前～銀閣寺道	
	205	金閣寺道～北野白梅町～京都駅前（循環）	
G	204	金閣寺道～北野白梅町～銀閣寺道（循環）	金閣寺
	206	二条駅前～四条大宮～京都駅前（循環）	二条城

注京都バス・バス停北大路駅前（烏丸北大路30mほど東へ）
- 北側…京阪出町柳駅・岩倉方面へ
- 南側…貴船・鞍馬・雲ヶ畑・市原・広河原方面へ

三条京阪バスターミナル

乗り場	系統	主な経由	主な目的地
		三条京阪前（市バス）	
1	10	北野天満宮前～御室仁和寺～山越中町	仁和寺
	15	二条駅前～北野白梅町～立命館大学前	北野天満宮
2	59	河原町今出川～金閣寺前～山越中町	相国寺・金閣寺 龍安寺・仁和寺
3	37	荒神口～上賀茂御薗橋～西賀茂車庫前	京都御所 上賀茂神社
4	5	四条河原町～四条烏丸～(烏丸通)～京都駅	東本願寺
5	11	壬生寺道～広隆寺前～嵐山～山越中町	広隆寺・嵐山
6	5	南禅寺・永観堂道～銀閣寺道～国際会館駅前	南禅寺・銀閣寺
	12	二条城前～大徳寺前～金閣寺前～立命館大前	二条城・金閣寺
		三条京阪前（京阪バス）	
9		山科駅・大宅方面へ	
10		銀閣寺・比叡山方面へ	銀閣寺・延暦寺
11		清水焼団地・醍醐BT・六地蔵方面へ	醍醐寺
		三条京阪前（京都バス）	
12		四条烏丸・京都駅方面へ	
13		銀閣寺・修学院方面へ	銀閣寺・詩仙堂
14		岩倉・映画村・広隆寺・嵐山・嵯峨方面へ	広隆寺・嵐山
17		八瀬・大原方面へ	三千院・寂光院

北大路バスターミナル・北大路駅

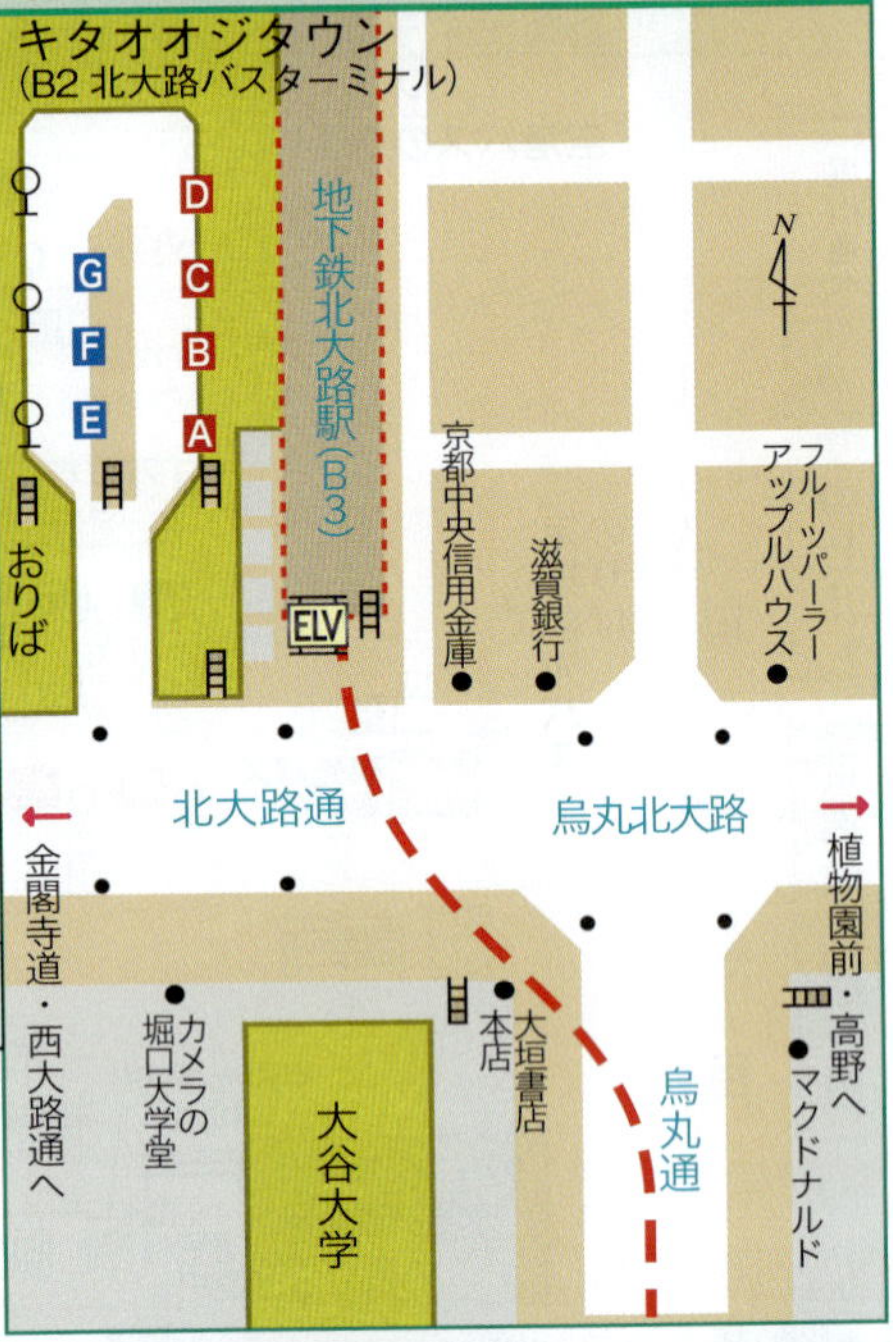

三条京阪前

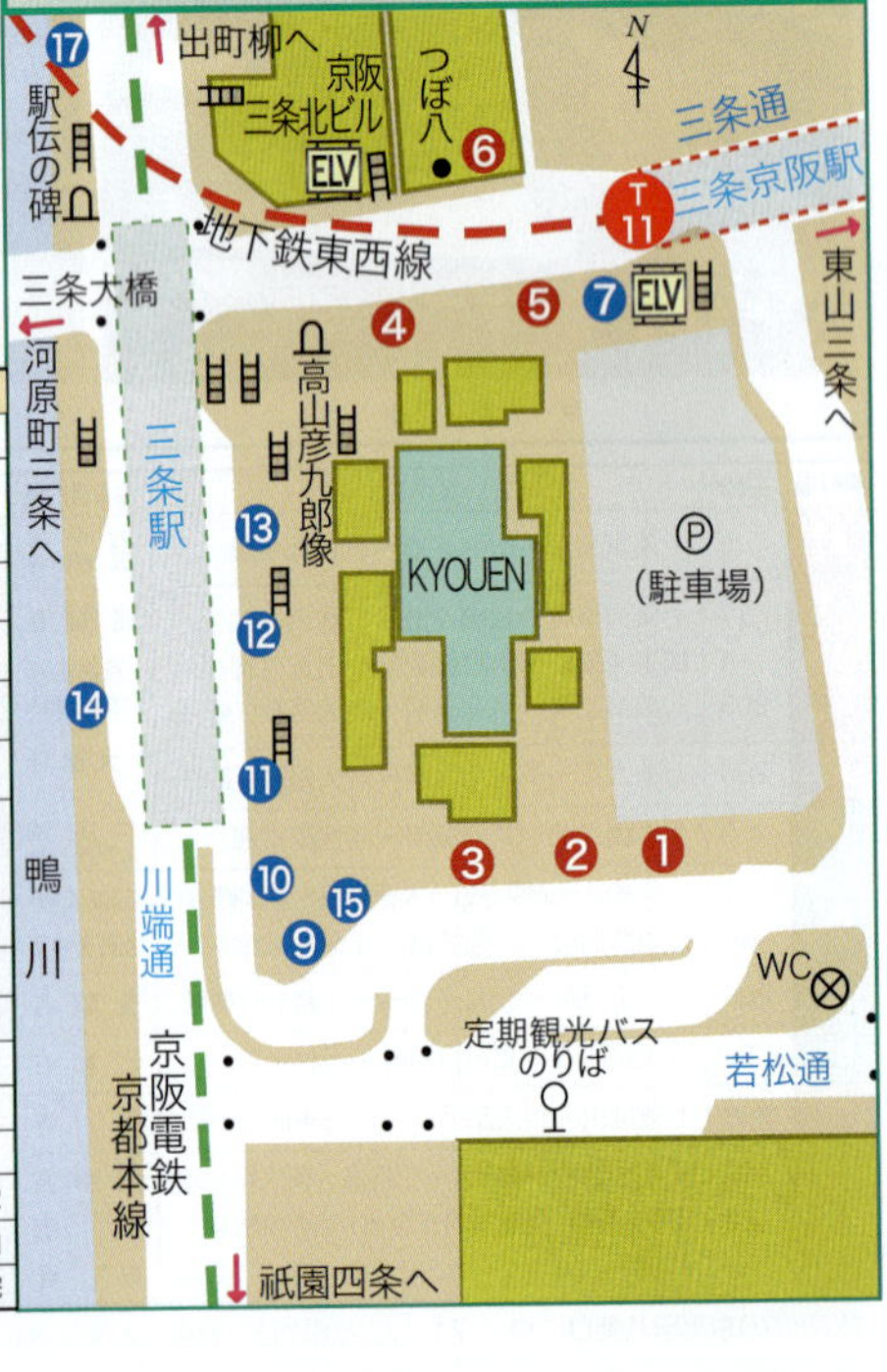

現在地 / 乗車バス停 / 下車バス停 / 目的地		京都駅 京都駅前	清水寺 清水道	四条河原町 四条河原町	二条城 ⓐ二条城前 ⓑ堀川丸太町	平安神宮 ⓐ京都会館美術館前 ⓑ東山二条 ⓒ岡崎道	銀閣寺 ⓐ銀閣寺前 ⓑ銀閣寺道	金閣寺 ⓐ金閣寺前 ⓑ金閣寺道	嵐山 嵐山天龍寺前
京都駅	京都駅前	主要	206 100 〈15分〉	4、5、17、205 〈20分〉	9,50,101ⓐ 〈15分〉 ------ 地下鉄東西線二条城前駅 〈10分〉	5、100ⓐ 206ⓑ 〈30分〉	100ⓐ 5、17ⓑ 〈40分〉	101、205ⓑ 地下鉄→北大路のりかえ 204、205ⓑ 〈35分〉	28、京71、京72、京73 〈40分〉
清水寺	清水道	206 100 〈15分〉	観	207 〈10分〉	202ⓑ 〈25分〉	100ⓐ 202、206ⓑ 〈15分〉	100ⓐ 206→百万遍のりかえ 17、203ⓑ 〈20分〉	202、206、207→祇園のりかえ 12ⓐ 〈45分〉	207→四条大宮のりかえ 11、28 〈60分〉 (京福嵐山線……30分)
四条河原町	四条河原町	4、5、17、205 〈20分〉	207 〈10分〉	光	12ⓐ 〈20分〉	5、27、32、46ⓐ 11、31、201、203ⓑ 〈20分〉	32ⓐ 5、17、203ⓑ 〈25分〉	12ⓐ 205ⓑ 〈30分〉	11 〈50分〉 (阪急桂駅のりかえ嵐山線……30分)
二条城	①二条城前 ②堀川丸太町	①より9、50,101〈15分〉 ------ 地下鉄烏丸御池のりかえ 〈10分〉	①より12、→祇園のりかえ 206、207 ②より202 〈25分〉	①より12 〈20分〉	地	②より93、204ⓒ 〈15分〉 ------ 地下鉄東西線東山駅(6分)	②より204ⓑ 〈20分〉	①より12、101ⓐ ②より204ⓑ 〈20分〉	②より93 〈30分〉
平安神宮	①京都会館美術館前 ②東山二条 ③岡崎道	①より5、100 ②より206 〈30分〉	②より202、206 〈15分〉	①より5、27、32、46 ②より31、201、203 〈20分〉	②より202ⓑ ③より93、204ⓑ 〈15分〉	連	①より100、32ⓐ、5ⓑ ②より203ⓑ 〈10分〉	③より204ⓑ 〈30分〉	③より93 〈40分〉
銀閣寺	①銀閣寺前 ②銀閣寺道	①より100 ②より5、17 〈40分〉	①より100 ②より203→祇園のりかえ 202、206、207 〈20分〉	①より32、 ②より5、17、203 〈25分〉	②より204ⓑ 〈20分〉	①より32、100ⓐ ②より5ⓐ 〈10分〉	絡	②より204、102ⓑ 〈30分〉	②より203 102→北野白梅町のりかえ 京福北野線 〈50分〉
金閣寺	①金閣寺前 ②金閣寺道	②より101、205 〈35分〉	①より12→祇園のりかえ 202、206、207 〈45分〉	①より12 ②より205 〈30分〉	①より12ⓐ ②より101ⓐ、204ⓑ 〈20分〉	②より204ⓒ 〈30分〉	②より204、102ⓑ 〈30分〉	案	②より204、205、101、102→北野白梅町のりかえ 京福北野線 〈30分〉
嵐山	嵐山天龍寺前	28 京71、京72、京73 〈40分〉	11→四条河原町のりかえ 207 〈60分〉 (京福嵐山線四条大宮のりかえ207、……45分)	11 〈50分〉 (阪急桂駅のりかえ京都線……30分)	93ⓑ 〈30分〉	93ⓒ 〈40分〉	京福北野線→北野白梅町のりかえ 203、102ⓑ 〈50分〉	京福北野線→北野白梅町のりかえ 204、205、101、102ⓑ 〈30分〉	内

○**現在地**(タテ)欄と**目的地**(ヨコ)欄の交差したところにあるバスの系統番号にしたがって乗車すること。
○**乗車**(**下車**)**バス停**がいくつかに分かれている場合、**乗車バス停**は①〜③、**下車バス停**はⓐ〜ⓒの記号で示した。
○各欄の下〈　〉内に移動の所要時間を示したが、**交通事情によって変動する**ので注意。なお、待ち時間は省略した。
○**系統番号のみ**＝市バス　**京**＝京都バス。

（右の参観手続の案内は２０１２年１月現在のもの。都合により変更されることもあるので注意下さい。）

京都御所・仙洞御所 桂離宮・修学院離宮	（参観は無料）

参観手続の案内（1）

宮内庁《くないちょう》が管理する**京都御所《ごしょ》・仙洞《せんとう》御所・桂離宮《かつらりきゅう》・修学院離宮《しゅがくいんりきゅう》**の参観を希望する場合、手続が必要。電話での申し込みは不可。**往復はがき**に下記の要領で記入して宮内庁に申し込むと、折り返し日時を指定した**許可証**が交付される。記入は必ず手書きによること。　（問合先：宮内庁京都事務所☎ 075-211-1215）

●京都御所

∆18 歳未満は、成年者の同伴または引率が必要。

∆標準（約 60 分）と短縮（約 35 分）の２コースがあるので、いずれかを選んで申し込む。

∆参観希望の月日と時間（下記一覧参照）を記入する。

∆一通の参観願で、９名まで申し込める。

∆参観希望日時は、第１～第３希望まで記入できる。

∆郵送期間は、希望日の３ヶ月前から１ヶ月前まで（5月 31 日希望なら2月1日～4月 30 日の間）。

∆窓口（宮内庁京都事務所）の場合、身分を証明できるものを持参の上、希望日の３ヶ月前～希望日の前日までに申し込む。(念のため往復はがきを持参する。)

∆10 名以上の場合も郵便はがきにて申し込める（京都御所に限る）。詳しくは下記ＨＰを参照のこと。

●仙洞御所・桂離宮・修学院離宮

∆18 歳未満の参観は許可されない。

∆申し込める人数は、４名まで。

∆参観希望日は、第１～第３希望まで記入できる。

∆郵送期間は、希望日の３ヶ月前から１ヶ月前まで。

●参観の日時

参観休止日は土・日・祝、12 月 28 日～１月４日。但し、3･4･5･10･11 の毎土、他の月の第３土は参観可。

京都御所（標準コース）	9:00, 11:00, 13:30, 15:00
仙洞御所	11:00, 13:30
桂離宮	9:00,10:00,11:00,13:30,14:30,15:30
修学院離宮	9:00, 10:00, 11:00, 13:30, 15:00

京都御所参観申込（他もこれに準じる）

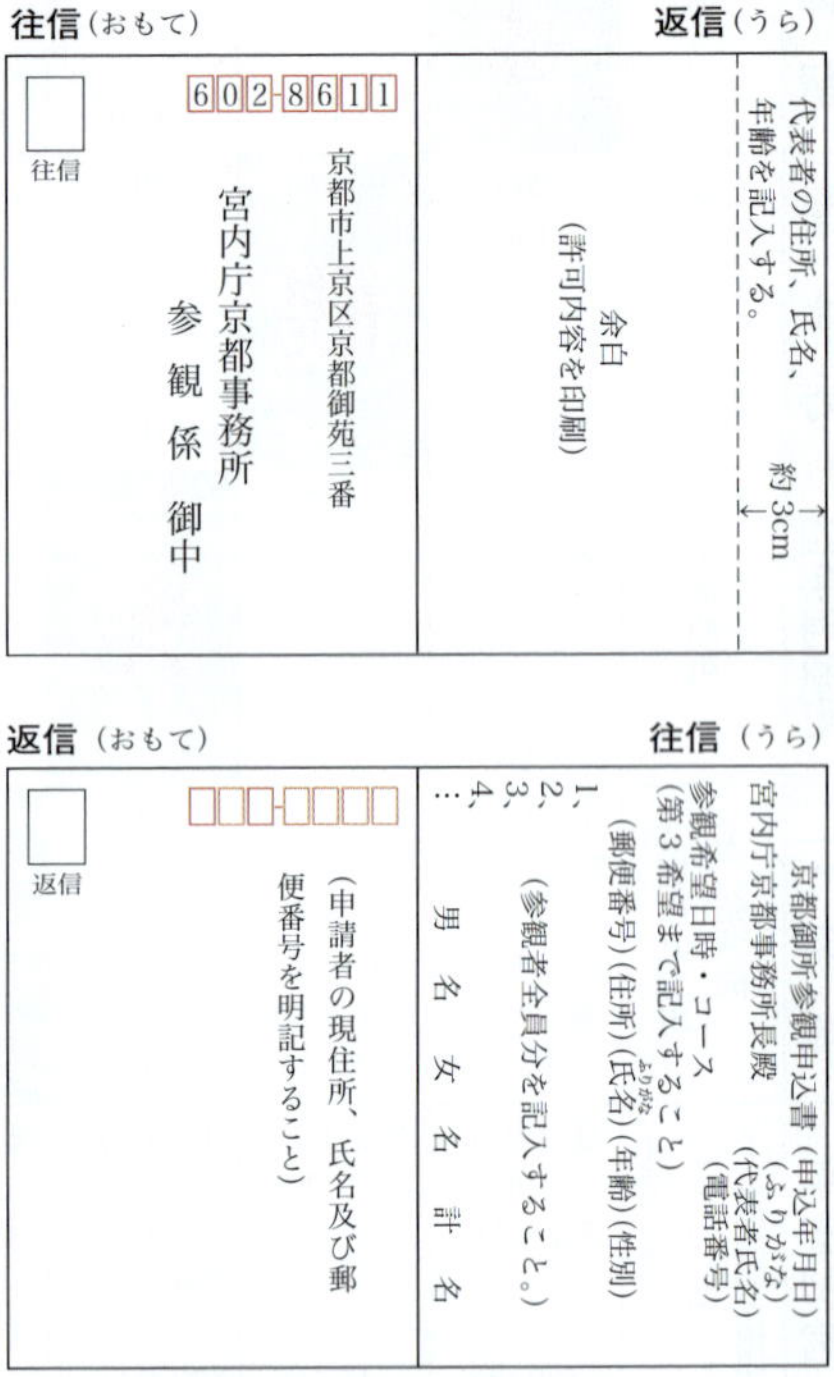

〔共通した注意事項〕
・同日付け申し込みが多数の場合は抽選。・インターネットによる手続き(http://sankan.kunaicho.go.jp/）必要事項を入力。完了後メールにて参観許可が通知される。
・参観場所は希望場所を1か所記入する。

参観手続の案内（2）

西芳寺（苔寺）、銀閣寺本堂・東求堂及び弄清亭、二條陣屋（小川家住宅）

●西芳寺（苔寺《こけでら》）

（⇨ P55）

∆往復はがきに、参拝希望日、人数、代表者の氏名・住所を明記する。
∆２か月前から1週間前まで必着で申し込む。拝観の時間は指定制。
∆拝観料金は一人につき 3000 円。
∆申込み先住所　〒 615-8286 京都市西京区松尾神ヶ谷町 56　西芳寺参拝係　☎ 075-391-3631

●銀閣寺本堂・東求堂《とうぐどう》及び弄清亭《ろうせいてい》

（⇨ P37）

∆拝観は 20 名以上から可能。
∆往復はがきに、拝観希望場所（本堂と東求堂、本堂と東求堂及び弄清亭）、拝観希望日時、人数、代表者の氏名・住所・電話番号を明記する。
∆拝観料金は、本堂と東求堂一人 1000 円、本堂・東求堂及び弄清亭一人 2000 円（いずれも別途、通常拝観料 500 円必要）。
∆申込み先住所　〒 606-8402 京都市左京区銀閣寺町２　慈照寺　☎ 075-771-5725

●二條陣屋《にじょうじんや》（小川家住宅）

（⇨ P24・126）

∆少人数は電話で申込み可。希望日・時間、人数、代表者の氏名・電話番号を伝える。
∆10 名以上の場合は電話予約の上、往復はがきに同内容を書いて送る。
∆参観時間は指定制（原則 10 時・11 時・14 時・15 時から案内）。
∆高校生以上の参観となっているので注意。
∆参観料一人 1000 円、水曜休（祝日は公開）。
∆申込み先住所　〒 604-8316 京都市中京区三坊大宮町 137　二條陣屋（小川家住宅）
☎ 075-841-0972

京の旅　関係問合先の案内

（京都 075）

問い合わせ先	住所	TEL
●観光全般		
京都市観光案内所	下・京都駅ビル２Ｆ	343-6655
〃観光協会観光情報センター	左・岡崎最勝寺町 13（修学旅行相談所）	752-0227
〃 産業観光局観光部観光振興課	中・寺町通御池上ル（観光推進協議会）	222-4133
京都府労働観光部観光課	上・下立売通新町西入ル	414-4837
〃 観光連盟（情報センター）	下・京都駅ビル９Ｆ	371-2226
宇治市商工観光課	宇治市宇治琵琶台 33	0774-20-8724
〃 観光センター	宇治市宇治塔ノ川２	0774-23-3334
●交通（バス・地下鉄）		
京都市交通局	右・太秦下刑部町「サンサ右京」	863-5200
〃 京都駅前案内所	下・京都駅前（バス案内所内）	371-4474
〃 烏丸御池駅案内所	中・烏丸御池（地下鉄構内）	213-1650
〃 北大路案内所	北・北大路バスターミナル内	493-0410
京都バス本社	右・嵯峨明星町 1-1	871-7521
京阪バス本社	南・東九条南石田町	682-2310

問い合わせ先	住所	TEL
京都バスチケットセンター	下・京都駅前（西日本 JR バス）	341-0489
●交通（私鉄・JR・タクシー）		
京阪電鉄三条駅	東・京阪三条駅（地下）	561-0033
阪急電鉄河原町駅	下・阪急河原町駅（地下）	211-1052
近畿日本鉄道京都駅	南・京都駅八条口	691-2560
京福電鉄鉄道部	中・壬生淵田町 18	801-5328
叡山電鉄運輸課	左・山端壱町田町 8-80	781-5121
JR東海京都駅総合案内所	下・京都駅構内	691-1000
京都個人タクシー協同組合	伏・竹田向代町 51-5	661-0008
●その他		
京都府神社庁	西・嵐山朝月町 68-8	863-6677
宮内庁京都事務所	上・京都御苑３番	211-1215
京都府文化財保護課	上・下立売通新町西入ル	414-5896
京都市文化財保護課	左・岡崎最勝寺町 13 京都会館内	761-7799
京都府警察本部少年課	上・下立売通釜座東入ル	451-9111

□下＝下京区、左＝左京区、上＝上京区、中＝中京区、右＝右京区、東＝東山区、南＝南区、北＝北区、西＝西京区

修学旅行の強力な味方　「きょうと修学旅行ナビ」と「修学旅行パスポート」

●きょうと修学旅行ナビ

▲「きょうと修学旅行ナビ」は京都への修学旅行をサポートする京都市のホームページです。修学旅行に関する情報を満載。一般の人も参考にできるすぐれもの。

▲大きく次の３つに分けました。

①**京都を学ぼう**…京都の歴史・文化・産業に関する情報。

②**京都を歩こう**…寺院・神社・施設などに関する情報。

③**京都を体験**…伝統工芸制作・文化体験などに関する情報。

http://www.kyotoshugakuryoko.jp/

●京都修学旅行パスポート

▲**どんな優遇が**…京都市観光協会が発行する修学旅行生の必須アイテム。班別行動専用パスポート（各班１部）。寺社・施設で優待やおみやげプレゼントなどの特典付き。

▲**利用法は**…利用時に提示して、特典を利用する旨を伝えることになるが、事前予約や学生証の提示が必要な場合も。

▲**入手方法は**…HP「きょうと修学旅行ナビ」の「**修学旅行パスポート**」を開き、「修学旅行パスポートをさっそく印刷してみよう」から入手。なお、担任の先生の確認印が必要。

＊詳しくは**修学旅行相談所**へ(☎ 075-752-0227)

●主な寺社の通称・別称

・京には正式名称より、通称・別称の方がよく知られていることが多い。

通称・別称	正式名	所在地	掲載頁	折込地図記号	通称・別称	正式名	所在地	掲載頁	折込地図記号
太秦《うずまさ》のお太子さん	広隆寺	右京区	50・115	B-3	苔《こけ》寺《でら》	西芳寺	西京区	55	A-4
永観堂	禅林寺	左京区	35・107	D-4	嵯《さ》峨《が》御《ご》所《しょ》	大覚寺	右京区	51・103	A-3
お稲荷《いなり》さん	伏見稲荷大社	伏見区	60・72・121	C-5	嵯峨釈《しゃ》迦《か》堂《どう》	清《せい》涼《りょう》寺《じ》	右京区	52・115	A-3
御《お》室《むろ》	仁《にん》和《な》寺《じ》	右京区	49・122	B-3	三十三間堂	蓮《れん》華《げ》王《おう》院《いん》	東山区	29・115・121	C-4
下鴨神社	賀茂御《み》祖《おや》神社	左京区	27・121	C-3	真如堂	真《しん》正《しょう》極楽寺	左京区	36	C-3
上賀茂神社	賀茂別雷《わけいかずち》神社	北　区	40・80・122	C-2	鈴虫寺	華《け》厳《ごん》寺《じ》	西京区	55	A-4
祇《ぎ》園《おん》さん	八《や》坂《さか》神社	東山区	32	C-4	千本えんま堂	引《いん》接《じょう》寺《じ》	上京区	—	B-3
北野の天神さん	北野天満宮	上京区	26・122	B-3	千本釈迦堂	大報恩寺	上京区	26・115	B-3
金閣寺	鹿《ろく》苑《おん》寺《じ》	北　区	47・93・112・122	B-3	東寺	教王護国寺	南　区	21・115・121	B-4
銀閣寺	慈《じ》照《しょう》寺《じ》	左京区	37・111・121	D-3	花の寺	勝持寺	西京区	57	—
釘《くぎ》抜《ぬき》地蔵	石《しゃく》像《ぞう》寺《じ》	上京区	26	B-3	日野薬師	法界寺	伏見区	63・115・118・122	D-6
黒谷	金《こん》戒《かい》光《こう》明《みょう》寺《じ》	左京区	36	C-3	六はらさん	六《ろく》波《は》羅《ら》蜜《みつ》寺《じ》	東山区	31・115	C-4

40問　正解（＊解説付き）

◆ p21（東寺）　**菅原道真**
＊菅原道真は平安初期の政治家・漢学者。九州大宰府で生涯を終え、北野天満宮（⇨ P26）に祭られた。

◆ p22（東本願寺）　**夕顔の巻**
＊「なにがしの院」は光源氏が夕顔を誘った場所。夕顔は怪しい女にとりつかれて死んでしまう。

◆ p23（西本願寺）　**歎異抄**
＊『正法眼蔵』は道元の法語集。『申楽談儀』は世阿弥の言い伝え集。『発心集』は鴨長明の仏教説話集。

◆ p24（二条城）　**徳川慶喜**
＊徳川秀忠は徳川第２代将軍、綱吉は第５代将軍、家茂は第14代将軍。

◆ p25（京都御所）　**環境（省）**

◆ p26（北野天満宮）　**藤原時平**

◆ p27（下鴨神社）　**方丈記**

◆ p29（三十三間堂）　**通し矢**（⇨P12）

◆ p30（清水寺）　**征夷大将軍**
＊田村麻呂後、征夷大将軍は鎌倉・室町・江戸の幕府の主催者で政権を掌握した者の職名となった。

◆ p31（六波羅蜜寺）　**市聖**

◆ p32（高台寺）　**木下長嘯子**
＊木下藤吉郎はのちの豊臣秀吉の初名。木下杢太郎《もくたろう》は大正期の詩人。木下利玄は明治～大正期の歌人。

◆ p33（祇園）　**みだれ髪**

◆ p34（知恩院）　**親鸞**
＊日蓮は日蓮宗、栄西は臨済《りんざい》宗、一遍は時宗《じしゅう》の開祖。

◆ p35（南禅寺〔哲学の道〕）　**西田幾多郎**
＊三木・和辻・九鬼・西田の４人は近代日本を代表する哲学者。

◆ p36（平安神宮）　**４（人姉妹）**

◆ p37（銀閣寺）　**応仁の乱**
＊壬申の乱は大和時代672年に起こった戦乱。承久の乱は鎌倉初期1221年に起こった戦乱。正中の乱（変）は鎌倉後期1324年に起こった戦乱（政変）。

◆ p39（大徳寺）　**わび茶**

◆ p40（上賀茂神社）　**吉田兼好（兼好法師）**

◆ p41（詩仙堂〔金福寺〕）　**鳥羽殿へ五六騎急ぐ野分かな**
＊「下京や…」は野沢凡兆《ぼんちょう》の句、「六月や…」は松尾芭蕉《ばしょう》の句。

◆ p42（曼殊院）　**青蓮院**（⇨P34）

◆ p43（三千院）　**鎌倉初期**

◆ p44（延暦寺）　**浮舟**

◆ p45（鞍馬寺）　**遮那王丸**
＊牛若丸という呼び名は義経の幼名。

◆ p47（金閣寺）　**水上勉**

◆ p48（龍安寺）　**老子**
＊『老子』第33章に「足るを知る者は富む」（現状を満ち足りたものとする者は精神的に富んでいる）とある。

◆ p49（仁和寺）　**石清水八幡宮**

◆ p50（広隆寺）　**厩戸皇子**
＊来目《くめ》皇子は厩戸皇子（聖徳太子）の弟（？～603）。有間《ありま》皇子は孝徳天皇の皇子（640～658）。大津皇子は天武天皇の皇子（663～686）。

◆ p51（大覚寺）　**吉野山**

◆ p52（清凉寺）　**歴史物語**

◆ p53（二尊院）　**高瀬川**（⇨P27・92）

◆ p54（天龍寺）　**建武の新政**

◆ p55（西芳寺〔法輪寺〕）　**高倉天皇**

◆ p56（神護寺）　**東寺**（⇨P21）

◆ p57（桂離宮）　**数寄屋造**

◆ p59（東福寺）　**清水寺**
＊もう一つの「京都五山」は万寿寺。現在の東福寺塔頭「万寿禅寺」（非公開）。

◆ p60（伏見稲荷大社）　**清少納言**

◆ p61（城南宮〔寺田屋〕）　**海援隊**

◆ p62（勧修寺）　**紀貫之**
＊あと二人の「六歌仙」は文屋康秀《ふんやのやすひで》と僧正遍昭《そうじょうへんじょう》。

◆ p63（醍醐寺）　**豊国神社**
＊今の七条通大和大路上ル、京都国立博物館の北隣、方広寺の南隣にある。「ほうこくじんじゃ」とも。

◆ p64（平等院）　**寄木造**

与謝野晶子

吉田兼好

清少納言

夕　顔

●本人身元おぼえ

ふりがな		
本　人 氏　名		
連絡先	本人住所	
	TEL（　　　　）　　　―	
保護者 氏　名		
学校（または勤務先）	学校名（勤務先名）	
	所在地	
	（学校の場合）　　年　　組　　番	班
血液型	型	
保険など	健康保険	種類
		番号
	その他	

月　日	宿　泊　先　名	ＴＥＬ
／		
／		
／		
／		

●携行品一覧

	品　　名	チェック	
1			
2			
3			
4			
5			
6			
7			
8			
9			
10			
11			
12			
13			
14			
15			
16			
17			
18			
19			

●京都の **世界文化遺産一覧**（古都京都の文化財）

（2010年1月現在17件）

文化遺産件名	所在地	掲載頁	文化遺産件名	所在地	掲載頁
1．賀茂別雷神社《かもわけいかずち》（上賀茂《かみがも》神社）	北　区	40・80	10．高山寺《こうさんじ》	右京区	56
2．賀茂御祖神社《かもみおや》（下鴨《しもがも》神社）	左京区	27	11．西芳寺《さいほうじ》（苔寺《こけでら》）	西京区	55
3．教王護国寺《きょうおうごこくじ》（東寺《とうじ》）	南　区	21	12．天龍寺《てんりゅうじ》	右京区	54
4．清水寺《きよみずでら》	東山区	30・87	13．鹿苑寺《ろくおんじ》（金閣寺《きんかくじ》）	北　区	47・93
5．延暦寺《えんりゃくじ》	大津市・左京区	44	14．慈照寺《じしょうじ》（銀閣寺《ぎんかくじ》）	左京区	37
6．醍醐寺《だいごじ》	伏見区	63	15．龍安寺《りょうあんじ》	右京区	48
7．仁和寺《にんなじ》	右京区	49	16．西本願寺《にしほんがんじ》	下京区	23
8．平等院《びょうどういん》	宇治市	64	17．二条城《にじょうじょう》	中京区	24
9．宇治上神社《うじがみ》	宇治市	68			

人名・『書名』

ページ数の**太字**は解説付項目。

索引

（50音順）

＊「名所旧跡・事項など」と、「人名・書名」（P174）の2つに分かれています。

名所旧跡・事項など

ページ数の**太字**は解説付項目。

【著者紹介】

村井 康彦（むらい やすひこ）

1930年山口県生まれ。京都大学大学院文学研究科修了。国際日本文化研究センター教授・滋賀県立大学教授等を経て、現在は、京都市美術館館長。専門は古代史・中世史。中でも平安京・京都に関心を抱き、総合的な都市文化論を展開している。主著に『京都事典』（編著）『日本文化小史』『新訂国語総覧』（共編）など。

光明 正信（みつあき まさのぶ）

1929年京都生まれ。龍谷大学文学部卒業。専攻は国文学。平安高等学校教諭・副校長を歴任。歴史ある美しい京都をこよなく愛し、学生時代より地に足をつけた京都探索を積み重ね、京都に関する著作を数々発表する。主著に『京都北山』『京都の散歩道』『カラー京都』など。

森本 茂（もりもと しげる）

1928年京都生まれ。立命館大学大学院文学研究科修了。専攻は日本文学。京都府立鴨沂高等学校教諭を経て、奈良大学教授などを歴任。古代・中世の文学研究を行うとともに、その舞台となった京都の風土に深い関心を持つ。主著に『源氏物語の風土⑴⑵』『文学と史蹟の旅路—京都・近江路・阪神—』『注解演習枕草子』など。

●写真撮影●

橋本 健次（はしもと けんじ）

川口 正貴（かわぐち まさき）

●地図作成・イラストカット●

編集工房 ターメルラーン

大西昇子・大山記糸夫・新治晃・増田晴美

●写真資料協力●

宇治市商工観光課

文学と歴史

新・旅行ガイド **京　都**

1990年5月1日 初 版第1刷発行
2008年6月21日 新 版第1刷発行
2014年11月1日 新 版第5刷発行

●著　者　村井康彦
　　　　　光明正信
　　　　　森本　茂

著者との協定により検印を廃す

●発行者　時岡伸行

●発行所　株式会社 京都書房
〒612-8438 京都市伏見区深草フチ町5

営業部
電話（075）647-0121 FAX（075）647-2700
編修制作部
電話（075）647-0124 FAX（075）647-2703
ホームページ http://www.kyo-sho.com

●印刷・製本　株式会社 太洋社

＊本書掲載の地図は国土地理院発行の2万5000分の1地形図を使用して調整したものです。

（落丁・乱丁はおとりかえいたします）

ISBN978-4-7637-0063-6

（2014年10月現在。料金・時間等が変更されることもありますのでご注意下さい。）

芬陀院	300	300	200	9:00～17:00	東・本町	541-1761	阪J市東福寺	東福寺塔頭。雪舟寺とも	59	C-5
平安神宮	600	600	300	8:30～17:30	左・岡崎西天王町	761-0221	市京都会館美術館前・地東西東山	神苑のみ有料。冬～16:30	36·111·112 121·143	C-3
法界寺	500	500	200	9:00～17:00	伏・日野西大道町	571-0024	阪日野薬師・地東西石田	10～3月～16:00	63·115·118 122·171	D-6
法金剛院	500	300	300	9:00～16:00	右・花園扇野町	461-9428	市花園扇野町・J花園		50·112·115	B-3
松尾大社	500	400	400	9:00～16:00	西・嵐山宮町	871-5016	市京松尾大社前・急松尾大社	庭園・宝物館料金。境内自由	55·143	A-4
曼殊院	600	500	400	9:00～17:00	左・一乗寺竹ノ内町	781-5010	市京一乗寺清水町		42·111·121	D-3
万福寺	500	500	300	9:00～17:00	宇治市五ヶ庄三番割	0774-32-3900	阪黄檗・J黄檗		64·122	B-6 D-6
三室戸寺	500	500	300	8:30～16:30	宇治市菟道滋賀谷	0774-21-2067	阪三室戸	11～3月～16:00	64·66	B-6
妙心寺	500	500	300	9:10～15:40	右・花園妙心寺町	463-3121	市妙心寺北門前・J花園	法堂・浴室共通。境内自由	48·129·157	B-3
養源院	500	500	500	9:00～16:00	東・三十三間堂廻町	561-3887	市博物館三十三間堂前		29·118	C-4
善峯寺	500	300	200	8:00～17:00	西・大原野小塩町	331-0020	急善峯寺		57	——
来迎院	400	300	300	9:00～17:00	左・大原来迎院町	744-2161	京大原		43·105	D-1
龍安寺	500	500	300	8:00～17:00	右・龍安寺御陵下町	463-2216	市J龍安寺前・福龍安寺	12～2月 8:30～16:30	48·90·112	B-3
龍源院	350	250	200	9:00～16:30	北・紫野大徳寺町	491-7635	市大徳寺前	大徳寺塔頭	39	B-3
蓮華寺（洛北）	400	400	無料	9:00～17:00	左・上高野八幡町	781-3494	叡三宅八幡・京上橋		44	D-2
蓮華寺（洛西）	境内自由			8:00～17:00	右・御室大内	462-5300	市J福御室仁和寺	12～2月～16:00	49	B-3
六波羅蜜寺	600	500	500	8:00～17:00	東・五条通大和大路上ル	561-6980	市阪清水道・阪清水五条	宝物館料金。境内自由	31·74·115 143·171	C-4
廬山寺	500	500	400	9:00～16:00	上・寺町通広小路上ル東側	231-0355	市府立医大病院前		25·69	C-3

●京都主要 観光施設一覧 （p150～157も参照下さい。）

（p150～157も参照下さい。）

・年末年始（12月28日～1月4日）は休館が多いので注意。

名称	料金（円）			開閉時間	所在地	TEL（075）	最寄りのバス停・駅名	備考	本書掲載頁
	大人	高校	中学						
梅小路蒸気機関車館	410	410	100	10:00～17:00	下・七条大宮西入ル	314-2996	市梅小路公園前	水曜休（春・夏休みは無休）	137·154
大山崎山荘美術館	900	500	無料	10:00～17:00	乙訓郡大山崎町	957-3123	J山崎・急大山崎	月曜休	150
大倉記念館	300	100	100	9:30～16:30	伏・南浜町	623-2056	阪中書島・近桃山御陵前	15名以上団体要予約	152
大河内山荘	1000	1000	1000	9:00～17:00	右・嵯峨小倉山田淵山町	872-2233	福嵐山・市野々宮・京野の宮	抹茶・菓子付料金	101
河井寛次郎記念館	900	500	300	10:00～17:00	東・五条坂鐘鋳町	561-3585	市馬町・阪清水五条	月曜休。夏・冬休館あり	132·150
北村美術館	600	400	400	10:00～16:00	上・河原町通今出川下ル東	256-0637	市河原町今出川・阪出町柳	月曜休。春秋期のみ開館	150
京都国際マンガミュージアム	800	300	300	10:00～18:00	中・烏丸通御池上ル	254-7414	地烏丸烏丸御池	水曜休。常設展料金	136·150
京都国立近代美術館	430	無料	無料	9:30～17:00	左・岡崎円勝寺町	761-4111	市京都会館美術館前	月曜休。常設展料金	150
京都国立博物館	520	無料	無料	9:30～17:00	東・東山七条西入ル	525-2473	市博物館三十三間堂前	月曜休。常設展料金	29·118·150
京都市考古資料館	無料			9:00～17:00	上・今出川通大宮東入ル	432-3245	市今出川大宮	月曜休。	150
京都市美術館	不定			9:00～17:00	左・岡崎円勝寺町	771-4107	市京都会館美術館前	月曜休。料金は各展覧会で異なる	150
京都市平安京創生館	無料			10:00～17:00	中・丸太町通七本松西入ル	812-7222	市丸太町七本松	火曜休。京都アスニー1F	150
京都市歴史資料館	無料			9:00～17:00	上・寺町通丸太町上ル	241-4312	市河原町丸太町	月曜、祝日休	150
京都水族館	2050	1550	1000	9:00～17:00	下・観喜寺町（梅小路公園内）	354-3130	市七条大宮・京都水族館前	無休（臨時休業あり）	154
京都府立植物園	200	150	無料	9:00～17:00	左・下鴨半木町	701-0141	市植物園前・地烏丸北山	温室別途200円（高150円）	154
京都大学総合博物館	400	300	200	9:30～16:30	左・京都大学本部構内	753-3272	市百万遍	月、火曜休	137·150
京都府京都文化博物館	500	無料	無料	10:00～19:30	中・三条通高倉上ル	222-0888	地烏丸烏丸御池	月曜休。料金は常設展料金	127·135·150
京都伝統産業ふれあい館	無料			9:00～17:00	左・岡崎成勝寺町	762-2670	市京都会館美術館前	勧業館みやこめっせB1	131·152·155
源氏物語ミュージアム	500	500	250	9:00～17:00	宇治市宇治東内	0774-39-9300	阪宇治・J宇治	月曜休	137·151
国際平和ミュージアム	400	300	300	9:30～16:30	北・等持院北町	465-8151	市J立命館大学前	月曜休。立命大アカデメイア立命21	136·151
古代友禅苑	500	400	400	9:00～17:00	下・高辻通猪熊西入ル	823-0500	市堀川松原・大宮松原	友禅美術館とも	132·152·155
近藤悠三記念館	500	400	300	10:00～17:00	東・清水1丁目	561-2917	市阪五条坂	水曜休	132·151
金比羅絵馬館	500	400	400	10:00～16:00	東・東大路通松原上ル	561-5127	市阪東山安井	月曜休。安井金比羅宮内	31·153
時雨殿	500	500	300	10:00～17:00	右・嵯峨天龍寺芒ノ馬場町	882-1111	市京嵐山天龍寺前・福嵐山	月曜休	54·101·151
涉成園（枳殻邸）	協力金500円以上			9:00～16:00	下・正面通間之町東玉水町	371-9210	市烏丸七条・J京都	東本願寺別邸	22·111
承天閣美術館	不定			10:00～17:00	上・今出川通烏丸東入ル	241-0423	地烏丸今出川・市同志社前	相国寺境内	25·118·153
泉屋博古館	730	520	310	10:30～17:00	左・鹿ケ谷下宮ノ前町	771-6411	市東天王町	月曜休。夏冬休館日あり	151
茶道資料館	700	400	300	9:30～16:30	上・堀川通寺ノ内上ル	431-6474	市堀川寺ノ内	月曜・展示準備中休。抹茶付	129·133·152
寺田屋	400	300	300	10:00～15:40	伏・南浜町	622-0243	阪中書島・市京橋	幼児参観不可	61·109
東映太秦映画村	2200	1300	1300	9:00～17:00	右・太秦東蜂ケ岡町	0570-064349	福太秦広隆寺・京太秦広隆寺前	時季により営業時間が異なる	50·144
陶板名画の庭	100	100	無料	9:00～17:00	左・下鴨半木町	724-2188	地烏丸北山	府立。植物園と共通券250円	151
堂本印象美術館	500	400	200	9:30～17:00	北・平野上柳町	463-0007	市J立命館大学前	府立。月曜休	47·151
西陣織会館	無料			9:00～17:00	上・堀川通今出川下ル	451-9231	市堀川今出川	着物ショーは1日6～7回	133·134·153 155·157
二条城	600	350	350	8:45～17:00	中・二条通堀川西入ル	841-0096	市地東西二条城前	二の丸御殿料金。1,7,8,12月火曜休	24·111 118·121
二條陣屋（小川家住宅）	1000	800	謝絶	10:00～16:00	中・大宮通御池下ル	841-0972	市堀川御池・地東西二条城前	水曜休。事前申し込み制	24·121·126 153·170
野村美術館	700	300	200	10:00～16:30	左・南禅寺下河原町	751-0374	市南禅寺永観堂道	月曜休。春秋期のみ開館	151
白沙村荘	800	500	500	10:00～17:00	左・浄土寺石橋町	751-0446	市銀閣寺道・銀閣寺前	橋本関雪記念館とも	37·107·112
風俗博物館	500	300	300	9:00～17:00	下・新花屋町通堀川東入ル	342-5345	市西本願寺前	日祝休。井筒法衣店5F	151
細見美術館	不定			10:00～18:00	左・岡崎最勝寺町	752-5555	市東山二条・地東西東山	月曜休。茶室古香庵も併設	128·151·156
堀野記念館	300	200	200	11:00～17:00	中・堺町通二条上ル	223-2072	地烏丸丸太町	火曜休（他もあり）	125·153
無鄰菴	410	410	410	9:00～17:00	左・南禅寺草川町	771-3909	地東西蹴上・市神宮道		34·112
落柿舎	200	200	200	9:00～17:00	右・嵯峨小倉山緋明神町	881-1953	市京 嵯峨小学校前	1・2月10:00～16:00	52·89·102
樂美術館	不定		無料	10:00～16:30	上・油小路通一条下ル	414-0304	市堀川中立売	月曜休。特別展示料金は変更	133·153
霊山（りょうぜん）歴史館	500	300	200	10:00～16:30	東・清閑寺霊山町	531-3773	市阪清水道・東山安井	月曜休。特別展示料金は変更	109·137·151

市＝市バス、京＝京都バス、阪＝京阪バス、急＝阪急バス、J＝JRバス、地烏丸＝地下鉄烏丸線、地東西＝地下鉄東西線、
近＝近畿日本鉄道、阪＝京阪電鉄、急＝阪急電鉄、J＝JR、福＝京福電鉄、叡＝叡山電鉄